# LEBEN OHNE KOPFSCHMERZ UND MIGRÄNE

## DAS REZEPTHEFT

zur Anti-Kopfschmerz- und Migräne-Ernährung

**Zuschriften und Kritik**
Bezler Verlag, Kelterstraße 56/2, 71394 Kernen

**Wichtiger Hinweis für den Benutzer**

Die Erkenntnisse in der Medizin – auch die der Erfahrungsmedizin – unterliegen laufendem Wandel. Der Autor dieses Werkes hat große Sorgfalt darauf verwendet, dass die in diesem Werke gemachten Angaben dem derzeitigen Wissensstand entsprechen.
Das entbindet den Nutzer dieses Werkes aber nicht von der Verpflichtung, anhand weiterer schriftlicher Informationsquellen zu überprüfen, ob die dort gemachten Angaben von denen in diesem Buch abweichen und seine Verordnung in eigener Verantwortung zu treffen. Bei gesundheitlichen Problemen, insbesondere bei Allergien und Unverträglichkeiten, besprechen Sie die Anwendung der in diesem Werke beschriebenen „Anti-Kopfschmerz- und Migräne-Ernährung" zuvor mit ihrer Therapeutin oder ihrem Therapeuten.

**Bibliographische Information der Deutschen Nationalbibliothek**
Die Deutsche Nationalbibliothek verzeichnet diese Publikation in der Deutschen Nationalbibliographie; detaillierte bibliographische Daten sind im Internet über http://dnb.d-nb.de abrufbar.


1. Auflage 2018


Korrekturen: Nele Gaukel, Gabriele Weißinger
Druck: Buchdruck Zentrum, Landshut, printed in EU
Grafische Gestaltung: www.süd.com, 70736 Fellbach

ISBN: 978-3-9820086-1-5

Informationen finden Sie im Internet unter www.thomas-bezler.de

# VORWORT

Die „Anti-Kopfschmerz- und Migräne-Ernährung" hat schon vielen tausend Menschen zu einem freien und wohligen Kopfgefühl verholfen und mit großer Wahrscheinlichkeit nun in Kürze auch bei Ihnen!

In diesem Ernährungsrezeptheft werden ganz bewusst einfach herzustellende Gerichte beschrieben, zumal der Alltag der meisten Menschen eine zeitaufwändige Zubereitung oft nicht zulässt.

Worauf Sie jedoch Wert legen sollten ist, dass die Lebensmittel möglichst frisch, vollwertig und möglichst giftfrei sind und die Gerichte letztlich ein echter Genuss darstellen und Sie sich davon satt essen dürfen.

Die ernährungsphysiologischen Hintergründe, der gezielte Einsatz von Nahrungsergänzungsmittel und naturheilkundlicher/alternativer Schmerzmittel und Methoden für Kopfschmerz- und Migränepatienten sind im Buch **„Leben ohne Kopfschmerz und Migräne – Das naturheilkundliche Anwendungsbuch für Therapeuten und Patienten, Hilfe zur Selbsthilfe"** beschrieben.

Das Ernährungsrezeptheft sollte stets in der Küche seinen Platz finden, während das umfangreiche Anwendungsbuch und Nachschlagewerk griffbereit im Bücherregal bei Ihnen zuhause oder für den Therapeuten in der Praxis von Nutzen ist.

Meinen herzlichen Dank möchte ich an all diejenigen aussprechen, durch die ich über mehrere Jahrzehnte mit leckeren vollwertigen Rezepten beschenkt wurde.
Da waren zuerst meine Tante Elly und meine Mutter und in Folge noch weitere Gesundheits- und Ernährungsberater GGB, die mit großem Eifer unzählige vollwertige Gerichte zu einem Genuss werden ließen. Dank auch an meine Frau, der es täglich in ihrer Kreativküche gelingt, die Gaumenwünsche unserer Kinder und auch meine zu erfüllen. Die Verbreitung der vitalstoffreichen und vollwertigen Ernährung und vieler Rezepte verdanken wir unter anderem den Büchern des EMU-Verlages. Ein Blick in das Angebot lohnt sich: www.emu-verlag.de.

Gutes Gelingen und Freude beim Genießen wünscht Ihnen

Ihr Thomas Bezler

## WEITERE VERÖFFENTLICHUNGEN

von Thomas Bezler mit dem Titel

LEBEN OHNE KOPFSCHMERZ UND MIGRÄNE

## DAS NATURHEILKUNDLICHE ANWENDUNGSBUCH

für Therapeuten und Patienten

## DAS HEILHYPNOSE-HÖRBUCH

Geführte Heilhypnose für ein freies Kopfgefühl

# INHALT

# ERNÄHRUNGSREGELN

Die wichtigsten Ernährungsregeln für Kopfschmerz- und Migränepatienten in Kurzform:

- **Genügend Wasser** in guter Qualität trinken.
- **Mindestens 1/3 besser 1/2 der täglichen Verzehrmenge in Rohkostqualität zu sich nehmen.** Die Rohkost möglichst vor jeder gekochten Nahrung verzehren oder zumindest mit einer kleineren Rohkostmenge beginnen, z.B. als Vorspeise. Auch ganze Rohkostmahlzeiten wie z.B. das Frischkornmüsli haben sich bewährt.
- **Basenreiche Lebensmittel wie Obst und Gemüse bevorzugen**, säurebildende Lebensmittel wie Fleisch, Wurst, süße Speisen und Gebäcke nur in Maßen genießen.
- **Stets auf Vollwertigkeit, Frische und kontrolliert biologischen Anbau achten.**
- Speisen aus **Getreide, Mais und Reis möglichst aus naturbelassenem "Korn" (Vollkornqualität) herstellen** und vorzugsweise kurz vor der Zubereitung **frisch mahlen oder schroten.**
- **Fabrikzucker und Auszugsmehle meiden.**

- **Als Säfte kommen nur frisch gepresste oder Direktsäfte in geringen Mengen in Frage.**
- **Koffein und Teein meiden.**
- **Milchprodukte nur in Maßen verwenden.**
  Unverträgliche Milchprodukte (evtl. Schimmelkäse, Parmesan u.a.) konsequent meiden.
- **Sämtliche chemische Zusatzstoffe und Geschmacksverstärker meiden.**
- **Lebensmittel, auf die allergisch reagiert wird, meiden.**
- **Bei Intoleranz die verträglichen Mengen nicht überschreiten.**
- **Rotwein und Käse möglichst nie gemeinsam verzehren.**
- **Zum Salzen verwenden Sie natürliches Meer- oder Steinsalz** ohne **Zusätze wie Jod, Fluoride u.a.**

# ROHKOST – OBST, GEMÜSE, SALATZUBEREITUNG, SALATSOSSEN UND DIPS

# 2

Der Rohkostanteil spielt eine enorm wichtige Rolle im Rahmen einer gesunden Ernährung. Jedes sonnengereifte Obst oder Gemüse hat zudem einen einzigartigen Geschmack und ist Lebensmittel und Gewürz zugleich. Umso weniger frisch und sonnengereift die Frucht ist, desto wichtiger wird die geschmackliche Zubereitung mit Kräutern und Gewürzen.

Vor dem rohen Verzehr oder dem Kochen sollte Obst und Gemüse gut abgewaschen werden. Nicht nur Umweltgifte befinden sich auf der Oberfläche, sondern auch Schmutz durch den Transport, Fingerabdrücke, Pilze und Sporen.
Bei Bedarf kann ein Reinigungsmittel selbst hergestellt werden: auf eine Tasse Wasser kommen ein Esslöffel gepresster Zitronensaft und/oder Natron (Natronhydrogencarbonat) und/oder eine Tasse weißer Essig. Die Speisen werden in das Reinigungsmittel eingelegt oder damit besprüht und nach ca. 15 Minuten Einwirkzeit mit viel Wasser abgewaschen.

# OBST

## Kernobst

Apfel, Birne, Hagebutte (ohne Kerne essen)

## Steinobst

Aprikose/Marille, Kirsche, Pflaume/Zwetschge, Mirabelle, Pfirsich, Nektarine

## Beerenobst

Brombeere, Himbeere, Erdbeere, Walderdbeere, Schwarze, Weiße und Rote Johannisbeere, Jostabeere, Stachelbeere, Weinbeere, Heidelbeere, Preiselbeere

## Schalenobst

Erdnuss, Haselnuss, Kokosnuss, Mandel, Paranuss, Pistazie, Walnuss

## Südfrüchte

Ananas, Banane, Limette, Mandarine/Clementine, Orange/Apfelsine, Grapefruit, Pampelmuse, Zitrone

## Sonstige

Acerola, Affenbrot, Brotfrucht, Dattel, Feige, Granatapfel, Kaki, Kiwi, Mango, Melone, Papaya, Sternfrucht

Zum Obstverzehr eignen sich einzelne Obstsorten, aber auch mehrere, als Vorspeise, Hauptspeise oder Nachspeise. Bei Menschen, die ohne Zwischenmahlzeiten nicht auskommen, leistet eine Portion Obst ebenso gute Dienste. Das Obst kann am Stück oder in Schnitze geschnitten gegessen werden. Wer möchte kann aus verschiedenen Obstsorten, etwas Zitrone oder auch etwas geschlagener Sahne einen leckeren Obstsalat herstellen.

Beachten Sie, dass das Verhältnis rohes Obst zu rohem Gemüse in etwa 1:2 sein sollte und somit täglich mehr Gemüseanteil als Obstanteil gegessen wird.

# GEMÜSE



## Salate

Brunnenkresse, Chicorée, Eisbergsalat, Endivie, Kopfsalat, Mangold, Schnittsalat, Spinat, Rucola/Rauke

## Kohl

Chinakohl, Kohlrabi, Rosenkohl, Rotkohl, Spitzkohl, Steckrübe, Weißkohl, Wirsing

## Blütengemüse

Artischocke, Blumenkohl, Zucchini,

## Fruchtgemüse

Amaranth, Aubergine, Avocado, Gurke, Kürbis, Paprika, Tomate, Zucchini

## Wurzelgemüse

Gelbe Rübe, Rote Bete, Steckrübe, Meerrettich, Radieschen, Schwarzer Rettich, Schwarzwurzel, Pastinake, Wurzelpetersilie, Sellerie, Yams, Süßkartoffel, Topinambur

## Zwiebelgemüse

Zwiebel, Knoblauch, Schalotte, Porree/Lauch, Bärlauch

## Sonstiges

Sprossen aus Keimsaaten (Bambus, Alfalfa, Amaranth, Bockshornklee, Brokkoli, Erbsen, Kresse, Linsen, Mungobohnen, Quinoa, Radieschen, Rettich, Rucola, Senf, Soja, Getreide), grüner und weißer Spargel

Bis auf wenige Ausnahmen (z.B. Bohnen, Hülsen reiferer Erbsen, Kartoffeln) können fast alle Gemüse roh gegessen werden.

# SALATZUBEREITUNG

**Fast alle der oben genannten Gemüse- und Obstsorten können für einen Rohkostsalat verwendet werden. Auch kleine Reste, die im Kühlschrank aufbewahrt wurden, können den Salat bereichern. Variieren Sie auch mit der Art der Zerkleinerung: In Scheiben oder Würfel geschnitten, grob oder fein geraspelt oder gerieben – so erhalten Sie eine Vielfalt an Geschmackserlebnissen.**

## Salatsoßen

Für eine schnelle Zubereitung eines Salates können Salatsoßen in größeren Mengen hergestellt und in einer Glasflasche im Kühlschrank aufbewahrt werden. So genügt ein kurzes Aufschütteln und schon kann die Soße verwendet werden.

### Salatsoße mit Essig und/oder Zitrone

Die Mengenangaben beziehen sich auf einen Salat mit ca. 500 g

Variante 1

| | |
|---|---|
| 2–3 EL | Zitronensaft oder Essig (nicht wärmebehandelt, ohne Zuckerzusatz) |
| 3–4 El | kaltgepresstes Öl |
| 2–4 EL | Wasser |
| | Salz, Pfeffer und frische Kräuter |

Variante 2

| | |
|---|---|
| 2 EL | Öl |
| 1 EL | Obstessig |
| 2 TL | Kräutersalz (Meersalz nicht jodiert) |
| ½ TL | Pfeffer |
| 1 EL | Petersilie |
| 100 ml | Schlagrahm |

## Dips

Nicht nur bei Kindern kommen bunte Gemüsesticks mit leckerem Dip gut an. Sticks in Gläser gesteckt und Dips in einer kleinen Schale nehmen auf dem Esstisch nicht viel Platz ein und empfehlen sich bei jeder Feier.

2

### Dip mit Sauerrahm

| | |
|---|---|
| 1 | Becher Sauerrahm (200g) |
| 1 EL | getrocknete Kräuter (z.B. „Gartenkräuter" von Firma Lebensbaum) |
| | Kräutersalz und Pfeffer |

Variante 1 „Meerrettichdip": zusätzlich mit frisch geriebenem Meerrettich
Variante 2 „Kräuterdip": zusätzlich mit frischen Kräutern (Schnittlauch, Petersilie u.a.)
Variante 3 „Currydip": anstelle Kräuter mit Currypulver würzen
Variante 4 „Knoblauchdip": feingeschnittenen Knoblauch, 1 EL Mayonnaise, Salz und Pfeffer

### Dip mit Tomatenmark

| | |
|---|---|
| 1 | Becher Sauerrahm |
| 1–2 EL | Tomatenmark und Tomatenketchup |
| 1–2 EL | Mayonnaise |

### Dip mit Quark

| | |
|---|---|
| 1 | Becher Quark (250g) |
| 1 EL | Mayonnaise |
| 1 TL | Senf |
| 1 TL | Paprikapulver |
| ½ | kleine Zwiebel feingeschnitten |
| | Fertig-Würzsoße (z.B. „Kelpamare" von Fa. Vogel) |
| | Salz und Pfeffer |

## Tomatenketchup

Zutaten

| | |
|---|---|
| 750 g | Tomaten |
| 2 | Zwiebeln |
| ½ EL | Honig |
| 2 | kleine Chilis oder etwas Harissa |
| ¾ TL | Paprika edelsüß |
| 1 TL | Essig |
| evtl. | Currypulver |
| evtl. | 2 gemahlene Nelken |

Tomaten und Zwiebeln klein schneiden, alle Gewürze hinzufügen und alles zum Kochen bringen.

Die Masse zu Mus kochen, es sollte ein dicklicher Brei sein. Das Mus durch ein Sieb streichen oder mit einem Elektroschlagmesser gut pürieren.

## Gewürze und Kräuter

Die gesündesten Gewürze sind frische Kräuter!
Auf dem Balkon oder Fensterbrett gezogen haben sich u.a. bewährt: Basilikum, Bohnenkraut, Dill, Gartenkresse, Majoran, Melisse, Petersilie und Schnittlauch.

**Zur Auswahl stehen uns eine Menge an Kräutern, wobei einige hier in alphabetischer Reihenfolge aufgezählt werden:**

Anis, Bärlauch, Basilienkraut, Beifuß, Bockshornklee, Bohnenkraut, Chili, Dill, Dost, Fenchel, Galgant, Ingwer, Kardamom, Knoblauch, Koriander, Kretischer Oregano, Kubeben, Kümmel, Kurkuma, Liebstöckel, Lorbeer, Majoran, Meerrettich, Melisse, Muskatnuss, Mutterkümmel, Nelken, Pastinak, Petersilie, Pfeffer, Pfefferminze, Piment, Quendel, Rosmarin, Safran, Salbei, Schafgarbe, Schwarzkümmel, Senf, Spanischer Pfeffer, Thymian, Vanille, Wacholder (Beeren), Wermut, Ysop, Zimt, Zwiebel.

Zum Salzen verwenden Sie Meersalz oder Steinsalz ohne Zusätze wie Jod, Fluoride u.a.

# REZEPTE FÜR DAS FRÜHSTÜCK 3

# FRISCHKORNGERICHTE („FRISCHI")

**Die Frischkorngerichte – auch Frischkornmüsli genannt – beinhalten ein oder mehrere Getreide aus ganzem oder frisch geschrotetem oder geflocktem Getreide und als weitere Zutaten frisches Obst, Nüsse und Saaten. Werden ganze Getreidekörner verwendet, so werden diese entweder vor dem Verzehr in Wasser eingeweicht oder zum Keimen gebracht. Die geschroteten Getreide werden ebenfalls zuvor ein paar Stunden oder über Nacht eingeweicht. Frisch gequetschte Flocken können sofort verzehrt werden. Je nach Vorliebe kann das Frischkorngericht auch zu einer anderen Tageszeit gegessen werden, manche genießen es auch als gesunde Alternative zum Nachtisch.**

## Buchweizenfrischi (glutenfrei)

Zutaten

| | |
|---|---|
| 2–3 EL | Buchweizen ein paar Stunden oder über Nacht in Wasser einweichen. Danach abspülen. |
| ½–1 | Apfel (in Würfel geschnitten oder gerieben) |
| ½ | Banane (in Scheiben geschnitten oder zerdrückt) |
| 1–2 EL | Sahne (flüssig oder geschlagen) |
| 1 EL | frisches Leinöl |
| 1–2 EL | Nüsse und Saaten nach Wahl (z.B. Mandeln, Haselnüsse, Walnüsse, Leinsamen, Sonnenblumenkerne, Kürbiskerne, Sesam u.a.) |

Je nach Geschmack und Saison können andere und weitere frische Obstsorten verwendet werden.

Neben dem Buchweizen kann auch Hirse als glutenfreie Alternative verwendet werden.

## Frischkornmüsli aus geschrotetem Getreide

Als Getreide stehen Weizen, Dinkel, Gerste, Roggen, Kamut, Emmer u.a. zur Verfügung. Die Körner werden frisch geschrotet und ein paar Stunden lang oder über Nacht in etwas Wasser eingeweicht. Die Wassermenge sollte so bemessen werden, dass nach dem Einweichen kein Restwasser weggeschüttet werden muss.



Das Frischkornmüsli aus geschrotetem Getreide kann mit den gleichen Zutaten wie oben zubereitet werden. Anstatt dem Buchweizen werden zwei bis drei Esslöffel eines anderen Getreides verwendet. Da Hafer nach ein paar Stunden einweichen bitter schmeckt, eignet er sich nicht so gut zum Einweichen. Hier empfiehlt es sich, Hafer frisch zu flocken und wie oben beschrieben zuzubereiten.

## Frischkornmüsli aus gekeimtem Getreide

Alle keimfähigen Getreide sind hierfür geeignet. Da die Keimfähigkeit ein Hinweis auf die Lebendigkeit und somit die Vitalität des Getreides ist, lohnt es sich immer wieder, ein paar Getreidekörner keimen zu lassen. Sollten weniger als neun von zehn Getreidekörnern keimen, handelt es sich bereits um eine minderwertige Qualität.

Um die Körner keimen zu lassen, können diese nachts in Wasser eingeweicht und morgens ausgespült werden. Tagsüber trocknen lassen. Nach zwei bis drei Nächten Einweichzeit sind die Keimlinge gut sichtbar und die Sprossen können als Getreideanteil zum obigen Rezept verwendet werden.

**Vollkornbrot und Brötchen siehe unter Gebäcke**

# BROT-AUFSTRICHE

## Gemüseaufstrich „Mediterran“

Zutaten

- 1 Backblech
- verschiedene mediterrane Gemüse (Paprika, Aubergine, Zwiebel, Zucchini u.a.)
- Olivenöl
- Salz
- Pfeffer
- Zitronensaft
- Kräuter (z.B. Rosmarin, Thymian, Petersilie, Oregano)

Das Gemüse in Scheiben oder Streifen schneiden und auf einem Backblech verteilen. Mit Olivenöl großzügig beträufeln und im Backofen bei ca. 200 Grad 30 bis 40 Minuten backen.

Das abgekühlte Gemüse wird püriert und mit Salz, Pfeffer, Zitronensaft und Kräutern abgeschmeckt und in ein Schraubglas gefüllt.

Im Kühlschrank gelagert ist der Aufstrich einige Tage haltbar.

## Aufstrich mit Butter

Zutaten der Grundmasse

| | |
|---|---|
| 250 g | weiche Butter |
| | Salz |
| | Pfeffer |

Die Zutaten zusammenfügen und schaumig rühren.

Die Grundmasse kann je nach Jahreszeit und Wunsch mit Gemüse und Kräutern ergänzt werden. Die Zutaten werden in die Grundmasse untergemischt und gut verteilt. Danach wird die fertige Masse in ein Schälchen oder Schraubglas gefüllt und im Kühlschrank aufbewahrt.

Eine Auswahl an Ergänzungszutaten

- Küchenkräuter nach Wahl feingeschnitten
- Knoblauch, feingeschnitten oder gepresst
- Paprika klein geschnitten
- Radieschen klein geschnitten
- Zwiebelröhrchen klein geschnitten
- Paprikapulver

## Süßer Nougat-Aufstrich/ Süßes Nougat-Konfekt

Zutaten

| | |
|---|---|
| 150 g | weiche Butter |
| 120 g | Akazienhonig |
| 100 g | Mandelmus oder Haselnussmus oder Erdnussmus ohne Zucker |
| 2–3 EL | reines Kakaopulver (z.B. schwach entölt) |

Alle Zutaten vermengen und mit Mixer schaumig schlagen. Danach in ein Schraubglas füllen und in den Kühlschrank stellen.

**Variation:** Das Rezept kann mit etwas Vanillepulver, Zimt, Rum oder Kokosraspeln geschmacklich verändert werden.

**Hinweis:** Alle Aufstriche können auch im Schraubglas eingefroren werden. Das Glas im Kühlschrank wieder langsam auftauen lassen.

### Herstellung zum **Nougat-Konfekt**

Die Masse wird in eine Spritzhülle gefüllt und in kleinen Konfekt-Portionen auf einer Unterlage auf einem Butterbrotpapier verteilt. Danach werden die Konfekte in den Gefrierschrank gestellt und im durchgefrorenen Zustand in Schüsseln gestapelt und sodann wieder im Gefrierschrank gelagert. Zum Genießen das Konfekt immer portionsweise frisch aus dem Gefrierschrank nehmen.

## Honigbrot/ Obstbelegtes Brot

Bei Verlangen nach Süßem – auch beispielsweise als Nachtisch nach einem salzigen Gericht – kann ein kleines Stück Vollkornbrot mit Butter und Honig gute Dienste verrichten und stellt eine weitaus gesündere Alternative zu vielen anderen Fertigprodukten dar. Als vegane Variante kann das Brot mit einem pflanzlichen Fett bestrichen und mit einem süßen Obst wie z.B. Bananenscheiben belegt werden.

## Marmelade

Roh-Marmelade: Obst, Honig nach Geschmack und etwas Zitronensaft werden in kleiner Menge püriert. Im Kühschrank max. 5 Tage aufbewahren oder portionsweise einfrieren.

Gekochte Marmelade: Richten Sie sich an die Angaben des Bio-Geliermittelherstellers, z.B. „Konfitura", Fa. Biovegan.

# 4 REZEPTE FÜR DIE WARME MAHLZEIT

# GEMÜSE



## Kartoffel-Paprika-Pfanne

Zutaten

| | |
|---|---|
| 1 | Zwiebel kleinschneiden |
| 4–5 | geschälte Kartoffeln |
| 3 | Paprika |
| | Olivenöl |
| | Gemüsebrühe |
| 1–2 EL | Tomatenmark |
| | Paprikapulver, Salz und Pfeffer |
| evtl. | Chili |

Paprika und die geschälten Kartoffeln in kleine Stücke schneiden. Die kleingeschnittene Zwiebel in einer großen Pfanne in Olivenöl andünsten, Kartoffeln und Paprika dazugeben. Das Ganze kurz anbraten, mit Gemüsebrühe ablöschen und köcheln lassen. Tomatenmark und nach Geschmack Paprikapulver, Salz, Pfeffer und evtl. Chili dazugeben. Immer wieder umrühren, bis die Kartoffeln gar sind.

## Ofenkartoffeln

Zutaten

| | |
|---|---|
| ca. 1 kg | festkochende Kartoffeln |
| | Olivenöl |
| | Salz |
| | Paprikapulver |
| evtl. | Sesam |

Den Backofen auf 190 Grad Umluft vorheizen.

Die Kartoffeln waschen, in dicke Scheiben schneiden und in einer Schüssel in Öl, Salz und Paprikapulver wenden. Auf einem Backblech mit Backpapier verteilen. Ca. 30 Minuten knusprig backen. Die Ofenkartoffeln können alleine, evtl. mit einem Dip, zu einem Salat oder als Beilage gegessen werden.

**Variation:** Die Kartoffelscheiben können vor dem Backen noch mit Sesam oder mit mediterranen Kräutern (Oregano, Thymian, Rosmarin) bestreut werden.

## Kürbisspalten im Ofen

Zutaten

| | |
|---|---|
| ½ | Kürbis (Hokkaido) in Spalten schneiden |
| | Olivenöl |
| | Salz |
| | Pfeffer |
| evtl. | Paprikapulver |

Die Kürbisspalten in eine große Schüssel geben und mit etwas Olivenöl, Salz, Pfeffer und evtl. etwas Paprikapulver vermischen. Bei 180 Grad Umluft ca. 15 bis 20 Minuten backen.

**Variation:** Die Kürbisspalten können vor dem Backen noch mit Sesam oder mit mediterranen Kräutern (Oregano, Thymian, Rosmarin) bestreut werden.

## Kürbissuppe

Zutaten

| | |
|---|---|
| 1 | Mittlerer Kürbis (Hokkaido), waschen, nicht schälen, vierteln, entkernen und in kleine bis große Stücke schneiden |
| 3–4 | Kartoffeln oder Süßkartoffeln, schälen und kleinschneiden |
| | Gemüsebrühe |

Alles in einen Topf und mit Gemüsebrühe übergießen, so dass das Gemüse abgedeckt ist. Solange kochen bis der Kürbis weich ist, dann pürieren.

**Variation:** Ingwer und/oder Curry und/oder Petersilie mitkochen.

# GETREIDE

## Dinkelbratlinge

**4**

Zutaten

| | |
|---|---|
| 750 ml | Gemüsebrühe |
| 180 g | Dinkelvollkornschrot |
| 100 g | Lauch und/oder Zwiebel |
| 4 EL | geriebener Emmentaler oder Gouda |
| 1 | Ei |
| 100 g | Vollkornsemmelbrösel |
| 1 TL | Majoran |
| | Kräutersalz |
| | Pfeffer |
| | Paprikapulver |

Zubereitung

Geschrotetes Getreide in der Gemüsebrühe unter ständigem Rühren kurz aufkochen und ca. 20 Minuten quellen und abkühlen lassen. Lauch fein schneiden. Alle Zutaten unter die Dinkelmasse ziehen.

Kleine Bratlinge formen, je nach Geschmack in Sesam wälzen und in Olivenöl ausbacken.

Tipp: Die Bratlinge können in einem Vollkornbrötchen mit Zwiebel, Salat, Tomate, etwas Ketchup für einen gesunden "Burger" verwendet werden.

Die Bratlinge können auch gut eingefroren werden und in der Pfanne mit etwas Öl oder auf dem Grill aufgebacken werden.

## Grünkernbratlinge

Zutaten

| | |
|---|---|
| 150 g | Grünkern (oder Grünkernschrot) |
| 100 g | Dinkelvollkorn (50 g Dinkelschrot und 50 g Dinkelmehl) |
| 2 | kleine Zwiebeln |
| 500 ml | Gemüsebrühe |
| 60 g | Lauch |
| 2 EL | gehackte Petersilie |
| | Majoran |
| | Paprika |
| | Pfeffer |
| | Kräutersalz |
| | Muskat |
| evtl. | Sesam zum Auswälzen |

Grünkern und 50 g Dinkel schroten, den restlichen Dinkel fein mahlen. Das grob geschrotete Getreide in der Brühe unter Rühren aufkochen bis es zu einem dicken Brei wird, abkühlen lassen.

Wenn die Masse lauwarm ist, die restlichen Zutaten dazugeben. Bratlinge formen und in Olivenöl anbraten.

**Variation:** Die Bratlinge vor dem Braten in Sesam oder Haferflocken wälzen.

## Spaghetti „Bolognese" vegetarisch

Rezept für 4 Personen

4

| | |
|---|---|
| 500 g | Vollkorn-Spaghetti |

Zutaten für „Bolognese"

| | |
|---|---|
| | Zwiebel |
| 500 ml | Gemüsebrühe |
| 75 g | Grünkern grob gemahlen |
| 125 g | Tomatenmark |
| | Paprikapulver |
| | Pfeffer |
| | Oregano |
| | Basilikum |
| | Thymian |
| | Rosmarin |
| | Majoran |
| | Petersilie |
| evtl. 1 | Knoblauchzehe |

Zwiebel in Butter anbraten, mit Gemüsebrühe aufgießen, Grünkern dazugeben und ca. 15 Minuten köcheln. Tomatenmark, Gewürze, getrocknete Kräuter und evtl. eine feingehackte Knoblauchzehe einrühren und nochmal aufkochen lassen. Zum Schluss die frischen Kräuter dazugeben.

Anstelle von Gemüsebrühe und Tomatenmark kann auch selbstgemachtes Tomatenmus verwendet werden.

Spaghetti kochen.

# MAIS

## Maisschnitte

Zutaten

| | |
|---|---|
| 1 L | Gemüsebrühe |
| 250 g | Maismehl |
| | Kräutersalz |
| | Pfeffer |
| | getrockneter Majoran |
| | geriebene Muskatnuss |
| | zerquetschte Knoblauchzehe |
| | Olivenöl |

In die kochende Brühe alle Gewürze geben und Maismehl unter ständigem Rühren einstreuen, bis sich eine feste Masse gebildet hat. Die warme Maismasse ca. 1 cm dick auf einem mit Backpapier ausgelegtem Backblech streichen und abkühlen lassen. In viereckige oder rautenförmige Stücke schneiden und diese in heißem Öl ausbacken.

# REIS

**Vollkorn-Reis kann als Beilage zu vielen Gerichten aber auch zur Herstellung süßer Speisen verwendet werden.**

4

## Gemüse-Reis-Pfanne

Für 4 Personen

Zutaten

| | | | |
|---|---|---|---|
| 250 g | Naturreis | 1 | rote Paprikaschote |
| 600 ml | Gemüsebrühe | | Meersalz |
| 1 | Knoblauchzehe | | frisch gemahlener Pfeffer |
| 1 | Zwiebel | 1 TL | Paprikapulver edelsüß |
| 2 EL | kaltgepresstes Olivenöl | | Currypulver |
| 2 | Möhren | 50 g | geriebener Parmesankäse |
| 250 g | Brokkoli | 50 g | Sahne |
| | | 1 Bund | Schnittlauch |

Die Knoblauchzehe und die Zwiebel schälen und sehr fein hacken. Die Hälfte des Olivenöls erhitzen, den Knoblauch und die Zwiebel darin andünsten. Den Naturreis waschen, abtropfen lassen, zur Zwiebel-Knoblauch-Masse geben, so lange andünsten, bis die Körner vom Fett überzogen sind. Die Gemüsebrühe aufgießen, aufkochen und den Reis bei geringer Hitze 30 bis 40 Minuten köcheln. In der Zwischenzeit die Möhren putzen und in Würfel schneiden. Den Brokkoli putzen, in kleine Röschen teilen und waschen. Die Paprikaschote waschen und in kleine Würfel schneiden.

Das Gemüse im restlichen Olivenöl kurz andünsten. 15 Minuten vor Ende der Garzeit des Reises das Gemüse dazugeben. Wenn Reis und Gemüse gar sind, mit Meersalz, Pfeffer, Paprika- und Currypulver würzen, den Käse unterheben, die Sahne angießen und den Reis auf der ausgeschalteten Herdplatte kurz nachquellen lassen. Mit frisch geschnittenem Schnittlauch bestreuen.

## Schnelles Nudelgericht mit Soße

| | |
|---|---|
| 500 g | Vollkornnudeln (für ca. 4 Personen)<br>Die Vollkornnudeln kochen und im Sieb abseihen. |

### Variante „Erbsen-Sahne-Soße"

Zutaten für die Soße

| | |
|---|---|
| ca. 200 ml | flüssige Sahne oder Sojasahne |
| 1–2 EL | Tomatenmark |
| | Salz |
| | Pfeffer |
| 1 Tasse | tiefgefrorene Erbsen |

Für die Soßenzubereitung werden die Sahne, das Tomatenmark, Salz und Pfeffer miteinander verrührt und kurz aufgekocht, die tiefgefrorenen Erbsen dazugegeben und so lange geköchelt, bis die Erbsen durch sind.

Sollte die Soße gleichzeitig hergestellt werden, dann können die Nudeln sogleich mit der Soße vermengt werden. Ansonsten kann nach dem Nudelkochen die noch heiße Herdplatte und der gleiche Topf für die Soße verwendet werden.

### Variante „Karotten-Lauch-Soße"

Zutaten für die Soße

| | |
|---|---|
| 1 | Karotte pro Person raspeln |
| ca. 5 cm | Lauchstängel pro Person in feine Ringe schneiden |
| | Sahne |
| | Gemüsebrühpulver |
| | Olivenöl |

Das Gemüse in der Pfanne mit Olivenöl andünsten, mit Sahne ablöschen und mit Gemüsebrühpulver würzen.

## Pizza (vegetarisch, „tierisch-eiweißfrei“, vegan)

4

Zutaten Teig

| | |
|---|---|
| 500 g | Dinkelvollkornmehl |
| 250 ml | Wasser |
| ½ Würfel | Hefe |
| 50–80 ml | Olivenöl |
| 1–2 TL | Salz |

Aus den Zutaten einen Hefeteig herstellen und diesen ca. 30 Minuten gehen lassen. Auf einem Blech auswellen, mit etwas Olivenöl bestreichen und mit einer Gabel mehrfach in den Teig einstechen. Bei ca. 200 Grad 10 Minuten vorbacken. Nach Geschmack belegen und bei 200 Grad ca. 20 Minuten weiterbacken.

Zutaten Soße

- Pürierte Tomaten (aus der Glasflasche)
- Salz
- Oregano

Zutaten Belag

Zwiebel, Paprika, Tomatenscheiben, Zucchini, Aubergine, Pilze, Mais u.a.
Käse (z.B. geriebener Gouda, Mozzarella in Scheiben).

Sollte die Pizza tierisch eiweißfrei zubereitet werden, wird anstatt dem Käse Schmand, der u.a. mit Pfeffer, Salz und Paprika gewürzt wird, zum Überbacken verwendet.

Die vegane Zubereitung ist etwas aufwändiger.

**Vegane Variante 1**
Für die Creme-Herstellung wird Sojasahne als Grundlage verwendet und nach Bedarf mit Würzehefeflocken, Kräuter, Muskatnuss und evtl. Mandelmus abgeschmeckt.

**Vegane Variante 2**

Cashewkerne mit Wasser bedecken und einige Stunden einweichen. Das Ganze pürieren und mit etwas Öl, Würzhefeflocken, Gemüsebrühpulver und frisch gemahlenem Pfeffer abschmecken. Evtl. noch etwas Mandelmus dazugeben.

**Vegane Variante 3 („Béchamelsauce")**

| | |
|---|---|
| 2 EL | Margarine |
| 2 EL | Mehl |
| 250 ml | Sojamilch |
| | Muskatnuss |
| | Salz |
| | Pfeffer |
| evtl. | Knoblauch |
| 1 TL | mittelscharfer Senf |

Die Margarine erwärmen und mit einem Schneebesen mit dem Mehl verrühren. Die Sojamilch hinzufügen und bei mittlerer Hitze einige Minuten rühren, bis die Soße eindickt. Nach Geschmack würzen.

# SOSSEN



## Sahneähnliche Soße („vegane Sahne")

Zutaten

Cashewkerne
gleiche Menge Wasser

Alles gut und lange pürieren, bis eine sahnige Konsistenz erreicht ist.
Die Soße eignet sich nicht nur zum Kochen, sondern z.B. als „Topping" für einen Obstsalat, für Desserts u.a.

**Variation:** Ein paar Datteln oder Vanille hinzufügen.

## Curry-Ananas-Soße („exotische Grundsoße")

Zutaten

| | |
|---|---|
| 1 Glas | Ananas |
| 1 Schuss | Weißwein |
| 1 Becher | Sahne |
| 1–1½ Tassen | Gemüsebrühe |
| 4 TL | Currypulver |
| 1–3 Scheiben | fein gehackter Ingwer |
| | Öl |
| | Salz |
| | Pfeffer |
| evtl. | Mehl zum Eindicken |

Ananas in kleine Stücke schneiden, in Öl anbraten und mit Weißwein ablöschen. Die restlichen Zutaten dazugeben, köcheln lassen, würzen und evtl. mit Mehl eindicken. Die Soße schmeckt gut zu Reis.

**Variation:** Die Grundsoße kann noch mit Zutaten wie Sprossen, Brokkoli oder auch Tofu ergänzt werden.

# 5 GEBÄCKE, KUCHEN / SÜSSE GEBÄCKE UND SONSTIGE SÜSSSPEISEN

# GEBÄCKE



## Schnelles Dinkelbrot

Zutaten

| | |
|---|---|
| 550 g | Dinkelvollkornmehl (fein gemahlen) |
| 2–3 TL | Salz |
| 2–3 EL | Apfel-Essig (optional) |
| 530 ml | lauwarmes Wasser |
| 1 Würfel | Hefe |
| 1 kl. Tasse | Leinsamen |
| 1 kl. Tasse | Sonnenblumenkerne |
| 1 kl. Tasse | Sesam oder andere Saaten bzw. Haselnüsse u.a., je nach Geschmack. |

Alle Zutaten 5 – 10 Minuten verkneten (von Hand mit Rührlöffel oder mit einer Küchenmaschine) – ergibt einen zähflüssigen Teig. Den Teig in eine eingefettete Kastenform (kann auch noch mit Sesam bestreut werden) geben. Nicht gehen lassen.

Das Ganze in den kalten Ofen schieben und auf 250 Grad (Ober- und Unterhitze) stellen. Wenn diese Temperatur erreicht ist, dann auf 220 Grad herunterregeln und ca. 40–45 Minuten backen.

Aus dem Ofen herausnehmen, nach zwei bis drei Minuten das Brot aus der Form nehmen, da es sonst Feuchtigkeit zieht.

## Petra´s Vollkorn-Bauernbrot

Zutaten

| | |
|---|---|
| 700 g | Dinkelvollkornmehl |
| 200 g | Roggenvollkornmehl |
| 100 g | Dinkelmehl (z.B. „630er“) |
| 700 ml | lauwarmes Wasser |
| 2 EL | Apfelessig |
| 1 EL | Olivenöl |
| 1 Pack | Sauerteig Extrakt (ca. 20 g) |
| 1 Würfel | Hefe |
| 4 TL | Salz |

Alle Zutaten mit dem lauwarmen Wasser mischen und zu einem geschmeidigen Teig verkneten. An einem warmen Ort (oder Backofen bei 50 Grad) ca. 45 Minuten gehen lassen – nochmals durchkneten und zu einem runden oder ovalen Brotlaib formen. Sofort auf ein Backblech oder – noch besser – Backstein legen.

Backofen vorheizen auf 250 Grad. Während dieser Zeit kann der Teig noch etwas gehen.

Backen

Kleines Gefäß mit Wasser in den Ofen stellen.
250 Grad 15 Minuten, dann herunterregeln auf
200 Grad 45 Minuten

5

## Dinkelbrötchen/Brötchenrad

Zutaten

| | |
|---|---|
| 500 g | Dinkelvollkornmehl (fein gemahlen) |
| 375 ml | lauwarmes Wasser (davon 100 ml zur Hefeauflösung) |
| ½ Würfel | Hefe |
| 2 TL | Salz |
| evtl. | Haferflocken, Mohn, Sesam, Sonnenblumenkerne, Kürbiskerne zum Wälzen |

Das Mehl in eine Schüssel geben, eine Mulde formen, darin die Hefe zerbröseln, mit 100 ml lauwarmem Wasser die Hefe übergießen und 10 Minuten ruhen lassen. Salz am Schüsselrand verteilen und alles mit Küchenmaschine oder von Hand verkneten, bis ein Teig entstanden ist.

Den Teig ca. 20 bis 30 Minuten an einem warmen Ort (evtl. auch im Backofen bei unter 50 Grad) gehen lassen.

Kleine Brötchen mit feuchten Händen formen, auf ein Blech setzen und noch 10 Minuten gehen lassen.

Brötchen, die mit Flocken, Saaten oder Kernen „dekoriert" werden, können zuvor mit Wasser benetzt werden, damit beim Wälzen die Zutaten gut anhaften.

Die Brötchen werden 10 Minuten bei 230 Grad und dann 15 bis 20 Minuten bei 200 Grad gebacken.

**Variation:** Für besondere Anlässe empfiehlt es sich, ein Brötchenrad herzustellen. Dazu setzen Sie die Brötchen auf dem Blech aneinander und können je nach Wunsch z. B. einen Kreis, eine Zahl oder ein Herz formen.

# KUCHEN / SÜSSE GEBÄCKE

## Apfelkuchen in Springform

Zutaten für Teig

| | |
|---|---|
| 200 g | Dinkelvollkornmehl |
| 80 g | Butter |
| 80 g | Rapshonig oder Akazienhonig |
| 1 Prise | Salz |
| ½ TL | Backpulver (Weinsteinbackpulver oder auch ganz ohne Backpulver) |
| ca. 1 EL | süße Sahne (dadurch entsteht eine Mürbteigkonsistenz) |

Die Zutaten verkneten und in der Springform mit max. 1 cm Rand ausformen.

Zutaten für Belag

| | |
|---|---|
| 5–7 | Äpfel |
| etwas | flüssigen Honig zum Beträufeln |
| etwas | Zimt zum Bestreuen |
| nach Wahl: | Mandelsplitter, Haferflocken, Sesam, Sonnenblumenkerne |

Die Äpfel werden geschält, geviertelt, entkernt, in Spalten geschnitten und auf dem Teig verteilt. Je nach Wahl werden Nüsse, Honig und anschließend Zimt auf dem Belag verteilt. Bei 180 Grad Ober- und Unterhitze 40 bis 45 Minuten backen. Das Rezept kann als Grundrezept für andere Obstkuchen verwendet werden: z.B. Birnen, Zwetschgen, Mirabellen u.a.

## Schneckennudeln

Zutaten für Hefeteig

| | |
|---|---|
| 500 g | Dinkelvollkornmehl |
| ½ TL | Meersalz |
| 200 ml | Sahnewasser (½ Sahne / ½ Wasser) oder Milch |
| 40 g | Hefe |
| 100 g | Butter |
| 80 g | Honig |

Zutaten für Füllung

5

| | |
|---|---|
| 50 g | zerlassene Butter |
| 100 g | Rosinen |
| 60 g | Honig |
| 1 TL | Zimt |
| etwas | Sahne-Honig-Gemisch |
| evtl. | gehackte Nüsse |
| evtl. | 5 EL Sauerrahm |

Aus den Zutaten einen Hefeteig herstellen. Teig gehen lassen. Rechteckig ausrollen und mit zerlassener Butter bestreichen. Rosinen, Honig und Zimt auf dem Teig verteilen. Teig einrollen und in ca. 2 cm breite Stücke schneiden. Auf ein mit Backpapier ausgelegtes Backblech legen und mit dem Sahne-Honig-Gemisch bestreichen. Bei 180 Grad ca. 25 bis 30 Minuten backen.

**Variante:** 2 bis 3 Äpfel raspeln und anstelle der Rosinen verwenden.

## Hefezopf

Zutaten für Hefeteig

| | |
|---|---|
| 500 g | Dinkelvollkornmehl |
| ½ TL | Meersalz |
| 200 ml | Sahnewasser (½ Sahne / ½ Wasser) oder Milch |
| 40 g | Hefe |
| 100 g | Butter |
| 80 g | Honig |
| evtl. | eine Tasse Rosinen |
| etwas | Sahne-Honig-Gemisch |
| etwas | Mandelstifte |

Aus den Zutaten einen Hefeteig herstellen. Teig gehen lassen. Aus drei gleich großen Teigrollen einen Zopf flechten. Nochmal 15 Minuten gehen lassen. Mit Sahne-Honig-Gemisch bestreichen und mit Mandelstiften bestreuen.

Bei 175 Grad ca. 30 Minuten backen.

# Apfelstrudel

Zutaten Teig

| | |
|---|---|
| 200 g | Dinkelvollkornmehl |
| 50 g | weiche Butter |
| 1 | Ei |
| 1 Prise | Salz |
| 4 EL | warmes Wasser |

Zutaten Füllung

| | |
|---|---|
| 50 g | geschmolzene Butter |
| 125 ml | saure Sahne |
| ½ – 1 Tasse | Rosinen |
| 750 g | Äpfel |
| 2 – 3 EL | Honig |
| | Zimt nach Geschmack |
| | evtl. gehackte Haselnüsse oder Mandeln |

Aus den Teigzutaten einen nicht zu festen Teig kneten (evtl. etwas mehr Wasser nehmen).

Teig zugedeckt etwa ½ Stunde ruhen lassen. Teig auf einem mit Mehl bestäubten Küchentuch dünn auswellen, mit flüssiger Butter und saurer Sahne bestreichen.

Restliche Füllungszutaten miteinander vermischen und auf dem Teig verteilen.
Mit Hilfe des Küchentuchs aufrollen und auf ein mit Backpapier ausgelegtes Backblech legen. Die Enden werden nach unten hin eingeschlagen.
Die Rolle mit restlicher flüssiger Butter bestreichen.

Backofen auf 180 Grad vorheizen und ca. 35 bis 40 Minuten backen.

## Biskuitrolle (Sahne-, Schoko- oder Obstfüllung)

5

Zutaten für den Teig

| | |
|---|---|
| 4 | Eier |
| 3 EL | lauwarmes Wasser |
| 170 g | Honig |
| 180 g | Dinkelvollkornmehl (160 g bei Schoko-Biskuitrolle) |
| 1 Pack | Weinsteinbackpulver |
| (2 – 3 EL | Kakao, bei Schoko-Biskuitrolle dem Mehl beigeben) |

Zutaten **Sahne-Füllung**

| | |
|---|---|
| 500 ml | Sahne und |
| 40 g | Honig miteinander steif schlagen |
| | davon ¾ der Menge mit frischen Früchten (Erdbeeren, Himbeeren, o. ä.) vermischen |

Zutaten **Schoko-Sahne-Füllung**

| | |
|---|---|
| 500 ml | Sahne und |
| 80 g | Honig und |
| 2 EL | Kakao miteinander steif schlagen |
| evtl. | etwas Früchte, z.B. Banane in ¾ der Sahnemasse unterheben |

Honig, Wasser und Eier mit Handmixer oder Küchenmaschine auf höchster Stufe rühren bis eine cremige Masse entstanden ist. Mehl-Backpulvergemisch löffelweise vorsichtig in die Masse unterheben. Auf ein mit Backpapier ausgelegtes Blech füllen. Im vorgeheizten Ofen backen. 200 Grad (Umluft: 175 Grad) ca. 15 bis 20 Minuten.

Biskuit auf ein 2. Backpapier stürzen und 1. Backpapier abziehen, aufrollen und abkühlen lassen. Füllung vorbereiten. Kalten Biskuit abrollen und die Füllung auftragen. Biskuit einrollen und mit restlicher Sahnemasse bestreichen.

**Tipp:** Die Gebäcke können eingefroren werden.

# SONSTIGE SÜSSSPEISEN

## Süßer Smoothie

Zutaten

| | |
|---|---|
| 1 | Banane |
| 1 | Mango |
| 1 EL | Chiasamen |
| etwas | Wasser |
| etwas | Zitronensaft |

Banane und Mango in Stücke schneiden. Alle Zutaten ca. 1 Minute pürieren.

Bitte beachten Sie beim Verzehr von Smoothies und flüssiger Nahrung, dass Sie möglichst nur kleine Mengen in den Mund nehmen und diese gut "kauen", da es ansonsten zu Verdauungsproblemen kommen kann. Nehmen Sie sich die nötige "Mahl"-Zeit.

## Schokolade

Zutaten

| | |
|---|---|
| 200 g | „Kokosfett mild" flüssig/erwärmt |
| 120 g | Akazienhonig |
| 40 g | Kakao |
| 1 Prise | Salz |
| evtl. | ½ Tüte gepufften Amaranth oder Nüsse etc. |

Alle Zutaten vermischen. Je nach Geschmack z.B. eine halbe Tüte gepufften Amaranth oder Nüsse unterheben. In eine flache, mit Backpapier ausgelegte Form geben und einfrieren. Nach 3 bis 4 Stunden in kleine Stücke schneiden und im Kühlschrank aufbewahren.

## Pralinen

Zutaten



| | |
|---|---|
| 250 g | weiche Butter schaumig schlagen |
| 180 g | Erdnussmus oder Haselnussmus oder Mandelmus oder Cashewmus (ohne Zucker) |
| 60 g | gemahlener Buchweizen / Buchweizenmehl |
| ½ TL | Vanillepulver |
| 1 Msp. | Salz |
| 120 g | Honig (bevorzugt Rapshonig verwenden) |
| 0–60 g | Kakao (für dunkle Pralinen 60 g und für helle ohne Kakao) |
| evtl. | ein Schuss Rum |

Alle Zutaten mit einer Küchenmaschine auf höchster Stufe gut verrühren (ca. 5 bis 10 Minuten), in Spritzhülle füllen und auf einer Unterlage mit Butterbrotpapier kleine Pralinenportionen auftragen. Die Unterlage sollte nicht zu groß sein, sie sollte in die Gefriertruhe passen. Evtl. können die Pralinen noch mit Walnußhälften oder ähnlichem dekoriert werden. Danach in die Gefriertruhe stellen. Nach ca. 2 Stunden können die Pralinen in Schüsseln umgefüllt (zwischen den Lagen Butterbrotpapier einlegen) und wieder in der Gefriertruhe gelagert werden.

## Dattelkugeln

Zutaten

| | |
|---|---|
| 200 g | Datteln |
| 100 g | geröstete Mandeln oder Haselnüsse oder andere geröstete Nüsse. (Geröstete Nüsse kaufen oder in einer Pfanne ohne Fett rösten) |
| 125 g | Kokosflocken (100 g für die Masse, 25 g zum Wälzen) |
| 20 g | Kakaopulver nach Geschmack |
| evtl. | ein Schuss Rum |
| 50–100 g | Rosinen |
| 1 EL | Honig (oder auch ohne) |
| 1 Msp. | Salz |
| ½ TL | Vanillepulver |

Alles mit dem Mixer pürieren (25 g Kokosflocken übriglassen), kleine Kugeln formen, in den übrigen Kokosflocken wälzen. Die Kugeln im Kühlschrank aufbewahren.

**Variation:** In der Weihnachtszeit können noch geriebene Orangenschale und Zimt dazugegeben werden.

## Eis (Grundrezept)

Zutaten

| | |
|---|---|
| 500 ml | Schlagrahm steif schlagen |
| 500–600 g | Erdbeeren, Himbeeren, Brombeeren, Johannisbeeren etc. |
| | Honig (je nach Süße des Obstes Menge variieren) |

**Alles zusammen auf mittlerer Stufe mixen, in kleine Behälter (nicht Glas!) füllen und einfrieren.**

## Schnelles Zitroneneis

5

Zutaten

| | |
|---|---|
| 400 g | saure Sahne |
| 2 EL | Schlagrahm |
| 1–2 | Zitronen auspressen (je nach Geschmack die Menge variieren) |
| | Honig (je nach Geschmack die Menge variieren) |

Alles miteinander verrühren, in kleine Behälter (nicht Glas!) füllen und einfrieren.

## Schnelles Bananensofteis

Zutaten

Überreife Bananen in kleine Stücke schneiden und einfrieren.
Sahne oder Milch

Bei Bedarf eine gewünschte Menge an gefrorenen Bananenstücke entnehmen und mit etwas Sahne oder Milch gut durchpürieren. In eine Glasschüssel füllen und genießen.

Klaus Behling

# Der große Knall von Bitterfeld

## Katastrophen und andere geheimnisvolle Ereignisse in der DDR

Jaron Verlag

2. Auflage 2025
Jaron Verlag GmbH, Erdmannstr. 6, 10827 Berlin
info@jaron-verlag.de, www.jaron-verlag.de

Umschlaggestaltung: Bauer+Möhring, Berlin
Satz und Layout: Prill Partners | producing, Barcelona
Druck und Bindung: DZS Grafik, d.o.o., Ljubljana, Slowenien

ISBN 978-3-89773-869-0

Klaus Behling

Der große Knall von Bitterfeld

# Inhalt

# Der Bitterfelder Chemieunfall

## Wie die DDR mit Katastrophen umging

Am 13. Juli 1968 meldete das SED-Zentralorgan *Neues Deutschland*: „Ein schweres Unglück ereignete sich am Donnerstagnachmittag im Elektrochemischen Kombinat Bitterfeld. In der PVC-Anlage des Betriebes kam es aus noch nicht geklärter Ursache zu einer Explosion, wobei 12 Todesopfer zu beklagen sind. Infolge der Druck- und Splitterwirkung wurden über 100 Betriebsangehörige verletzt, mehr als 50 von ihnen schwer. Sie befinden sich im Bitterfelder und Wolfener Krankenhaus in ärztlicher Pflege und Obhut."

Das klang nach einer Katastrophe. Das Fernsehen änderte sein Programm und verschob das Sozialismus-Epos *Zeit ist Glück* von Benito Wogatzki auf einen späteren Termin.

Dass es im Chemie-Dreieck der DDR irgendwann mal ganz gewaltig knallen würde, war eigentlich jedem klar, der einmal mit dem Zug durch Leuna oder mit dem Auto durch Bitterfeld gefahren war. Überall zischte und tropfte es, beißender Gestank lag in der Luft, und die Wäsche auf der Leine war grau.

Am 11. Juli 1968 um 14.02 Uhr, unmittelbar nach Schichtwechsel, passierte es dann. Eine gewaltige Explosion erschütterte Bitterfeld. Es war ein heißer Sommertag mit 29 Grad. Das Chemiekombinat bebte, der ganze Ort schien zu schwanken, und noch in Muldenstein, sechs Kilometer vom Unglücksort entfernt, barsten Fensterscheiben. Die PVC-Halle des Chemie-

kombinats war in die Luft geflogen. Zeitzeugin Edith Cornelsen erfuhr davon durch ihre Mutter, die in einem Büro des Werks arbeitete und gerade telefonierte: „Während sie sprach, fing das Gebäude an zu wackeln und schaukeln." Der Bürokollege der Mutter vermutete ein Erdbeben. Mitsamt den Möbeln flogen beide aus dem Büro. „Er hatte Glück", resümiert Edith Cornelsen, „er landete auf einem Sandhaufen."

Helmut Kaudelka, damals als Arbeiter dabei, erinnert sich: „Wir standen unter Schock. Es war finster wie in der Nacht, du hast die Hand nicht mehr vor den Augen gesehen." Dass es ernst wurde, bemerkte auch Rohrschlosser Hans-Karl Friedrich: „Ich habe die Flammen regelrecht gesehen, die sind in diese PVC-Anlage geschlagen, und dann gab's kurz hintereinander zwei Verpuffungen."

Der große Knall hatte sich frühzeitig angekündigt. Während der Frühschicht entdeckten Arbeiter an einem der zwölf Autoklaven für die PVC-Gewinnung undichte Stellen. Rohrschlosser Friedrich wurde von einem Kollegen aufgefordert, die Schweißarbeiten sofort abzubrechen. „Wir haben das Werkzeug eingepackt und sind nach vorn gegangen. Dabei haben wir festgestellt, dass an einem Autoklaven eine kleine Fontäne PVC-Emulsion rausspritzte."

Autoklav Nummer 7 war undicht. Solche Kleinigkeiten regten niemanden mehr auf. Anlagenfahrer Manfred M. verminderte den Druck. Durch dieses „Abblasen" strömte das gasförmige Vinylchlorid in die Werkhalle und von dort in den grauen Himmel über Bitterfeld. Ein übliches Verfahren. Deshalb ging Manfred M. danach auch in aller Ruhe zu einer Versammlung.

Es war 13.20 Uhr, der Schichtwechsel um 13.30 Uhr nahte. Laut Betriebsordnung mussten der folgenden Schicht Mängel gemeldet werden. Doch das geschah an diesem Tag nicht. Anla-

genfahrer Manfred M. wollte seiner Ablösung nicht begegnen, denn die beiden Männer waren zerstritten, redeten schon seit Jahren nicht mehr miteinander.

Diese persönlichen Differenzen hatten eine fatale Wirkung. Hans-Karl Friedrich: „Dann ist der Autoklav wieder angefahren worden, aber den Kollegen ist es nicht gelungen, die Undichtigkeit zu beheben. Man hat wahrscheinlich gehofft, dass sich durch die Wärme die undichte Stelle von selbst erledigen würde." Doch das passierte nicht, stattdessen wurde der Strahl immer stärker. Ausgetretenes Gas breitete sich über den Hallenboden aus.

Der Anlagenfahrer, der Manfred M. abgelöst hatte, bemerkte die Havarie zu spät. Wahrscheinlich drehte er in seiner Panik gleich beide Ventile auf, um, wie gewohnt, erneut „abzublasen". Vier Tonnen Vinylchlorid schossen in die Halle. Meister Ralf Schulz: „Das Vinylchlorid in dieser Menge, wie das da rausgedonnert ist – das kann man nicht machen. Das kann man nicht einmal machen, wenn es kalt ist im Winter, geschweige denn bei so einer Hitze, weil Vinylchlorid bei diesen Temperaturen schnell verdunstet."

Um 13.50 Uhr wurde vom Betriebsmeister „VC-Alarm" ausgelöst. Ein durchdringender Hupton ertönte. Aus Arbeitsschutzbelehrungen wussten die Chemiearbeiter, dass nun höchste Vorsicht angesagt war, denn Vinylchlorid hat eine narkotisierende Wirkung. Bei früheren Vorfällen dieser Art war es bei Arbeitern, die sich in der Nähe befunden hatten, immer mal wieder zu Bewusstseinsstörungen gekommen. Nun breitete sich das Gas auf dem Betriebsgelände aus. Die Arbeiter flüchteten aus der Halle. Hans-Karl Friedrich: „Das Gas konnte man sehen. Die Luft flimmerte so wie über einer heißen Straße."

Dann kam der große Knall. Arbeiter Erhard Schwarz: „Die

ganze Bude war weg." In Sekundenbruchteilen war die gesamte PVC-Fabrik faktisch ausgelöscht.

Nur wenige Minuten später rückte die Werksfeuerwehr mit 28 Mann und vier Löschfahrzeugen an. Feuerwehrmann Johann Tongo: „Man sah schon am Himmel eine riesige Wolke, fast wie ein Atompilz." Bis zu fünf Meter hoch aufgetürmte Trümmer verhinderten, dass er und seine Kameraden die Unfallstelle direkt erreichten. Gerüstbauer Helmut Thom berichtet: „Als ich wieder wach wurde, lag ich unter einer Trümmerschicht von anderthalb Metern." Neben sich erblickte er einen toten Kollegen. Und Hans-Karl Friedrich erinnert sich: „Durch die Druckwelle hätte ich eigentlich durch die Luft fliegen müssen. Doch das war nicht der Fall. Ich hing irgendwo dran." Er hatte sich an einem Kabel verfangen. Das rettete ihm vielleicht das Leben.

Schnell eilten weitere Helfer herbei. Bald waren 15 Ärzte vor Ort. Einer von ihnen, Dr. Alfred Grunewald, erzählt: „In den ersten Stunden haben wir so acht bis zwölf Leute aus den Trümmern retten können."

Von den in der Halle verbliebenen Arbeitern hatte kaum jemand eine Chance zu überleben. Archivmaterial und Dokumente des Ministeriums für Staatssicherheit (MfS) bestätigten nach dem Ende der DDR: 42 der 57 in der Halle tätigen Arbeiter verloren ihr Leben. Die DDR-Nachrichtenagentur ADN berichtete am 15. Juli 1968 von „32 Opfern des schweren Unglücks, das sich am Donnerstag im Bitterfelder Kombinat ereignet hatte". Weiter hieß es: „Bei den unter schwierigen Bedingungen durchgeführten Bergungsarbeiten wurden seit Sonnabend weitere sechs bei der Explosion tödlich verunglückte Werksangehörige geborgen, zwei Werksangehörige starben trotz aufopferungsvoller ärztlicher Bemühungen im Krankenhaus an den Folgen ihrer lebensgefährlichen Verletzungen."

Bestatter Rudolf Nawroth erinnert sich, 37 Särge geliefert zu haben. Die Differenzen bei den Todeszahlen erklären sich dadurch, dass mehrere Menschen erst später an den Folgen des Unfalls verstarben.

Die gewaltige Druckwelle walzte weite Teile des Werks nieder. Gegen 15.30 Uhr waren etwa 270 Verletzte abtransportiert, 77 Vermisstenanzeigen lagen vor. Eine Regierungskommission unter Leitung des Staatssekretärs im Ministerium für Chemische Industrie reiste an. Prof. Dr. Eberhard Leibnitz, selbst Chemiker und Fachmann für organisch-chemische Technologie, verantwortete später die fachliche Seite der Unfalluntersuchung.

In Bitterfeld wusste jeder, dass etwas Schlimmes passiert war. Die Leute hörten es und sahen die riesige Staub- und Rauchwolke. In Windeseile verbreiteten sich Gerüchte. Von Hunderten von Toten war die Rede. Die Menschen hasteten zu den Kliniken, um etwas über ihre Angehörigen zu erfahren.

Doch noch war die Gefahr längst nicht gebannt. Vor dem Werksgelände standen zwei Kesselwagen, die das Zehnfache der bereits explodierten Gasmenge enthielten. Auf einen von ihnen war ein Stahlträger gekracht, es bestand akute Explosionsgefahr. Die Feuerwehr kühlte den Wagen mit einem Wasserschleier. Doch es kochten auch noch die Autoklaven unter den Trümmern. Der Druck stieg. Bei 15 Atmosphären würden auch sie in die Luft fliegen. Die Sekunden verrannen ...

Chemiearbeiter Peter Krüger erklärte sich bereit, mit zwei Feuerwehrleuten in die zerstörte Halle zu gehen, um die Autoklaven zu entschärfen. Das war die einzige Möglichkeit, weitere Explosionen zu verhindern. Karl-Heinz Beier, damals Einsatzleiter der Feuerwehr: „Es war gegen 16.15 oder 16.20 Uhr, als die Kreiskatastrophenkommission von uns informiert wurde, dass

wir eine Entspannung der Autoklaven vornehmen und damit eine Vinylchlorid-Wolke in Richtung Bahnhof Bitterfeld ziehen wird." Dies jedoch beschwor eine neue Gefahr herauf: Dort fuhren noch planmäßig Züge, gezogen von funkensprühenden Dampfloks. Dennoch wurde von einer Räumung des Bahnhofs abgesehen. Glücklicherweise passierte nichts.

Für Peter Krüger wäre der Einsatz allerdings fast tödlich ausgegangen: „Wir sind rein und haben erst mal Autoklav eins aufgedreht. Doch dann stellen wir fest: Wir stehen in der verkehrten Windrichtung." Die drei Männer wären durch das Gas umgekommen, hätten sie nicht noch rechtzeitig ihren Irrtum bemerkt. Um 16.40 Uhr war die Gefahr der Explosion eines weiteren Autoklavs gebannt. Verfahrenstechniker Karl Enders: „Es sind nachweislich vier Tonnen explodiert, und mehr als das Zehnfache lag ja unmittelbar daneben."

Das DDR-Fernsehen berichtete eine ganze Woche lang in der *Aktuellen Kamera* über das Unglück. Allein der unmittelbare Schaden betrug 120 Millionen Mark. Durch Produktionsausfälle und dadurch, dass man das fehlende PVC nun im Westen einkaufen musste, summierte sich der geschätzte Gesamtschaden auf eine Milliarde Mark.

Derweil begann das MfS nach Schuldigen zu suchen. Die Geheimdienstler vermuteten Sabotage. Zwei Schlosser, die verschwunden waren, gerieten in Verdacht – bis deren Leichen aus den Trümmern geborgen wurden.

Tatsächlich entdeckte man jedoch nur Unzulänglichkeiten an den Autoklaven, zum Beispiel Pappdichtungen an den Druckbehältern. Die passenden Ventilstücke waren beim Kauf der Geräte vergessen worden. Dies galt auch für den Autoklav, der die Katastrophe auslöste. Hans-Karl Friedrich: „Die Vorschriften waren so. Einsparen, Kosten sparen, Nutzen und so weiter ..."

In ihrem offiziellen Bericht nannte die Regierungskommission am 18. Juli 1968 das Fehlverhalten der getöteten Arbeiter als wesentliche Unglücksursache: „Die Handlungsweise zur Behebung des Schadens und zur Herstellung der ordnungsgemäßen Funktionsfähigkeit des Autoklavs entsprach nicht den betrieblichen und technischen Vorschriften. Offensichtlich war auf Grund der vorhandenen akuten Gefahr und der anderen genannten Umstände das Reaktionsvermögen des bei dem Unglück ums Leben gekommenen Anlagenpersonals beeinträchtigt. Auf diese Weise geriet die weitere Entwicklung außer Kontrolle."

Verfahrenstechniker Karl Enders widerspricht dieser Darstellung: „Das war eine Verkettung unglücklicher Umstände. In erster Linie hat man meines Erachtens nach die Gefährlichkeit der Technologie nicht richtig beurteilt. Das war die Hauptfehleinschätzung. Dem Personal kann man die wenigste Schuld geben."

Zu dieser Einschätzung gelangten auch die Experten des MfS. In ihrem geheimen Bericht VVS MfS 010 955/72 stellten sie fest, dass das Ablassen von explosivem Gas dem geltenden Arbeitsschutzrecht der DDR widersprach. Es sei „ein Wunder, dass es nicht schon vorher zu einer schweren Havarie gekommen ist".

Die Zerstörungen fielen so gewaltig aus, dass das Werk nicht wiederaufgebaut werden konnte und die Produktion von PVC nach Schkopau ins Buna-Kombinat verlagert werden musste.

Nach dem Unglück verschärfte die DDR rigoros sämtliche Bestimmungen über Arbeits-, Gesundheits- und Brandschutz. Bis 1971 gab es dazu zehn neue Verordnungen. Insider berichten, dass nach dem großen Knall von Bitterfeld in den Industrieministerien der DDR erstmals klar wurde, dass sich die hochgesteckten Produktionsziele gegen die Menschen und die Umwelt

richteten. Darüber gesprochen wurde nicht, denn das hätte gegen „die Linie der Partei" verstoßen.

Eine Konsequenz aus dem großen Knall von Bitterfeld war das 1970 von der Volkskammer beschlossene Landeskulturgesetz. Trotzdem wurde der Umweltschutz weiterhin vernachlässigt, wie zahlreiche Störfälle belegen.

Nach der umfangreichen Information über das Unglück in der Presse nutzte der Propagandaapparat den Vorfall wenige Wochen später, um erhöhte Produktionsleistungen anzumahnen. So berichtete *Neues Deutschland* zum Beispiel am 7. August 1968 unter der Überschrift *Der kleine Trompeter ist ihr Vorbild*: „Seit sechs Jahren trägt die Jugendbrigade ‚Fritz Weineck' in der Industrieprojektierung des VE BMK Chemie Halle den Namen des kleinen Trompeters. In der täglichen Arbeit und im Jugendverband zu verwirklichen, wofür dieser junge Revolutionär gekämpft hat, wurde das Leitmotiv der 21 Mädchen und Jungen. Zusätzlich zu den planmäßig zu schaffenden Produktionsunterlagen übernehmen sie in sozialistischer Hilfe die Projektierung von Anlagen, die bei der kürzlichen Explosion in Bitterfeld zerstört wurden." Und am 29. August berichtete die *Berliner Zeitung*: „Eine Produktion von 14 Millionen Mark ergeben die Verpflichtungen, die Kollektive des ‚Elektrochemischen Kombinat' Bitterfeld bisher nach Überarbeitung ihrer Wettbewerbsziele zum 20. Jahrestag der Republik übernommen haben. Sie wollen mit Hilfe zusätzlicher Produktion die durch die Explosion verursachten volkswirtschaftlichen Verluste so gering wie möglich halten."

Der Umgang mit solchen Katastrophen in der DDR zeigte immer auch einige Besonderheiten des Landes. Zum einen schufen derlei Ereignisse eine große Solidarität unter den betroffenen Men-

schen. Wer konnte, half, und manch einer wurde zum Helden. Zum anderen vertraute das Volk den Informationen in Presse, Funk und Fernsehen nicht sonderlich. So blühten auch immer die Gerüchte.

Das hatte mit der allgegenwärtigen Geheimhaltungsmanie des Staatsapparats zu tun. Bei Unfällen wie dem in Bitterfeld zeigte sich sehr schnell, dass die propagandistische Selbstdarstellung der DDR nicht mit den Realitäten übereinstimmte. Die Verwalter der Informationen meinten, Halbwahrheiten würden genügen, um die Bevölkerung zufriedenzustellen. Alles, was als Resultat staatlichen Versagens betrachtet werden konnte, wurde weitestmöglich verschwiegen. Die SED fühlte sich offenbar nicht fest genug im Sattel, um dem Volk die ganze Wahrheit zu sagen. Doch auch nach außen wollte man sich keine Blöße geben: Es herrschte Kalter Krieg, und die im Vergleich zur Bundesrepublik ohnehin wirtschaftlich schwächere DDR fürchtete den politischen Druck und die Häme des Westens. Der kleinere deutsche Staat wollte international gern als katastrophen- und skandalfreies Land dastehen.

Deshalb war die Berichterstattung über Unfälle und Katastrophen immer auch ein Politikum. Über manches wurde breit berichtet, was eigentlich keine kleine Notiz wert gewesen wäre, anderes wurde mit wenigen Zeilen abgehandelt, obwohl es Tausende von Menschen bewegte.

Unfälle und Katastrophen zu Lande, zu Wasser und in der Luft, Zwischenfälle im Berg oder durch Eis, Schnee und Regen geschehen überall auf der Welt. Doch in der DDR hatte der Umgang mit ihnen immer etwas sehr Spezifisches. Egal, ob solch ein Ereignis nur durch schlechte Witterungsverhältnisse oder eine Verkettung von ungünstigen Zufällen hervorgerufen wurde oder ob es ein Resultat jahrelang geduldeter Schlamperei

war – im Mikrokosmos DDR war der staatliche Umgang mit derlei „Besonderen Vorkommnissen“ stets auch ein Gradmesser dafür, wie fest sich die Mächtigen im Sattel fühlten.

Die hier dargestellten Ereignisse zeigen nur eine spezielle Seite der DDR. Doch sie erzählen Geschichten, die Geschichte machten – und der Umgang mit ihnen verrät viel über die Zustände in diesem Staat.

# Ein letztes Glückauf

## Grubenunglücke

„Ja, das Bild war gestellt“, sagt Fotograf Herbert Hensky, „aber die Stimmung war echt.“

Hensky schuf 1948 ein ikonisches Bild, das die DDR über 40 Jahre lang begleitete: Adolf Hennecke, der Bergmann aus der Steinkohlengrube „Karl Liebknecht“ bei Zwickau - leicht gebückt, mit nacktem Oberkörper den Presslufthammer ins Flöz des Werkes „Gottes Segen“ treibend, mit auffallend sauberem Gesicht, ganz ohne Schweiß. Letzterer hätte eigentlich in Strömen fließen müssen, als der 43-Jährige am 13. Oktober 1948 stolze 24,4 Kubikmeter Steinkohle förderte und damit sein Soll mit 387 Prozent übererfüllte. Er war der erste „Aktivist“ der DDR. Adolf Henneckes offizielle Prämie bestand aus 50 Mark, einer Flasche Bergmannsschnaps, drei Schachteln Zigaretten, anderthalb Kilo Fettzulage auf die Lebensmittelmarken und Anzugstoff. Er wurde zum Vorbild des „neuen Menschen“, und bald rollte eine riesige Propagandawelle an: „Wir brauchen viele Henneckes!“, hieß die Parole. Für den fleißigen Bergmann folgte eine politische Karriere: Nationalpreis, Auszeichnung als „Verdienter Bergmann“, Abgeordneter der Volkskammer und Mitglied im Zentralkomitee der SED.

Es ging ums Überleben der DDR. Die war nicht reich gesegnet mit Steinkohle, die zum Schmelzen von Stahl nötig war. Schlesien mit seinen Gruben gehörte nach dem Krieg zu Polen, die

Saar bis 1956 zu Frankreich und das Ruhrgebiet zu Westdeutschland. Nur rings um Zwickau hatte die DDR abbauwürdige Flöze. Die wurden seit dem 10. Jahrhundert genutzt, und bis zur Einstellung des Bergbaus 1978 förderte man dort 230 Millionen Tonnen des „schwarzen Goldes".

Dass es unter Tage gefährlich werden konnte, wussten die Leute in der Gegend seit Generationen. Es spiegelte sich in Tradition und Brauchtum wider und blieb in der Volkserzählung erhalten. Für die DDR waren die Unglücke im Berg immer ein besonders sensibles Thema, da die Bergleute als die Inkarnation der Arbeiterklasse galten. An ihrem Wohlbefinden musste sich die DDR-Politik messen lassen. Deshalb wurde auch über Grubenunglücke berichtet – allerdings oft lückenhaft.

## Verschwiegene Havarien und Kalter Krieg

Was sich im von der sowjetischen Geheimpolizei streng abgeschirmten Uranabbaugebiet der Wismut AG – ab 1954 SDAG (Sowjetisch-Deutsche Aktiengesellschaft) Wismut – tat, unterlag in den frühen Jahren der DDR strengster Geheimhaltung. Schon auf geringste Zwischenfälle folgten härteste Strafen. Stets stand der Vorwurf „Sabotage" im Raum. Über die Gefahren der Arbeit in den Bergwerken kursierten viele Gerüchte, offizielle Informationen gab es indes keine.

Nachträglich bekannt wurde ein schweres Explosionsunglück mit 30 Todesopfern, das 1948 im „Objekt 01" der Wismut AG in Johanngeorgenstadt stattgefunden hatte. Am 11. September 1949 kam es zudem zu einem Einsturz von Gesteinsmassen in einem Wismut-Schacht in Aue, bei dem acht Bergleute starben. Auch ein Wassereinbruch nach Sprengarbeiten im Zuge

einer Streckenauffahrung in Marienberg am 20. Februar 1950, der neun Todesopfer forderte, unterlag der sowjetischen Geheimhaltung.

Unmittelbar nach der Gründung der DDR herrschte auch in der Berichterstattung Kalter Krieg. Unglücke im Bergbau gab es angeblich nur im Westen, die Berichterstattung über solche Vorfälle wurden propagandistisch aufgeblasen. Exemplarisch für den in jenen Jahren herrschenden Ton war der Umgang mit einer Schlagwetterexplosion in der Schachtanlage „Heinrich Robert" in Herringen bei Hamm. Unter der Überschrift *15 Kumpel in den Tod getrieben – Ursache: Beschleunigte Aufrüstung* berichtete die *Berliner Zeitung* am 2. Juni 1951 über den Vorfall. Das SED-Organ *Neues Deutschland* machte es noch drastischer: „Wie Augenzeugen übereinstimmend berichten, sind alle Sicherheitsmaßnahmen auf der Schachtanlage ‚Heinrich Robert' seit Inkrafttreten des Schuman-Planes [Plan des französischen Außenministers Robert Schuman über die Zusammenlegung der deutschen und französischen Kohle- und Stahlproduktion nach dem Zweiten Weltkrieg] immer mehr außer Acht gelassen worden, da die Arbeitskräfte möglichst ‚billig' für die amerikanische Rüstungsindustrie beschäftigt werden sollen. So waren z. B. die Bergarbeiter im Flöz ‚Dicke Bank' gezwungen, einen Streckenbrand mit ihren Jacken zu löschen, da keine Löschgeräte zur Verfügung standen."

Ganz anders klangen die Meldungen, wenn es in der DDR krachte. Zu einer Schlagwetterexplosion in einer Kaligrube am 2. Juli 1951 hieß es unter der Überschrift *Tagung des Ministerrats der DDR* vom 6. Juli lediglich: „Ministerpräsident Otto Grotewohl erstattete in der Ministerratssitzung am Donnerstag einen Bericht über eine Schlagwetterexplosion in der Grube Kalikombinat Volkenroda. Als Opfer dieser Explosion sind der Tod von

neun Bergleuten und außerdem zwei Schwerverletzte zu beklagen. [...] Der Ministerrat beschloss, 50 000 DM als zusätzliche Hilfe [...] bereitzustellen." Tatsächlich sollen 15 Menschen verletzt worden sein.

Über die Opfer der kurz danach erfolgten Schlagwetterexplosion im Kali- und Steinsalzbergwerk „Glückauf" in Sondershausen am 11. Juli 1951 wurde nicht berichtet. Sie forderte zwölf Tote und 22 Verletzte.

Stattdessen gab es Meldungen über Bergwerksunglücke im Westen, so über die Explosion auf der Schachtanlage „Sophia Jakoba" in Hückelhoven am 12. April 1952 mit zwei Toten und vier Verletzten. Ebenfalls kommentiert wurden ein Unfall in der Grube „König" bei Neunkirchen im Saarland am 25. April 1952 mit sieben Toten sowie ein weiterer in der Schachtanlage „Adolf von Hansemann" in Dortmund-Mengede am 19. Juni 1952, bei dem vier Bergarbeiter starben und 24 verletzt wurden.

In der DDR ebenfalls unerwähnt blieb ein Unglück am 21. November 1957 im Kaliwerk „Krügershall" in Teutschenthal. Dort riss ein Förderkorb ab und stürzte auf einen anderen Korb, der ihm folgte und mit vier ausfahrenden Kumpeln besetzt war. Drei von ihnen starben, einer erlitt schwere Verletzungen.

Ganz besonders geheimnisvoll aber ging es über viele Jahre bei der Wismut zu.

## Wismut – Harte Urteile, geheime Unfälle

Unmittelbar nach dem Krieg, am 14. September 1945, begann im Erzgebirge unter sowjetischer Leitung die Suche nach Uran für den Bau von Atombomben. Sie verlief erfolgreich, und so entstand unter Leitung des Geheimdienstes der UdSSR ein rie-

siges Abbaugebiet. Bei jedem Unfall unter oder über Tage vermutete dieser Sabotage oder Spionage und reagierte mit drakonischen Strafen. In mehr als 80 Fällen wurden die Delinquenten nach Prozessen vor sowjetischen Militärgerichten in Moskau hingerichtet. Andere Anklagen führten zu langen Haftstrafen.

Verurteilt wurden neben Opfern von Denunziationen und Menschen, die durch Fahrlässigkeit schuldig geworden waren, auch bis 1945 aktiv gewesene Nationalsozialisten, Mitglieder und Sympathisanten von antisowjetischen Widerstandsgruppen, nachgewiesene Spione und andere, die nach damaliger Rechtsauffassung straffällig geworden waren. Die Urteile waren insofern kein gänzlich willkürliches Unrecht. Doch fehlten bei allen Prozessen rechtsstaatliche Mindeststandards: Delikte wurden politisiert, Gesinnungen bestraft und Abschreckungsurteile gefällt. Zudem waren alle ausgesprochenen Strafen von außergewöhnlicher Härte.

Unmittelbar nach Gründung der DDR setzte sich diese drakonische Bestrafung manchmal geringfügiger Taten bei der Wismut fort. Erneut wurden zahlreiche „Exempel statuiert". Wie man dabei Vorkommnisse politisierte, belegt ein Spionageprozess aus dem Frühjahr 1951 gegen den Geologen Axel-Fritz Weidenberg (27) und den Hauer Gerhard Fieker (24). Sie wurden zum Tode verurteilt und am 1. November 1951 hingerichtet, weil sie dem Rundfunk im amerikanischen Sektor über den mangelnden Arbeitsschutz bei der Wismut berichtet hatten. Durch erpresste Geständnisse, belegt durch den Rehabilitierungsbescheid der Moskauer Militärstaatsanwaltschaft im Fall Fieker vom 25. Mai 1994, wurde eine Verbindung zu „ausländischen Geheimdiensten" konstruiert. Ein weiterer Angeklagter, der Techniker Hans-Gerd Kirsche (22), erhielt 25 Jahre Arbeits-

lager und starb zwei Jahre später bei einem Häftlingsstreik in Workuta.

Auch nach Anschlägen auf Luftleitungen und Stromkabel 1951 in Johanngeorgenstadt erfolgte die Verhaftung und Bestrafung von Wismut-Arbeitern sowie ihre Verschleppung in sowjetische Straflager. Wegen Sprengung des Hauptstromkabels Mitte Juli 1951 wurden der Bergmann Hans-Jürgen Erdmann und der Radiometrist Gerhard König am 26. Juni 1952 in Moskau erschossen. Solcherart Aktionen blieben geheim. Selbst die DDR-Behörden erfuhren allenfalls über das Ministerium für Staatssicherheit (MfS), dass der Gesuchte „bei den Freunden in Haft" oder „von den Freunden zur Weitcrbearbeitung übernommen" worden sei.

Die Praxis exzessiver Urteile endete mit dem Tod Stalins 1953 und der Gründung der SDAG Wismut am 1. Januar 1954. Bei den Auskünften, die in der zweiten Hälfte der 1950er-Jahre in Einzelfällen von sowjetischen Stellen über das Schicksal „Vermisster" gegeben wurden, wurde die Todesursache durch die Angabe diverser Krankheiten verschleiert. Die makaberste Auskunft lautete dabei: „Abriss der Aorta" – die übliche Folge einer Erschießung.

Vor dem Hintergrund der strengen Geheimhaltung und des grausamen Regiments bei der Wismut erklärt sich, dass jegliche Unfälle in den frühen Jahren verschwiegen wurden. Einige Spuren lassen sich jedoch in der Geschichte der Grubenwehr des Unternehmens finden.

Als in der sowjetischen Besatzungszone am 6. April 1949 die Anordnung über das Grubenrettungswesen erlassen wurde, blieb die Wismut davon ausgenommen. Dort baute man eine eigene Grubenwehr nach sowjetischem Vorbild auf. Bei einem Brand im „Objekt 01" in Johanngeorgenstadt bestand sie im

Dezember 1949 ihre erste Feuertaufe. Vom 12. bis zum 22. Mai 1975 kamen im Schacht 371 bei Harteinstein 256 Wehrmitglieder zum Einsatz. Das deutet auf einen größeren Zwischenfall hin. Einen Grubenbrand im Bergbaubetrieb Reust löschten vom 27. November bis zum 1. Dezember 1975 insgesamt 130 Männer. Vom 6. bis 13. Mai 1976 war die Wismut-Grubenwehr bei einem Brand „in einem Überbau des Bergbaubetriebes Schmirchau / Thüringen" eingesetzt.

Öffentliche Berichte darüber gab es nicht. Dass überhaupt Unfälle passierten, erfuhr die Bevölkerung eher zufällig. Beispielsweise erwähnte der Maler Willibald Mayerl, Jahrgang 1896, der vor seiner künstlerischen Karriere Bergmann und Sicherheitsbeauftragter bei der Wismut gewesen war, in einer Reportage über ihn im *Neues Deutschland* vom 21. August 1976 sein Bild *Durch Grubenbrand eingeschlossene Bergleute*. Indirekt verwies auch der Erste Sekretär der SED-Gebietsleitung der Wismut, Alfred Rohde, in einer am 4. September 1976 veröffentlichten Rede auf den Brand im Mai 1976: Er erwähnte „die Rekonstruktion der Hauptförderanlage des Bergwerks Schmirchau".

Ein Jahr später brannte es erneut in der Schmirchauer Grube. Im April und Oktober 1977 bekämpften Feuerwehrleute Brände auf mehreren Sohlen im Schacht 371. Willi Baldt, dem Chef der Grubenrettungsstelle in Schmirchau, wurde im Juli 1977 der Ehrentitel „Verdienter Bergmann der DDR" verliehen. Für die Zeit vom 22. Januar bis zum 2. Februar 1981 verzeichnet die Grubenwehr erneut einen Brandeinsatz und anschließende Abdämmarbeiten.

Genaue Zahlen über die Unfälle bei der Wismut sind nicht bekannt. Heutige Schätzungen gehen von etwa 42 000 Vorkommnissen aus. In den Jahren 1946 bis 1948 soll es rund 200 tödliche Arbeitsunfälle gegeben haben, für die Zeit von 1949 bis

1964 sind 376 Todesopfer dokumentiert. Schätzungen besagen, dass zwischen 1946 und dem Ende der SDAG Wismut 1991 in deren Anlagen insgesamt 772 Menschen durch Arbeitsunfälle ums Leben kamen.

## Grubenbrand und Schauprozess

Am 19. April 1952 brach in Schacht IV des Martin-Hoop-Werks Zwickau ein Grubenbrand aus. Er entwickelte sich schnell zur Katastrophe für die Kumpel des Steinkohlebergwerks. 48 von ihnen starben, 27 weitere wurden verletzt, manche davon schwer. Eine ganze Abteilung des Werks musste stillgelegt werden. Der Sachschaden belief sich auf etwa fünf Millionen Mark.

Im Bericht der Unfalluntersuchungskommission an den Ministerrat vom 6. Juni 1952 hieß es: „Der Brand wurde bereits gegen 6 Uhr von dem Brandspürer der Nachtschicht entdeckt, aber weder dem Abteilungssteiger noch der Werksleitung über Tage gemeldet. Nur seinem Ablöser, der zur Frühschicht einfuhr, machte er Mitteilung. Um 8.30 Uhr wurde von zwei Reparaturhauern Brandgeruch wahrgenommen und der Aufsicht gemeldet. Der Grubenaufseher Stiehler ließ, nachdem er dem Wettersteiger die Meldung weitergegeben hatte, die Abteilung 11 räumen. Aus dieser Abteilung konnten alle Belegschaftsmitglieder infolge der rechtzeitigen Warnung ohne Verletzung und Vergasung herausgezogen werden. Obwohl der Obersteiger sich zu gleicher Zeit von dem Brand überzeugt hatte und es seine Pflicht gewesen wäre, auch die 9. Abteilung, in der das Unglück geschah, räumen zu lassen, geschah dies nicht. Eine gegen 10.15 Uhr hinzukommende Verpuffung verschlim-

merte noch die Lage und führte die Brand- und Rauchgase in den Frischwetterstrom und von da in die 9. Abteilung, wo sich die Belegschaft befand. In der Zwischenzeit war auch die Grubenwehr zum Einsatz geführt worden. Bis 12 Uhr konnten durch die Grubenwehrmänner 14 Kumpel geborgen und von ihnen sechs gerettet werden. Der Brand entwickelte sich dann in einem solchen Ausmaße, dass nach der Bergung von fünf Toten ein weiteres Vordringen der Grubenwehren nicht mehr möglich war. Es musste der schwere Entschluss gefasst werden, die Brandabteilung abzudämmen und auch gleichzeitig die weitere Bergung der noch 35 Toten aufzugeben."

Sehr schnell wurde nach politischen Gründen für das Unglück und nach Fehlern der Verantwortlichen gesucht: „Die Untersuchungskommission [...] nahm auch zur Schuldfrage Stellung. Dabei wies sie auf die mangelnde und fehlerhafte Projektierung und Planung der Schachtanlage bereits vor Beginn der Förderung hin, die nicht ohne Folgen bleiben konnte. In dem Bericht wurde hervorgehoben, dass die Schuld an dem Unglück und dem entstandenen Schaden vor allem beim verantwortungslosen Verhalten der Werksleitung liegt. Die Maßnahmen zur Sicherung und zum Schutz der Bergarbeiter sind noch keineswegs von den Grubenleitungen bis zu den höchsten Spitzen der Verwaltungsorgane mit all der nötigen Sorge und Energie ergriffen worden. Das zeigt sich vor allen Dingen darin, dass die aus der kapitalistischen Zeit gewohnte und schädliche Praxis, die Produktion vor die Grubensicherheit zu stellen, noch keineswegs überwunden ist und dass noch heute bei uns nach den alten Vorschriften der ehemaligen preußischen und sächsischen Bergämter gearbeitet wird."

Nach dieser Katastrophe wurden die Arbeitsschutzbestimmungen geändert. Der damalige stellvertretende Ministerpräsi-

dent Walter Ulbricht begründete das politisch: „Die Vorschriften der Bergämter, wie sie gegenwärtig noch bei uns gültig sind, haben Geltung für kapitalistische Grubenunternehmungen. Es kann kein Zweifel darüber bestehen, dass Bestimmungen dieses Inhalts für die neuen Bedingungen, für die neue demokratische Ordnung, wie sie bei uns besteht, nicht weiter fortbestehen können, sondern dass sie entsprechend den neuen Aufgaben des Arbeitsschutzes bedeutend verbessert werden müssen und dass ihre strenge Einhaltung gesichert werden muss. Das gilt aber nicht nur für den Bergbau, sondern auch für die anderen Industrien." Dann forderte er: „So sehr ich mit den Vorschlägen der Kommission einverstanden bin, vermisse ich in dem Vorschlag eins, nämlich eine Schlussfolgerung, die in Bezug auf die Bestrafung derjenigen gezogen werden muss, die für dieses Unglück verantwortlich sind. [...] In diesem Prozess sollen alle Fragen behandelt werden, die mit diesem Unglück im Zusammenhang stehen. Die Untersuchungsergebnisse im Martin-Hoop-Schacht und die Überprüfung der Arbeit der Verwaltung im gesamten Bergbau sollen mit zum Gegenstand der Verhandlung dieses Prozesses gemacht werden."

Das Oberste Gericht (OG) der DDR veranstaltete weisungsgemäß einen Schauprozess unter Leitung der damaligen Vizepräsidentin des OG Hilde Benjamin und kam hierfür eigens in Zwickau zusammen. Angeklagt wurden der Brandspürer Paul S., der technische Oberleiter Kurt W., der Sicherheitsinspektor Kurt Z., der Reviersteiger Arthur Sch., der stellvertretende Obersteiger Emil K., der Grubenwehrführer Hans Z. sowie Wilhelm F., der Betriebsleiter der Schachtanlage „Hoop 4".

Bereits vor dem Prozess gab Walter Ulbricht die Richtung vor: „Es ist festgestellt worden, dass eine fehlerhafte Projektierung aus den Jahren 1949 und 1950 vorliegt. Ist diese Frage genau un-

tersucht worden? Ist klar, wer diejenigen sind, die für die fehlerhafte Projektierung verantwortlich sind?"

Dementsprechend bewertete das Gericht nun vor allem die NS-Vergangenheit der Angeklagten und sah darin deren Hauptschuld: „Alle Anwesenden waren empört, als der Angeklagte Z[...], der ein langjähriges Mitglied des Stahlhelms und der NSDAP war, erklärte, dass die besonderen Gefahrenherde des Martin-Hoop-Werkes ihm wohl bekannt waren, ohne dass er jedoch etwas zur Beseitigung der Gefahren tat. [...] Obwohl der Angeklagte Z[...], der vor 1945 SS-Führer war, von den falschen Eintragungen des Angeklagten Sch[...] in die Wetterbücher wusste, erstattete er, da Sch[...] sein unmittelbarer Vorgesetzter war, der Werkleitung gegenüber keine Meldung." Angesichts dieser Vorwürfe wirkte rein persönliches Versagen, wie es dem Angeklagten S. vorgeworfen wurde, schon fast minder schlimm: „Erst lange nach Ausfahrt aus der Grube teilte er seine Wahrnehmungen beiläufig einem Kollegen mit. Aus rein egoistischen Motiven heraus, um nämlich nicht im Werk aufgehalten zu werden, wurde er so mit zum Mörder seiner Kameraden."

Am 5. Juli 1952 teilte *Neues Deutschland* mit: „Mit vollem Recht verlangen alle Menschen unserer Republik, besonders aber die Bergleute, dass die Schuldigen vom Martin-Hoop-Werk IV gerecht und streng bestraft werden, damit allen, die die Sicherheit des Lebens unserer werktätigen Menschen gefährden, klar wird, dass mit aller Strenge gegen sie eingeschritten wird." Das Gericht hob „die große erzieherische Bedeutung dieses Prozesses" hervor.

Die Urteile waren dementsprechend hoch: „Der Angeklagte S[...] wurde wegen vorsätzlicher Tötung zu zwölf Jahren Zuchthaus und Aberkennung der bürgerlichen Ehrenrechte auf die Dauer von fünf Jahren verurteilt. Der Angeklagte W[...] er-

hielt acht Jahre Zuchthaus und 5000 DM Geldstrafe; die Angeklagten Z[...] und Sch[...] wurden zu je sechs Jahren Zuchthaus verurteilt. Über die Angeklagten K[...], Za[...] und F[...] wurden Gefängnisstrafen von fünfeinhalb, fünf und drei Jahren verhängt." Damit bekam der Brandspürer die höchste Strafe, der technische Oberleiter die zweithöchste. Der Sicherheitsinspektor und der Reviersteiger erhielten gleich lange Zuchthausstrafen, für den stellvertretenden Obersteiger, den Grubenwehrführer und den Betriebsleiter des Schachts blieb es bei Gefängnisstrafen.

Das SED-Zentralorgan bezeichnete den Schauprozess als „Mahnung für alle Bürger und Verwaltungsstellen" und resümierte: „Der Prozess wird aber zugleich dazu beitragen, das Bündnis zwischen der Intelligenz und der Arbeiterklasse noch mehr zu festigen [...]."

Stattdessen folgte jedoch ein Geheimprozess gegen die „bürgerliche" Intelligenz im Bergbau. Am bedeutsamsten war die Anklage gegen den Bergbauingenieur Otto Fleischer. Er wurde am 22. Dezember 1952 verhaftet, wie zuvor oder danach auch seine Kollegen Wilhelm Kappler, Hans Hertel, Conrad Kuchheida, Georg Bank, Bruno Fankhänel und Herbert Kribus. Allen warf das OG Sabotage gegen Bergbaueinrichtungen der DDR und Spionage für westliche Geheimdienste vor. Als prominentesten Vertreter der angeblichen „Gruppe Kappler" verurteilte das OG am 26. September 1953 Otto Fleischer wegen „Kriegs- und Boykotthetze" zu 15 Jahren Zuchthaus und fünfjähriger Aberkennung der bürgerlichen Ehrenrechte. Er wurde 1961 aus der Haft entlassen und arbeitete bis zur Rente 1966 als Mitarbeiter des Mansfeld-Bergbaukombinats. Am 19. Dezember 1991, zwei Jahre nach seinem Tod, rehabilitierte ihn das Landgericht Berlin.

## Schwarze Tage in Menzengraben

Zu den beiden größten Gasausbrüchen in Deutschland kam es 1953 und 1958 in Menzengraben, heute ein Ortsteil von Dermbach im Wartburgkreis.

Nach einer am Abend des 7. Juli 1953 erfolgten Sprengung vernahmen Anwohner ein ungewöhnliches Zischen. Aus dem Schacht Menzengraben war Kohlendioxid entwichen. Zwei Männer und eine Frau starben.

Nach Berichten von Zeitzeugen war durch die Gaswolke, die sich auf den Boden des Ortes im Tal der Felda absenkte, nicht nur die Bevölkerung des Ortes, sondern auch die der Nachbargemeinden Stadtlengsfeld und Dietlas gefährdet. Die Einwohner wurden durch Sirenen gewarnt, die Fernverkehrsstraße und eine Feldbahnlinie gesperrt.

In der Ortschronik ist nachzulesen, dass es unter Tage einen abrupten Ausstoß von 1,0 bis 2,4 Millionen Kubikmetern Kohlendioxid gegeben habe. Hierbei entstand ein etwa 200 Meter langer Hohlraum. Über Tage traten dadurch innerhalb von nur 20 Minuten zwischen 1100 und 3900 Tonnen des Gases aus. Es ist kein weiterer Unfall bekannt, bei dem Menschen über Tage durch Kohlendioxid aus dem Berg zu Tode kamen.

Bei einer Erkundungsbohrung am 17. April 1958 in der Schachtanlage Menzengraben des Kaliwerks „Einheit" in Dorndorf stieß der Bohrer in 71,5 Metern Tiefe auf Kohlendioxid. Die angestochene Blase breitete sich explosionsartig aus. Mehrere Dutzend Bergleute flüchteten sich auf höher gelegene Ebenen unter Tage, einige wurden dort eingeschlossen, zwölf Männer fand die Grubenwehr bereits bewusstlos vor. Sie konnte insgesamt 87 Kumpel bergen, während bei sechs Männern die Wiederbelebungsversuche erfolglos blieben.

Als Konsequenz des Unglücks wurde die Ausrüstung der Bergleute mit tragbaren Gasschutzgeräten veranlasst. Die Förderung von Kalisalz im Schacht Menzengraben endete 1966.

## Feuer in Schacht 250

Als drei Schweißer gegen ein Uhr am Morgen des 16. Juli 1955 Flammen auf der Minussohle 480 entdeckten, versuchten sie, diese mit Feuerlöschern zu bekämpfen. Ein Kurzschluss an einem Stromschalter im Schacht 250 der SDAG Wismut, auch unter der Bezeichnung 208 b bekannt, hatte ihn verursacht. Durch ein Umschlagen des „Wetters" – im Bergbau meint der Begriff die Luftverhältnisse im Schacht – breitete sich das Feuer sehr schnell auf mehreren Sohlen innerhalb der verzweigten Schachtanlage aus.

Die Schachtleitung befahl das Verlassen des Bergwerks und verhinderte das Einfahren der Frühschicht. Doch nicht alle Bergleute schafften es, das rettende Tageslicht zu erreichen.

Am 19. Juli gab es dazu eine lapidar klingende Pressemeldung: „Infolge eines Grubenbrandes in einem der Schächte von Niederschlema erlitt eine Gruppe von Bergleuten Rauchvergiftungen. In einigen Fällen nahmen die Rauchvergiftungen tödlichen Ausgang an. 24 Bergleute kamen ums Leben. In den Krankenhäusern befinden sich 96 Bergleute, die Rauchvergiftungen erlitten, deren Leben jedoch außer Gefahr ist [...]."

Nach einem Bericht der MfS-Bezirksverwaltung Karl-Marx-Stadt (heute Chemnitz) vom 20. Juli rief die knappe Information Unmut unter den Bergleuten hervor. Die Verantwortlichen gerieten dadurch in ein Dilemma. Einerseits sollte über die unter

sowjetischer Leitung stehende SDAG Wismut möglichst wenig geredet werden, andererseits wollte man die Bergarbeiter nicht unzufrieden sehen. Die Lage spitzte sich zu, als noch während der Rettungsarbeiten in Kinos in Aue und Umgebung ein Film über das schwere Grubenunglück in Gelsenkirchen im Mai 1950 mit 78 Todesopfern gezeigt wurde. Vertrauliche Berichte vermerkten „ärgerliches Murmeln und sogar Pfiffe" während der Vorstellung.

Nun änderte sich auch die Berichterstattung. Zwischen dem 20. und 24. Juli erschienen vier Beiträge im SED-Zentralorgan *Neues Deutschland*, darunter eine große Traueranzeige mit allen Namen der Opfer sowie Auszügen aus der Trauerrede von Ministerpräsident Otto Grotewohl im Opernhaus Karl-Marx-Stadt.

Der Brand im Berg wütete vier Tage lang, bis zum Löschen der letzten Glutnester dauerte es eine Woche. Die Rettungskräfte konnten 120 schwer verletzte Kumpel bergen, 33 Bergleute fanden den Tod, darunter auch acht Grubenwehrmänner und der Leiter der Bergbauinspektion Karl-Marx-Stadt, Max Markstein.

Über die Ursachen des Unglücks und die Unzulänglichkeiten bei dessen Bekämpfung berichtete die Presse nicht. Stattdessen stellte sie ausführlich die Vorteile des Sozialismus gegenüber dem Kapitalismus im Westen dar. In der *Berliner Zeitung* vom 6. August 1955 hieß es dazu: „Bis zur letzten Sekunde wurde um jeden Bergmann gekämpft, als sich am 15. Juli im Schacht von Niederschlema das Brandunglück ereignete. [...] Wie furchtbar die Sicherheit der Werktätigen in Westdeutschland vernachlässigt wird, zeigte sich jetzt bei dem Grubenunglück in Gelsenkirchen, wo auf der Zeche Dahlbusch 40 Todesopfer zu beklagen sind. Es war das dritte Unglück, das sich in dieser Zeche während der letzten fünf Jahre ereignete. Schon 1950 fanden dort 78 Bergleute den Tod. Jetzt ließen die nur an ihrem Profit inte-

ressierten Zechenherren von Dahlbusch 24 im Schacht gebliebene Bergleute einmauern. Täglich sind es fünf Kumpel, die in Westdeutschland von solchen Ausbeutern in den Tod getrieben werden, weil Sicherheitsmaßnahmen den Gewinn der Konzernherren beeinträchtigen."

Das Thema Klassenkampf durchzog dann auch eine der ungewöhnlichsten Berichterstattungen, die es in der DDR jemals über ein Unglück gab. Am 28. August 1955 erschien im SED-Zentralorgan *Neues Deutschland* eine fast zwei Seiten lange literarische Reportage des späteren Literaturpreisträgers des Freien Deutschen Gewerkschaftsbundes und heute nahezu vergessenen Schriftstellers Wolfgang Neuhaus aus Niederschlema. Sie war beispielgebend für den vier Jahre später ins Leben gerufenen „Bitterfelder Weg", der die Parole „Greif zur Feder, Kumpel" ausgab und die künstlerische Beschäftigung mit den Sorgen und Nöten der „Arbeiterklasse" anregte.

Dass dieser Weg bei der Wismut schon ein paar Jahre früher begann, hatte seinen Grund. Bis in die 1950er-Jahre beherrschte vor allem Gemunkel das Treiben im Uranbergbau unter der direkten Leitung der Sowjetunion. Zum Jahreswechsel 1953/54 wurde die Wismut AG liquidiert und als Sowjetisch-Deutsche Aktiengesellschaft neu gegründet. Unter diesem Namen bestand sie bis zum 20. September 1991. Die wilden Jahre zwischen Goldgräberstimmung und Schafott waren vorbei. Die Verhältnisse begannen sich zu normalisieren, bis das Unglück vom 15. Juli 1955 die Ruhe zu zerstören drohte. Aus diesem Grund sollte Wolfgang Neuhaus mit seinem Auftragswerk die vielen Gerüchte zerstreuen. Dafür nutzte er die damals tatsächlich agierenden Personen und legte ihnen eine Menge Propagandasprüche in den Mund.

Seine Reportage begann er mit kitschiger Bergromantik: „Der

Morgen kriecht über die Dächer. Hinter den waldigen Hängen des Erzgebirges steigt der rote Sonnenball so schnell empor, dass es aussieht, als ob er es eilig hätte, den Menschen Wärme und Licht zu geben. In der Talmulde liegt das Bergarbeiterstädtchen Niederschlema." Dann schilderte der schreibende Kumpel ausführlich die Arbeitssituation unter Tage: „Tief unten im Bauch der Erde, in einer Gangstrecke des Querschlages 401 flucht der Brigadier Wolfgang Abendroth: ‚Der Teufel mag wissen, was da wieder los ist. Immer noch keine Hunte, und der Steiger lässt sich auch nicht mehr sehen. Dann verbauen wir eben weiter.' Helmut Herzog und Ludwig Mayer von der Brigade Abendroth schleppen von neuem Stempel heran. So geht es nun schon seit Mitternacht. Erst hatten sie gefördert, kaum aber war der 16. Juli angebrochen, blieben die Hunte aus, und keine Lok kam fauchend und stampfend den Querschlag hinunter. Der Brigadier hat sich schnell wieder beruhigt. Bald ist Schichtschluss, und morgen, am Sonntag, wird er sich erst einmal richtig ausschlafen."

Doch dazu kam es nicht, und Brigadier Wolfgang Abendroth wurde stutzig: „Ein seltsamer scharfer Geruch beißt ihn in die Nase. Das ist nichts Besonderes. Vielleicht arbeiten irgendwo die Schweißer, denkt er. Doch statt zu seinen Kumpeln zu gehen, marschiert er mit schnellen Schritten den Querschlag entlang zu Fritz Ruder." Dort war Qualm und Feuer zu sehen. „Im ersten Augenblick hat sie lähmendes Entsetzen gepackt. Es ist ihnen, als wollte das Blut in den Adern gefrieren. ‚Hier ist kein Durchkommen mehr.' Die Fünf wissen, was dieser Satz bedeutet. Der Rauch zieht den Querschlag hinunter, langsam wird sie der schleichende Tod packen. Ein Zurück gibt es nicht. Die Fünf haben keinen Fluchtweg. Oder doch? Die Sekunden des Entsetzens, die des ersten Schocks, die an den Nerven zerren und jedes

vernünftige Denken unfähig machen, sind vorbei. Jetzt kennen sie ihren Feind, und dieser Feind heißt Rauch. Sie wissen, dass sie vor diesem Rauch nicht mehr zurückweichen können. Es gibt also nur eines: vorwärts. Sie müssen versuchen, sich durch diese Wand von Qualm hindurchzuarbeiten. Die Fünf machen Tücher nass, einer zerreißt seine Weste, ein anderer das Hemd. Die nassen Lappen halten sie vor Mund und Nase. ‚Los. Einer fasst die Lampe des anderen.' Die fünf Männer bilden eine Kette, sie halten einander an den Lampen und arbeiten sich den Stollen vor. Rauch, beißender wogender Nebel. Die Lampen sind nutzlos, so finster und undurchdringlich ist dieser Qualm. ‚Noch zehn Schritt. Und nochmal zehn Schritt.' Jemand hustet. ‚Los, weiter.' Schritt für Schritt kämpfen sie sich vorwärts. Dann wird es heiß. Plötzlich beginnen Gesichter und Hände zu brennen, es ist noch keine Minute vergangen, da sind die Lappen getrocknet. Ein neuer, bösartiger Feind taucht auf: Feuer. ‚Zurück. Es hat keinen Zweck. Wir verbrennen ja.'"

Schließlich mauerten sich die Bergleute ein, gaben Klopfzeichen. Ganz nebenbei erzählte Wolfgang Neuhaus nun, dass es nach wie vor die Sowjets waren, die das Sagen hatten: „Indessen steht der Genosse Pilz dem sowjetischen Schachtleiter gegenüber." Da durfte ein Lob nicht fehlen: „Der Schachtleiter gibt seine Anweisungen, und in dieser Zeit hat Walter Gelegenheit, die ruhige und sichere Haltung des sowjetischen Genossen bewundern zu können. Auf einmal dreht sich Genosse Kubanow herum und sieht Walter fest an: ‚Sie kennen den Querschlag 401 genau, Genosse Pilz?' ‚Ja, ich habe ihn geschossen.' ‚Sie wissen, dass dort fünf Mann eingeschlossen sind?' ‚Ja.' ‚Sind Sie bereit, mit einem Rettungskommando einzufahren?'"

Die Rettung begann, und für die Eingeschlossenen wurde die Lage immer dramatischer. „Totenstille lastet im Schacht.

Erschrocken sehen sie sich an. ‚Was ist los?‘ Einer geht vor und sieht nach den Schläuchen. Der Sauerstoff ist zu Ende: gegen den Rauch drückt kein Luftzug mehr. Schritt für Schritt kommt der Rauch wieder zurück. An den fünf Fingern kann man sich ausrechnen, wenn der Qualm zu den fünf Eingeschlossenen gelangt ist, dann ist alles zu Ende. Stockend antwortet er: ‚Wir haben noch eine halbe Stunde zu leben.‘ Er sieht auf die Uhr. Es ist Sonnabend, 19.30 Uhr. Länger als zwölf Stunden haben sie ausgehalten, länger als zwölf Stunden haben sie dem Tod getrotzt, und nun soll alles zu Ende sein? Außer Helmut Herzog haben sie alle Frauen und Kinder. Sollen sie nie mehr nach Hause kommen, nie mehr die Frau und die Kinder sehen, soll denn wirklich alles vorbei sein?“

Das aber würde nicht geschehen, denn schließlich arbeitete man in einem sozialistischen Betrieb. Wolfgang Neuhaus ließ die bedrohten Bergleute darüber sinnieren. Sehr realitätsnah dürfte das nicht gewesen sein. „‚Erinnert euch. In Dortmund wurden 1943 auf der Zeche ‚Hansa‘ Kumpel eingemauert, die noch Klopfzeichen gaben. Als man die Mauer wieder wegriss, haben einige dagelegen.‘ ‚Meinst du vielleicht, die mauern den Querschlag zu?‘ ‚In Dortmund ...‘ Die anderen protestieren. ‚Hör doch auf, Mensch. Das ist im Kapitalismus so üblich. In welch einem Staat leben wir denn.‘ Der Genosse Ruder sagt: ‚Bei uns steht der Mensch im Mittelpunkt, das müsstest du längst wissen. Aber drüben kosten die Rettungsarbeiten Geld. Das geht den Herren vom Profit ab, mein Lieber. Wenn sie zumauern lassen, so ist das viel billiger. Diesen Schweinen ist es egal, ob da Kumpel verrecken.‘“

Glaubt man Schriftsteller Wolfgang Neuhaus, ging die unter Tage und unter Lebensgefahr stattgefundene Agitationsrunde munter weiter, bis schließlich am 18. Juli die Rettung nahte.

„56 Stunden lang hielten Genosse Fritz Ruder, Wolfgang Abendroth, Helmut Herzog, Ludwig Mayer und Herbert Hempel im Querschlag 401 aus. So schwer die Belastungsprobe der Nerven auch war, in jeder Stunde vertrauten sie ihrem Staat der Arbeiter und Bauern, bis sie aus der Tiefe des Schachtes befreit wurden."

Der Sozialismus hatte wieder einmal gesiegt und die Bergmänner gerettet.

## Die Katastrophe von Zwickau

Es kam wie aus heiterem Himmel. Am 22. Februar 1960 um 8.20 Uhr erschüttert eine Explosion den Schacht des Steinkohlebergwerks „Karl Marx" in Zwickau. Dort arbeiteten die Kumpel in 1100 Metern Tiefe.

Der 20-jährige Rainer Leistner gehörte zur 24 Mann starken Elektrobrigade. Er hatte sich gerade auf den Weg zu Blindschacht 32 gemacht, als es „zweimal jämmerlich knallte". Der Luftdruck schüttelte die Männer, Staub breitete sich aus. „Und dann gab es eine unheimliche Ruhe - plötzlich stand alles still", erinnert sich Leistner bis heute.

174 Bergarbeiter - andere Quellen sprechen von 178 - waren schlagartig von der Außenwelt abgeschnitten. Tödliches Kohlenmonoxid nahm ihnen die Luft zum Atmen. „Jetzt begann der Tumult", so Leistner, „alle hatten furchtbare Angst." Es gab ein Gerangel um die „Selbstretter", doch auch das Anlegen der Atemgeräte konnte die Panik nicht verhindern. „Man dörrt aus in der Kehle, das ist unglaublich schmerzhaft", erklärt Leistner. „Aber mir war klar: Wenn ich den Filter absetze, dann war es das." Ihm gelang es, sich in Richtung Frischluft zu retten.

Über Tage heulten die Sirenen. Die Grubenwehr fuhr ein. Noch hofften alle, es könne glimpflich ausgehen. Elf Stunden später hatten die Retter 40 Bergleute lebend und 13 tot geborgen.

Sofort war klar, dass sich das Unglück weder verschweigen noch bagatellisieren ließe. DDR-Ministerpräsident Otto Grotewohl traf in Zwickau ein. Er versicherte den Angehörigen, dass alles Menschenmögliche getan werde, um die noch verschütteten Kumpel zu bergen. Dieses Versprechen wiederholte er fast drei Tage nach der Explosion erneut: Solange noch ein Fünkchen Hoffnung bestehe, würden die Rettungsarbeiten fortgesetzt.

Zuvor war ein Angebot aus dem Westen eingegangen. Die erfahrenen und mit modernstem technischem Gerät ausgerüsteten Grubenwehren aus dem Ruhrgebiet trugen ihre Teilnahme an den Rettungsarbeiten an. Das lehnte die DDR aus politischen Gründen ab. „Eine solche scheinheilige Hilfe benötigen wir nicht", hieß es offiziell. Für die Kumpel in Zwickau blieb diese Entscheidung unverständlich. In ihrer Not interessierte sie die Politik in Berlin nicht.

Von dort gab es am 13. März 1960 eine Erklärung für das Ablehnen der Westhilfe. Wie gern in solchen Fällen bediente man sich einer indirekten Form der Botschaft: „Der Oberführer der Grubenwehr im Steinkohlenwerk ‚Karl Marx', Rudi Heinz [...] schilderte anhand vieler Beispiele eindrucksvoll, wie vom ersten Augenblick nach der Grubenexplosion Grubenwehren und Feuerwehrleute, Gerätewarte und Ärzte, Grubenhilfs- und Einsatzleitungen unter und über Tage in engem Zusammenwirken die Rettungs- und Bergungsarbeiten durchführten. ‚Alle erforderlichen Rettungsgeräte und Brandschutzmittel standen uns jederzeit in ausreichender Menge und in höchster Qualität zur Verfügung', erklärte Rudi Heinz. [...] Auf die Frage des Minis-

terpräsidenten, wie er über die Behauptungen einiger westlicher Zeitungen denke, zusätzliche Unterstützung von außen wäre in Zwickau dringend gebraucht worden, antwortete Rudi Heinz: ‚Diese Behauptungen sind völlig unzutreffend. Wir hatten so viele gut ausgerüstete Grubenwehren und Rettungsmannschaften auf dem Karl-Marx-Schacht, dass viele, die auf ihren Einsatz drängten, gar nicht eingesetzt werden konnten. Technisch waren sie mit allem ausgerüstet, was es an modernsten Hilfsmitteln und Geräten nur gibt.'"

Erst fast 60 Jahre später, im Februar 2019, widersprach der ehemalige Grubenwehrmann Werner Richter in einer Reportage des MDR über das Unglück der damaligen Behauptung: Die Retter seien „zum Opfer geworden, aufgrund von Unzulänglichkeiten, von Unerfahrenheit und letzten Endes auch aus technischen Gründen".

In Zwickau kämpften in jenen Tagen im Februar 1960 immer noch 500 Rettungskräfte gegen das Feuer im Schacht und um das Leben ihrer Kumpel. 74 Bergleute waren im Berg verschollen. Auch die Rettungskräfte hatten Opfer zu beklagen. Dennoch fuhren sie immer wieder ein.

Das Feuer wütete sechs Tage. Es war die Hölle: Hitze, Qualm, Staub, die Männer tasteten sich wie die Maulwürfe vor. Dann entdeckten die Grubenwehren einen weiteren großen Brandherd inmitten des weit verzweigten Stollensystems.

Die DDR-Regierungskommission musste eine schwere Entscheidung treffen. Nach menschlichem Ermessen konnte keiner der eingeschlossenen Bergleute mehr am Leben sein. Auch eine Bergung der Toten war nicht möglich. So wurde der brennende Schacht zugemauert, um die weitere Ausbreitung des Feuers unter Tage zu verhindern. Insgesamt verloren 123 Kumpel bei der Katastrophe ihr Leben.

Am 19. Juni 1960 informierte die zentrale Presse der DDR über die Ergebnisse der Untersuchungen zu dem Unfall: „Die Grube befindet sich in einem sicherheitstechnisch und bergbaulich einwandfreien Zustand. Die Streckenquerschnitte entsprechen den bergbaulichen Vorschriften, die Wetterführung ist völlig ausreichend. Die Frischwetterzuführung ist bedeutend größer, als es die bergbaulichen Bestimmungen vorschreiben. Dadurch sind in den Abbauen sehr günstige Temperaturen vorhanden. Alle elektrischen Anlagen im Grubenbetrieb sind schlagwettergeschützt. Die zur Untersuchung der Ursachen des Unglücks eingesetzten Experten haben keine Verstöße gegen die Bergbauvorschriften festgestellt. Das Grubenunglück entstand durch eine Methan-Kohlenstaub-Explosion. Erdstöße führten in den Tagen vor dem Unglück und am 22. Februar selbst zu Gebirgsbewegungen im Zwickauer Raum und ermöglichten dadurch Methan-Austritte. Die Zwickau-Oelsnitzer Gruben sind an sich methanarm, und auf Grund der vorhandenen wettertechnischen Zustände im Karl-Marx-Werk hätte sich unter normalen Verhältnissen eine Methan-Kohlenstaub-Explosion nicht ereignen können. Der in der Nacht vom 21. zum 22. Februar eingetretene Luftdruckabfall begünstigte die Methananreicherung der Grubenwetter. Die Zündquelle, die die Explosion auslöste, konnte jedoch bisher nicht ermittelt werden."

Ungewöhnlich ausführlich war bereits am 19. März 1960 über die Hilfe für die Opfer berichtet worden: „Unmittelbar nach dem Unglück seien den betroffenen Familien die ersten, sofort von der Regierung bereitgestellten Geldmittel ausgehändigt worden. Jede Ehefrau bzw. Mutter verunglückter Kumpel erhielt je 1000 DM und jedes Kind 100 DM. Neben der hohen Versicherungssumme, die im Durchschnitt 10 300 DM beträgt, und den laufend gezahlten Renten wurden als zusätzliche Hilfe der

Regierung in der Regel je 2000 DM für Witwen, 2500 DM für Kinder und 1000 bis 2000 DM für deren Eltern zur Verfügung gestellt. ‚Die auch in diesen umfangreichen Mitteln zum Ausdruck kommende Fürsorge und Unterstützung durch unseren Arbeiter-und-Bauern-Staat wurde von allen Angehörigen der Kumpel dankbar anerkannt', erklärte Walter Heinicke [damals Vorsitzender des Komitees für Arbeit und Löhne der DDR]. Solche umfassenden Hilfsmaßnahmen seien, wie viele Bergarbeiter und deren Familienangehörige zum Ausdruck brachten, in der kapitalistischen Zeit völlig undenkbar gewesen."

Getrauert wurde damals in Ost und West. Im Erzgebirge wie im Ruhrgebiet wurden die Fahnen auf halbmast gesetzt. Autos und Maschinen standen für eine Gedenkminute in ganz Deutschland still.

Die auch von der Bundesregierung angeordnete Staatstrauer im Westen empfand die DDR als „Einmischung in die inneren Angelegenheiten" und „Heuchelei". Etliche Zeitungen in der Bundesrepublik nutzten das Unglück, um den „Planerfüllungsdruck" in der „Sowjetzone" anzuprangern. Das traf den Stolz der Bergleute. Über den Rundfunk und die damals noch offene Grenze in Berlin gelangte diese Westpropaganda auch in die DDR.

In Zwickau diskutierte man noch jahrelang über das ausgeschlagene Hilfsangebot der westdeutschen Kumpel. Obwohl während des Unglücks auch Bergwerksspezialisten aus Polen und der Tschechoslowakei geholfen hatten, wären die Kollegen aus dem Westen den ostdeutschen Kumpeln durchaus willkommen gewesen, denn im Ruhrgebiet hatte es bereits weit moderneres Rettungsgerät gegeben.

Nach dem Unglück herrschte auch in der DDR-Presse sehr schnell wieder die Sprache des Kalten Kriegs, so hieß es in der

*Berliner Zeitung* am 19. März 1960: „Der Bergarbeiter Hans Papritz von der Abteilung 1 des Karl-Marx-Werkes berichtete über die in den vergangenen Wochen nach dem Unglück von den Kumpeln des Karl-Marx-Werkes hundertfach bewiesene Initiative, die Produktion schnell wieder aufzunehmen. ‚Immer wieder haben die Kumpel die Frage gestellt: Wann geht's wieder los, wann fahren wir wieder ein', erklärte Hans Papritz und gab damit zugleich westlichen Zeitungsschreibern eine gebührende Antwort, die davon faselten, die Kumpel in Zwickau seien zur Wiederaufnahme der Produktion ‚gezwungen' worden. Den Kumpeln haben die Haare zu Berge gestanden, als sie von diesen Hirngespinsten der Westpresse erfuhren. Als genauso verlogen und hetzerisch bezeichnete Hans Papritz die Meldungen einiger westlicher Hetzblätter, wonach die ‚Unglücksursachen' im Karl-Marx-Werk schon lange vor der Katastrophe bekannt gewesen, jedoch nicht beseitigt worden seien. Das sei ebensolcher fauler Zauber wie vom Westen ausgestreute Gerüchte über Normenschinderei oder darüber, ‚Strafgefangene' – die es im Karl-Marx-Werk gar nicht gibt – sowie Kumpel wären nach Westberlin geflüchtet. ‚Nichts davon ist wahr', sagte Papritz. All diese Hetze diene nur dem Zweck, aus dem Unglück politisches Kapital zu schlagen. Wären die Vorgänge nicht so ernst, die Kumpel hätten über diese Schauermärchen nur laut gelacht."

Bis heute unklar blieb, welche Zündquelle das Feuer auslöste. Bei Recherchen für sein 2012 erschienenes Buch *Die Explosion* stieß der Journalist Hans Häber – als junger Bergmann einer der Überlebenden des Unglücks von 1960 – auf rund 1300 Seiten Stasiakten, die sich damit befassten. Überdies gibt es 40 Bände mit Berichten der SED-Kreis- und -Bezirksleitungen und sieben Bände der Bergbehörden.

Die Akten belegen, dass das MfS damals „auch Feindeinwir-

kung nicht ausgeschlossen“ und das Unglück „von der ersten Minute an akribisch und detailliert untersucht“ hatte. Die These einer „Sabotage“ als Auslöser des Feuers wurde jedoch von allen Ermittlern schnell verworfen. Dem gegenüber hält sich jedoch bis heute das Gerücht, dass nur eine Sprengstoffexplosion den Brand verursacht haben könne. Zeitzeuge Reinhard Leistner und andere Bergleute sind sich sicher, dass die im offiziellen Abschlussbericht genannte „Schlagwetter- und Kohlenstaubexplosion“ nicht zu den beiden Druckwellen geführt haben konnte, die Leistner erlebte. Alles deute darauf hin, dass zuerst Sprengstoff explodiert sein muss.

Dafür sprachen auch die zerfetzten Leichen, die ein Jahr nach dem Unglück gefunden wurden, als in Gegenwart von MfS-Ermittlern der zugemauerte Abschnitt noch einmal geöffnet wurde. Sechs Männer waren dermaßen verbrannt, dass ihre Leichname nicht mehr geborgen werden konnten.

Andere Zeitzeugen mutmaßten, dass ein Elektroschaden zu einer Methangasexplosion geführt haben könne. Wieder andere sahen einen „Kantenschuss“ als Auslöser - eine Sprengpatrone, die nicht das vorgesehene Einschussloch im Berg traf. Jahrelang hielt sich auch die Vermutung, einer der beiden unter Tage tätigen Schießmeister könne für die Katastrophe verantwortlich gewesen sein. Sogar über die Suizidabsicht eines Mannes wurde spekuliert. Belege gibt es jedoch für keine dieser Versionen.

Schon der im Sommer 1962 vorgelegte Abschlussbericht der Expertenkommission hatte viele Fragen unbeantwortet gelassen. Die Annahme, dass er auf politischen Druck manipuliert wurde, ist aus den Akten nicht verifizierbar. Journalist Häber deutet an, die Stasi könne die Experten „beeinflusst“ haben. Bergmann Hertel glaubt dagegen, sie habe nach zweijähriger

Untersuchung angesichts der Stimmungslage in Zwickau lediglich darauf gedrungen, endlich einen abschließenden Bericht zu veröffentlichen.

Heute, 60 Jahre nach der Zwickauer Katastrophe, dürfte es unmöglich sein, deren Ursache noch zu finden.

## Verschüttet in der Schiefergrube

Zu einem tragischen Unglück kam es am 10. Januar 1963 im Betriebsteil Schmiedebach des VEB Schiefergruben Lehesten. Dort lösten sich in einer Sohle plötzlich Gesteinsmassen und begruben drei Bergleute unter sich. Als die Grubenwehr zur Unfallstelle vorgedrungen war, ereignete sich ein zweiter Einsturz. Drei Rettungskräfte wurden verschüttet, ein weiterer Feuerwehrmann schwer verletzt. Bei den Bergungsarbeiten konnten alle sechs verschütteten Kumpel nur noch tot geborgen werden.

Schon am 25. März 1963 traf es die Grube erneut, dieses Mal im Betriebsteil Lehesten. Ein Firststreckenbruch im Abbau 15 begrub vier Bergleute unter sich. Drei von ihnen überlebten den Druck der Gesteinsmassen nicht, einer konnte schwer verletzt gerettet werden.

Über beide Unglücke wurde die Öffentlichkeit informiert, über deren Ursachen jedoch nicht. Es ist aber anzunehmen, dass sie auf Unzulänglichkeiten beim Arbeitsschutz zurückzuführen waren. Das ergibt sich aus einer Erklärung des Präsidenten des OG der DDR, Heinrich Toeplitz, vom 8. Oktober 1964. Darin hieß es: „Eine Reihe von Verfahren gab uns Anlass, die Aufmerksamkeit der zuständigen Staats- und Wirtschaftsorgane auf die Fragen des Arbeits-, Brand- und Gesundheitsschut-

zes in den volkseigenen Betrieben zu lenken. Der Unfall in den Schiefergruben Lehesten im Bezirk Gera oder der Brand in der Ölspaltanlage Rostock führten zur Auswertung mit gründlichen Schlussfolgerungen für den ganzen Industriezweig."

## Grubenalarm im Kupferschacht

Im Mansfelder Land wurde seit 800 Jahren Kupfer abgebaut. Dafür ging es tief in die Erde. Am 18. Januar 1987 hatten drei Bergleute im Kupfererzschacht „Bernard Koenen" unter Nienstedt den Auftrag, auf der elften Sohle den Flügel 53 zu erweitern. Derlei war eigentlich ein Routineeinsatz: Es wurde gesprengt, dann der Abraum mit einem Förderhand abtransportiert und abermals gesprengt.

Um 23.45 Uhr am 18. Januar hatten die Männer, die das besorgen sollten, die erste Sprengung vorbereitet. Alles lief wie gewohnt ab, kurz vor Mitternacht sollte es wieder knallen. Doch plötzlich nahm einer der Kumpel Brandgeruch wahr. Als es um 1.22 Uhr Alarm bei der Grubenwehr gab, waren die drei Männer unter Tage auf der Flucht. In der Sohle brannte es, giftige Gase zogen durch die Stollen.

Der Rettungseinsatz erwies sich als kompliziert, denn der Bernard-Koenen-Schacht bekam durch Schacht 1 frische Luft, und durch Schacht 2 zog die Abluft ab. Deshalb konnten die Männer der Grubenwehr nicht auf dem kürzesten Weg einfahren. Und die Zeit drängte. Bergbauingenieur Dieter Schmidt, damals unter Tage dabei, berichtet: „Uns wurde gesagt, es sind drei Mann unten - treffen wir die lebend an, treffen wir die nicht lebend an?" Die Retter hatten nur eine Chance: Sie mussten über einen weiter entfernt liegenden Schacht in den Berg

gelangen und unter Tage einen Weg von acht Kilometern hinter sich bringen, um den Unglücksort zu erreichen.

Um 2.20 Uhr fuhr der erste Trupp der Grubenwehr ein und machte sich auf den langen Weg. Geologe Martin Spilker erinnert sich: „Als wir ankamen [...], fiel der Sohlenausbau schon brennend auf die Lok. [...] Da haben wir erst einmal den Zug aus der Brandstelle rausgefahren, und dann mussten wir ja sehen, dass wir möglichst schnell in den Einsatz kamen." Noch war keiner der Vermissten gefunden, und der Weg zu ihrem vermuteten Standort war schwer zu bewältigen. Ingenieur Dieter Schmidt erzählt: „Das war sehr heiß. Es war ja ein Brand, der über 1000 Grad war. [...] Die Steine waren kochend heiß, sodass man praktisch sehr, sehr warme Füße gekriegt hat und hinterher festgestellt hat, dass die Ohrläppchen angebrannt waren." Für die Retter machten zudem Gase den Einsatz äußerst gefährlich. Sie wussten genau, dass ein paar Atemzüge ohne Maske lebensgefährlich sein würden.

Zwei Stunden nach dem Alarm erreichte der erste Trupp die Querstrecke. Das schwere Gerät auf dem Rücken, mussten die Männer auf allen Vieren kriechen. Dann sprang das Feuer auf die elfte Sohle über. Es hatte sich ein Großbrand unter Tage entwickelt. Grubenwehrmann Maier erinnert sich: „Alles, was Holz war, brannte, und das Gebirge brach zusammen, weil es ja von Holz getragen wurde."

Trotz der dramatischen Lage klang die Meldung der Nachrichtenagentur ADN vom 20. Januar 1987 noch recht undramatisch: „Zu einem Brand an einem Gummiförderband kam es in der Nacht zu gestern 680 Meter unter Tage auf Sohle 11 des ‚Bernard-Koenen-Schachtes' Niederröblingen, Kreis Sangerhausen, des VEB Mansfeld Kombinat ‚Wilhelm Pieck'. Zu diesem Zeitpunkt befanden sich in dem Grubenbereich 15 Bergarbeiter,

von denen sich 12 retten konnten. Trotz sofort eingeleiteter Hilfsmaßnahmen und großer Anstrengungen der Grubenwehren konnten die drei vermissten Kumpel bis in die Nacht zum Dienstag noch nicht aufgefunden werden. Die Such- und Löscharbeiten werden fortgesetzt."

Die Männer vom Kupferschacht hatten derweil in höchster Not die Grubenwehr der Wismut zur Hilfe gerufen. Doch die war auf die Brandbekämpfung spezialisiert. „Wir haben uns nie mit Personenrettung beschäftigen müssen", erklärt der Wismut-Wehrleiter Dietmar Neldner. Am Tag drei der Katastrophe bekamen sie endlich das Feuer in den Griff. Doch noch immer waren die vermissten Bergleute nicht gefunden. Als Wismut-Grubenwehrmann Michael Fürst an eine Stelle kam, an der das Feuer besonders stark gewütet hatte, wurde ihm klar, „dass da nichts mehr leben kann".

Aus der Grube wurde an den Einsatzstab gemeldet: „Am Bandgesenk des Einschienenförderers 7 zur Übergabe auf das Querband, dort wo ein großer Bruch liegt, sind beim Beginn der Räumungsarbeiten Leichenteile gefunden worden: Knochenreste und Weichteile. Weitere Details noch nicht bekannt." In der Nähe wurden wenig später auch die Überreste der anderen beiden vermissten Bergleute entdeckt. Michael Fürst erinnert sich: „Der Bergmann, den wir gefunden haben, wäre eine Woche später 60 Jahre alt geworden. Das ist traurig."

Nachdem der Brand gelöscht worden war, fuhr eine Untersuchungskommission in den Berg ein. Sie fand heraus, dass das Feuer durch einen nicht aktivierten Notabschalter an der Übergabestelle von einem Band zum nächsten entstanden sein musste. Der sorgt normalerweise dafür, dass ein sich verklemmender Steinbrocken die Förderbänder nicht blockieren kann. Genau das aber war mutmaßlich passiert: Durch einen großen Stein

bewegte sich das Band nicht mehr, der Motor brannte durch und entzündete das Gummi.

Die Ermittlungen ergaben, dass ein Schlosser nach einer Reparatur vergessen hatte, den Sicherheitsmechanismus wieder in Gang zu setzen. Er war geständig und wurde drei Monate später zu einer Haftstrafe von zwei Jahren und sechs Monaten verurteilt.

Darüber wurde die Öffentlichkeit ebenso wenig informiert wie über die Unglücksursache. ADN beschloss seine Berichterstattung über das Grubenunglück am 31. Januar 1987: „Auf einer bewegenden Trauerfeier im Kulturhaus ‚Thomas Müntzer' in Sangerhausen wurde am Freitag der bei dem Brandunglück im Bernard-Koenen-Schacht des Mansfeld Kombinates ‚Wilhelm Pieck' ums Leben gekommenen Bergleute Franz König, Klaus Schreiner und Wolfgang Siegel gedacht. […] Bergarbeiter hielten die Ehrenwache. In seiner Ansprache gedachte der Generaldirektor des Mansfeld Kombinates, Prof. Dr. habil. Karlheinz Jentsch, der tödlich Verunglückten, die trotz sofort eingeleiteter Hilfsmaßnahmen und tagelanger aufopferungsvoller Bemühungen der Grubenwehren nur noch tot geborgen werden konnten."

Grubenwehrmann Herbert Maier resümiert über drei Jahrzehnte später: „Das war in der 800-jährigen Geschichte des Kupferbergbaus die schwerste Katastrophe."

## Gas in Teutschenthal

Als sich am 28. März 1988 zwischen Teutschenthal und Bad Lauchstädt die Erde öffnete und an manchen Stellen Geysire zu sprudeln schienen, trauten viele ihren Augen nicht.

Am Morgen dieses Tages, kurz vor sieben Uhr, war es in einer Kaverne zwischen den beiden Orten in der Nähe von Halle zu einem Druckabfall gekommen. Alle Versuche, in dem unterirdischen Gasspeicher den Normdruck von 60 Atmosphären wiederherzustellen, scheiterten. Nach etwa einer Stunde trat an einigen Stellen Gas aus. Immer mehr Lecks kamen hinzu, sodass gegen Mittag Havariealarm ausgelöst werden musste.

ADN meldete: „Im Bereich des Untergrundspeichers Bad Lauchstädt/Teutschenthal trat [...] gasförmiges, nicht giftiges Äthylen aus. Personen kamen nicht zu Schaden. Der Speicher, der über 700 Meter tief in einer Steinsalzschicht liegt, dient der Versorgung der chemischen Werke Buna und der Leunawerke mit diesem Grundstoff. Aus Sicherheitsgründen musste das Gelände zeitweilig weiträumig abgesperrt werden. Vorsorglich wurden 40 Familien, die in der Nähe des Speichers in der Gemeinde Teutschenthal wohnen, vorübergehend anderweitig untergebracht. Die Familien konnten am Dienstagnachmittag wieder in ihre Wohnungen zurückkehren. Die Bahnstrecke Halle–Holleben–Schkopau war am Montagabend für etwa zwei Stunden gesperrt. Auch auf einigen in unmittelbarer Nähe vorbeiführenden Straßen musste der Verkehr unterbrochen werden. [...] Eine Expertenkommission der Obersten Bergbehörde der DDR untersucht gegenwärtig Hergang und nähere Umstände der Havarie. Die von ihr ermittelten Daten ergaben, dass keine Gefährdung der Gesundheit von Mensch und Tier besteht."

Für die Augenzeugen von damals stellte sich die Sache allerdings dramatischer dar. Der Riss durch die Erde wuchs beständig. Um 15 Uhr strömte an etwa 20 Stellen Gas aus. Die Erosion war inzwischen fast einen Kilometer lang und zwischen einem Zentimeter und einem Meter breit. An einigen Stellen schossen

Fontänen aus Schlamm und Gas bis zu fünf Meter in den Himmel. Es entstand eine Gaswolke, die sich abends gegen 20 Uhr auf vier Kilometer ausgedehnt hatte. Äthylen ist nicht giftig, aber hochexplosiv.

Die Gefahr verging, wie sie gekommen war. Dank der günstigen Wetterlage verflüchtigte sich die Gaswolke, und bereits gegen 22 Uhr lag ihre Konzentration unterhalb der Explosionsgrenze.

Als Grund für den Beinaheunfall nahmen Experten eine tektonische Verschiebung oder einen Gebirgsabriss an. Deshalb sollte die Kaverne mit 9000 Tonnen Äthylen sicherheitshalber geleert werden. Da Leuna und Buna pro Stunde nur maximal zehn Tonnen Gas abnehmen konnten, wurde erst einmal umgelagert und ein anderer Untergrundspeicher mit dem Gas aus Teutschenthal gefüllt.

## Gebirgsschlag in Völkershausen

Am 13. März 1989 bebte die Erde im thüringischen Völkershausen. Bürgermeister Herbert Herrmann brachte sich durch einen beherzten Sprung aus einem Fenster seiner Amtsstube in Sicherheit. An fast allen der 360 Häuser des Ortes mit knapp 1200 Einwohnern waren Schäden zu verzeichnen, der Kirchturm ließ sich nicht mehr retten. Herbert Herrmann erinnert sich an den Tag: „Die Wände sind auseinandergedriftet. Die Tür ging auf und zu." Seine Frau Brigitte erlebte es so: „Es war, als wäre ein Donner in der Nähe. So ein ganz komisches Grollen."

Der gesamte Ort senkte sich einen Meter ab. Auch die Umgebung war betroffen. Im Umkreis von zwölf Kilometern mussten 43 Häuser und 23 Nebengebäude abgerissen, 14 Häuser

und fünf Nebengebäude teilweise abgebrochen sowie 240 Häuser und 52 andere Gebäude saniert werden. Große Zerstörungen gab es auch im Bereich der Werra-Kalibergwerke im Kreis Bad Salzungen. Die Erdbewegungen ließen sich deutschlandweit registrieren. Hans-Peter Häfner, der als Diplom-Ingenieur Unterlagen zu dem Gebirgsschlag zusammentrug, weiß zu berichten: „Die Hochhäuser in Frankfurt am Main haben gewackelt. [...] In Peine, wo Bier gebraut wird, in so zehn Meter langen Bottichen, ist das Bier übergeschwappt." Sechs Menschen wurden bei den zwölf Sekunden dauernden Erschütterungen verletzt.

Das Beben von Völkershausen war ein von Menschen herbeigeführtes Ereignis, ein Gebirgsschlag, verursacht vom Bergbau unter dem Ort. Er erreichte mit einer Magnitude von 5,5 auf der Richterskala eine Energiefreisetzung, die bei natürlichen Erdbeben etwa alle 500 Jahre vorkommt. Vergleichbar war der Gebirgsschlag von Völkershausen mit dem, der 1977 in Witwaterstrand, Südafrika, stattgefunden hatte – dem bis dahin stärksten bergbauinduzierten Erdbeben weltweit.

Dass die Ursache des Bebens in dem von Abbauarbeiten durchlöcherten Berg unter Völkershausen lag, war der Bevölkerung klar. Dennoch wurde zwischen Ost- und Westdeutschland über den Auslöser der Katastrophe gestritten. Der DDR-Rundfunk meldete, von der Kaliindustrie im Westen hervorgerufene „seismische Spannungen" seien verantwortlich. Dort verpresse man Abwässer in DDR-Schächte. Das Bundesministerium für innerdeutsche Beziehungen in Bonn dementierte umgehend. Es bestätigte zwar, dass Kaliwerke bei Bad Hersfeld im hessischen Grenzgebiet Kaliabwässer durch Extrabohrungen in Schichten des sogenannten Plattendolomit leiten würden, aber das habe nichts mit den DDR-Schächten zu tun. Dazu gab

es bereits ein entlastendes Gutachten von 1977, denn schon 1975 war es aufgrund bergbaubedingter Geländeeinstürze auf DDR-Seite zu Vorwürfen gegen die westdeutschen Kaliwerke gekommen.

Helmut Ernst, Sprecher der „Kali und Salz GmbH" in Kassel, erklärte, dass die Abwässer in 200 bis 400 Meter tiefe Gesteinsschichten gepresst würden, die oben und unten von Tonschichten abgedichtet seien. Durch die geologischen Gegebenheiten flössen sie von der DDR-Grenze weg.

Auch dass versehentlich gleichzeitig in Ost und West Sprengungen stattgefunden hätten, sei als Ursache auszuschließen. Zwischen den beiden nur sechs Kilometer voneinander entfernt liegenden Gruben „Ernst Thälmann" in der DDR und der „Kali und Salz"-Grube Hattorf im Kreis Bad Hersfeld waren die Sprengzeiten vertraglich vereinbart.

So vermuteten die Experten schließlich, dass eine unglückliche Verkettung von Umständen den Gebirgsschlag hervorgerufen haben müsse. Zu schwache Pfeiler in den Abbaustollen, vielleicht der Austritt von Kohlendioxid und eine der planmäßigen Sprengungen – all das zusammen konnte das gewaltige Beben verursacht haben. Gewissheit gab es darüber jedoch nicht.

In Völkershausen wurde sehr schnell wiederaufgebaut, denn die Wahlen standen kurz bevor. Zur DDR-Politik gehörte es, vor solchen politischen Ereignissen möglichst keinerlei Unzufriedenheit aufkommen zu lassen. Plötzlich schien vieles möglich: Der Konsum bekam Bananen und Apfelsinen geliefert, und auch das in der DDR notorisch knappe Baumaterial gab es plötzlich im Überfluss. Hans-Joachim Pollner, damals für den Wiederaufbau verantwortlich: „Ich bekam drei Telefone auf den Tisch. [...] Ich hatte einen direkten Draht zum Bezirksbauamt und zum Ministerium für Bauwesen [...]." Kaum

bestellt, war alles Notwendige auch schon auf dem Weg nach Völkershausen.

Doch das Beben beschäftigt die Menschen bis heute: Im Ort wird immer noch gemunkelt, dass es damals bei der Verteilung der Hilfsgüter nicht gerecht zuging.

# „Es hat sich so eingebürgert“

## Leichtsinn, Pech und Mangelwirtschaft

„Armut ist keine Schande, aber ein leerer Sack steht nicht gut aufrecht.“ Diese Volksweisheit könnte auch auf das Wirtschaften in der DDR gemünzt gewesen sein. Nach dem Zweiten Weltkrieg machten nicht nur die Zerstörungen, sondern auch erhebliche Reparationszahlungen der Wirtschaft zu schaffen. Der kleinere deutsche Teilstaat litt unter Rohstoffmangel und Strukturproblemen, viele Fachkräfte sowie die Reste der mittelständischen Industrie zog es in den Westen, und überdies forderten die Mängel der Planwirtschaft ihren Tribut.

Nach der Untersuchung des Chemieunfalls in Bitterfeld 1968 stellte sich heraus, dass es dort bereits in den Jahren zuvor fünf Tote gegeben hatte und allein im Folgejahr 1300 Arbeitsunfälle passiert waren. Darüber wurde zwar in der Belegschaft geredet, aber es änderte sich nichts. Peter Krüger, in den 1960er-Jahren Chemiearbeiter im Elektrochemischen Kombinat Bitterfeld (EKB), bringt die Gründe auf den Punkt: „Es gab kein Geld, es gab kein Material.“ Öffentlich genannt wurden diese Faktoren jedoch nicht, denn schuld war nie der Sozialismus. Als beispielsweise am 20. Dezember 1966 im Werk III des volkseigenen Betriebs (VEB) Zementwerke Rüdersdorf bei Berlin eine Betondecke am Brennerstand einstürzte und dadurch drei Arbeiter zu Tode kamen, vermeldete die Presse lediglich lapidar, dies sei aus „bisher nicht geklärten Gründen“ geschehen.

Unfälle wurden häufig durch Leichtsinn verursacht. Typisch waren etwa die Vorkommnisse am 19. Dezember 1968 im Reichsbahnausbesserungswerk (RAW) Cottbus. Ein Kesselwagen, der einen Riss aufwies, sollte noch schnell vor Weihnachten repariert werden. Dass er 48 Tonnen Benzolgemisch geladen hatte, wurde ignoriert. Trotz strengen Verbots versuchten die Arbeiter, die Schraubköpfe am Fahrgestell mit einem Schweißbrenner zu lockern. Sofort flammte Feuer auf, dann trat das Benzolgemisch aus dem Kesselriss und entzündete sich. Rund 3700 Quadratmeter standen in Flammen, als die Feuerwehr eintraf. Der Brand breitete sich in Windeseile aus. Kranfahrerin Anna Manske, 53 Jahre alt, konnte nur noch tot geborgen werden. Im Lokschuppen standen acht Dampfloks und fünf Dieselloks V 100. Trotz des Einsatzes von 193 Feuerwehrmännern, Angehörigen der Nationalen Volksarmee (NVA) und der sowjetischen Streitkräfte sowie Polizisten entstand ein Sachschaden von 5 078 000 Mark.

Das Apparatehaus der Energieversorgung Cottbus traf es am 4. April 1974. An der Außenwand brannte ein Arbeiter ein Rohr ab. Er hatte keinen Schweißerpass, aber die Arbeit musste gemacht werden. Durch das 15 Zentimeter starke Rohr flogen Funken in das im Gebäude befindliche Lager für Gaszähler, und Verpackungen der Geräte begannen zu glimmen. Da nach der Arbeit eine Kontrolle unterblieb, brannte es bald lichterloh. In letzter Sekunde konnte die Feuerwehr die Brandherde unter Kontrolle bringen und so eine Katastrophe verhindern. Denn an der Nordseite des Gebäudes lag eine unter Druck stehende Gasleitung.

So wie in diesen Fällen Leichtsinn zugrunde lag, war zum Beispiel der Brand im Centrum-Warenhaus in Leipzig eine direkte Folge der Mangelwirtschaft. Am 3. April 1982 um 22.30 Uhr ging ein Notruf bei der Leipziger Feuerwehr ein: „Rauch quillt aus dem Centrum-Warenhaus." Um 0.40 Uhr war das

Feuer gelöscht. Das gesamte Erdgeschoss mit der Haushaltswarenabteilung war ausgebrannt, im Rest des Hauses gab es Schäden durch Rauch und Löschwasser. Insgesamt beliefen sich diese auf acht Millionen Mark. Eigentlich hätte es sie gar nicht geben dürfen, denn das Warenhaus verfügte über ein modernes, fest eingebautes Löschsystem. Doch es sprang nicht an. Brandursachenermittler Uwe Westkamp erklärte: „Es fehlten zwölf Meter Rohr. Die gab es nicht ohne Weiteres, und deswegen konnte diese Sprinkleranlage nicht in Betrieb gehen."

Manchmal führten auch gut gemeinte „Neuerervorschläge" zu Schäden. Durch gefrierendes Kondenswasser in der Druckluftleitung eines Leistungsschalters im Kraftwerk Boxberg ließ sich beispielsweise am 14. Januar 1987 der auslaufende Generator des Blocks 13 nicht mehr vom Netz trennen. Die Welle des Turbosatzes brach, und Wasserstoff - ansonsten zur Kühlung im Generator benötigt - entzündete sich. Die folgende Explosion war gewaltig und brachte die gesamte Maschinenhalle zum Einsturz. Dadurch wurde wiederum der benachbarte Block 14 in Mitleidenschaft gezogen. Schuld war die „Einsparung" eines Generatorleistungsschalters. Dadurch gab es nur auf der 380-kV-Seite des Blocktransformators eine Trennmöglichkeit, nicht jedoch auf der 20-kV-Seite des Generators. Glücklicherweise kam bei der Explosion niemand zu Tode, es fielen jedoch 1000 Megawatt Kraftwerksleistung aus.

## Orkan in der Biskaya

Gern wurden in der DDR Unfälle „höherer Gewalt" angelastet. Davon war besonders die Seefahrt betroffen. In den vier Jahrzehnten ihrer Existenz hatte die DDR 14 Schiffsverluste und 52

tote Seeleute zu beklagen. Eines der dramatischsten Unglücke, über das auch umfangreich berichtet wurde, geschah 1967.

Das MS *Fiete Schulze* stampfte in der Nacht vom 20. zum 21. September in schwerer See durch die Biskaya. Der 10 000-Tonnen-Frachter vom Typ X, auf der Warnowwerft gebaut und erst 1966 in Dienst gestellt, hatte in Rotterdam 8000 Tonnen Roheisenmasseln geladen. Via Panamakanal sollten sie nach Japan verschifft werden. Die Ladung war vorschriftsmäßig gestaut. Trotzdem änderte der Kapitän vorsorglich den Kurs, als der Wirbelsturm „Chloe" im Anzug war. Durch riesige Wellen und gewaltige Kreuzseen kündigte er sich an. Die *Fiete Schulze* rollte heftig. Gegen 23.30 Uhr waren aus den Laderäumen plötzlich polternde Geräusche zu vernehmen. Der Kapitän wusste sofort, dass dies ein Alarmsignal war. „Eisenfahrten" waren bei den Seeleuten nicht beliebt, denn bei bewegter See konnte schnell jedes Eisenteil im Laderaum zu einem Geschoss werden. Meist folgten nach solch einer Reise dann Flickarbeiten mit dem Schweißgerät. Auf dem MS *Fiete Schulze* machte sich deshalb auch sofort die Besatzung bereit, um in die Luken zu gehen. In diesem Moment holte das Schiff weit nach Steuerbord über und blieb mit Schlagseite liegen. Rainer Knopf, der damals auf dem Frachter fuhr, erzählt: „Nachdem das Schiff bis zu achtzig Grad gekrängt hat und nicht wieder hochgekommen ist, da wusste ich, es wird jetzt lebensgefährlich. Meine Kammer hat schon unter Wasser gestanden ..."

Der Frachter war verloren, die Mannschaft funkte SOS: dreimal kurz, dreimal lang, dreimal kurz – bis 1999 war dies das international übliche Notrufzeichen für akute Gefahr. Sämtliche Schiffe in der Nähe nahmen Kurs auf die Unglücksstelle. Ein Teil der Besatzung ging in die Boote. Der Kapitän und 17 seiner Leute kletterten wegen der starken Schlagseite auf die

Backbordwand des Schiffs, um es verlassen zu können. In diesem Augenblick durchschlugen die Eisenmasseln die bereits unter Wasser liegende Steuerbordwand. Wie ein Sieb durchlöchert, sank die *Fiete Schulze* um 1.35 Uhr auf der Position 45 Grad 33 Minuten Nord, 10 Grad 15 Minuten West.

Am 22. September 1967 meldete *Neues Deutschland: Motorschiff ‚Fiete Schulze' überfällig. Suchaktion durch Sturm erschwert.* „Die Gewissheit des tragischen Unglücks ergab sich, nachdem der Kapitän des am Unglücksort befindlichen DDR-Motorschiffes ‚Rhön' mit vom amerikanischen Tanker ‚Jasmina' geretteten Besatzungsmitgliedern der ‚Fiete Schulze' über Sprechfunk Kontakt aufgenommen hatte. Der Untergang des Schiffes ereignete sich zu einem Zeitpunkt, da dieses Gebiet von einem Wirbelsturm erfasst wurde, der mit Windstärken von acht bis zehn über die Biskaya raste. [...] Danach wurde durch einen Funkspruch des DDR-Motorschiffes ‚Völkerfreundschaft', das sich an der Suchaktion beteiligte, bekannt, dass weitere 10 Besatzungsmitglieder gerettet wurden. Sie sind von den westdeutschen Schiffen ‚Borussia' und ‚Ceuta' an Bord genommen worden. [...] Bei der Suchaktion nach den noch vermissten Seeleuten wurden bisher fünf Besatzungsmitglieder tot geborgen." Am 22. September veröffentlichen die Zeitungen die Namen der geborgenen sowie der tödlich verunglückten Seeleute und versprachen: „Die Angehörigen der Schiffsbesatzung werden über den Fortgang der Rettungsarbeiten ständig auf dem Laufenden gehalten."

Die *Borussia* konnte drei gerettete DDR-Seeleute wegen des hohen Risikos beim Transport der Verletzten nicht auf See an ein DDR-Schiff übergeben und nahm sie mit nach Hamburg. In der DDR-Fernsehsendung *Im Blickpunkt* deklarierte Chefkommentator Karl-Eduard von Schnitzler diese Hilfe kurzerhand zu „Menschenraub": „Und der Kapitän verweigerte [...] deren Über-

setzen auf die heimatliche ‚Völkerfreundschaft'." Rainer Knopf meint bis heute: „Das ist eben das Unverständliche, dass man aus einem Schiffsuntergang Klassenkampf macht." Seemann Ulrich Dittert berichtet: „Ich weiß, dass sich die Reederei sofort bei ‚Hapag Lloyd' entschuldigt hat." Ein Vertreter der Deutschen Seereederei (DSR) reiste nach Hamburg und übergab dem Kapitän der „Borussia" als Dank für die Rettung ein Ölgemälde mit der Silhouette Rostocks.

Das DDR-Urlauberschiff *Völkerfreundschaft*, eigentlich nach Genua unterwegs, brachte 18 gerettete Besatzungsmitglieder und fünf, die nur noch tot geborgen werden konnten, nach Algier. Von dort holte sie eine Sondermaschine der Interflug ab. Sieben Verunglückte landeten im Krankenhaus Las Palmas. Zur Besatzung hatten 42 Personen gehört. Manche von ihnen, wie der Bootsmann Fritz Adloff, der Lehrling Wolfgang Mair und die Stewardess Sieglinde Ruscher, trieben über 48 Stunden lang in der tobenden See, bevor sie gerettet wurden.

Weitere Besatzungsmitglieder lebend im eiskalten Atlantik zu bergen gelang nicht. Am 25. September 1967 berichtete *Neues Deutschland*: „Suchaktion in der Biskaya beendet. Sieben Seeleute der ‚Fiete Schulze' tot geborgen. Sieben weitere trotz größter Anstrengungen verschollen." Ein paar Tage später veröffentlichte die Zeitung zudem einen mehrteiligen Tatsachenbericht über den Untergang der *Fiete Schulze*.

## Ölpest vor Frankreichs Küste

Im Oktober 1976 kam der Tanker *Böhlen* mit 10 000 Tonnen Rohöl aus Venezuela. Seit Tagen herrschte schlechtes Wetter, und das Schiff wurde fast blind gesteuert. Der Nautiker be-

rechnete, dass der Tanker den Westausgang des Ärmelkanals erreicht haben müsste. Doch Funker Rainer Schulze meldete den Empfang von Peilsignalen, die dieser Positionsbestimmung widersprachen: „Ich sagte dann, dass unser Standort nicht stimmen kann, denn die Karten sind in Ordnung.“ Niemand hörte auf ihn. Die falsche Position wurde in die Seekarte eingetragen. Auf dem Schiff herrschte ohnehin nicht die beste Stimmung. Der Kapitän trank mit einigen seiner Offiziere gern über den Durst, und wer da nicht mitmachen wollte, stellte sich „abseits des Kollektivs“.

In der Nacht zum 14. Oktober folgte eine Sturmwarnung. Der Zweite Nautische Offizier, Fritz Hoppe, hatte Wache. Er erledigte Schreibarbeiten und ließ sich dabei vom Rudergänger helfen. Das Schiff lief mit dem Autopiloten. Gegen 3.30 Uhr sah Fritz Hoppe ein Leuchtfeuer, das es, wenn die eingetragene Position stimmte, gar nicht geben konnte. Abrupt änderte er den Kurs in Richtung der französischen Küste. Dann trat plötzlich Totenstille ein. Der Dritte Technische Offizier, Wolf Dieter Speckin, erinnert sich: „Der Erste Technische Offizier war unten dabei, einzelne Aggregate wieder zu starten. Der Zweite ist hochgelaufen zum Notdiesel. Ich habe dann unten die Hilfsdiesel wieder angefahren.“ Niemand bemerkte in diesem Moment, dass die *Böhlen* unter der Wasserlinie von Klippen aufgerissen worden war. Der Kapitän ließ die offene See ansteuern, direkt in einen Orkan hinein. Matrose Jürgen Just berichtet: „Ich habe am Ruder gestanden und gesteuert. Man sah, wie das Schiff immer mehr runterging und vorne auf der Back schon Teile abgerissen wurden.“ Von der Schiffsführung, inzwischen komplett auf der Brücke versammelt, reagierte niemand. Jürgen Just: „Die haben nichts unternommen. Das Echolot fiel aus, dann auch der Kreiselkompass.“ Maschinist Horst Negnal erinnert sich:

„Da stand im Kreiseilkompassraum Wasser, was wir dann mittels Eimerkette beseitigen sollten. Das Wasser wurde nicht weniger, es wurde mehr."

Am nächsten Morgen wunderten sich die Seeleute, dass der Kaffee salzig schmeckte und auch aus den Duschen Salzwasser kam – Indizien dafür, dass das Schiff ein Leck haben musste. Der Kapitän reagierte noch immer nicht. Derweil nahm der Orkan an Stärke zu. Sechs Stunden waren vergangen, seit die Felsen das Schiff fast der gesamten Länge nach aufgerissen hatten. Nun drang Wasser in die vorderen Laderäume ein, Fenster gingen zu Bruch, es gab erste Verletzte. Immer mehr Brecher überspülten die *Böhlen*. Matrose Manfred Schuh machte sich Sorgen um seine Verlobte Karin Jäschke, die als Stewardess auf dem Schiff arbeitete. Er versuchte, nach achtern zu gelangen, wo er sie vermutete, und wurde dabei von Bord gespült. Es gelang ihm, sich 15 Stunden lang am Tau eines abgerissenen Rettungsboots festzuklammern. Das rettete ihm das Leben. Seine Verlobte schaffte es später auf ein Rettungsfloß, verunglückte aber tödlich beim Übersetzen auf einen Schlepper.

Erst elf Stunden nach der Grundberührung, am 14. Oktober 1976 um 15.25 Uhr, setzte die *Böhlen* eine Dringlichkeitsmeldung ab: „much water on deck may be leckage stop ships in vicnity please come for assistance stop [...]." Teile des Vorschiffs lagen nun bereits unter Wasser. Um 15.50 Uhr nahm die Schlagseite nach Backbord ruckartig zu. Über *Brest Radio* bot der westdeutsche Bergungsschlepper *Pacific* seine Hilfe unter der auf See üblichen Bedingung „no cure – no pay" (ohne Erfolg keine Zahlung) an. Kapitän Siegbert R. zögerte. Vielleicht hoffte er auf Hilfe seitens der *Bernburg* aus der DDR, die sich in der Nähe befand. So ließen sich die kostbaren Devisen sparen.

Erst als die See auch noch das Ruderhaus beschädigte, ging

der Ruf „DDD SOS from boehlen DCZB [...] deck under water stopp urgent help stop FFU 141625" raus. Um 16.33 Uhr schlugen die Wassermassen das Fenster des Funkraums ein, der Funkkontakt brach ab. Die Lage war dramatisch, immer mehr Seeleute wurden über Bord gespült. Inzwischen hatte die französische Küstenwache den SOS-Ruf empfangen. Hubschrauber starteten, Hilfsschiffe liefen aus. Gegen 17 Uhr sank die *Böhlen* mit dem Bug voran auf der Position 48 Grad 10 Minuten 30 Sekunden Nord und 5 Grad 10 Minuten 48 Sekunden West in eine Tiefe von 103 Metern. Der Kapitän und die gesamte Schiffsführung gingen mit ihr unter. Nur wer im Achterschiff war, hatte eine Chance, ins Wasser zu gelangen. Schlechtes Wetter und ein sich ausbreitender Ölteppich erschwerten zudem die Rettung. Die Seeleute waren so erschöpft, dass zehn von ihnen von den Rettungsmitteln gespült wurden. Der französische Fischer François Spinec erinnert sich daran, wie er und seine Kollegen tagelang die Leichen aus der See bargen. Sie fanden sie, weil Vögel über ihnen kreisten: „Rund drei Tage lang war der Himmel voller Krähen, es waren mindestens zweihundert Krähen." Insgesamt 24 der 35 Besatzungsmitglieder und zwei mitreisende Ehefrauen fanden bei dem Schiffsuntergang den Tod.

Bei den Ermittlungen der Kriminalpolizei sowie des Ministeriums für Staatssicherheit (MfS) kamen auch der Alkoholmissbrauch an Bord und der nachlässige Dienst der Schiffsführung zur Sprache. Vor der Seekammer spielte das dann keine Rolle mehr. Trotzdem wies sie dem Kapitän als Verantwortlichem die Schuld an der Katastrophe zu.

Unstrittig war, dass der Untergang der *Böhlen* zu schweren Umweltschäden führte. Die DSR ließ das Wrack von einem eigens angemieteten U-Boot untersuchen. Die Bilder über den Ölaustritt wurden jedoch nicht an die Franzosen weitergegeben.

Etwa 2000 Tonnen Rohöl gelangten in den Atlantik, bevor der Rest abgepumpt wurde. Die Ölverseuchung der Gewässer führte zu einem 19-jährigen Fischfangverbot vor der bretonischen Küste. Die französische Regierung bezifferte den Schaden durch die Ölpest auf 168 Millionen Franc (damals rund 72 Millionen DM). Die DDR bot 6,2 Millionen Franc als Entschädigungszahlung an. Sie argumentierte, dass Fehler der französischen Bergungskräfte nicht ihr angelastet werden dürften. Mit einem Aufwand von 155 Millionen Franc hatten französische Spezialisten versucht, die *Böhlen* unter Wasser zu leeren. Drei Taucher starben bei diesem erfolglosen Unterfangen, nur 2050 Tonnen Öl konnten gesichert werden.

Das Wrack liegt noch heute an der Unglücksstelle.

## Austritt von krebserregendem PCB und Dioxin

Am 10. Juli 1976 platzte in der im italienischen Meda angesiedelten Chemiefabrik Icmesa, einer Tochter des Schweizer Chemiekonzerns Hoffmann-La Roche, das Sicherheitsventil eines Kessels. Es entwich hochgiftiges Dioxin, der Wind wehte es unter anderem in die Nachbargemeinde Seveso. Über 3000 Tiere verendeten, 200 Menschen erkrankten schwer, und der Boden war für Jahre vergiftet. Seither gilt das Unglück von Seveso als Synonym für die tödliche Bedrohung, die von Havarien der chemischen Industrie ausgeht. Gegeben hat es die Gefahr aber schon weitaus früher – auch in der DDR.

Am 15. Januar 1961, kurz vor zehn Uhr, brach in den Deutschen Solvay-Werken in Westeregeln, Kreis Staßfurt, ein Feuer aus. *Neues Deutschland* meldete nur, dass „eine Lagerhalle […] durch einen Brand vernichtet" worden und „größe-

rer Sachschaden" entstanden sei. Tatsächlich verbrannten unter anderem 500 Tonnen Naphtalin und eine nicht mehr genau ermittelbare Menge des PCB-Produkts „Orophen". Bei Polychlorierten Biphenylen (PCB) handelt es sich um giftige Chlorverbindungen. Bis Ende der 1980er-Jahre wurden sie in Transformatoren, elektrischen Kondensatoren und Hydraulikanlagen sowie als Weichmacher bei Lacken und Kunststoffen verwendet. Seit 2001 sind sie weltweit verboten. Da es sich bei den Solvay-Werken in Westeregeln um eine PCB-Herstellungsanlage handelte, muss davon ausgegangen werden, dass auch die bei dem Brand zwangsläufig entstandenen giftigen Dioxinmengen erheblich waren. Der Vorgang wurde von den Behörden sofort als „Geheime Verschlusssache« eingestuft, außer den unmittelbar Betroffenen erfuhr niemand von der Katastrophe.

Ebenso geheim gehalten wurden Havarien von Hochspannungstransformatoren. Auch dabei gelangten größere Mengen von giftigem PCB und Dioxin in die Umwelt. Allein zwischen 1979 und 1983 explodierten im Elektroenergienetz der DDR 37 110 000-Volt-Trafos. Berichtet wurde jedoch nur, wenn Transformatoren in den USA, Großbritannien oder der Bundesrepublik explodierten. Gefahr ging bei solchen Vorfällen vor allem von den Mengen an Transformatorenöl aus, das mit PCB versetzt war, welches die Isolierfähigkeit verbesserte. Bei diesen Bränden dürften erhebliche Mengen an Dioxin entstanden und ausgetreten sein. Es ist nicht ausgeschlossen, dass noch heute Orte kontaminiert sind, ohne dass die Bevölkerung dies weiß.

Zum Verbleib des Giftmülls aus Seveso gab es im Januar 1994 ein Nachspiel in einem Untersuchungsausschuss des Landtages von Mecklenburg-Vorpommern. Dieser sollte sämtliche Vorgänge um die Mülldeponie Schönberg klären. Dabei wurde auch dem Verdacht nachgegangen, dass dort ein Teil des dioxin-

belasteten Abfalls aus Italien abgelagert wurde. Namentlich ging es um 41 Fässer, in die der Inhalt des Unglückskessels gefüllt worden war. Heinz Hollinger, bei La Roche für Umweltschutz zuständig, erklärte jedoch unter Eid, die fraglichen Fässer mit der hochgiftigen Substanz seien in seinem Beisein 1985 in Basel verbrannt worden, sie könnten daher nicht auf der Schönberger Deponie gelandet sein.

Der Berliner Journalist Andreas Förster bezweifelte das 1994 in einem Artikel für die *Berliner Zeitung*, in dem er sich auf Unterlagen berief, die dem Blatt vorlagen. Darin hieß es: „Im Januar 1982 hatte die Firma Mannesmann Italia, eine Tochter des deutschen Mannesmann-Konzerns, bei den DDR-Behörden nachgefragt, ob man eine größere Mülllieferung auf der Mecklenburger Deponie ablagern könne. Es handele sich um Metallteile, die [...] mit 2,3,7,8-Tetrachlordibenzo-p-dioxin (TCDD) verseucht sind, der giftigsten Dioxin-Art. [...] Der Antrag der italienischen Mannesmann-Firma wurde unter der Nummer 1 (für Italien) 18/82 registriert. Als Abfallerzeuger wies der Antrag ‚Seveso/Italien' aus. Am 3. März 1982 lehnte die Aufsichtskommission der Sondermülldeponie den Mannesmann-Antrag 118/82 ab. Begründung: Abfallstoffe aus ‚begründeten Giftskandalen, z. B. Seveso', werden nicht in Schönberg abgelagert. [...] Intern aber wurde der Auftrag 118/82 doch ausgeführt, wie Unterlagen jetzt beweisen." Dazu soll der Giftmüll umdeklariert worden sein: „Unter der ‚Abfallstoffgruppe 6 – sonstige Abfälle' bezeichnet 118/82 die Anlieferung von Calciumchlorid-Rückständen. Gesamtmenge: 47,482 Tonnen. [...] Und noch ein Verdacht bleibt: Bis zum 30. September 1985 sind weitere Giftmülltransporte aus Italien eingegangen, die bereits 1982 beantragt wurden. Deklariert waren sie in drei Fällen als quecksilberhaltige Nebenprodukte und in einem als Methylmetallchrylat-Rückstände."

Bereits am 16. Oktober 1993 hatte *Neues Deutschland* geschrieben: „Der Ministerpräsident von Mecklenburg-Vorpommern, Seite, erklärte, eine Lagerung des Seveso-Giftes in Schönberg sei unwahrscheinlich. Bisher vorgenommene Nachforschungen hätten keinen Hinweis ergeben." Doch eindeutig geklärt wurde der Sachverhalt nie.

Erst nach 1989 stellte sich heraus, wie leichtfertig in der DDR mit Giften umgegangen wurde. So wurde zum Beispiel bis Ende 1987 das giftige Insektizid „Lindan" produziert. Es wurde nicht nur in Bitterfeld, sondern auch in Magdeburg, Karl-Marx-Stadt (heute Chemnitz) und Berlin hergestellt. Der Westen produzierte den Halogenkohlenwasserstoff „Lindan" dagegen seit 1984 nicht mehr, weil bekannt geworden war, dass das Gift in die Nahrungskette des Menschen gelangen kann, und zudem bei der Herstellung Giftmüll entstand. In der DDR nannte man diese unumgänglichen Abprodukte diskret „Charge A". Sie wurden einfach in den Löchern ausgekohlter Tagebaue verkippt.

Die genaue Zusammensetzung der Industrieabfälle und die Lagerstätten des Giftmülls unterlagen strikter Geheimhaltung. Nach der Wiedervereinigung wurden jedoch einige gefährliche Fundorte entdeckt:

- In den Tagebaurestlöchern „Antonie" und „Freiheit" zwischen Sandersdorf und Kreppin bei Bitterfeld konnten etwa 70 000 Tonnen Abprodukte der „Lindan"-Fertigung des Elektrochemischen Kombinats Bitterfeld nachgewiesen werden. Sie standen dort mit dem Grundwasser in Kontakt.
- In der Grube „Regina", Gemeinde Schiffmühlen, Kreis Bad Freienwalde, verkippte der VEB Berlin-Chemie „Lindan"-Rückstände. Etwa 40 000 Tonnen des gefährlichen Abfalls kamen im Laufe der Jahre zusammen.

- In die Steinbrüche Emden, früherer Kreis Haldensleben, einem Landschaftsschutzgebiet, entsorgte Fahlberg-List rund 50 000 Tonnen Giftmüll. Schon vor 1989 konnte ein Doktorand der Akademie der Wissenschaften der DDR vor Ort sehr große Mengen der im Insektizid „Lindan" verwendeten Schadstoffe nachweisen. Seine Forschungen blieben geheim.

## Explosion im Sprengstoffwerk und Chemieunfälle

Havarien, die die Umwelt schädigten, gehörten in der DDR zu den Staatsgeheimnissen. 1989 durften 598 DDR-Betriebe überhaupt nur noch mit einer Sondergenehmigung des Gesundheitsministeriums arbeiten, weil sie die Umwelt stetig zu stark belasteten. Darüber, dass von alledem nichts an die Öffentlichkeit gelangte, wachte das MfS. Meist war nur dann, wenn es wegen Toter oder Verletzter bereits Gerüchte gab, eine kleine Notiz in der Zeitung zu finden. Über die möglichen Folgen solcher Zwischenfälle - in der Chemie können sehr schnell Kleinigkeiten Kettenreaktionen auslösen und in Katastrophen münden - wurde meist geschwiegen.

So meldete zum Beispiel am 20. August 1968 ADN lapidar: „Im VEB Sprengstoffwerk Schönebeck (Bezirk Magdeburg) kam es am Montag in der Betriebsabteilung für die Herstellung von Bergbausprengstoffen zu einer Explosion. Bei dem Unglück sind auf tragische Weise vier Werksangehörige ums Leben gekommen. Sechs Werktätige des Betriebes erlitten leichtere Verletzungen und erhielten sofortige ärztliche Fürsorge." Dass trotz dieses Unfalls nichts unternommen wurde, um die Arbeit sicherer zu machen, zeigte eine erneute Explosion im Sprengstoffwerk Schönebeck am 4. Februar 1976, diesmal im

Bereich Nitroaromatenanlage. Mit zwei Toten und zwei Schwerverletzten ging sie noch relativ glimpflich aus.

Es gab eine lange Reihe ähnlicher Unfälle:

- Am 6. November 1954 explodierte in der Farbenfabrik Wolfen der Autoklav 7 des Nitrobetriebs. Drei Arbeiter erlitten tödliche, zwei schwere und 15 leichte Verletzungen.
- Am 8. August 1959 brach gegen 9.25 Uhr im VEB Leuna-Werke „Walter Ulbricht", Betriebsdirektion Erdöl-Olefine, Bau 941, ein Brand aus. Er wütete in der „Neuen Erdöldestillation" und vernichtete neben Einrichtungen des apparatetechnischen Teils auch Produktpumpen und elektrische Ausrüstungen sowie Mess-, Steuer- und Regeltechnik.
- Am 24. November 1960 knallte es gegen 13.45 Uhr im VEB Teerchemie Erkner in der Pyridin-Abteilung. Die Explosion verursachte einen Brand. Der Sachschaden betrug etwa 250 000 Mark.
- Am 22. Mai 1962 platzte im VEB Teerverarbeitungswerk Rositz ein Heizölbehälter. Acht Arbeiter verloren ihr Leben.
- Am 4. Januar 1963 ereignete sich in den Chemischen Werken Buna / Merseburg, Bau F 59, eine Explosion. Drei Personen wurden schwer verletzt. Der Sachschaden betrug rund 300 000 Mark. In der Anlage wurden Vinylacetat und Vinylperoxid, beide Gefahrenklasse A 1, zu Polyvinylacetat polymerisiert.
- Am 12. Januar 1970 erschütterte eine Explosion den Bau H 55 im Chemiekombinat Buna. Eine Arbeiterin und ein Arbeiter wurden tödlich, zwei Arbeiterinnen schwer verletzt.
- Am 19. November 1980 explodierte im VEB Haushaltchemie in Gößnitz ein Heizkessel. Fünf Arbeiterinnen und Arbeiter kamen ums Leben. Der Betrieb wurde völlig zerstört und

nach dem Unglück nicht wiederaufgebaut. Auch Gebäude in der Nachbarschaft erlitten Schäden. Noch während der polizeilichen Ermittlungen nahm sich der damalige Betriebsdirektor das Leben.

Solcherart Zwischenfälle mit Katastrophencharakter setzten sich bis zum Ende der DDR fort. Für 1988 verzeichnet die Statistik 3899 Unfälle an überwachungspflichtigen Anlagen. Dabei fanden 31 Menschen den Tod und 463 wurden – zum Teil schwer – verletzt. Der Produktionsausfall wurde auf 262 Millionen Mark geschätzt.

## Das große Loch am Alex

Wie aus dem Nichts öffnete sich am 4. Oktober 1972 auf dem Berliner Alexanderplatz ein riesiges Loch. Am darauffolgenden Tag meldete *Neues Deutschland*: „Gegen vier Uhr morgens brach im Tunnel der Linie A am Alexanderplatz in einem abgestellten U-Bahn-Zug vor Betriebsbeginn ein Brand aus. Die Ursache ist noch nicht geklärt. Bei sofort eingeleiteten Löscharbeiten erlitten fünf Kollegen eines Bautrupps der Berliner Verkehrsbetriebe leichte Rauchvergiftungen. Sie konnten nach ambulanter Behandlung wieder entlassen werden. Die Löscharbeiten der binnen weniger Minuten an Ort und Stelle eingetroffenen Feuerwehren der Hauptstadt wurden durch starke Rauchentwicklung und enorme Hitze sehr erschwert. Dank der großen persönlichen Einsatzbereitschaft der Feuerwehr und der anderen Einsatzkräfte konnte der Brand um 11.30 Uhr gelöscht werden."

Die Arbeiter eines Bauzugs, die auf der Strecke zwischen den Bahnhöfen Vinetastraße und Senefelderplatz gearbeitet hatten,

bemerkten auf ihrem Rückweg zum Alex als Erste den Rauch. In einem Zug auf Abstellgleis 3 entdeckten sie ein Feuer. Das konnte gefährlich werden, denn das Gleis lag direkt unter dem Centrum-Warenhaus (heute Kaufhof) und dem Interhotel Stadt Berlin (heute Park Inn). Als die Feuerwehr um 4.12 Uhr eintraf, standen bereits vier Wagen in Flammen.

In den damaligen Berichten der Presse waren die dramatischen Auswirkungen des Feuers nachzulesen. Die Tunneldecke senkte sich und stürzte nach und nach auf einer Länge von zunächst 105 Metern ein. Auf dem Alex tat sich ein riesiges Loch auf, in dem die Freitreppe des Kaufhauses versank. Das Feuer war zwar schnell gelöscht, aber Glutnester glimmten weiter. Noch Tage später zog Rauch aus dem Tunnel.

Bereits nach wenigen Stunden begann eine operative Untersuchungsgruppe der MfS-Bezirksverwaltung Berlin mit der Ermittlung der Brandursache. Sie vermutete zunächst Sabotage oder Fahrlässigkeit. Der Berliner Journalist Andreas Förster berichtete 2019 darüber: „Die Anschlagthese wurde schnell entkräftet. Zwar nahm die Stasi einen gerade aus der Haft entlassenen Straftäter vorübergehend fest, weil er in der Brandnacht in einem am Alex abgestellten U-Bahnzug seinen Alkoholrausch ausgeschlafen hatte. Aber die Vermutung, der Mann könne im Suff das Feuer gelegt haben, bestätigte sich nicht. Stattdessen förderten die monatelangen Untersuchungen von Stasi, technischen Experten und Mitarbeitern der BVG [VEB Kombinat Berliner Verkehrsbetriebe] Schlamperei im U-Bahnbetrieb und erhebliche technische Mängel in den 50 bis 70 Jahre alten Zügen zutage." Ausgebrochen war der Brand in einem Licht-Relaiskasten unter einem Sitz. Die dort installierten Widerstände, die durch das Abregeln von 220 auf 110 Volt für die zum Betreiben von Innenbeleuchtung und Heizung nötige niedrige Spannung

sorgen sollten, entwickelten Wärme. Daraufhin begann die Isolierung eines Kabels erst zu schwelen und dann zu brennen. Später entdeckte man in 13 weiteren Fahrzeugen ebenfalls uralte, schadhafte Isolierungen.

Teile der Bahnanlagen wurden zerstört, 17 U-Bahn-Wagen brannten aus. Der gesamte Schaden belief sich nach einer ersten Schätzung auf rund 17 Millionen Mark. Da die Berliner Verkehrsbetriebe ohnehin mit einem sehr knapp bemessenen Wagenpark auskommen mussten, stellte der Verlust ein großes Problem dar. Später wurden als Ersatz in West-Berlin ausgemusterte Wagen der A2-Serie aus den 1920er-Jahren gekauft.

Dank des schnellen Feuerwehreinsatzes waren keine Todesopfer zu beklagen. Andreas Förster fand jedoch heraus: „Allerdings gab es zwei Wochen später einen tödlichen Arbeitsunfall – einer der zum Beräumen des eingestürzten Tunnels eingesetzten 25 NVA-Soldaten, ein zweifacher Familienvater aus Lindenbach bei Erfurt, war durch herunterstürzende Trümmer zerquetscht worden." Bis Weihnachten wurde mit großem Aufwand das Loch auf dem Alex geschlossen und die U-Bahn-Linie wiederaufgebaut.

Am 7. Mai 1986 brannte erneut ein U-Bahn-Leerzug im Verbindungstunnel unter dem Alexanderplatz zwischen Grunerstraße und Rathausstraße. Das Feuer vernichtete neun Wagen. Ursache war eine Kriechstromstrecke der durchgehenden Starkstromleitung im siebten Wagen. West-Berliner Zeitungen wie die *BZ* und *Die Welt* spekulierten jedoch am 1. Juli: *Massenflucht unter dem Alex – sechs Menschen erschossen?* und *Scheiterte in Berliner U-Bahn-Schacht eine Massenflucht in den Westen?* Die *Bild* meldete: *Ost-Berlin: U-Bahn-Zug ausgebrannt, Überlebende hingerichtet.* Angeblich wollten zwölf Flüchtlinge eine „blockierte Weiche freilegen, eine 24 cm Sperrmauer zwischen den

Gleisen aufsprengen und mit ihrem Zug den rund 800 Meter entfernten West-Berliner U-Bahnhof Moritzplatz erreichen". Die Geschichte erwies sich als Hirngespinst, nachdem U-Bahn-Chef Diethelm Graetsch und Feuerwehr-Oberst Horst Meier den Korrespondenten der französischen Nachrichtenagentur AFP den Tunnel besichtigen ließen.

## Gefängnis für Fahrlässigkeit

Wegen ihres pflichtwidrigen Verhaltens verurteilte der 1. Strafsenat des Bezirksgerichts Karl-Marx-Stadt am 9. Mai 1977 zwei Mitarbeiter des VEB Energieversorgung. Meister Johannes G. und Gasmonteur Wolfgang O. hatten am 24. Dezember 1976 in Lichtenstein, Kreis Hohenstein-Ernstthal, eine schwere Gasexplosion mit Stadtgas verursacht. Bei dem Unglück kamen vier Menschen zu Tode, vier weitere wurden schwer verletzt. Es entstand ein Sachschaden von 750 000 Mark.

Es war Heiligabend, und die Männer wollten schnell unter den heimischen Weihnachtsbaum. Deshalb unterließ es Meister Johannes G., eine neu verlegte Gasleitung in einem unbewohnten, gerade rekonstruierten Wohnhaus vor der Inbetriebnahme auf ihre Sicherheit zu überprüfen. Ohne dazu befugt und beauftragt zu sein, setzte der Monteur Wolfgang O. die Leitung in Betrieb. Dann wurde das fertige Haus noch einmal besichtigt, und einer der Leute steckte sich eine Zigarette an ...

Johannes G. und Wolfgang O. mussten sich nun vor einer „erweiterten Öffentlichkeit" verantworten. Im DDR-Sprachgebrauch bedeutete dies, dass der Prozess als „erzieherisches Mittel" genutzt wurde. Zu solchen Verhandlungen schickte man ausgesuchte Zuhörer, um ihnen die Konsequenzen von

Leichtsinn und Fahrlässigkeit vor Augen zu führen. Der „gesellschaftliche Ankläger" betonte dann auch, dass es „für das folgenschwere pflichtwidrige Verhalten der Angeklagten kein Verständnis geben kann". Staatsanwalt Günter Hofmann forderte für Johannes G. vier Jahre und für Wolfgang O. zwei Jahre und sechs Monate Haft. Der Richter verurteilte die Angeklagten dann auch zu diesen Strafen, die im Rahmen des DDR-Strafgesetzbuches lagen, und begründete sein Urteil folgendermaßen: „Hohe Arbeitsergebnisse sind auf die Dauer nur dort zu erzielen und kommen der Gesellschaft voll zugute, wo Ordnung und Sicherheit an jedem Arbeitsplatz durchgesetzt sind."

## Der Lokzerknall von Bitterfeld

Ohne Feuer und Wasser fährt keine Dampflok. Fehlt eines von beiden, sind die Folgen höchst unterschiedlich: Lodert kein Feuer, bleibt die Lok stehen – mangelt es aber an Wasser, kann sie in die Luft fliegen. Letzteres passierte am 27. November 1977 auf dem Bahnhof Bitterfeld.

Die *Berliner Zeitung* berichtete zwei Tage danach: „Das tragische Eisenbahnunglück am Sonntagnachmittag auf dem Bahnhof Bitterfeld hat [...] acht Todesopfer gefordert. Darunter befanden sich der Lokführer und der Heizer des D-Zuges 567, Berlin–Reichenbach/Vogtland, bei dessen Einfahrt in den Bahnhof der Kessel der Lokomotive explodiert war, sowie Reisende, die sich auf dem Bahnsteig aufgehalten hatten. [...] Von den 45 Verletzten waren 35 nach ambulanter Betreuung noch am Sonntag aus den Krankenhäusern entlassen worden. Über den Hergang des schweren Eisenbahnunglücks berichteten Augenzeugen: Der D-Zug 567 hatte wenige Minuten nach 16 Uhr Einfahrt am Bahn-

steig des Bitterfelder Bahnhofs. Kurz vor dem Halt erschütterte eine schwere Explosion das Bahnhofsgelände. Im Sekundenbruchteil hatte sich der tonnenschwere Kessel der Dampflok des Typs 01 vom Fahrgestell losgerissen und war etwa 40 Meter weit in Fahrtrichtung auf die Gleise geschleudert worden."

Über die Ursachen des Unglücks gibt es bis heute unterschiedliche Meinungen. Auf eisenbahngeschichtlichen Websites wird Termindruck beim Personal als Grund angeführt. Nach dieser Version war die Lok zwei Tage zuvor aus dem RAW Meiningen gekommen. Lokführer Schirdewan und Heizer Franke wurde bei der Übergabe aufgetragen, die Vorräte zu überprüfen. Sie füllten Kohle auf, aber kein Wasser – der Zug hatte schon erheblich Verspätung und sollte endlich auf die Strecke. Trotzdem wurde der Lokleitung mitgeteilt, auch Wasser sei genug vorhanden. Schon nach ein paar Kilometern merkte der Lokführer, dass dies nicht der Fall war. Er wollte in Wittenberg Wasser tanken, doch das wurde abgelehnt. So fuhr er bis Bitterfeld durch. Dort befand sich bereits so wenig Wasser im Kessel, dass der Rest beim Bremsen nach vorn schwappte und auf die mittlerweile stark überhitzte Strahlungsheizfläche traf. Das Wasser verursachte nun ein Reißen der Feuerbüchsdecke, wodurch das Führerhaus zerstört wurde.

Der frühere Reichsbahn-Oberrat Heinz Schnabel, der seinerzeit mit der Untersuchung des Unfalls befasst war, bestätigt diesen Hergang: „Es hat das Material zerrissen. In dem Kessel war noch ein Druck von 15, 16 bar. Aus einem Kubikmeter Wasser entstehen 1725 Kubikmeter Dampf, und das in fünf Minuten." Die Schuld sieht er allein beim Personal: „Der Lokführer selbst hatte die Pflicht gehabt [...], nach den Vorräten zu sehen. Ist genügend Wasser und Brennstoff vorhanden?" Dass der versucht habe, das von ihm erkannte Problem zu lösen, dabei aber auf

Ablehnung seiner Vorgesetzten stieß, bestätigt Heinz Schnabel nicht. Allerdings spricht er von einer „Trotzreaktion" des Lokpersonals, ohne sie näher beschreiben zu wollen.

Unstrittig ist der weitere Verlauf des Unfalls. Nach der Dampfexplosion wurde der Kessel noch einen Moment vom Zylinderblock gehalten. Der Druck war jedoch so gewaltig, dass er sich um 180 Grad drehte – dabei gelangte Glut auf einen auf dem Nachbargleis einfahrenden Reisezug – und dann wie eine Rakete abhob. Der Kessel landete 40 Meter voraus auf den Schienen und soll sich dort sogar mit dem Stahl verschmolzen haben. Rund 250 Leute standen auf dem Bahnsteig und warteten auf den Zug. Fünf von ihnen, die sich auf Höhe des Führerstands befanden, sowie der Lokführer und der Heizer waren sofort tot. Zwei der Verletzten starben später im Krankenhaus. Der Bahnsteig wurde zerstört und die Fahrleitung beschädigt.

Die Prüfung der stählernen Feuerbüchse ergab, dass sich das Material bis auf 740 Grad erhitzt hatte. Um eine solche Temperatur zu erreichen, muss die Feuerbüchsdecke mindestens vier Minuten ohne Wasser gewesen sein. Als dann das Restwasser auf die glühend heiße Fläche schwappte, knallte es, denn durch die Überhitzung hatte sich die Festigkeit des Teils von 52 auf etwa neun Kilopond pro Quadratmillimeter verringert.

Der Unfallbericht sprach Lokführer und Heizer die alleinige Schuld an dem Unfall zu.

## Kohlenstaubdetonationen in drei Brikettfabriken

Ohne Briketts blieben 1978 in der DDR die meisten Wohnungen kalt. Deswegen liefen die Fabriken, die Kohlenstaub zu Heizmaterial pressten, rund um die Uhr und ohne Rücksicht

auf Verschleiß. So auch die 26 Brikettfabriken des Braunkohlekombinats „Glückauf" in der Lausitz. Für das Kombinat war 1978 ein schwarzes Jahr. Am 11. März verlor Henry Nakoinz aus der Fabrik „Sonne" in Freienhufen infolge einer Kohlenstaubverpuffung sein Leben. Und nur fünf Tage später erschütterte eine gewaltige Detonation die Brikettfabrik „Knappenrode".

Am 16. März 1978 hatte Wolfgang Kobela, Technologe und Feuerwehrmann bei der Freiwilligen Betriebsfeuerwehr, Bereitschaftsdienst. „Gegen fünf Uhr wurde ich telefonisch benachrichtigt, dass es im Ofenhaus brennt." Die Öfen trockneten den Kohlenstaub, damit dieser anschließend zu Briketts gepresst werden konnte. Dabei kam es im gefährlichsten Teil des Werks, bei den Tellertrocknern, immer mal wieder zu kleinen Bränden. Das passierte so häufig, dass es niemand besonders ernst nahm. Der Betrieb war alt, die meisten Maschinen stammten aus den 1920er-Jahren. In den 1950er-Jahren waren die Tellertrockner mit elektrischen Filtern nachgerüstet worden. Das machte sie erheblich produktiver, schuf aber auch neue Gefahren: Für Wartung, Reinigung und Reparatur blieb nur wenig Zeit. Der ehemalige Betriebsdirektor Manfred Jach erinnert sich: „Diese Fabrik lief den ganzen Monat und hatte 16 Stunden Reparaturzeit, das war alles."

Als Wolfgang Kobela an jenem 16. März im Werk ankam, bemerkte er sofort, dass es dieses Mal kritisch wurde: „Ich bin ins Ofenhaus reingegangen und habe gesehen, dass dort schon alles brennt." Am Ofen 3 hörte er ein Grollen wie bei einem Gewitter. Er schaffte es nicht mehr, Alarm auszulösen. „Jedenfalls kam dann auch gleich hinterher die vollkommene Explosion des gesamten Raumes. In Sekundenschnelle wandert ja das Feuer durch die Fördermittel und den Kohlenstaub, da fliegt automatisch die Decke durch die Gegend." Die Detonation ver-

bog dicke Ofentüren, Gebäudeteile fielen zusammen. Kobela warf sich auf den Boden, die Hände über dem Kopf. Unter ihm verlief eine Förderschnecke, von der die Flammen hochschlugen. Vor den Tellertrocknern brach Panik aus. Die Arbeiter versuchten, über die Fluchtwege ins Freie zu gelangen. Dabei atmeten einige die tödlich heiße Luft ein, was sie später das Leben kostete.

Werkdirektor Manfred Jach befand sich bei Ausbrechen des Brands auf dem Weg zur Arbeit. Er traf auf ein Chaos: „Der Schichtleiter verletzt, der Schichtmeister verletzt, sodass ich nur Einzelpersonen aus dieser Fabrik 1 fragen konnte, wer ist heute da gewesen, und wo sind sie jetzt?" Etliche Arbeiter wurden vermisst.

Wolfgang Kobela verbrannten die Hände. Trotzdem bewältigte er mit seinem Fahrrad die rund 300 Meter bis zur Feuerwache. „Ich bin in die Kommandostelle gefahren, hab die Sirene ausgelöst." 45 Minuten nach der Explosion trafen die ersten Löschfahrzeuge und Rettungswagen ein. Kobela wurde mit Verbrennungen im Gesicht und an den Armen in die Klinik nach Hoyerswerda gebracht. Er lag eine Woche im Koma, immer wieder folgten Operationen, Hauttransplantationen. Nicht einmal Frau Christel und die vier Kinder durften ihn besuchen, es bestand Infektionsgefahr. Nach wochenlangem Krankenhausaufenthalt wurde Wolfgang Kobela entlassen. Er überlebte als einzige der Personen, die sich zum Zeitpunkt der Explosion in der Nähe der Tellertrockner befunden hatten.

Die lokale Presse meldete am 18. März lediglich eine „Verpuffung" bei „Glückauf". Dass dabei Schichtleiter Willi Dschietzig und die Arbeiter Helmut Mark, Gerhard Polling, Rudolf Richter und Erhard Kunaschk starben, erfuhr man nur durch die Traueranzeigen.

Bereits am 24. Juni 1978 explodierte die nächste Brikettfabrik. Dieses Mal erwischte es das Werk „Impuls" in Senftenberg. Als Feuerwehrmann Karl-Heinz Langheinrich damals zum Unglücksort fuhr, erwartete ihn ein Inferno. „Von weit her sah man schon den Feuerschein." Wie von einer lodernden Fackel erleuchtet, schien der ganze Himmel zu brennen. Brandschutzingenieur Gerhard Bork bemerkte vor Ort „starke Zerstörungen, das Dach war teilweise abgehoben". Es herrschte akute Einsturzgefahr. Die erste Lagemeldung der Feuerwehr lautete: „Es brennt die gesamte Brikettfabrik." Trotzdem mussten die Retter in die Flammen. Nach 45 Minuten notierte der Protokollant: „Sechs Mann verletzt mit Verbrennungen, eine Frau noch nicht aufgefunden." In ihren Wärmestrahlenschutzanzügen, die bis zu 1000 Grad Hitze aushielten, kämpften sich die Feuerwehrmänner erneut durch die Flammen. Glücklicherweise fanden sie die vermisste Frau – unverletzt.

Sechs Schwerverletzte mussten ins Krankenhaus gebracht werden. Erst nach ihrer Rettung begann die Brandbekämpfung. Immer wieder gab es kleinere Kohlenstaubexplosionen. Stichflammen schossen durch die Trümmer, bis schließlich alles mit einem Schaumteppich abgedeckt und damit die akute Gefahr gebannt war.

Nur drei der Schwerverletzten überlebten. Hans Lange starb am 28. Juni 1978 im Krankenhaus, Günther Matthias am 29. Juni und Joachim Tzschiholz am 27. Juli.

Für die Zeitzeugen blieb ein bitterer Nachgeschmack. Sie wussten schon damals, dass ihre Kumpel in den Werken „Sonne", „Knappenrode" und „Impuls" Opfer wurden, weil eine riskante Technik ohne Rücksicht auf Verluste rund um die Uhr lief. Besonders erbost war Wolfgang Kobela darüber, dass es damals in der lokalen Presse nur eine kurze, verharmlosende Notiz über

das Inferno von Knappenrode gab. „Man hat das so dargestellt, es ist etwas geschehen, aber es war eben nichts weiter. Als wenn die Leute, die alle gestorben sind, nichts wert waren."

## „Es hat sich so eingebürgert ..."

Es war das größte Unglück in der Lebensmittelindustrie der DDR, und es wäre vermeidbar gewesen. Am 5. Februar 1979 gegen 12.45 Uhr erschütterte eine schwere Explosion das Ölwerk in Riesa. Dort wurde Öl aus Raps gepresst. Hierfür gab es eine Extraktionsabteilung, die mit erheblichen Mengen von Leichtbenzin betrieben wurde.

Feuerwehrmann Siegfried Bossack hatte so etwas noch nie erlebt. „Als ich da in Riesa in Blickrichtung des Werkes einbog, da habe ich etwa 70 Meter hohe Flammen gesehen." Von überallher kamen Helfer. Sein Kamerad Horst Hofmann berichtet: „Nicht weit entfernt war die Rote Armee stationiert, und die Russen rannten auch auf dem gesamten Gelände herum." Im nahen Zeithain wurde die NVA alarmiert. Pionier-Offizier Hans-Jürgen Sasse, damals 31, erfuhr jedoch nicht, was passiert war. Er und seine Männer sollten aus der Absackerei verschüttete Arbeiterinnen retten. Zwei Frauen konnten sie schwer verletzt bergen. Sasse erinnert sich an eine von ihnen: „Die Beine waren schon weg." Manche Opfer wurden erst nach dem Löschen entdeckt. Das Unglück forderte insgesamt zehn Tote. 39 Menschen wurden schwer, elf leicht verletzt. Die Druckwelle und das Feuer zerstörten Gebäudeteile des Betriebs und richteten in der näheren Umgebung größere Schäden an. Der unmittelbare Sachschaden betrug mehr als 10,2 Millionen Mark. Für die Dauer etwa eines Jahres war außerdem ein Produktionsausfall in Höhe

von 250 000 Mark pro Tag zu erwarten. Hinzu kamen die Zahlungen der Versicherung und der Sozialversicherung an die Opfer der Explosion.

Nach einer einwöchigen Gerichtsverhandlung wurden am 5. Juli 1979 in erster Instanz der Betriebsdirektor des VEB Riesaer Ölwerke zu vier Jahren sowie der Direktor für Produktion und Technik und der Leiter der Rohölabteilung zu jeweils drei Jahren und drei Monaten Freiheitsentzug verurteilt.

Die Explosion war durch grobe Fahrlässigkeit ausgelöst worden. Zwischen der Extraktion und der Absackerei existierte keine Brandschutztür, die Dämpfzeiten wurden nicht eingehalten, die Geräte nicht gewartet und die Sicherheitsüberprüfungen nur auf dem Papier vermerkt. Bei Benzingeruch öffnete man einfach die Türen, statt das Rapsschrot so lange zu bedampfen, bis das Restbenzin ausgewaschen war. Das Plansoll musste erfüllt werden, der Zeitdruck war hoch. Lange ging es gut – bis dann der Doppelmulden-Dampftrockner zur Zündquelle wurde.

Typisch für den Prozess war, dass sich die Strafverfolgung zwar auf die verantwortlichen Leiter konzentrierte, sich der Fokus aber auf die Verletzung der Vorschriften zur Ordnung und Sicherheit richtete, wie sie überall in der DDR-Wirtschaft üblich war. *Neues Deutschland* hob am 6. Juli 1979 hervor: „Die schwere Explosion und der Brand in den Riesaer Ölwerken waren die Auswirkung einer Kette von gesetzwidrigen Verhaltensweisen, scheinbar unerheblichen Nachlässigkeiten, sozusagen ‚Kavaliersdelikten' in puncto Ordnung und Sicherheit." Prozessbeobachter Horst Richter legte den Schwerpunkt seines Berichts auf genau diesen Aspekt: „Wie lax die Angeklagten ihre Pflichten wahrnahmen, genauer gesagt nicht wahrnahmen, bestätigen Äußerungen, die wir während ihrer Vernehmung notierten: ‚Es gab Informationsverlust ... Es hatte sich so eingebürgert ... Als

ich das übernahm, wurde es auch schon so gemacht ... Ich sah keine Notwendigkeit, das zu ändern ... Damit haben wir uns nicht beschäftigt ... Das habe ich nicht gewusst ... Das stand im Schichtbuch, wurde aber nicht ausgewertet ... Eigentlich hätte eine Störmeldung geschrieben werden müssen ... Das hat jeder so gemacht, und exakte Anweisungen gab es nicht.' Die Schuldiggewordenen, die die in unserem Staat gebotenen Qualifizierungsmöglichkeiten genutzt, studiert und sich bisher in vielen Situationen unseres gesellschaftlichen Alltags bewährt hatten, hier reagierten sie nicht, wie es notwendig gewesen wäre. An die Nichterfüllung wichtiger, gesetzlich obliegender Pflichten des Gesundheits- und Arbeitsschutzes darf man sich nicht ‚gewöhnen'. Der Prozess war eine eindringliche Demonstration dafür, wie sich hinter der alltäglichen Praxis des Ein-Auge-Zudrückens, hinter Routine ‚Zündstoff' im Sinne des Wortes anhäufen konnte bis zur ‚kritischen Masse', die dann Menschenleben und große gesellschaftliche Werte vernichtete."

Im Prozess ging es also nicht nur um die Verurteilung der Verantwortlichen, sondern auch um eine Warnung an alle Werktätigen. Horst Richter vermerkte in seinem Bericht: „Der Kollektivvertreter hatte in seiner Stellungnahme zum Ausdruck gebracht, dass viele Mitarbeiter des Werkes zwar nicht juristisch, aber doch moralisch und gesellschaftlich in Beziehung zu dem Vorgefallenen stehen."

## Verseuchtes Blut

Am 9. Januar 1979 zog das Staatliche Kontrollinstitut für Seren und Impfstoffe der DDR eine Charge Immunglobuline zur Anti-D-Prophylaxe aus dem Verkehr. In aller Stille wurden der

Leiter des Bezirksinstituts für Blutspende- und Transfusionswesen in Halle, Dr. Wolfgang Sch., und einer seiner Mitarbeiter wegen Verstoßes gegen das Arzneimittelgesetz verurteilt. Beide Ärzte verloren überdies ihre Approbation. Wolfgang Sch. verfiel darauf dem Alkohol und starb wenig später.

Unter ihrer Verantwortung waren zwischen August 1978 und März 1979 etwa 6800 schwangere Frauen im Rahmen einer gesetzlich vorgeschriebenen Impfung mit Serum behandelt worden, das mit dem Hepatitis-C-Virus infiziert war. Im Frühjahr 1978 hatte das Institut 3000 Milliliter Plasma von drei Blutspendern verarbeitet, die an Hepatitis C erkrankt waren. Obwohl die zuständigen Chefs diesen Sachverhalt kannten, ließen sie die Verwendung des verseuchten Serums zu – sie fürchteten, anderenfalls „politischen Ärger" zu bekommen. Durch die Weiterverwendung der Waschflüssigkeit für das Blutplasma verunreinigten die Viren weitere Chargen des Impfstoffs. Diese wurden erst am 14. März 1979 aus dem Verkehr gezogen. All das unterlag striktester Geheimhaltung.

Die Hepatitis-C-Infektion führte bei zahlreichen Betroffenen zu einer chronischen Leberentzündung und gravierenden Spätfolgen. Erst seit dem 9. Juni 2000 existiert eine Rentenregelung für die rund 2500 anerkannten und noch überlebenden Opfer des größten Impfskandals der DDR, der bis zum Ende des Staates totgeschwiegen wurde. Seit 2015 gibt es mit dem neuen Wirkstoff Sofosbovir (Handelsname Sovaldi) ein wirksames Mittel gegen chronische Hepatitis C, mit dem die Krankheit zu mehr als 90 Prozent geheilt werden kann. Nach der Markteinführung durch den Pharmakonzern Gilead kostete eine Pille 700 Euro, für eine Behandlung sind 84 Medikamentengaben nötig.

Nach der Contergan-Katastrophe in der Bundesrepublik han-

delte es sich bei der Verwendung des verseuchten Bluts in der DDR um den zweitgrößten deutschen Arzneimittelskandal in der Zeit nach 1945.

## Der Brand im Katharinenhof

Am 16. November 1983 meldete *Neues Deutschland*: „Am Dienstag gegen 20 Uhr kam es in der landeskirchlichen Einrichtung Katharinenhof der Inneren Mission der Evangelisch-Lutherischen Landeskirche Sachsen, Heim für Rehabilitierte, Großhennersdorf, Kreis Löbau, zu einem schweren Brand. Aus bisher unbekannten Gründen brach im ersten Obergeschoss des Heimes Feuer aus. Durch schnellen selbstlosen Einsatz des Pflegepersonals und der Feuerwehr konnten 281 der 300 Heimbewohner gerettet werden. Die Brandkatastrophe forderte 19 Menschenleben. Sechs der geretteten Personen erlitten Verletzungen."

Henriette Sophie von Gersdorf schuf 1721 den Katharinenhof als Waisenhaus. 1911 wurde er zur „Königlich Sächsischen Landesanstalt für bildungsunfähige schwachsinnige Kinder". Die Nationalsozialisten machten ihn zu einem der Tatorte ihrer „Euthanasie"-Verbrechen. In der DDR gehörte die Einrichtung zu den vielen kirchlich geführten Pflegeheimen, die eine wichtige Rolle im Gesundheitswesen spielten, von Seiten des Staates aber kaum unterstützt wurden. Das führte im Laufe der Jahre zu menschenunwürdigen Bedingungen im Katharinenhof. Die Patienten waren in 20-Personen-Schlafsälen untergebracht, die sanitären Anlagen völlig unzureichend und die Gebäude heruntergekommen. Diese Umstände sollten nicht bekannt werden, zumal sie eine Erinnerung an die dunkle Vergangen-

heit hätten hervorrufen können. Kam es in psychiatrischen Anstalten des Landes zu Todesfällen, wurden diese jedoch stets akribisch untersucht, um jeglichen Verdacht eines unzulässigen Umgangs mit behinderten Menschen hieb- und stichfest auszuräumen.

Als Brandursache in Großhennersdorf stellte sich der fahrlässige Umgang mit Feuer durch einen psychisch schwer behinderten 16-jährigen Heimbewohner heraus. Im Mai 1991 bestätigte Manfred Wogk, der damalige Heimleiter des Katharinenhofs, dass nach dem Brand sogar staatliche Mittel zur Sanierung der Gebäude bereitstanden. Dennoch blieben viele der zum Teil um 1900 errichteten Häuser bis zum Ende der DDR baufällig. Nach Schätzungen wiesen 1990 30 Prozent der Bausubstanz des Katharinenhofs katastrophale Mängel auf. Besonders heruntergewirtschaftet waren der Sanitär-, Heizungs- und Versorgungsbereich.

## Eine Rauchsäule über Schönebeck

Großalarm gab es für die Feuerwehr in Schönebeck am 9. August 1988 um 18.45 Uhr. An der Elbe brannte eine Lagerhalle der Hermania, eines Betriebsteils des Chemie- und Pharmawerks VEB Fahlberg-List. Sie war bis unter das Dach mit Rohstoffen für die Herstellung von Pflanzenschutzmitteln gefüllt.

An dem schwülheißen Tag zeigte die Quecksilbersäule am Nachmittag 30 Grad, als zwei Arbeiter der Spätschicht an einem Palettenstapel Qualm entdeckten. Wenig später schlugen Flammen aus dem Gebäude. Eine riesige schwarze Rauchwolke stieg auf und zog über das Stadtgebiet von Schönebeck. Bürger des Ortes bekamen Atembeschwerden. Die Volkspolizei fuhr mit

Lautsprecherwagen durch die Straßen und forderte alle Einwohner auf, die Wohnungen nicht zu verlassen und die Fenster geschlossen zu halten.

Die Brandbekämpfung gestaltete sich schwierig, denn die Halle war vollkommen überladen. Rund 812 Tonnen Pestizide lagerten dort auf so engem Raum, dass es keine begehbaren Zwischenräume mehr gab. Innerhalb kürzester Zeit brannte das Lager völlig nieder. Die rund 270 Kubikmeter Löschwasser vermischten sich mit einem Chemikalienbrei aus Lenacil, Proximpham und Prometryn.

Obwohl es sich bei Proximpham um ein Gift handelte, das unter die Gefahrenstufe II fiel, bemühte sich die DDR-Regierung, die Folgen der Havarie herunterzuspielen. Am 24. Juli 1990 teilte ADN mit: „Der angeblich vom DDR-Umweltministerium verheimlichte Störfall im Sprengstoffwerk Schönebeck im Jahre 1988 hat sich als Ente des BRD-Nachrichtenmagazins ‚Der Spiegel' erwiesen. Einen schweren Brand mit hohem Sachschaden hatte es im genannten Jahr im Schönebecker Betriebsteil ‚Hermania' der Firma Fahlberg-List gegeben. Wie Fahlberg-List-Geschäftsführer Detlef Reichl dazu ADN informierte, seien jedoch keinerlei Umweltschäden entstanden. Die Gullys wurden rechtzeitig verschlossen, so dass die Chemikalien nicht in die Elbe abfließen konnten."

DDR-Umweltschützer bezweifelten den Wahrheitsgehalt der Meldung. Aus eigener Initiative zogen bereits 1988 Chemiker aus dem Analytiklabor des VEB Fahlberg-List und der zuständigen Wasserbehörde in Magdeburg von Schönebeck bis Boizenburg Proben. Das Ergebnis war verheerend: Sie stellten eine extrem hohe Konzentration mehrerer Pestizide im Wasser der Elbe fest. Herbert Rasenberger, in der DDR-Zeit Chemie-Ingenieur bei Fahlberg-List, erinnert sich an die damals übliche Entsorgung:

„Die Elbe war für uns der billigste Transporteur. Das heißt, wir haben innerhalb von 24 Stunden ungefähr einen Kesselwagen voll in die Elbe geleitet. [...] Wir haben zwar eine sogenannte Neutralisationsstation im Werk gehabt, wo, um die Salze zu neutralisieren, Kalilauge zugesetzt wurde und dann ein neutraler Schlamm entstand. Das war aber so viel, dass man dann lieber die Vertragsstrafe bezahlte, ein paar Hunderttausend. Das war billiger, als die Sachen zu transportieren. [...] Die Folge ist logisch: Es war kein Fisch mehr in der Elbe."

## Ein Karbidofen fliegt in die Luft

„Plaste und Elaste aus Schkopau" stand an der Autobahnbrücke der heutigen A 9, die über die Elbe führt, und jeder wusste, dass es dabei um den synthetischen Kautschuk „Buna" ging. Der Name des Produkts verdrängte den des Ortes, und so meldete *Neues Deutschland* am 10. Februar 1990 auch: *Explosion in Buna – drei Tote.*

Passiert war es am Vortag während der Frühstückspause: „Freitag 8.33 Uhr. Im Ofenhaus L17 des Buna-Kombinates explodiert der Karbidofen 11, einer von insgesamt 12 im Werk. Eine riesige Staubwolke. Etwa 2000 Grad heißes Karbid tritt aus. Kurz darauf steht die schreckliche Bilanz fest: Drei Todesopfer sind zu beklagen, 24 Werktätige verletzt, vier davon schwer." Die drei Arbeiter, die in der Nähe des explodierenden Ofens standen, verglühten in dem Flammeninferno. Ihre Leichen waren nicht mehr zu identifizieren. Von den verletzten Opfern starben zwei im Krankenhaus. Die Druckwelle der Explosion riss ein 15 Meter breites Loch in die Außenmauer des Ofenhauses. Wie ein Lavastrom ergoss sich die glühende Masse

aus Kalk und Koks durch die vierstöckige Halle. Eine Wolke aus Ruß und Rauch stand über dem Werk.

In bisher ungekannter Offenheit – die Mauer war gerade erst gefallen – informierte Produktionsdirektor Klaus Körbel die Presse, in der dann zu lesen war: „Im Ofenhaus L17 war von den vier Karbidöfen nur einer in Betrieb. Die anderen standen wegen planmäßiger Instandsetzungs- und Reparaturarbeiten. Deswegen arbeiteten relativ viele Menschen in dem Gebäude, sowohl Buna-Werktätige als auch Kollegen aus den Montagebetrieben. [...] Die Stilllegung des Ofens 11, der Anfang der 60er Jahre in Betrieb gegangen und danach etwa alle drei Jahre planmäßigen Generalreparaturen unterzogen worden war, sei vor Ende 1990 geplant gewesen. ‚Das heißt aber nicht automatisch', betonte er [Körbel], ‚dass hier die Sicherheit nicht mehr gewährleistet war.'"

Das sahen die Leute vor Ort anders. Abstichmann Wolfgang Förster erklärte: „Wir hatten seit mehreren Tagen Schwierigkeiten durch Kohlebruch und deshalb keinen kontinuierlichen Karbidablauf."

Dass die Arbeitsplätze am Karbidofen eine Hölle aus Schrott und Rost, durchzogen von giftigen Dämpfen, war, wusste auch die Werksleitung. Kontrollen im November 1989 ergaben, dass die Unfallhäufigkeit bei der Karbidproduktion im Schnitt um 75 Prozent über der des Stammbetriebs lag. Bis Oktober 1989 stieg dieser Wert sogar auf 130 Prozent. Mehr als 40 Prozent der Arbeitsunfälle seien „auf Rechtspflichtverletzungen des Betriebes zurückzuführen", stand im Protokoll der Kontrolleure.

Am 26. Februar 1990 berichtete *Der Spiegel* aus Hamburg, sich auf ebendieses Protokoll berufend, über die Karbidproduktion in Buna: „Obwohl die Karbidanlagen total überaltert und verschlissen waren, wurde weiter produziert. [...] Viele der

zwölf Öfen seien ‚völlig verdreckt', die sie umgebenden Häuser in einem ‚katastrophalen Zustand'. Überall liege Bauschutt und Asche herum. Bereits das äußere Erscheinungsbild vermittle ‚den Eindruck einer für den Abbruch freigegebenen Produktionssubstanz'. Schlimmer jedoch: Auch die Öfen selbst, deren Grundsubstanz zum Teil noch aus den 30er Jahren stammt, seien ‚bis an die Grenzen der Stabilität und Funktionsfähigkeit verschlissen'. Der Karbidofen 11, der Anfang Februar explodierte, war seit rund 27 Jahren in Betrieb. International üblich, so ein DDR-Sicherheitsexperte, sei eine Laufzeit von sieben Jahren. [...] Bereits 1983 hatte eine Explosion im Karbidofen 6 einen Schaden von rund zehn Millionen Mark angerichtet, ohne Personenschaden. [...] Die Zahl der ‚Havarien mit hohen Sachschäden und Ausfällen von Warenproduktion' steige, laufend würden sicherheitstechnische Grenzwerte überschritten. Scharf rügten die Kontrolleure, dass trotz Weisung aus Ost-Berlin vor allem bei der Karbidproduktion die Schlamperei anhalte. ‚Die Beschlüsse des Politbüros', so der Bericht, ‚wonach ein bis zwei Karbidöfen pro Jahr zu rekonstruieren sind, werden nicht erfüllt.' Zu diesem Zeitpunkt war allen Verantwortlichen klar, dass die Katastrophe jeden Tag eintreten konnte. Im ersten Halbjahr 1986, so der Bericht, habe es in den Karbidöfen durchschnittlich 15 Störungen pro Tag gegeben. Die Kühlsysteme seien total verrottet, allein im Juni 1986 habe das zu 97 unplanmäßigen Stillständen geführt. Es bestehe, so die Warnung, ‚akute Explosionsgefahr'."

Am Tag darauf reagierte *Neues Deutschland*: „Die Ursachen des tragischen Unglücks am Karbidofen 11 im Chemiekombinat Buna, das fünf Tote und 23 Verletzte zur Folge hatte, werden entgegen Informationen des BRD-Nachrichtenmagazins ‚Spiegel' gegenwärtig noch geklärt. Buna dementiert den Vorwurf, die

Karbidfabrik wäre in den letzten Jahren auf Verschleiß gefahren worden. Allein seit 1987 habe das Kombinat 760 Millionen Mark für Instandsetzungsarbeiten ausgegeben."

Der aussichtslose Kampf ums Überleben der großen DDR-Chemiebetriebe hatte begonnen. Nach Gründung der Treuhand am 1. März 1990 verwaltete sie auch die Buna-Werke. Teile davon wurden 1995 an den US-amerikanische Konzern Dow Chemical veräußert. Der riss die veralteten Produktionsanlagen ab und sanierte den Boden.

# Die Spur der Tränen

## Kinder als Opfer

Wenn Menschen sterben, bleiben ihre Angehörigen in Trauer zurück und wissen oft nicht, ob sie diesen Verlust jemals werden ertragen können. Dieses Gefühl ist besonders tief und lang anhaltend bei Eltern, deren Kinder aus dem Leben gerissen wurden. Laut Studien können 60 Prozent aller Menschen eigentlich ein schweres Trauma gut verarbeiten. Dank ihrer Resilienz, wie Psychologen diese Fähigkeit nennen, überstehen sie solche schwierigen Lebenssituationen und finden zu neuer Zufriedenheit. Doch auch die restlichen 40 Prozent haben die Chance, ihren Lebensmut wiederzugewinnen. „Man kann seine Resilienz wie einen Muskel trainieren", sagt der US-amerikanische Psychologe Adam Grant.

Doch das fällt schwer, wenn man seine Kinder in die Obhut von Schule, Kinderkrippe oder Kindergarten gegeben oder in ein Ferienlager geschickt hat und sie das Opfer eines Unfalls werden, der durch andere leichtsinnig verursacht wurde. Oder wenn Kinder sich selbst durch Abenteuerlust und Leichtsinn in eine Gefahr gebracht haben, die sie nicht überlebten.

Psychologe Adam Grant warnt vor drei Fallen, in denen sich Trauernde verfangen können. „Viele Menschen denken, was passiert ist, sei ihre Schuld. Sie glauben, sie hätten etwas verhindern oder besser machen können. Aber nicht alles, was uns passiert, passiert unseretwegen." Die zweite Gefahr bestehe da-

rin, zu glauben, dass der Schicksalsschlag so allumfassend ist, dass nun das eigene Leben für alle Zeiten ruiniert sei. Der dritte Stolperstein schließlich ist der Gedanke, dass dieser Schmerz für immer anhalten wird. „Je mehr man sich diese drei Irrtümer bewusst macht, desto besser und eher kommt man meistens wieder auf die Beine", meint Grant.

Das wird den Betroffenen jedoch besonders dann zusätzlich erschwert, wenn ein tragischer Unglücksfall mit politischer Propaganda aufgeladen wird, wie es im Sommer 1951 in Berlin der Fall war.

## Feuer auf der Spree

Für Erich Weise sollte die *Heimatland* so etwas wie eine neue Heimat werden. Dafür hatte er 1951 den alten, maroden Kahn gekauft. Der Diesel war hin. Deshalb ließ er die *Heimatland* auf einen Benzinmotor umrüsten. Als privater Kleinunternehmer unterstand er mit seinem Schiff der „Deutschen Schiffahrtsunion" (DSU), der staatlichen Schifffahrtsgesellschaft der DDR. Von ihr bekam er die Aufträge und den Treibstoff.

Erich Weise kannte den Autoschlosser Walter Krüger, einen West-Berliner, der seine Werkstatt im Osten, in Treptow, betrieb und den Einbau von Benzinmotoren in Schiffe vornahm. Dessen Sohn Klaus Krüger erinnert sich noch genau an die Hintergründe des damals erfolgten Umbaus: „Der Hauptdirektor der DSU, Herr Salomon, wollte dieses Schiff nicht in Betrieb nehmen [...]." Doch es gab in Ost-Berlin kaum Fahrgastschiffe. Deshalb wurde die *Heimatland* dringend gebraucht, und Salomon änderte seine Meinung. „Er hat den Herrn Weise dann angewiesen, dass er einen Benzinmotor einbauen sollte, den Herr

Weise irgendwoher besorgen konnte. Er hat daraufhin meinen Vater beauftragt, die Arbeiten durchzuführen.“ Mitarbeiter der DSU erschienen mehrfach in der Werkstatt und kontrollierten, ob der gebrauchte Motor von Daimler-Benz passte. Sie stellten auch Sprit für die Probefahrt bereit. Alles lief zur vollsten Zufriedenheit. Klaus Krüger erzählt: „Anschließend wurde das Schiff dem Herrn Weise übergeben, und jetzt hätte das Schiff eigentlich von der Schifffahrtsbehörde abgenommen werden müssen, was jedoch nicht erfolgt ist. Sie haben dem Herrn Weise gar keine Chance gelassen, weil der schon für den 4. Juli einen Fahrbefehl von der DSU erhalten hatte.“ Auch bei dieser Fahrt ging alles gut. Der Motor stotterte zwar ein paarmal, aber Weise meinte, er müsse erst noch richtig eingefahren werden.

Der 5. Juli war kühl und regnerisch, es sollte nicht wärmer als 17 Grad werden. Da kam der Ferienausflug auf der Spree am ersten Ferientag gerade recht. Dafür hatte der Ost-Berliner Magistrat alle vorhandenen Ausflugsschiffe für die Berliner Schülerinnen und Schüler reserviert, darunter auch die kleine, nur 17 Meter lange *Heimatland*.

Um 9.35 Uhr legte Weises Schiff an der Jannowitzbrücke ab und tuckerte durch die kriegszerstörte Innenstadt Berlins. Nach zehn Minuten machte sie im Treptower Hafen fest. Neben der *Heimatland* lagen die *Elfriede* von Kapitän Bernhard Langwaldt und die *Edelweiß*. Die drei Schiffe standen bereit, um die Schulkinder aus dem grauen Prenzlauer Berg für einen Tag ins grüne Hessenwinkel zu bringen. An der Anlegestelle herrschte Gedränge. Jeder wollte als Erster auf einem der Schiffe sein. Es herrschte ein großes Durcheinander, sodass später niemand genau wusste, wie viele Kinder auf der *Heimatland* waren. Nach dem Unglück schätzte man ihre Zahl auf knapp 130.

Rosemarie Bank machte als Zehnjährige mit ihrem Bruder

die Ferienfahrt mit. „Ich bin durch Zufall mit drauf gekommen. Wir sollten eigentlich gar nicht dorthin, aber wie Kinder so sind, alles durcheinander ..." Es war der letzte Ausflug mit ihrem Bruder Jürgen Mahlitz. Klaus Günterberg, damals acht Jahre alt, hat immer noch den unangenehmen Geruch in der Nase: „Wir sind dort an Bord gegangen, und es stank nach Kraftstoff. An sich wollten wir da gar nicht drauf, weil es so unangenehm war, aber was hat man als Kind für eine Wahl." Ferienhelfer Fritz Voigt erinnert sich: „Dann fuhr der Dampfer etwas stockend los." Die *Heimatland* nahm keine Fahrt auf, die anderen Schiffe waren schon voraus, Richtung Müggelsee.

Um 9.40 Uhr geschah das Unglück. Alle hörten die Explosion. Fritz Voigt erinnert sich: „Als wir gerade in der Fahrrinne waren, unmittelbar in der Nähe der neuen Brücke [...], gab es einen Knall, den man nicht orten konnte." Willi Kleinau, einer der ersten Retter, berichtet: „Es hat einen Knall gegeben, aber keine große Detonation, und dieses Schiff stand in Flammen." Klaus Günterberg erzählt: „Es kamen mehrere Feuerstürme [...], dann kam das Feuer auch auf uns." Er überlebte mit Brandwunden an den Händen, lag ein Jahr im Krankenhaus und absolvierte eine mehrjährige Rehabilitation.

Kinder sprangen panisch ins Wasser, andere schleuderte der Feuersturm vom Oberdeck in die Spree. Viele von ihnen konnten noch nicht schwimmen. Durch die Explosion des Tanks, der mit 400 Litern Benzin gefüllt war, wurde das ganze Schiff schlagartig zur Fackel. Von überallher kamen Retter, auch Männer vom Brückenbau und Passanten waren dabei. Das Feuer loderte über die Aufbauten. Wie Zunder brannte die dünne Sommerkleidung der kleinen Passagiere. Qualm biss in den Augen, Schreie, Panik überall.

Bernhard Langwaldt steuerte seine *Elfriede* längsseits. Auch

die *Edelweiß* eilte zur Hilfe. Wer konnte, sprang rüber. Doch immer wieder fielen dabei Kinder ins Wasser, versanken wie Steine. Feuerwehrmann Klaus Apitz erinnert sich an den Einsatz: „Ein Haufen verletzter Kinder, Chaos […], unbeschreiblich." Die brennende *Heimatland* trieb auf das Strahlauer Ufer zu.

Aufgrund der Teilung der Stadt konnte die nahe West-Berliner Feuerwehr nicht helfen. Günter Schulze, damals als Volkspolizist und Retter dabei: „Es hat alles sehr spät funktioniert. Auf West-Berliner Seite war die Reichenberger Straße, die Feuerwache. Die wären in sieben Minuten dort gewesen. Und West-Berliner Wasserschutz […], die saßen in ihren Booten, rettungsbereit. Unsere Wasserschutzpolizei kam aus Baumschulenweg oder aus der Littenstraße beziehungsweise Schöneweide. Das hat sich alles ein bisschen hingezögert." Augenzeugen berichten, dass die Volkspolizei die West-Berliner Polizisten hinderte, die Sektorengrenze zu überschreiten. Die DDR wollte demonstrieren, dass einzig sie im „Demokratischen Sektor" das Sagen hatte.

Nachdem die *Heimatland* gelöscht war, fischte die Feuerwehr mit einer Suchleine nach den Leichen. In einer ersten geheimen Meldung teilte die Feuerwehr ihrer Führung mit: „2 Frauen, 13 Mädchen, 8 Knaben tot geborgen, 2 weitere Knaben im Motorboot verbrannt, als Leichen geborgen."

Der Ost-Berliner Magistrat hatte eine Nachrichtensperre verhängt, doch der West-Berliner Rundfunk im amerikanischen Sektor (RIAS) meldete das Unglück bereits am Vormittag. Daraufhin kamen viele besorgte Eltern zum Hafen in Treptow. Sie wurden von den Rettungskräften ferngehalten.

Schließlich ergab die traurige Bilanz mindestens 28 tote Kinder. Auch zwei Betreuer starben bei der Katastrophe. Deren genaue Ursache konnte nie endgültig geklärt werden, weil die *Heimatland* vollständig ausbrannte.

Die Kriminalpolizei verhaftete sofort Schiffsführer Erich Weise und den Autoschlosser Walter Krüger. Dass die DSU die technische Abnahme des Schiffs versäumt hatte, spielte in den Ermittlungen keine Rolle. Gleichzeitig startete eine Propagandakampagne gegen den Westen. Zwei Tage nach dem Unglück prangerte *Neues Deutschland* die „Heuchelei der Kindesmörder" an: „‚Der Tag' [West-Berliner Zeitung] lügt, das ‚Motorschiff Heimatland' sei volkseigen. Damit soll die Schuld den Behörden der Deutschen Demokratischen Republik zugeschoben werden. Tatsächlich aber ist das Schiff Privateigentum, und der Eigentümer hat aus reiner Gewinnsucht in verbrecherischer Weise und unter Umgehung aller Kontrollvorschriften den Dieselmotor mit dem Benzinmotor vertauscht." Bereits am 6. Juli forderte die *Berliner Zeitung*: „Wir erwarten von den zuständigen Stellen, dass die Verantwortlichen für das Schiffsunglück von Treptow ohne Ansehen der Person rücksichtslos zur Verantwortung gezogen werden, wenn auch damit das Leid der Hinterbliebenen nicht gemildert werden kann."

Das geschah im Prozess am 1. August 1951 gegen Erich Weise und Walter Krüger. Unter Vorsitz von Landgerichtsdirektor Teuber richtete Oberstaatsanwalt Hein von Anfang an seine Anklage auf das „kapitalistische Gewinnstreben" der Angeklagten aus. Die *Berliner Zeitung* berichtete: Weise „befürchtete, dass das laute Motorengeräusch die Passagiere verärgern und der Konkurrenz in die Arme treiben könne. Da sich ein anderer Dieselmotor nicht kurzfristig auftreiben ließ, kaufte er – um das Saisongeschäft nicht zu versäumen – ohne Bedenken einen alten Benzinmotor, der schon einmal auf Generatorenbetrieb umgebaut worden war. Der Autoschlosser und Mitangeklagte Alfred Krüger erklärte sich bereit, den neuen Motor schnellstens einzubauen. [...] Von Weise gedrängt, nahm er den Umbau

in flüchtiger und unsachgemäßer Art vor und verzichtete auf notwendige Sicherheitsmaßnahmen, die man ‚später nachholen wollte'." Das verantwortungslose Handeln der DSU wurde nun Erich Weise in die Schuhe geschoben: „Weise wusste genau, dass er das umgebaute Schiff zunächst sofort der Deutschen Schiffahrts-Revisions- und Klassifizierungskommission zur Überprüfung und Abnahme vorführen musste. Dieses hätte jedoch einige Tage in Anspruch genommen und einen Verdienstausfall bedeutet. Für Geld nahm Weise ohne Skrupel alles in Kauf. Auch die Katastrophe ..."

Das Urteil entsprach dem Anliegen, ein „Zeichen gegen den Kapitalismus" zu setzen: „Nach elfstündiger Verhandlung verurteilte das Gericht den 38-jährigen Erich Weise wegen vorsätzlicher Transportgefährdung in einem besonders schweren Fall zu 15 Jahren Zuchthaus. Der Autoschlosser Albert Krüger wurde wegen fahrlässiger Transportgefährdung zu fünf Jahren Gefängnis verurteilt." Die überzogenen Strafen hielten der Mitte der 1950er-Jahre einsetzenden Liberalisierung der DDR-Justiz nicht stand. Erich Weise, der seine Strafe in Bützow-Dreibergen verbüßte, bekam 1955 eine Strafmilderung, Ende desselben Jahres wurde er entlassen. Er ging nach West-Berlin und arbeitete weiter als Binnenschiffer. Frühere Kollegen erinnern sich daran, dass er zeitlebens unter seiner Schuld an der *Heimatland*-Katastrophe litt.

## „Ein folgenschwerer Verkehrsunfall ..."

Wenn im Straßenverkehr durch einen einzigen Unfall mehrere Menschen zu Tode kommen, gebietet es die journalistische Chronistenpflicht, das zu vermelden. So hielt es auch die

DDR-Nachrichtenagentur ADN am 11. Dezember 1957: „Ein folgenschwerer Verkehrsunfall ereignete sich am Dienstagmorgen gegen 8 Uhr bei Catterfeld im Kreis Gotha. Eine Kindergärtnerin befand sich mit einer Gruppe von Kindern auf dem Wege zum Kindergarten. Als sie kurz hinter einer Linkskurve die Fahrbahn überquerte, bemerkte die Kindergärtnerin zu spät, dass aus der Kurve ein Lkw heranfuhr. Dem Fahrer des Lkw gelang es nicht, das schwerbeladene Fahrzeug auf der kurzen Strecke zum Halten zu bringen. Bei dem tragischen Unfall kamen sechs Kinder ums Leben, zwei wurden schwer und mehrere Kinder leicht verletzt. Ein Jugendlicher, der versuchte, die Kinder von der Fahrbahn zu reißen, wurde gleichfalls von dem Lkw erfasst und schwer verletzt." Die Polizei nahm den Lkw-Fahrer und die Kindergärtnerin fest, weil der Verdacht von zu hoher Geschwindigkeit und vernachlässigter Aufsichtspflicht bestand. Über den weiteren Gang der Dinge ist nichts bekannt.

Am 27. Oktober 1969 gab es ein ähnliches tragisches Geschehen in Pirna, wo ein Verkehrsunfall acht Menschenleben forderte. ADN meldete: „Ein Lastkraftwagen, der die Dr.-Kurt-Fischer-Straße passierte, fuhr in eine Gruppe von Kindern eines Pirnaer Kindergartens, die mit ihren Erzieherinnen auf dem Fußweg gingen. Obwohl Straßenpassanten und zu Hilfe gerufene Ärzte alles Menschenmögliche taten, konnten sie nicht verhindern, dass sieben Kinder und eine Erzieherin an den Folgen ihrer Verletzungen verstarben. Sieben weitere Kinder und eine Erzieherin mussten mit zum Teil schweren Verletzungen ins Krankenhaus eingeliefert werden."

Die DDR reagierte auf die wachsenden Risiken im Straßenverkehr mit einer umfänglichen Verkehrserziehung sowohl für Erwachsene als auch Kinder. So gab es ab 1960 die Sendung *Aus der Welt des Verkehrs* im Fernsehen zu sehen. 1968 wurde sie

abgelöst durch *Das Verkehrsmagazin*. Das moderierte ab 1984 der Volkspolizei-Major Rolf-Dieter Saternus in Uniform. Er avancierte vor der Kamera zum Oberstleutnant. So unterstrich man augenscheinlich, dass die Staatsmacht hinter der Forderung nach Disziplin im Straßenverkehr stand. Seit 1969 lief zusätzlich der *Verkehrskompass* über die Bildschirme, produziert von der Deutschen Film AG (DEFA) im Auftrag des Ministeriums des Innern der DDR, Hauptabteilung Verkehrspolizei. In dieser Reihe entstanden 60 Folgen eigens für Kinder, denen die Figuren Stiefelchen und Kompaß-Kalle im Rahmen der Sendung *Unser Sandmännchen* Vorsicht und gegenseitige Rücksichtnahme auf der Straße beibrachten.

Die Zahl der verunglückten Kinder blieb dennoch hoch. So wurden für 1987 „2663 Verkehrsunfälle, die durch Kinder verursacht wurden, 6,9 Prozent mehr als 1986", vermeldet. „Bedauerlicherweise verloren dabei 84 Mädchen und Jungen ihr Leben. Die Impulsivität der Kleinen ist [...] eine zusätzliche Gefahrenquelle im Verkehrsalltag. So blieben die Ursachen für Kinderunfälle nahezu unverändert: unbedachtes Betreten der Fahrbahn, plötzliches Hervortreten vor oder hinter haltenden Fahrzeugen und Betreten der Fahrbahn während des Spielens."

## Das Erbe des Kriegs

Hauptmann Bahr war einer der bekanntesten Volkspolizisten der DDR. Als „Freund" warnte er immer wieder vor Munitionsfunden, als „Helfer" entschärfte der Sprengmeister zahllose Bomben und Granaten aus dem Zweiten Weltkrieg. Am 31. Mai 1961 lud er zu einem Pressegespräch. Wieder einmal hatten sich zwei Jungen durch gefundene Munition verletzt. Die *Berliner*

*Zeitung* berichtete: „Bewusstlos werden der dreizehnjährige Rainer Bause und der achtzehnjährige Olaf Zernicke, beide aus Schöneweide, Bärenlauchstraße, an diesem 11. Mai 1961 ins Krankenhaus eingeliefert. Dort stellen die Ärzte fest: Olaf wird seinen rechten Arm verlieren; Stecksplitter im Oberschenkel müssen entfernt werden. Rainer hat Stecksplitter in beiden Beinen, schwere Verletzungen am Bauch und im Gesicht."

Die Warnungen des Hauptmann Bahr vor einem leichtsinnigen Umgang mit dem Erbe des Kriegs waren durchaus berechtigt. Im Juni 1973 hieß es in der *Neuen Zeit*: „Noch immer werden auf dem Gebiet unserer Republik todbringende Sprengkörper aus dem Zweiten Weltkrieg gefunden. [...] Allein im vergangenen Jahr umfassten die abgesuchten Fundstellen eine Fläche von 3389 Hektar Acker, Wiese und Wald sowie 681 Hektar Baugelände. Die Mitarbeiter der Munitionsbergungsbetriebe machten insgesamt 28 592 Sprengbomben verschiedener Art, 697 901 Granaten aller Kaliber und rund 3,4 Millionen Patronen Handwaffenmunition unschädlich, bevor die Sprengmittel Unheil anrichten konnten. [...] Im vergangenen Jahr kamen in unserer Republik drei Menschen ums Leben und 13 wurden verletzt, weil sie sich im Zusammenhang mit Munitionsfunden leichtfertig verhielten."

Immer wieder wurden Todesfälle und Verletzungen von Kindern gemeldet:

- Am 31. August 1970 fanden die Geschwister O. auf einer wilden Müllkippe bei Blankenfelde einen Sprengkörper, den sie mit Streichhölzern zu entzünden versuchten. Eines der Kinder starb, zwei wurden verletzt.
- In Hagenow entdeckte ein Schüler am 22. März 1973 in einem Waldstück eine ein Kilogramm schwere Splitterbombe. Die

entglitt seinen Händen und detonierte beim Aufschlagen. Der Junge und zwei vor ihm laufende 14-jährige Mädchen erlitten schwere Verletzungen.

- Im Kreis Schwerin wurde im Oktober 1972 der Kopf einer Panzerfaust einem 13- und einem 16-Jährigen zum Verhängnis. Sie entzündeten um den Sprengkörper ein Feuer. Der Ältere wurde tödlich, der Jüngere schwer verletzt.
- Im Kreis Oschatz warfen zwei 14-jährige Jungen im November 1972 zwei Dutzend gefundene Sprengkapseln mit nur 1,25 Gramm Sprengstoff in ein Feuer. Bei der Explosion erlitt einer der Jungen eine Hornhautverletzunq am rechten Auge, dem anderen mussten vier Finger der rechten Hand teilweise amputiert werden.

Das Erbe des Kriegs beschäftigte die Volkspolizei bis zum Ende der DDR. Im März 1989 meldete die Nachrichtenagentur ADN: „Wie der Leiter der Hauptabteilung Schutzpolizei des Mdl [Ministerium des Innern], Generalmajor Helmut Ferner, mitteilte, werden noch immer jährlich Tausende Munitionskörper geborgen und vernichtet. 1988 waren es unter anderen 96 000 Granaten, 30 000 Nahkampfmittel und Minen, 2300 Bomben [...]. Unvernunft und Leichtsinn hätten im Vorjahr zu acht Unglücken mit Fundmunition geführt, bei denen zwei Personen ums Leben kamen und 14 sich zum Teil erhebliche Verletzungen zuzogen."

## Tod im Ferienlager

Am brandenburgischen Riewendsee zwischen Potsdam und Rathenow erholten sich im Sommer die Kinder der Mitarbeiter des Deutschen Fernsehfunks in ihrem Betriebsferienlager

„Flax und Krümel". Als sie am 25. August 1965 am Strand ihre Mittagsruhe halten sollten, wollte und wollte es nicht still werden. Auf dem See schwamm ein Panzer der Nationalen Volksarmee (NVA). Das war natürlich eine Sensation. Auch Erzieherin Erika Schmidt staunte: „Da gucke ich runter, so an den Strand – was ist denn das? Das sind ja Schwimmpanzer. Hatte ich sonst noch nie gesehen. [...] Und die Kinder sind natürlich hingerannt."

Mit dabei war der siebenjährige Frank-Peter Smolka. Seine Mutter Sigrid erinnert sich: „Er war das erste Mal in einem Kinderferienlager. Es war eigentlich nur deshalb so gewesen, weil ich hörte, dass dieses Kinderferienlager ausgezeichnet geführt wurde, alle schwärmten davon." In letzter Minute hatte Frank-Peter einen Platz bekommen. Stolz schrieb er auf einer Ansichtskarte in einem einzigen langen Satz ohne Punkt und Komma nach Hause: „Liebe Mutti wir sind gut angekommen das Wetter hier ist gut das Essen schmeckt gut wir gehen jetzt baden." Sigrid Smolka war beruhigt.

Der PT-76 gehörte zur Erstausstattung der NVA. Auch beim Aufklärungsbataillon 1, damals in Groß Behnitz stationiert, gehörte das 14 Tonnen schwere Fahrzeug zur Ausrüstung. Als sich solch ein Ungetüm schließlich aufs Ufer des Riewendsees schob, war es sofort von Ferienkindern umringt. Dann fragte einer der drei Soldaten der Besatzung, ob vielleicht jemand mitfahren möchte. Das Hallo war groß, eine solche Gelegenheit wollte sich keiner im Ferienlager entgehen lassen. Sofort wurden Gruppen gebildet, und die erste Runde auf dem See verlief zu aller Zufriedenheit. Erika Schmidt erzählt: „Da standen die drauf, da war ja keine Reling drum, gar nichts. Keiner hat gefragt, kannst du schwimmen oder kannst du nicht schwimmen." Trotzdem ging erst einmal alles gut. „Dann sind sie so 100 Meter raus, haben

eine Kurve gemacht und sind wieder zurückgekommen, weil die nächsten ja auch noch raus wollten."

Bei der dritten Runde standen 34 Kinder und Erzieher auf dem Panzer, und auch die Soldaten waren herausgestiegen. Nur der Fahrer saß noch in dem stählernen Kasten. Mitten auf dem See rutschten die Kinder nach vorn zusammen. Möglicherweise trieb sie die Motorhitze vom Heck nach vorn, oder sie wollten hören, was der aus seiner Luke schauende Fahrer zu sagen hatte. Der Panzer begann sich nach vorn zu neigen. Als dadurch Wasser in die Luke schwappte, ging alles ganz schnell. Der PT-76 sackte in die Tiefe. Der Panzerfahrer und ein Teil der Passagiere konnten in letzter Sekunde abspringen. Wie ein Stein sank der Stahlkoloss auf den Grund des Sees. Kinder wurden von dem dadurch entstandenen Wasserwirbel in die Tiefe gezogen.

Erika Schmidt gehörte zu den ersten Rettern. In einem alten Eisenkahn paddelten diese mit einem Brett auf den See. „Erst einmal haben wir die Kinder herangerufen. […] Dann haben wir sie beim Schopf genommen und an den Armen […]." Immer wieder fuhren sie hinaus. „Dann haben wir keinen mehr gesehen und sind getaucht …"

Sieben Kinder ertranken im Riewendsee. Frank-Peter Smolka war unter den Toten, er konnte als Erstklässler noch nicht schwimmen.

Über das Ferienlager wurde sofort eine Nachrichtensperre verhängt, und das Dorf wurde abgeriegelt. Trotzdem bekam der West-Berliner RIAS Wind von der Sache und berichtete als Erster über das Unglück. Derweil versuchte die Lagerleitung festzustellen, welche der Kinder fehlten.

Zum Lokalisieren der Leichen wurde Horst Pastor, damals einer der erfahrensten Taucher der Gesellschaft für Sport und Technik, direkt von seinem Arbeitsplatz im volkseigenen Be-

trieb (VEB) Getriebewerk Brandenburg geholt. Mit seinem selbst gefertigten Neoprenanzug, einer Sieben-Liter-Flasche und eigenem Kompressor traf er am Ort der Katastrophe ein. Der PT-76 lag in drei bis vier Metern Tiefe auf dem Grund des Sees. Pastor prägte sich an Land an einem baugleichen Modell den Innenraum des Panzers genau ein. „Eine falsche Bewegung, und ich wäre nie wieder hochgekommen", erinnert er sich an die dramatischen Stunden. Er musste in das Fahrzeug, um das Getriebe zu entkuppeln, dann sollte er ein Stahlseil für die Bergung anbringen und schließlich die Leichen lokalisieren.

Die vermissten Kinder lagen direkt neben dem Panzer im Morast. Horst Pastor erzählt: „Die Sicht war gleich null. Ich habe die Körper ertastet. Ein grausiges Gefühl." Feuerwehr- und Pioniertaucher bargen sie später.

Auch der Weg in den Panzer bot unerwartete Probleme. Ein Tarnnetz hatte sich aufgebläht. Trotz völliger Dunkelheit konnte sich Horst Pastor befreien. Schließlich schaffte er es, unter Wasser den Motor zu entkuppeln und ein Stahlseil zu befestigen. Der PT-76 wurde von einem Bergepanzer aus der Tiefe geholt und später wieder in den Dienst gestellt.

In der Zwischenzeit kamen NVA-Krankenwagen, um die Leichen nach Brandenburg zu schaffen. Peter Lehmann war als Offizier dabei. „Für mich war ganz besonders schlimm, dass sich zwei Kinder umklammert haben, und so wurden sie auch geborgen, zusammen umklammert. Und dann musste ich versuchen, sie in den Krankenwagen reinzubringen ..."

Da sich das Unglück aufgrund der RIAS-Meldung in Windeseile herumgesprochen hatte, gab es auch in der DDR-Presse und im Fernsehen eine Meldung. Dort war allerdings nur von einem „Motorfahrzeug der Nationalen Volksarmee" die Rede, und die Zahl der Kinder, die mitgefahren waren, wurde mit 20 angege-

ben. Sigrid Smolka erfuhr auf ihrer Arbeitsstelle vom Tod ihres Sohnes Frank-Peter. „Es war außerhalb meines Begriffsvermögens. Ich konnte nicht einmal weinen. In mir war im Grunde genommen alles tot."

Natürlich hatte die Fahrlässigkeit der jungen Soldaten eine Bestrafung zur Folge. Am 22. September 1965 berichtete die *Berliner Zeitung*: „Gegen die Schuldigen an dem folgenschweren Unglücksfall am 24. August des Jahres auf dem Riewendsee, bei dem sieben Kinder auf tragische Weise ums Leben kamen, fand am Dienstag die gerichtliche Hauptverhandlung statt. Das zuständige Militärgericht verurteilte die beiden Angeklagten zu fünf Jahren bzw. einem Jahr und sechs Monaten Gefängnis." Der stellvertretende Leiter des Ferienlagers „Flax und Krümel" bekam eine Bewährungsstrafe.

Noch mehr interessierte die Militärs jedoch die Ursache des Unglücks. Denn der PT-76 auf dem Riewendsee war der erste gesunkene Panzer dieses Typs in den Staaten des Warschauer Pakts. Konstruktionsfehler wurden nicht entdeckt, und auch das in diesen Amphibienfahrzeugen verbaute weltweit erste Wasserstrahltriebwerk hatte keinen Defekt. Der Panzer war einfach durch das leichtsinnige Handeln der Soldaten überladen worden und dadurch aus dem Gleichgewicht geraten.

## Das Höllenfeuer von Langenweddingen

Inferno, Feuerhölle, Albtraum – für manche Ereignisse können Worte nicht dramatisch genug sein. Verursacht werden sie oft von einer Abfolge banaler Zufälle, so wie im Sommer 1967 in Langenweddingen. Was dort geschehen war, berichtete die sofort eingesetzte Regierungskommission bereits drei Tage nach

dem Unglück: „Die bisherigen Untersuchungen haben ergeben, dass die unmittelbaren Ursachen des Zusammenstoßes zwischen einem Tankfahrzeug und dem Personenzug 852 vor allem in Pflichtverletzungen von Mitarbeitern des Bahnhofs Langenweddingen zu suchen sind. Seit dem 4. Juli 1967 wurde das Schließen der Schranken durch eine zu tief hängende Fernsprechleitung der Deutschen Post wiederholt behindert. Entgegen den Dienstvorschriften der Reichsbahn haben die Verantwortlichen die Mängel weder im Prüfungsbuch für Schrankenanlagen eingetragen noch der zuständigen Signal- und Fernmeldemeisterei gemeldet [...]."

Der 6. Juli gehörte zu den heißesten Tagen des Sommers. Die Telefonleitung hatte sich durch die Hitze ausgedehnt und hing besonders tief, als das Unglück seinen Lauf nahm, wie dem Bericht der Regierungskommission zu entnehmen ist: „In den Morgenstunden des 6. Juli 1967 hatte der die Schranken bedienende Fahrdienstleiter bereits bei vier Zugdurchfahrten Schwierigkeiten beim Schließen der Schranken. [...] Als sich der beschleunigte 852 aus Richtung Magdeburg gegen 8.00 Uhr dem Bahnübergang Langenweddingen näherte, verfing sich beim Schließen der Schranken die Spitze eines Schrankenbaumes an der durchhängenden Fernsprechleitung. Auf der Fernverkehrsstraße 81 fuhr, aus Magdeburg kommend, das Tankfahrzeug des VEB Minol, polizeiliches Kennzeichen HE 36-80, in Richtung Bahnübergang. Der die Schranken bedienende Fahrdienstleiter versuchte durch mehrmaliges Auf- und Abbewegen der nur gering geneigten Schranken den Schrankenbaum von der Fernsprechleitung freizubekommen, um die Schranken zu schließen. Er wäre in dieser Situation verpflichtet gewesen, das für den aus Magdeburg angemeldeten Personenzug 852 auf ‚Freie Fahrt' gestellte Signal auf ‚Halt' zurückzulegen. Der Kraftfahrer

des Tankfahrzeuges hatte, nach Zeugenaussagen, beim Herannahen an den Bahnübergang sein Fahrzeug gebremst. Als der Fahrdienstleiter die Schranken gerade wieder anhob, befuhr der Fahrer des Minol-Tankwagens den Bahnübergang, offenbar in der Annahme, dass für ihn die Fahrt freigegeben war. In diesem Augenblick erfasste die Lokomotive, trotz der vom Lokpersonal ausgelösten Schnellbremsung, mit ihrem rechten vorderen Puffer das Tankfahrzeug; der Tank wurde an den Zug geschleudert und explodierte. Der Tankinhalt, 15000 Liter Leichtbenzin, ergoss sich brennend auf die ersten beiden Doppelstockwagen sowie das Bahnhofsgelände. Der Brand breitete sich in Bruchteilen von Sekunden unter gewaltiger Hitzeentwicklung aus. Der hinter der Lokomotive laufende Packwagen wurde zertrümmert. Die folgenden zwei Wagen sowie ein weiterer in der Mitte des Zuges fahrender Packwagen entgleisten. Als der Zug zum Stehen gekommen war, wurden auch die beiden letzten Wagen von den Flammen des ausbrennenden Benzintanks erfasst. Die mittleren Wagen des Zuges wurden leicht beschädigt. Insgesamt brannten vier Doppelstockwagen sowie das Bahnhofsgebäude völlig aus. [...] In den Wagen entwickelte sich eine solche Hitze, dass Glas und Leichtmetall schmolzen."

Die Folgen waren katastrophal. Der Bericht der Regierungskommission resümierte: „Im Zug befanden sich etwa 840 Reisende. Die gerichtsmedizinischen Untersuchungen, die nach Abschluss der Bergung der Toten vom Unglücksort durchgeführt wurden, haben ergeben, dass 77 Personen, darunter 44 Kinder und der Fahrer des Tanklastzuges, unmittelbar bei diesem schweren Unglück ihr Leben verloren. [...] Von den 54 Verletzten sind trotz allen ärztlichen Bemühens vier Schwerverletzte verstorben. Einige Schwerverletzte befinden sich noch in Lebensgefahr."

Günter Badewell, einer der Fahrgäste, erinnert sich an die plötzliche Panik: „Dann schrien alle durcheinander. Und da habe ich mir gesagt, du musst hier raus. Ich bin dann nach vorne gerannt, zur Tür. Die habe ich aufgerissen und bin rausgesprungen." In einem Wagen weiter vorn sah er eine Frau und ein Kind. Günter Badewell zog auch sie heraus. „Und der Junge stand in Flammen, der stand in Flammen ..."

Bernd Lamprecht, als Neunjähriger mit seinen Eltern auf dem Weg in den Urlaub im Harz, erzählt: „Es gab einen Knall, als ob der Wagon aus den Schienen sprang [...]. Und in dem Moment schoss auch schon das Feuer durch den Mittelgang." Er stand zufällig am Fenster und wurde gerettet. Die Familie war nun getrennt. „Mein Vater ist durch den Wagon nach hinten irgendwie rausgekommen. Meine Mutter hat vermutlich einen Koffer abgekriegt, durch den Aufprall [...]."

Schon um 8.32 Uhr war die Feuerwehr aus Magdeburg vor Ort, um 8.47 Uhr hatte sie den Brand gelöscht. Den in den Wagen schreienden Menschen konnten die Feuerwehrmänner jedoch nicht helfen, denn eine Hitzewand von etwa 1000 Grad Celsius verhinderte das Vordringen der Rettungskräfte zu den eingeschlossenen Opfern. Karl-Heinz Sander traf wenig später als Kriminalist der Volkspolizei am Unglücksort ein. „Dann sind wir in die heißen Räume rein und haben die toten Menschen gesehen, Kinder vor allen Dingen, und auch noch Schwerverletzte, die wir dann gemeinsam herausbringen konnten."

Über das Unglück berichtete die Presse ausführlich. So meldete beispielsweise *Neues Deutschland*: „Nachdem viele Stunden später alle Verletzten und Toten geborgen sind, beginnen Bautrupps, die Strecke zu räumen. Mit einem 50-Tonnen-Kran und dem Baukran ‚Herkules' aus Oschersleben werden vor der grausigen Kulisse der verkohlten Dachsparren und Fensterkreuze des

Bahnhofsgebäudes, der zerborstenen und ausgeglühten Eisenbahnwagen, der in der Hitze zerbröckelnden Betonschwellen die Trümmer auseinandergerissen und verladen. Neue Schienen rollen heran. Morgens gegen drei Uhr legen Kranführer Heinrich Veil und sein Maschinist Gisbert Heinze, Bahnmeister Pfau, Lokführer Fred Irrgang und der Heizer Eugen Stiefel, Streckenmeister Heinz Dymalla, die unter Leitung von Minister Kramer, seines Stellvertreters Herbert Markscheffel und des Magdeburger Präsidenten der RBD [Reichsbahndirektion] Heinz Gebhardt eingesetzt sind, eine kleine Atempause ein. [...] Das schier menschenunmöglich Scheinende ist vollbracht. [...] fast auf die Minute genau, 24 Stunden nach der Katastrophe - ihr Zeitpunkt wird noch heute von der infolge der Hitzewelle stehengebliebenen Uhr angezeigt - passiert Freitag 8 Uhr der D 173 Halberstadt–Berlin im Schritttempo den Unglücksort." Auch das „politische Schwänzchen" fehlte weder in den SED-Zeitungen noch in den Verlautbarungen der Presse der Blockparteien: „In diesen schweren Stunden des Schmerzes und der Tränen wird uns aber auch bewusst [...], zu welchen Leistungen unsere sozialistische Menschengemeinschaft auch in einer solchen Prüfung fähig ist."

Die Behörden gaben später 94 Todesopfer an, davon 44 Kinder. Elf Opfer konnten nicht mehr identifiziert werden. Viele der mehr als drei Dutzend Schwerverletzten trugen dauerhafte Schäden davon. Damals beteiligte Rettungskräfte halten die offizielle Zahl der Todesopfer für manipuliert. Sie schätzen die Zahl der Toten auf 130 bis 140. Dass diese Zahl stimmt, ist unwahrscheinlich, denn das wäre einem spurlosen Verschwinden von 50 Menschen gleichgekommen. Die Gerüchte, es seien mehr Todesopfer gewesen als offiziell angegeben, zeigen aber, dass schon 1967 das Verhältnis der Bürger zu den Verlautbarungen ihrer Behörden erschüttert war.

Als Quelle der Skepsis gegenüber der DDR-Berichterstattung sind Informationen aus der Bundesrepublik zu vermuten, die über das West-Fernsehen in die Unglücksregion gelangten. In einem Bericht über den Prozess gegen die beiden Eisenbahner wurde dieser Umstand am 31. August 1967 thematisiert: „Mit scharfen Worten nahm [...] Bezirksstaatsanwalt Fritz Klüger zu einer Lügenmeldung der Hamburger Springer-Zeitung ‚Welt' Stellung, in der wider besseres Wissen behauptet wird, dass allein in den ersten beiden Wagen des Unglückszuges mindestens 320 Menschen verbrannt seien. Die Helfer hätten sich verpflichten müssen, so log das Springer-Blatt weiter, ‚niemandem von ihren Beobachtungen zu berichten'. Dieser beschämende Versuch, das Unglück von Langenweddingen für eine schamlose Hetze gegen die DDR zu missbrauchen, löste im Gerichtssaal helle Empörung aus."

Die vorschriftswidrige Verlegung des Telefonkabels, das gar nicht als Freileitung zugelassen war, spielte bei der Untersuchung des Unglücks keine Rolle. Stattdessen wurden die zuständigen Reichsbahner schon vor dem Prozess in der Presse vorverurteilt: „Das tragische Unglück hätte vermieden werden können, wenn der Fahrdienstleiter, der die Schranke zu bedienen hatte, und der Dienstvorsteher ihren Dienstpflichten nachgekommen wären. Beide haben in unverantwortlicher Weise verabsäumt, die ihnen bekannten Pflichten zur Aufrechterhaltung der Sicherheit bei Störungen an den Schrankenanlagen vorschriftsmäßig zu erfüllen." Dass der Fahrdienstleiter mit einer Warnflagge einen Bus vor dem Bahnübergang stoppte und möglicherweise dadurch den aus der Gegenrichtung kommenden Minol-Tankwagen übersah, wurde nicht berichtet.

Im Prozessbericht über die Urteilsverkündung des Bezirks-

gerichts Magdeburg vom 3. September 1967 hieß es: „Das Gericht erkannte die beiden Angeklagten, den ehemaligen Fahrdienstleiter und Schrankenwärter Robert B[...] (63) und den ehemaligen Dienstvorsteher des Bahnhofes Günter M[...] (51), der fahrlässigen Transportgefährdung in Tateinheit mit fahrlässiger Tötung und fahrlässiger Körperverletzung für schuldig. Beide Angeklagten wurden, dem Antrag des Staatsanwaltes folgend, zu der gesetzlichen Höchststrafe von je fünf Jahren Gefängnis verurteilt. In der Urteilsbegründung, die der Vorsitzende des 2. Strafsenats, Bezirksgerichtsdirektor Erich Jennes gab, wurde die Alleinschuld der beiden Angeklagten festgestellt. [...] ‚Mit aller Klarheit bleibt festzustellen, dass andere Personen als die beiden Angeklagten für das Unfallgeschehen strafrechtlich nicht verantwortlich sind. Ursache des Zusammenstoßes der Eisenbahn mit dem Tankfahrzeug ist eindeutig die unterlassene Sicherung des Überweges durch die Angeklagten.' [...] Am Schluss des Verfahrens haben sich die beiden Angeklagten zu ihrer Schuld bekannt."

Am 28. Dezember 1967 erließ die DDR-Regierung eine neue Transportordnung für gefährliche Güter, die ab dem 1. März 1968 galt. Überdies wurden sofort in der gesamten DDR die Schließzeiten für Schranken deutlich ausgedehnt. Busse hatten fortan auch an jeder offenen Schranke anzuhalten, bevor sie die Gleise passierten.

Der damals zufällig im Zug reisende 39 Jahre alte Lehrer Werner Moritz rettete zwölf Kinder aus den Flammen. Dabei zog er sich selbst so schwere Verletzungen zu, dass er einen Tag später im Krankenhaus verstarb. Er hinterließ eine Frau und drei Kinder. Ihm zu Ehren trägt die Grundschule in Rogätz bis heute den Namen Werner-Moritz-Schule.

## Absturz bei Schönefeld

Der SED-Politiker Paul Verner war gestorben. Titel, Verdienste, Orden – rund sechs Minuten dauerte die Spitzenmeldung der *Aktuellen Kamera* an diesem düsteren Freitag im Dezember 1986. Dann folgte eine Nachricht von 30 Sekunden: Flugzeugabsturz bei Berlin. Keine Flugnummer, keine Bilder.

In Schwerin erfuhren wenig später viele Bewohner aus den ZDF-Nachrichten, dass eine aus Minsk kommende Aeroflot-Maschine in Schönefeld abgestürzt war. Brigitte Hamann wusste, dass der Mann ihrer Mutter mit seiner Tochter Sabine, einer 32-jährigen Lehrerin, nach Minsk geflogen war. „Da gucke ich meinen Mann an und sage: Das kann doch nicht sein. Da sagt er: Meinst du, es kommen da viele Maschinen aus Minsk?" Besorgt machte sich Brigitte Hamann auf den Weg zu ihrer Mutter.

Wie ihr ging es auch 27 Elternpaaren der Klasse 10 a der Ernst-Schneller-Oberschule (heute Nils-Holgerson-Schule). Ihre Kinder sollten an ebenjenem Tag von einer Klassenfahrt aus Minsk zurückkehren. Sie wurden mit dem D 536 um 21.06 Uhr in Schwerin erwartet. Als der Zug in den Bahnhof einrollte und niemand ausstieg, wurden die vagen Sorgen zur siedend heißen Angst. Tränen flossen, eine Frau schrie und wälzte sich auf dem Boden. Doch noch immer wusste keiner der Wartenden, ob der Flug Aeroflot 892 tatsächlich der Unglücksflug war. Bernhard Kazioch wartete auf seinen Sohn Torsten. „Wir sind zum Bahnhof gegangen und wollten den Jungen abholen. Als wir dann auf dem Bahnhof standen, war schon eine Lehrerin da. Als sie merkte, dass wir nun so völlig hilflos dastanden und suchten und mitkriegten, es passiert nichts, es kommt kein Torsten wieder, es kommt keiner wieder von den Jungs, da kam

die Lehrerin auf uns zu. Sie sagte, das Flugzeug sei abgestürzt, die Kinder werden wohl nicht kommen."

Im Rathaus wusste man längst Genaueres. Seit 21 Uhr tagte unter Leitung des Oberbürgermeisters Helmut Oder ein Krisenstab. Verdiente Genossen wurden mobilisiert, um den Angehörigen die Todesnachricht zu überbringen. Derweil war die Schulzahnärztin mit ihren Untersuchungsberichten zu den Gebissen der Schüler bereits weisungsgemäß nach Berlin unterwegs.

Die Mädchen und Jungen aus der 10 a kannten sich meist schon aus dem Sandkasten. Die Hälfte der Familien wohnte in einer Straße. Noch am selben Abend parkten dort plötzlich unbekannte Autos, und bei den wenigen Telefonbesitzern knackte es in der Leitung, wenn sie jemanden anriefen. Schließlich hatte der Flugzeugabsturz eine politische Dimension: Die Aeroflot war ein Staatsunternehmen der Sowjetunion, und an der auch nur im Geringsten zu zweifeln galt in der DDR als Sakrileg.

Eigentlich hätte die TU 134 mit der Flugnummer 892 bereits um 12.36 Uhr in Schönefeld landen sollen. Doch dort herrschte dichter Nebel. Um 12.53 Uhr drehte die Maschine deshalb Richtung Prag ab. Der Abstecher war für die meisten an Bord ein zusätzliches Erlebnis. Nach etwa zwei Stunden Aufenthalt im Prager Transitraum startete die Tupolew wieder Richtung Berlin-Schönefeld. Dort verschwand sie um 17.04 Uhr vom Radarschirm, was man im Schönefelder Tower mit „Gelandet" quittierte. Elf Kilometer vor dem Aufsetzpunkt hatte der DDR-Fluglotse auf Englisch mitgeteilt, dass es auf der geschlossenen Landebahn einen Lampentest gebe. Das verstand der Bordfunker offenbar falsch: Er wies dem Piloten die zweite Piste zu. Eigentlich hätte die Maschine durchstarten und den Flughafen erneut anfliegen müssen. Doch die TU 134 sank weiter und ging

in eine Rechtskurve. Dadurch entfernte sie sich um 400 Meter vom Aufsetzpunkt, woraufhin der Lotse im Tower noch einmal auf die vorgesehene Bahn hinwies. Der Bordfunker korrigierte sich, der Pilot flog noch eine Kurve und war nun etwa vier Kilometer von der Piste entfernt, als im Cockpit das Warnsignal für gefährliche Bodenannäherung ertönte. Um 17.03 Uhr krachte die Tupolew in den Wald bei Bohnsdorf. Die rechte Seite der Maschine wurde aufgerissen, das Heck brach ab, wenig später explodierten die Treibstofftanks. Gegen 17.15 Uhr fuhr der Chef der Flughafen-Rettungsstelle Schönefeld zufällig am Bohnsdorfer Wald vorbei und bemerkte das Feuer. Erst jetzt erfuhren die Fluglotsen im Tower von dem Absturz.

Die Katastrophe forderte 72 Tote, darunter befanden sich der Pilot Anatoli Boguljubow, seine Crew und ein an Bord anwesender Aeroflot-Instrukteur. Zehn Passagiere überlebten. Gerald Braunschweig, einer von ihnen, wird das Erlebnis nie vergessen. „Vor mir hat es gebrannt [...], dann habe ich gesehen, dass der Gang voll mit Toten, Halbtoten lag. Und dann habe ich gesehen, dass hinten ein Loch war [...], und da dachte ich, da musst du raus." Als Johannes Schurak, der sich ebenfalls in der Maschine befunden hatte und auf dem Rückweg von einer Dienstreise nach Minsk war, zu sich kam, dachte er, er träume einen Kriegsfilm. „Ich habe irgendwo schwer verletzt im Wald gelegen. [...] Dann sprach mich jemand auf Sächsisch an. Da habe ich dann doch realisiert, dass es ein Unfall gewesen sein muss, und danach bin ich weggesackt." Nicht alle, die den Absturz zunächst überlebten, entkamen dem Tod. Am 18. Dezember teilte ADN mit: „Trotz intensiver Anstrengungen ist gestern Abend die 17-jährige Schülerin Heike T[...] aus Schwerin gestorben. Sie war eine der beiden Passagiere, die lebensgefährliche Verletzungen erlitten hatten." Am 29. Dezember wurde der Tod des schwer

verletzten Berliners Peter M. im Krankenhaus Friedrichshain gemeldet.

Für das Unglück gab es nur eine dürre Erklärung: „Die Untersuchung ergab, dass die TU134 in technisch einwandfreiem Zustand war und die Besatzung über die erforderliche Qualifikation verfügte. Der Flughafen Berlin-Schönefeld war zur Zeit des Unglücks sowohl von der technischen als auch von der meteorologischen Seite her voll einsatzfähig. Die Flugleitung in Berlin-Schönefeld handelte exakt nach den internationalen Regeln für die Durchführung von Landungen. Die Ursache des Flugzeugabsturzes ist auf die Verletzung der Regeln des Landeanfluges durch den Flugzeugführer zurückzuführen.“ Diese wenig aussagekräftige Erklärung ließ die Gerüchte blühen: Veraltete Russen-Technik, besoffene Piloten, eine Ersatzmannschaft an Bord, weil die Crew als unzuverlässig galt – man versuchte sich selbst zu erklären, was so schwer zu verstehen war.

Dadurch fühlte sich die DDR offenbar in ihrer Sicherheit bedroht und ließ die Überlebenden vom Ministerium für Staatssicherheit überwachen. Johannes Schurak, der mehrere Wochen im Krankenhaus verbrachte, erinnert sich: „Die ersten Besuche, die meine Frau im Krankenhaus machte, da ist immer ein Mitarbeiter der Stasi dabei gewesen. Die haben schon aufgepasst, dass da nicht irgendwelche Dinge ausgetauscht werden.“

Die „in dunklen Anzügen eingekleideten und sich sehr diszipliniert verhaltenden Angehörigen der bewaffneten Organe“ verfolgten auch die Trauerfeier am 18. Dezember in Schwerin, so der Bericht des Oberbürgermeisters. Alles war organisiert: Die Familien durften sich außerhalb der Öffnungszeiten im Kaufhaus Magnet mit Trauerkleidung versorgen, und als eine Mutter klagte, dass es nicht einmal im Intershop schwarze Strümpfe gebe, wurden welche auf Staatskosten eingefärbt. Rund 2500

Trauergäste waren zugelassen. Wer aus dem Westen anreiste, wurde vorher überprüft.

Hinter den Kulissen versuchten die Sowjets derweil, sich sämtliches Beweismaterial zu verschaffen. Sie wollten die Schuld an dem Unfall dem Bodenpersonal in Schönefeld zuschieben. Das wehrte die Regierungskommission der DDR erfolgreich ab. Ihr internes Fazit nach dem Unglück: Der 53-jährige Pilot hatte im Stress des Landeanflugs rechts und links verwechselt, wahrscheinlich weil sein Englisch nicht gut genug war.

# Menschliches Versagen und marode Technik

## Eisenbahnunfälle

„Bei der Deutschen Reichsbahn gibt es keine großen Geheimnisse zu entdecken", sagte Horst Gibtner, der letzte Verkehrsminister der DDR, auf Anfrage zu Beginn der 1990er-Jahre. Und wieso hatte man den bedenklichen Namen beibehalten? Der Minister erklärte es so: „Da gab es verschiedene Gründe. Wir bekamen nach dem Krieg von der Sowjetunion die Betriebs- und Eigentumsrechte in West-Berlin. Dazu gehörte auch der S-Bahn-Betrieb. Darauf wollten wir nicht verzichten. Dann kam das Erbe der Nazis dazu. Sie hatten in ganz Europa Eisenbahnwagen gestohlen und diese ‚Fremdwagen' der Deutschen Reichsbahn als ‚Beutegut' einverleibt. Da bis 1970 kaum andere Staaten die DDR anerkannt hatten, waren eventuelle Restitutionsbegehren nicht absehbar. Wären wir unter einem neuen Namen irgendwohin in Europa gefahren, hätte man unsere Wagen eventuell konfiszieren können. Und schließlich wäre uns ein neuer Name auch ziemlich teuer gekommen. Vom Formblatt über die Wagen bis zu den Bahnhöfen hätten wir alles neu machen müssen. Deshalb beschloss das Verkehrsministerium 1969, ‚Deutsche Reichsbahn' stillschweigend zu behalten. Es reichte ja so schon vorne und hinten nicht!"

Also doch noch ein Geheimnis? „Unsinn. Wer einmal in der DDR mit der Reichsbahn gefahren ist, wusste Bescheid. Wir sind auf Verschleiß gefahren. Um das kaputte Schienennetz zu

sanieren, brauchten wir rund 80 Milliarden Mark und weitere Milliarden für das rollende Material. Die waren einfach nicht da."

Trotz des unermüdlichen Einsatzes der rund 224 000 Eisenbahnerinnen und Eisenbahner in der DDR gab es bei der Deutschen Reichsbahn zahlreiche Unglücke, die mitunter dramatische Folgen hatten. Die Presse berichtete meist darüber, betonte jedoch gleichzeitig, dass eigentlich alles in Ordnung sei. Hin und wieder wurden die näheren Umstände von Eisenbahnunfällen geheim gehalten, denn der schlechte Zustand der Anlagen war ein Indikator für die sich zuspitzende Wirtschaftslage im Land. Ebendies führte manchmal zu ungewöhnlich harten Urteilen gegen die Verantwortlichen, aber auch immer wieder zur Verschärfung der Vorschriften.

## Nicht eingehaltene Dienstvorschriften

Am Morgen des 25. Februar 1956 fuhr in der Nähe des Bahnhofs Bornitz zwischen Riesa und Oschatz der mit zwei Lokomotiven bespannte Eilgüterzug E 7137 dem durchfahrenden, von Dresden kommenden D-Zug D 94 in die Seite. Beide Loks des Güterzugs stürzten um, die Maschine des D-Zugs wurde schwer beschädigt und entgleiste. Von einem D-Zug-Wagen blieben nur noch Trümmer übrig, weitere sprangen aus den Schienen und wurden schwer beschädigt. In Bornitz herrschte zu dieser Zeit starker Nebel. Dadurch war nur eine Sicht von knapp 20 Metern möglich.

Bereits wenige Tage nach dem Unglück meldete die Presse, dass die Sicherungsanlagen auf dem Bahnhof „den Anforderungen einer sicheren Betriebsdurchführung genügen". Trotz-

dem wurde der Unfall als Anlass genommen, auf grundlegende Mängel im Bahnbetrieb in der DDR hinzuweisen: „Der Ministerrat stellte [...] im Betrieb der Deutschen Reichsbahn Mängel im Hinblick auf die Einhaltung der erlassenen Dienstvorschriften, in Fragen der Arbeitsdisziplin sowie an einigen Stellen des Verkehrsbetriebes – z. B. in der Sicherung der Bahnanlagen – fest. Diese Mängel wirkten sich in einem Ansteigen der Verkehrsunfälle, besonders an unbeschrankten Wegübergängen und im Rangierbetrieb der Güterbahnhöfe, aus."

In den 1950er-Jahren war die Eisenbahn das wichtigste Transportmittel für Personen und Güter. Es gab nur wenige Pkw in Privatbesitz, und die Lastwagen waren oft veraltet und unzuverlässig. Für die Verkehrsplaner des Landes besaß die Deutsche Reichsbahn daher oberste Priorität. Sie war nicht nur ein wesentlicher Faktor für die Energieversorgung sowie für die industrielle und landwirtschaftliche Produktion des Landes, sondern hatte auch maßgeblich den Außenhandel vor allem mit der Sowjetunion abzuwickeln und für die Mobilität der „Gruppe der sowjetischen Streitkräfte in Deutschland" zu sorgen.

Deshalb wurde Erwin Kramer, Minister für Verkehrswesen und Generaldirektor der Reichsbahn, beauftragt, dem Ministerrat bis April 1956 eine Verordnung zur „Festigung der Disziplin im Eisenbahnwesen" vorzulegen. Er wurde ferner verpflichtet, den Unterricht zur Betriebssicherheit, der während der Arbeitszeit durchgeführt wurde, für die im stationären Betriebsdienst und im Rangierdienst beschäftigten Eisenbahner zu erweitern. Bereits im Juli 1956 war der Regierung über die Durchführung der beschlossenen Maßnahmen zu berichten.

Für die Opfer des Eisenbahnunglücks bei Bornitz kam das alles zu spät. Am 23. März 1956 druckte die gesamte Tagespresse der DDR folgende Meldung: „Die über den Verlauf und die

Ursachen des Unglücks angestellten Untersuchungen haben folgendes ergeben: Vor der Durchfahrt des D-Zuges 94 erhielt das Personal des Güterzuges 7137, der am Tage des Unglücks im Kreuzungsgleis des Bahnhofs Bornitz stand, den Auftrag, den am Ende dieses Zuges versperrten Wegübergang freizumachen und bis vor das ‚Halt' zeigende Ausfahrtsignal vorzurücken. Obwohl diesen Zug außer der Zuglokomotive noch eine auf der Heimfahrt befindliche Vorspannlokomotive führte, konnte er infolge der an diesem Tage herrschenden strengen Kälte erst anfahren, nachdem die Bremsen jedes Güterwagens einzeln gelöst waren. Nach den Betriebsvorschriften ist eine Bewegung von Fahrzeugen oder Zügen im Kreuzungsgleis verboten, sobald im danebenliegenden Hauptgleis Ein- oder Durchfahrten erfolgen sollen. Der Fahrdienstleiter nahm jedoch inzwischen – ohne den Auftrag zum Vorziehen des Güterzuges zurückgenommen zu haben – den D-Zug 94 an und stellte die Signale für die Durchfahrt dieses Zuges. Unterdessen brachte das Personal des Güterzuges diesen in Bewegung, der dabei das ‚Halt' zeigende Ausfahrtsignal überfuhr und dem entgegenkommenden D-Zug 94 in die Flanke fuhr."

Bereits an der Unfallstelle wurden 32 Tote geborgen und 40 Schwerverletzte in die umliegenden Krankenhäuser gebracht. Letztlich kamen insgesamt 43 Menschen ums Leben. Die Regierung stellte sofort 500 000 Mark zur Entschädigung der Opfer bereit.

In der Gerichtsverhandlung, die am 3. Juli 1956 in Leipzig begann, lautete die Anklage auf fahrlässige Transportgefährdung, fahrlässige Tötung und Körperverletzung. Am 7. Juli verurteilte das Gericht den Dienststellenvorsteher zu fünf Jahren, den Fahrdienstleiter des Bahnhofs zu viereinhalb Jahren, den Zugführer zu eineinhalb Jahren und den Heizer der Vorspann-

lokomotive zu einem Jahr Gefängnis, Lokführer und Heizer des D-Zugs 94 wurden freigesprochen. In der Presse wurden alle Namen genannt, um eine „erzieherische Wirkung“ zu erzielen. Bei der Urteilsbegründung wies der Vorsitzende des Verkehrssenats darauf hin, dass es bei pflichtbewusstem Verhalten und Einhalten der Dienstvorschriften durch die Angeklagten nicht zu diesem Eisenbahnbetriebsunfall gekommen wäre.

## Todesweiche 262

„Ein greller Blitz zuckte wie aus dem Nichts, dann folgte ohrenbetäubender Lärm“ – Augenzeugen erlebten den Unfall vom 15. Mai 1960 an der Berliner Brücke in der Nähe des Leipziger Hauptbahnhofs wie ein gewaltiges Naturereignis.

Sonnabend um 20.20 Uhr: Der Eilzug E 237 von Halberstadt nach Bad Schandau und der Personenzug P 466 von Leipzig nach Halle stießen frontal zusammen. Es war eines der schwersten Zugunglücke der DDR. Allein an der Unfallstelle starben 54 Menschen. Weitere überlebten ihre schweren Verletzungen nur um Stunden. Die exakte Zahl der Verletzten wurde nie bekannt gegeben. Schätzungen gingen von bis zu 240 Menschen aus.

In dem Eilzug saß neben vielen anderen die Leipziger Tischtennismannschaft, sie war in Quedlinburg zugestiegen. Dietmar Brandl, einer der Sportler, erinnert sich: „Als es dann krachte, war ich im Gang.“ Auch sein Freund Bobby Schwarz, damals 24 Jahre alt und selbst als Auszubildender bei der Deutschen Reichsbahn tätig, hörte den Knall und sah die Stichflammen, die von herabgefallenen Stromleitungen verursacht wurden. „Ich bin dann mit voller Wucht auf mein Gegenüber geflogen.“ Wolfgang Fiebig, später siebenfacher DDR-Tischtennismeister, war gerade

auf dem Weg in einen der hinteren Waggons, um seinen Koffer zu suchen. Das rettete ihm das Leben. Er kam mit einer Gehirnerschütterung davon. Sein Sportfreund Dietmar Brandl hatte nicht so viel Glück und wurde schwer verletzt. Durch den Frontalzusammenstoß in voller Fahrt bäumten sich die Wagen vorn auf. In 20 Metern Höhe wurde Brandl eingeklemmt. „Ich kann mich nur erinnern, als ich zu mir kam – ich habe ja vorher nichts gesehen und nichts gehört –, wollte ich mich bewegen, und es ging nicht." Todesangst stieg in ihm auf. Es dauerte vier Stunden, bis er entdeckt und gerettet wurde. Bobby Schwarz fand ihn in letzter Sekunde. Dazu musste er im wahrsten Sinne des Wortes über Leichen gehen. „Es galt Leben zu retten, auf Tote wurde keine Rücksicht genommen." Mit einer Axt mussten die Männer einen Körper zerteilen, um Dietmar Brandl zu befreien. Mit Schneidbrennern arbeiteten sie sich Stück für Stück vor. Feuerwehrmann Heinz Jacob bestätigte: „Es war ein Problem, überhaupt an die Menschen heranzukommen, die eingeklemmt waren."

In den ersten Minuten nach dem Aufprall herrschte ein heilloses Durcheinander. Rangierer Eberhard Schwarz fasste seine Eindrücke in einem Satz zusammen: „Es war wie im Krieg." Er war als einer der ersten Retter am Unfallort und blieb über 72 Stunden im Einsatz. Nieselregen machte die Stahltrümmer rutschig. Dutzende von Helfern waren im Einsatz, Taxifahrer transportierten Verletzte in die Leipziger Krankenhäuser, Blutspender stellten sich spontan zur Verfügung.

Am 21. Mai 1960 erklärte Karl Hetz, Präsident der Reichsbahndirektion Halle, die Ursache des Unglücks: „Der Personenzug 466 war planmäßig 20.28 Uhr vom Bahnsteig 11 des Leipziger Hauptbahnhofes abgefahren. Vor dem Signal K11, das am Rande des Bahnhofbereiches liegt, musste er halten, da das Signal infolge einer Störung an der zugehörigen Überwachungs-

einrichtung vorübergehend nicht bedienbar war. Der auf dem Stellwerk diensttuende Signalwärter entschloss sich daraufhin, den P466 mit einem schriftlichen Befehl am Halt zeigenden Signal vorbeifahren zu lassen. In der Zwischenzeit stellten der Signalwärter und der Weichenwärter die für die Ausfahrt erforderliche Fahrtstraße her. Dabei unterließen sie es, zwei für die ordnungsgemäße Ausfahrt unbedingt notwendige Weichen in die richtige Lage zu bringen. Das führte dazu, dass der Zug in das Streckengleis Halle–Leipzig einfuhr, auf dem sich der Eilzug 237 aus Halle näherte. Nachdem der P466 die in falscher Lage befindlichen Weichen passiert hatte, bemerkte der Signalwärter seinen Fehler und versuchte noch, den Zug zum Halten zu bringen. Das war jedoch nicht mehr möglich."

Die Tragik des Geschehens: Der Weichenwärter sah, dass sich die Schienen bewegten, und meinte deshalb, es wäre nur die Anzeige ausgefallen. So kam es zum Fahrbefehl für den Zug. Karl Hetz schloss technische Mängel aus. „Die Strecke Leipzig–Halle ist eine zweigleisige Hauptstrecke, deren Gleisoberbau vor zwei Jahren vollständig erneuert worden ist. Die Signalanlagen dieser Strecke - wie die Anlagen in allen Bereichen des Leipziger Hauptbahnhofes - befinden sich in einem guten technischen Zustand. [...] Die technische Ausführung entspricht voll und ganz den Ansprüchen, die an die Sicherung der Zugfahrten gestellt werden müssen."

Daran, dass sofort auch das Ministerium für Staatssicherheit (MfS) an der Unfallstelle tätig wurde, erinnert sich Werner Scheinpflug. Er fotografierte den verunglückten Zug und musste auf Anweisung der Stasi seinen Film aus der Kamera ziehen, um die Fotos zu vernichten.

Am 16. Dezember 1960 wurden in erster Instanz der 41-jährige Signalwärter zu 15 Jahren Zuchthaus, der 56-jährige Wei-

chenwärter vom Stellwerk W 7 zu zwölf Jahren Zuchthaus und der Fahrdienstleiter und sein Helfer vom Stellwerk B 3 zu zehn und acht Jahren Haft verurteilt. Diese außerordentlich harten Urteile hob das Oberste Gericht auf. In einem neuen Urteil wurden Gefängnisstrafen ausgesprochen: für den Signal- und den Weichenwärter je fünf Jahre Freiheitsstrafe, für den Fahrdienstleiter drei und für seinen Helfer zwei Jahre.

## Tödlicher Auffahrunfall

Am 10. Januar 1962 meldete ADN: „Beim Bahnhof Wiederitzsch (Bezirk Leipzig) fuhr Dienstag früh ein Postzug auf einen haltenden Leergüterzug auf. Dabei verunglückten der Lokführer und der Beimann des Postzuges tödlich; zwei Mitarbeiter der Deutschen Post wurden leicht verletzt. Während der zeitweiligen Streckensperrung wurde der Reise- und Güterzugverkehr umgeleitet. Die Ursachen des Unglücks werden noch geklärt."

Trotz dieser Ankündigung gab es keine weiteren Informationen zu diesem Vorfall. Lokführer Kurt Schröder und sein Heizer Kurt Sietz verstarben noch am Unfallort. Nach Angaben aus dem Umfeld von Kurt Schröder folgte keine Verhandlung gegen den verantwortlichen Mitarbeiter des Stellwerks. Auch der Witwe des Lokführers wurde jegliche Auskunft verweigert.

## Rotes Signal übersehen – 44 Tote

Der Lokführer des Kieswagenzugs Dg 7913 bemerkte nach eigener Aussage seinen Fehler sofort: Er hatte ein rotes Signal übersehen. Dadurch rumpelte sein 1000 Tonnen schwerer Zug mit

zwölf Wagen, den die Lok mit dem Tender voran zog, auf ein Abstellgleis. Als er das realisierte, habe er sofort eine Schnellbremsung eingeleitet, sagte er später aus. Doch der verbleibende Weg reichte nicht mehr, die Lok drückte den Prellbock beiseite und schoss über das Ende der Strecke hinaus. Diese Darstellung glaubten ihm die Experten später jedoch nicht und konfrontierten ihn mit ihren Berechnungen.

Es war der 1. November 1964 auf dem Bahnhof Langhagen an der Strecke Neustrelitz–Rostock, 20.20 Uhr. Hinter der Lok bäumte sich der erste der 90 Tonnen schweren Kieswaggons fast senkrecht auf. Aus dem Bahnhof kam genau in diesem Moment der D-Zug 1193 auf seiner Fahrt von Berlin nach Rostock. Er fuhr 105 Stundenkilometer schnell, das Signal zeigte „Freie Fahrt". Drei seiner Wagen hatten die Unglücksstelle bereits passiert, als sich einer der Kieswagen durch den abrupten Stopp auf die Seite neigte und sich in den vierten Wagen des Schnellzugs bohrte. Der am Unfall beteiligte Lokführer des Schnellzugs Alfred Wagner erinnert sich an seinen ersten Eindruck: „Auf der linken Seite standen die Sitze. Das Dach und die Seitenwände waren einfach weg. Und da saßen die Leute drauf wie Gipsfiguren." Die Lok und die ersten drei Wagen rissen ab. Sie kamen erst 300 Meter weiter zum Stehen. Durch die Kollision entstand eine gewaltige Energie. Der gesamte hintere Teil des D-Zugs wurde zertrümmert.

Heinz Zylke, einer der Helfer am Unfallort, weiß bis heute, dass alles sehr schnell gehen musste, um an die Verletzten im Zug zu kommen. „Ein Schweißapparat wurde herangeschafft, und wir konnten das später dann nach beiden Seiten auftrennen." So retteten sie einen eingeklemmten Mann. Obwohl mehr als 30 Ärzte, Soldaten der Nationalen Volksarmee (NVA) und der sowjetischen Truppen, die Freiwilligen Feu-

erwehren der Umgebung und die Berufsfeuerwehren aus den größeren Städten im Einsatz waren, kam für viele jede Hilfe zu spät. Alfred Wagner erzählt: „Da waren wir beim letzten Wagen, der abgerissen war. Und da waren die Leute, die da drin saßen, alle gegen die linke Seite geschoben, an die Scheiben." Die hatten standgehalten, was dazu führte, dass einige Opfer zerquetscht worden waren. Der Rostocker Student Jürgen Lenz, Reisender im Unglückszug, hatte Glück im Unglück. Er kam mit einer Kopfverletzung davon. Er erinnert sich besonders an den Schock: „Von einer Sekunde auf die andere verändert sich die Welt total. Man sitzt zwischen lauter Trümmern, zwischen Sperrholzplatten, zwischen irgendwelchen Leitungen." Sein Bild mit dem Verkehrsminister, der die Verletzten besuchte, ging später durch die Zeitungen. Lenz bekam 1000 Mark Schmerzensgeld.

Bei dem Unglück fanden 44 Menschen den Tod. Es gab 258 Verletzte und einen Sachschaden in Höhe von 1,27 Millionen Mark.

Lokführer Alfred Wagner wurde sofort nach dem Unfall verhört. Schnell stellte sich heraus, dass er keinerlei Schuld an ihm trug. Die zur Unfalluntersuchung eingesetzte Regierungskommission beauftragte Sachverständige zur Klärung der Ursachen. Sie schlossen bereits am 20. November 1964 technische Gründe aus: „Der Streckenabschnitt Neustrelitz–Waren–Laiendorf, an dem der Bahnhof Langhagen liegt, ist mit modernen technischen Einrichtungen ausgestattet. Am 31. Mai 1964 wurde auf diesem Abschnitt ein automatischer Streckenblock in Betrieb genommen. Der Bahnhof Langhagen selbst verfügt über ein Gleisbildstellwerk, und alle seine Ein- und Ausfahrsignale entsprechen den neuesten Erkenntnissen der Sicherungstechnik. Sämtliche Weichen sind signalabhängig und

werden zentral gesteuert. Die Untersuchungen der Sachverständigengruppe ergaben eindeutig, dass auch zum Zeitpunkt des Unglücks die Sicherungsanlagen des Bahnhofes Langhagen einwandfrei funktionierten, das für den Güterzug gültige Signal auf ‚Halt' stand und die dazugehörige Weiche in abweisender Stellung zum Hauptgleis verriegelt war. Ferner ist durch die Stellung des Führerbremsventils der entgleisten Güterzuglokomotive erwiesen, dass der Lokführer des Güterzuges seinen Zug auch nach dem Passieren des ‚Halt' zeigenden Signals nicht gebremst hat, obwohl vom Standort des für ihn gültigen Haltsignals bis zu dem das Gleis abschließenden Prellbock noch eine Strecke von 209 m verblieb." Daraus ergab sich nach dem Urteil der Experten: „Der Führer und der Heizer der Güterzuglokomotive haben auf Grund dieses Sachverhalts eindeutig gegen die Fahrdienstvorschriften der Deutschen Reichsbahn verstoßen." Die gegenteilige Aussage des Lokführers des Unglückszugs änderte nichts daran, dass sowohl er als auch der Heizer ins Gefängnis mussten.

Am 20. März 1965 verhängte der 1. Strafsenat des Bezirksgerichts Schwerin gegen den 45-jährigen Lokführer Karl K. fünf und den 21-jährigen Lokheizer Georg W. drei Jahre und sechs Monate Haft wegen fahrlässiger Tötung und fahrlässiger Körperverletzung. Damit sprachen die Richter die möglichen Höchststrafen aus. In der Urteilsbegründung hieß es: „Beide Angeklagten haben strafrechtlich ihre Pflichten verletzt und dem Ansehen der Deutschen Reichsbahn einen großen Schaden zugefügt. Die beiden Angeklagten handelten in grobem Widerspruch zu dem hohen Pflichtbewusstsein der über 300 000 Eisenbahner und vieler anderer Werktätiger der Republik."

## Die Rache der schlechten Reichsbahn-Gleise

Obwohl es nach 28 Grad am Vortag zehn Grad kühler blieb, wurden für ein Zugunglück, das sich am 24. Juni 1965 gegen Mittag auf dem Bahnhof Waßmannsdorf ereignete, die Temperaturen verantwortlich gemacht. Die Nachrichtenagentur ADN meldete am 30. Juni: „Wie die inzwischen abgeschlossenen Untersuchungen ergaben, ist das tragische Eisenbahnunglück, das sich in der vergangenen Woche auf dem Bahnhof Waßmannsdorf bei Berlin zutrug und bei dem neun Reisende ums Leben kamen, auf eine Gleisverwerfung infolge hoher Hitzeeinwirkung zurückzuführen. Am Tage des Unglücks hatten bereits 85 Personen- und Güterzüge das Gleis ohne Schwierigkeiten befahren. In den Mittagsstunden bewirkte starke Sonneneinstrahlung die Veränderung in der Gleisanlage, wodurch die Entgleisung des Personenzuges hervorgerufen wurde." In dem aus Potsdam kommenden Personenzug gab es neben den neun Todesopfern 13 Schwerverletzte.

Eisenbahnexperten meinen, dass die hohe Belastung der Gleise zu den Unfallursachen gehörte. Die Strecke entstand nach dem Mauerbau am 13. August 1961. West-Berlin lag als unbefahrbare „Insel" inmitten des Ende der 1950er-Jahre hastig errichteten Berliner Außenrings. Die hohe Zugfrequenz machte Ausbau- und Wartungsarbeiten schwer. Das führte zu weiteren Unfällen rund um Berlin, aber auch anderswo, weil überall die Kapazitäten fehlten.

So entgleisten am Nachmittag des 11. August 1976 vor der Blockstelle Wartenberg vier Wagen des D-Zugs D 715, der von Putbus über Berlin nach Leipzig fahren sollte. Drei der Wagen stürzten auf eine Böschung. Dabei wurde eine Person getötet, und sieben Reisende wurden verletzt.

Infolge einer Gleisverwerfung fielen in der Nacht vom 2. zum 3. September 1979 zwei Wagen des D963 auf der Stecke zwischen Magdeburg und Salzwedel um. Zwei Reisende kamen zu Tode, 24 wurden verletzt, teilweise schwer. Das Unglück verlief glimpflich, weil Lokführer Alfred Scholz einen auf dem Nachbargleis entgegenkommenden D-Zug in letzter Sekunde warnen konnte.

Weit schwerwiegendere Folgen hatte ein Unfall am 11. Juni 1981 in Thüringen. Der D1453 von Düsseldorf nach Karl-Marx-Stadt (heute Chemnitz) passierte den Bahnhof Erfurt-Bischleben noch planmäßig mit der zugelassenen Höchstgeschwindigkeit von 120 Stundenkilometern. Gegen 16.55 Uhr bemerkte der Triebfahrzeugführer eine Gleisverwerfung: Die Schienen auf Höhe des Empfangsgebäudes lagen nicht parallel. Sofort leitete er eine Schnellbremsung ein. Dadurch wurden Wagen vier und fünf aus dem Gleis geschleudert und stürzten eine Böschung hinunter. Alle nachfolgenden Wagen entgleisten. Bei dem Unfall fanden 14 Reisende den Tod, 93 erlitten Verletzungen. Noch am Abend traf DDR-Verkehrsminister Otto Arndt in Erfurt ein. Er kannte den schon seit Jahren unzureichenden Zustand der Reichsbahn-Gleise. Die nachfolgenden Untersuchungen ergaben so auch Verdachtsmomente auf bislang ignorierte Mängel am Oberbau und Schienenspannungen. Allerdings konnte die Unfallursache nicht endgültig geklärt werden, da die Zerstörungen durch den Unfall Spuren vernichtet hatten. Ein Ermittlungsverfahren der Staatsanwaltschaft Erfurt wurde aus diesem Grunde eingestellt.

In der DDR entstand im Zusammenhang mit dem Unfall das Gerücht, die Schienenverwerfungen seien durch schwere Militärfahrzeuge verursacht worden, die unerlaubt die Bahnanlagen überquert hatten. Man dachte dabei an die sowjetischen

Besatzungstruppen, doch Beweise dafür lagen nicht vor, und die zuständigen Kommandanturen gaben keine Auskunft.

Noch 1995 erinnerte sich der ehemalige Verkehrsminister Otto Arndt mit Schaudern an seine erste Tätigkeit am Morgen eines jeden Arbeitstags: „Das war die Kontrolle, ob in der Nacht irgendwo Züge entgleist waren. Die überalterten Gleise waren unser größter Schwachpunkt."

## Ende einer Probefahrt

Ende der 1960er-Jahre sollte es bei der Deutschen Reichsbahn endlich schneller vorangehen. Deshalb wurde 1969 in der „Versuchs- und Entwicklungsstelle Maschinenwirtschaft" in Halle die E-Lok 18 40 auf eine Höchstgeschwindigkeit von 160 Stundenkilometern umgerüstet.

Am 29. August 1969 sollte die Versuchslok getestet werden. Dazu wurde das umgebaute Triebfahrzeug als Vorspannlok vor der E-Lok eines zwischen Halle / Saale und Erfurt verkehrenden Schnellzugs eingesetzt.

Im Bahnhof Großkorbetha leitete man den Zug versehentlich auf ein Gleis, auf dem sich noch eine andere E-Lok aufhielt. In letzter Sekunde erkannte die Besatzung der Versuchslok die Gefahr, gab das Notsignal, leitete eine Schnellbremsung ein und flüchtete sich dann in den Maschinenraum. Mit circa 100 Stundenkilometern stieß die modifizierte E 18 40 auf die im Bahnhof befindliche Lokomotive und zermalmte deren Führerstand. Durch die Wucht des Aufpralls kamen die ineinander verkeilten Triebfahrzeuge erst nach 150 Metern zum Stehen. Die hinter der Versuchslok mitlaufende Lok des Schnellzugs schob sich unter den Pufferträger und zerstörte den

hinteren Führerstand der E18 40. Das Vorderteil der im Bahnhof stehenden Lok war ab der Einstiegstür so weit nach unten abgeknickt worden, dass ihre Puffer die Gleise berührten. Der stabile Rahmen der Versuchslok rettete wahrscheinlich deren Besatzung das Leben.

## „Karola" im Nebel zertrümmert

Das rot-weiße Reichsbahnwunder hieß VT18.16 und war der Stolz aller DDR-Eisenbahner. Die Abkürzung VT stand für Verbrennungstriebwagen, 18 für 1800 PS und 16 für eine Spitzengeschwindigkeit von 160 Stundenkilometern. Diese konnte der schnittige Triebwagen auf einheimischen Gleisen jedoch kaum fahren. Deswegen wurde er vor allem im internationalen Verkehr eingesetzt: als „Karlex" von Berlin und als „Karola" von Leipzig aus ins tschechoslowakische Karlsbad, als „Neptun" von Berlin über die Fähre Warnemünde–Gedser nach Kopenhagen, als „Berlinaren" via Sassnitz und Trelleborg nach Malmö und als „Vindobona" auf der Strecke Berlin–Prag–Wien. Doch der bequeme Zug, der für 200 Passagiere Platz hatte und mit Drehsesseln und besonders üppiger Mitropa-Bewirtung ausgestattet war, fuhr auch zwischen Berlin und Bautzen - unter dem Namen „Sorbenexpress".

Am Morgen des 30. Oktober 1972 war der Görlitzer Schnelltriebwagen als „Karola" ins tschechoslowakische Nachbarland unterwegs. Rings um Karl-Marx-Stadt waberten die Herbstnebel, es herrschte eine dichte grauweiße Suppe. Im Bahnhof Schweinsburg-Culten an der Strecke von Leipzig nach Werdau war kaum die Hand vor Augen zu sehen. Das Ausfahrsignal des Bahnhofs stand auf „Halt". Der Ext 346 „Karola" sollte dort stop-

pen, denn auf der nur eingleisigen Strecke kam ihm ein D-Zug entgegen. Das war eine Ausnahmesituation: Eigentlich fand die Begegnung planmäßig sieben Kilometer weiter auf dem Bahnhof Werdau statt. Doch „Karola“ hatte an diesem 30. Oktober 1972 auf den 67 Kilometern seit der Abfahrt in Leipzig bereits zwölf Minuten Verspätung eingefahren. Der entgegenkommende D 273 von Aue nach Berlin bestand an diesem Morgen aus zwei fünfteiligen Doppelstockgliederzügen und war mit circa 1000 Reisenden besetzt. Im dichten Nebel übersah der „Karola“-Triebfahrzeugführer in Schweinsburg-Culten das Haltesignal und stieß um 7.30 Uhr an der Einfahrweiche aus Richtung Werdau mit dem D 273 zusammen. Der Ext 346 wurde dabei so schwer beschädigt, dass der Triebkopf und zwei Beiwagen später verschrottet werden mussten. Auch zwei Wagen des Doppelstockgliederzugs waren total zertrümmert. Zwischen den berstenden Metallteilen und splitternden Fenstern fanden 28 Menschen den Tod, die Triebfahrzeugbesatzungen der beiden Unglückszüge gehörten dazu. Weitere 70 Menschen erlitten Verletzungen.

Bereits am Nachmittag gegen 15 Uhr begannen Mitarbeiter des MfS mit den Ermittlungen der Unfallursache. Die Strecke galt als gefährlich, weil die Sowjets nach dem Krieg das zweite Gleis abgebaut hatten und das Kreuzen der Züge daher mit Signalen geregelt werden musste. In ihrem als „streng geheim“ eingestuften Abschlussbericht vom 27. November 1972 stellten die Ermittler dann auch fest, dass der Lokführer des verspäteten „Karola“-Express das Haltesignal in Schweinsburg-Culten „im Glauben an seine Vorfahrt“ und durch den dichten Nebel offensichtlich übersehen hatte. Unklar blieb, ob nicht auch Alkohol eine Rolle spielte, denn eine Stewardess des Triebwagens sagte aus, dass sie mit dem Lokführer gemeinsam bis etwa 1.30 Uhr

um die 15 Flaschen Bier getrunken habe, bevor sie um fünf Uhr früh zum Dienst gingen.

Nach dem Unglück begann der zweigleisige Ausbau des Abschnitts Crimmitschau–Werdau, um die seit Langem bekannte Gefahr auf der überlasteten Strecke zu vermindern. Am 8. April 1976 wurde das zweite Gleis in Betrieb genommen.

## D 703 rast ins Stellwerk

Der Fahrdienstleiter im Bahnhof Leipzig-Leutzsch hatte Stress. Es war an diesem 10. Juli 1973 wieder einmal eng – „angespannte Betriebssituation", sagte man bei der Deutschen Reichsbahn dazu. Der D 703 sollte deshalb den Bahnhof auch nicht wie üblich auf Bahnsteiggleis 1, sondern über Bahnhofsgleis 3 passieren. Dazu musste er über einige Weichen fahren, was jedoch nicht in voller Fahrt möglich war. Am Einfahrtsignal wurde dem Lokführer aus diesem Grund „Fahrt mit Geschwindigkeitsbegrenzung auf 40 km/h" vorgeschrieben. Doch der schien die Schaltstellung „Hp2" (Langsamfahrt) nicht bemerkt zu haben und donnerte mit seiner Dampflok in voller Fahrt heran. In letzter Sekunde bremste er, doch auf der in der Einfahrt liegenden doppelten Kreuzungsweiche betrug die Geschwindigkeit immer noch 80 Stundenkilometer. Die Lok hob aufgrund der auf Abzweig gestellten Weiche ab und raste auf die nächste, nach links abbiegende Weiche zu. Dort entgleiste die Lok und krachte mit voller Wucht in das am Ende der Weichenstraße stehende Fahrdienstleiterstellwerk. Der erste Wagen entgleiste ebenfalls, die restlichen schoben sich ineinander. Der Heizer konnte gerade noch abspringen, der Lokführer gehörte zu den vier Toten des Unfalls. Außerdem waren 25 Verletzte zu beklagen.

Das Stellwerk wurde schwer beschädigt, und die komplette Stellwerkstechnik fiel aus. Die Aufräumarbeiten dauerten zwei Tage. Dann wurde das Stellwerk wiederaufgebaut.

## Interzonenzug rammt Rangierlok

Eigentlich hießen die Züge, die zwischen der DDR und der Bundesrepublik fuhren, schon seit 1954 nicht mehr „Interzonenzüge", aber der Name hatte sich eingebürgert. Offiziell wurden sie als „internationale Reisezüge" oder auch „Wechselverkehrszüge" bezeichnet. Den D354 von Berlin-Friedrichstraße über Frankfurt am Main nach Paris indes nannte die Bahner in Eisenach „die Angst" - vielleicht deshalb, weil gerade mit diesem Zug nichts passieren durfte.

Doch genau das geschah am 23. Juni 1976. Die SED-Zeitung *Das Volk* meldete am Tag darauf: „Am Mittwochabend, 17.23 Uhr waren vier Wagen des internationalen Schnellzuges D354 Berlin-Friedrichstraße–Paris im Eisenacher Bahnhofsgelände entgleist. Ein Wagen hatte einen auf einem Nebengleis stehenden Rangierzug vom Bahndamm auf eine vorüber führende Straße gedrückt." Das beigefügte Foto von aufeinandergeschobenen D-Zug-Wagen zeigte, dass der Unfall weitaus dramatischer gewesen war, als die Worte klangen. Die Rangierlok V60D mit Lokführer Fritz Montag und ein Bahnpostwagen, in dem ein Postmitarbeiter Briefe sortierte, wurden durch die entgleisten Personenwagen des D-Zugs über die Befestigung der Böschung auf die Straße geschleudert. Es hatte 26 Verletzte gegeben. Die Zeitung meldete jedoch, alle seien „außer Lebensgefahr".

In der Stadt kursierten schnell Gerüchte. Der Rangierlokführer sei in letzter Sekunde aus seiner Maschine gesprungen,

hieß es, und das Unglück durch eine falsche Weichenstellung verursacht worden. Letzteres bezeichnete der damals im Stellwerk Ew tätige Stellwerksmeister Peter Müller im Juli 2013 als „pure Spekulation“. Lokführer Montag und der Postmitarbeiter blieben in ihren Fahrzeugen und konnten schnell gerettet werden. Um eine Explosion zu verhindern, hatte die Feuerwehr die Rangierlok vorsorglich mit einem Schaumteppich überzogen.

Weichenwärter Günther Vier erinnert sich daran, wie er am 23. Juni 1976 die Kollegen im Speisesaal der Eisenbahner-Kantine an der Clemensstraße alarmierte. Dort fand gerade die Wahlveranstaltung der SED-Betriebsparteiorganisation statt. Dadurch standen schon Minuten nach dem Unfall rund 50 Helfer bereit. Alle 24 Verletzten aus dem D-Zug, darunter viele Ausländer, wurden in die drei Eisenacher Krankenhäuser gebracht. Ein 1000-Tonnen-Eisenbahnkran räumte auf. Gut 24 Stunden nach dem Unfall war die Strecke wieder frei.

Als Ursache für die Kollision stellte das MfS den katastrophalen Zustand der Reichsbahn-Gleise fest: „Der Oberbauzustand der genannten Hauptstrecke (284 km Streckengleis) wird insbesondere durch neun Langsamfahrstellen mit einer Gesamtlänge von 23,5 km gekennzeichnet. Die Auswertung der Messstreifen ergab weiter, dass 900 bis 1000 Toleranzüberschreitungen in jedem der beiden Hauptgleise vorhanden sind (entspricht etwa sechs Toleranzüberschreitungen je Kilometer).“ Im Speziellen sei „die Entgleisung des D 354 […] letztlich auf technische Mängel an einer doppelten Kreuzungsweiche, die in horizontaler und vertikaler Ebene verbogen und nicht – wie vorgeschrieben – mit dem Gleis verschweißt war, zurückzuführen. Auch unsachgemäß ausgeführte Unterhaltungsarbeiten trugen zu diesem technischen Mangelzustand bei.“

## Urlaubsreise in den Tod

DDR-Bürger, die im Juni in einem Urlauberzug Richtung Ostsee sitzen durften, hatten es geschafft: Entweder hatten sie im Betrieb einen der raren Ferienschecks des Freien Deutschen Gewerkschaftsbundes ergattert, oder aber sie hatten private Beziehungen zu jemandem, der an der Küste über eine Unterkunft verfügte.

Der D 1918 war solch ein Urlauberzug. Er fuhr von Zittau über Cottbus und Frankfurt / Oder nach Stralsund. Für Menschen aus der Oberlausitz, die zwar kleine Berge, aber wenig Bademöglichkeiten zu bieten hat, war der Urlaub am Meer ein Traum.

Einen Urlaub hätte vielleicht auch der Weichenwärter nötig gehabt, der am Morgen des 27. Juni 1977 auf dem Stellwerk W 1 in Booßen auf der Strecke Frankfurt / Oder–Angermünde Dienst hatte. Er fühlte sich nicht wohl, musste Medikamente nehmen. Dass die ihn schläfrig machten, ahnte er nicht, sonst wäre er nicht zur Frühschicht erschienen. In seinem Tran stellte der Mann eine Weiche falsch. Weder Lokführer Heinz Goletzke noch sein Heizer Klaus Mickelun merkten, dass sie dadurch von der Hauptstrecke nach Angermünde auf die Nebenstrecke von Booßen nach Kietz abbogen. Ihre Lok 03 0078 stampfte zuverlässig vor sich hin. Die beiden Männer aus Stralsund hatten noch eine halbe Schicht vor sich, dann wäre Feierabend gewesen. Den aber erlebten sie nicht mehr.

Bei dem Örtchen Lebus kam dem D 1918 der Durchgangsgüterzug 50101 aus Kietz entgegen. Bremsen half nicht mehr, ein Frontalzusammenstoß war unvermeidlich. Es krachte, Dampf zischte, Metall riss, die Wagen schoben sich ineinander.

Glück im Unglück: Ein für den ersten Wagen des D 1918 gebuchter Transport von Ferienkindern war kurz zuvor abgesagt worden. Dennoch herrschte unbeschreibliches Chaos. Ferdi-

nand Pfeiffer, der das Unglück als Augenzeuge erlebte, sagt noch fast 40 Jahre später: „Das war der schlimmste Tag in meinem Leben." Er erinnert sich an ein Brautpaar, Andrea und Michael J. aus dem Kreis Zittau, das mit dem Zug unterwegs in die Flitterwochen an der Ostsee war. „Beide tot." Die Rettungskräfte unter der Leitung des Feuerwehr-Oberleutnants Richard Wiese trauten sich nicht an die fauchende Dampflok heran, denn sie befürchteten eine Explosion. Dieses Zischen riss derweil viele Lebuser Bürger aus dem Schlaf, so auch Paul und Gisela Zander. In Schlafanzug und Hausschlappen eilten sie an den Unglücksort, um zu helfen. Gisela Zander begann die aus dem Zug kriechenden Verletzten zu verbinden. So wie sie halfen weitere Bürger der Stadt. Die Lebuser Bürgermeisterin Marianne Hoffmann lobte später ihr besonnenes Verhalten.

Wer damals dabei war, erinnert sich bis heute an das Grauen. Dieter Glasenapp diente zu jener Zeit als Transportpolizist. Einen Anblick kann er nicht vergessen: „Ganz oben, wo sich die beiden Züge hochgeschoben hatten, waren eine Frau und ihre Tochter eingeklemmt, beide tot." Der frühere Volkspolizist Dieter Zingel sieht noch immer die unter Schock stehende Schaffnerin vor sich, die er damals auf seinem Weg von zu Hause zur Unglücksstelle, vor einem Signalkasten kniend, antraf. Sie habe ihn fassungslos gefragt: „Wo sind wir hier eigentlich?" Als sie „Lebus" hörte, stammelte sie: „Da wollten wir doch gar nicht hin!"

Für Lokführer Heinz Goletzke und Heizer Klaus Mickelun kam jede Hilfe zu spät. Auch Triebfahrzeugbeimann Helmut Weber aus Wriezen von der verunglückten Güterzuglok überlebte den Zusammenstoß nicht. Und für 26 Reisende aus dem Raum Zittau endete die Urlaubsreise ebenfalls mit dem Tod.

Am 18. Juli 1977 stand in Frankfurt/Oder der Weichenwärter vor Gericht. Er wurde zu fünf Jahren Freiheitsentzug

sowie Schadensersatz verurteilt und nahm den Richterspruch sofort an. Nach der vorzeitigen Entlassung aus der Haft arbeitete er weiter bei der Deutschen Reichsbahn im Bereich Expressgut- und Güterabfertigung.

## S-Bahn-Trümmer auf der Stadtbahn

Es gibt Unfälle, bei denen scheint der Zeitpunkt wichtiger als das Ereignis selbst zu sein. Dazu gehört der schwere Auffahrunfall, der bei der Berliner S-Bahn am 6. Oktober 1979 zwischen den S-Bahnhöfen Jannowitzbrücke und Alexanderplatz geschah. Es war der Tag vor dem 30. Jahrestag der Staatsgründung. Der sollte groß gefeiert werden: Delegationen aus allen Teilen der Welt reisten an, die NVA sollte paradieren, und die Hauptstadt der DDR hatte sich festlich herausgeputzt.

Als es gegen 16 Uhr auf der Stadtbahntrasse krachte, herrschte daher Großalarm. Auswirkungen auf die geplante Anreise der jubelnden Werktätigen zum großen Fest am 7. Oktober sollten auf alle Fälle verhindert werden. Daher wurde sofort auf dem Fernbahngleis zwischen Ostbahnhof und Alexanderplatz mit Zügen des Nahverkehrs ein Ersatzverkehr organisiert. Nach nur vier Stunden, um 20 Uhr, rollt der S-Bahn-Verkehr wieder.

Die zehn Leichtverletzten wurden inzwischen ambulant versorgt. Die drei Viertelzüge der Baureihen 275 und 277 waren schwer beschädigt. Ein noch größerer Schaden konnte jedoch verhindert werden: Der entgleiste S-Bahn-Wagen, der an der Dircksenstraße vom Bahndamm auf die Straße abzustürzen drohte, konnte von den Einsatzkräften gesichert werden.

Die Feierlichkeiten zum 30. Jahrestag verliefen ohne weite-

re Störungen. Auch bei der S-Bahn konnte die Stasi keinerlei Sabotage als Unfallursache entdecken – der Triebwagenfahrer hatte einfach einen Moment lang nicht aufgepasst.

## Schranke offen – sieben Tote

Am Nachmittag des 23. April 1983 kurz nach 16 Uhr war der 24-jährige Rettungssanitäter Gerd Queißer auf dem Weg zur Arbeit. Am Bahnübergang Neuwiederitzsch bei Leipzig hörte er plötzlich einen Knall und sah eine gewaltige Staubwolke. „In dem Moment ist es mir wie ein Blitz durch meinen Körper geschossen: Jetzt ist irgendwas Schlimmes passiert!" Er rannte zur Schranke. „Man konnte nichts sehen wegen dieser starken Staubwolke, die Gleise, der Bahnübergang, nichts konnte man erkennen." Als sich die Wolke lichtete, bemerkte Gerd Queißer in Richtung Leipzig ein „riesengroßes gelbes Wrack". Es war „ein total zerschmetterter Ikarus-Bus".

Der Linienbus hatte vorschriftsmäßig an der Bahnschranke gehalten, ein Schnellzug fuhr vorbei, dann ging die Schranke hoch, und der Bus fuhr an. Auf dem Stellwerk stand an diesem Samstag Hans-Jürgen N. nach elf Stunden Schicht kurz vor seinem Feierabend. Gegen 16 Uhr hatte er die Meldung bekommen, dass eine allein fahrende E-Lok zusätzlich den Bahnübergang passieren würde. Doch nachdem der planmäßige Zug durchgefahren war, betätigte N. routinemäßig per Knopfdruck die Schranke – er hatte die heranbrausende E-Lok vergessen. Dann fiel sie ihm wieder ein. Panisch stellte er das Signal von Höchstgeschwindigkeit auf Stopp, doch die Lok hatte es bereits passiert. Durch hektisches Winken aus dem Fenster des Stellwerks versuchte Hans-Jürgen N. nun, den Busfahrer zu warnen. Doch es

war zu spät. Die 82 Tonnen schwere Lokomotive prallte mit 60 Stundenkilometern auf den Ikarus, riss ihn in zwei Teile und schleifte die vordere Hälfte mehr als 100 Meter mit.

Der zufällig anwesende Sanitäter Gerd Queißer war als Erster am Unfallort. „Als ich an diesem Wrack angekommen bin, habe ich wahnsinnig viele Schreie von Menschen gehört." Es gelang ihm, ein Baby aus den Trümmern zu bergen. „Es war unverletzt, schrie nur wie am Spieß." Die meisten Opfer waren eingeklemmt. Für Gerd Queißer verging eine Ewigkeit, bis er die ersten Fahrzeuge mit Sirenen hörte.

Hans-Jürgen Fichtner, damals bei der Berufsfeuerwehr Leipzig, berichtet: „Es befanden sich in dem Bus noch Menschen, aber es gab auch einige, die herausgeschleudert wurden." Mit ihren wenigen Hilfsmitteln versuchten die Feuerwehrleute, die Personen zu befreien. Schwer verletzt konnten sie schließlich auch den Busfahrer bergen. Doch für sechs Fahrgäste kam jede Hilfe zu spät, darunter auch für die Mutter des geretteten Babys. Gerd Queißer erinnert sich: „Ich habe mindestens drei, vier Menschen gesehen, die mit offenem Brustkörper dann auf die Seite gelegt wurden, wo richtig das Blut herausspritzte und die noch geschrien haben." Acht Schwerverletzte wurden in die Chirurgische Klinik der Karl-Marx-Universität Leipzig gebracht, einer von ihnen überlebte nicht.

Die Schranke war ein neuralgischer Punkt, denn über die Gleise verliefen drei Strecken. Die Reichsbahner hatten bereits im Mai 1979 gefordert, sie mit dem Zugsignal zu koppeln. Die Stasi stellte in ihrem Ermittlungsbericht fest, dass damals der Bau einer modernen Schranke „infolge nicht gegebener Projektierungs- und Materialkapazität" abgelehnt worden war. Der verantwortliche Stellwerksleiter wurde unterdessen zu einer Haftstrafe von drei Jahren verurteilt.

In der Folgezeit gab es weitere schwere Unfälle an Bahnübergängen. Die Presse warnte, dass laut Hauptabteilung Verkehrspolizei im Innenministerium „die Folgen von Verkehrsunfällen an Bahnübergängen jene des übrigen Unfallgeschehens um ein- bis zweihundert Prozent übersteigen".

## Tödlicher Transit

Einen 29. Februar gibt es nur in Schaltjahren. Auch in der DDR war er stets ein zusätzlicher Arbeitstag, und umso dringlicher wollten die Leute nach Hause. Dafür nutzten sie die Personenzüge, die pünktlich zum Feierabend eingesetzt wurden. In der Gegend um Halle nannte man sie „Schichterzüge". Auch der damalige Berufsschullehrer Heinz Kaaden saß am 29. Februar 1984 in solch einem Zug. Er erinnert sich an die Ankunft auf dem Bahnhof Hohenthurm, seinem Ziel. Hunderte von Arbeitern aus dem volkseigenen Betrieb (VEB) Dampfkesselbau warteten auf dem Bahnsteig. „Gegen 15 Uhr sind wir hier angekommen. Ich war wie immer im letzten Wagen und bin dann ausgestiegen. Als ich am Ausgang war, hat es fürchterlich geknallt. Im ersten Moment habe ich an Bomben oder einen Flugzeugabsturz gedacht."

Als er sich umdrehte, sah er den letzten Wagen des „Schichterzugs", in dem er Sekunden zuvor noch gesessen hatte, in Trümmern. Der Transit-D-Zug D 354, der von Berlin nach Saarbrücken unterwegs war, war ungebremst auf den Personenzug aufgefahren. Aufgrund der durch Nebel eingeschränkten Sicht hatte er mehrere Haltesignale überfahren. Der letzte Wagen des Personenzugs und der Speisewagen des D-Zugs entgleisten. An beiden Loks entstand Totalschaden.

Die ersten Helfer vor Ort waren Männer der Freiwilligen Feuerwehr Hohenthurm. Wenig später trafen Berufsfeuerwehr, Kriminalpolizei und Notarzt Dr. Walter Asperger ein. Es war erst der zweite Einsatz für den jungen Notfallmediziner, und es wurde ein Wettlauf mit der Zeit. Wegen der Brandgefahr konnten die Helfer keine Schneidbrenner einsetzen. Nur mit einfachen Eisensägen kämpften sie sich zu den Verletzten vor. Erst am nächsten Tag bargen sie acht Tote aus dem Wagen. Damit erhöhte sich die Zahl der Todesopfer auf insgesamt elf, 46 Menschen wurden verletzt, elf von ihnen schwer.

Walter Asperger weiß noch: „Die Anzahl der Patienten, die wir noch versorgen konnten, war sehr gering. Wir sind dann an der Lok vorbei und haben nur noch den Tod des Lokführers festgestellt. Wir waren völlig schockiert." Erschwerend kam hinzu, dass Asperger den Transitzug nicht betreten durfte. Diese Züge mussten die DDR ohne Halt passieren. Niemand sollte auf die Idee kommen, als blinder Passagier eine Flucht zu wagen. In Hohenthurm erschien sofort ein Katastrophenstab unter Leitung des MfS. Dessen Leute kümmerten sich auch um die 14 Leichtverletzten unter den 108 Transit-Fahrgästen aus westlichen Ländern. Bereits um 21.04 Uhr konnte ihr Zug mit einer neuen Lok weiterfahren.

Trotz gründlicher Untersuchungen fanden die Stasimitarbeiter außer dem dichten Nebel mit Sichtweiten von nur fünf Metern keine Hinweise auf Unregelmäßigkeiten. Der stellvertretende Generaldirektor der Deutschen Reichsbahn, Dieter Neumann, teilte zwei Tage nach dem Unglück mit, „dass die Signal- und Sicherheitseinrichtungen einwandfrei funktionierten und der Unfall auf subjektives Versagen zurückzuführen ist".

Der Triebfahrzeugführer des D 354 wurde zu einer Haftstrafe von fünf Jahren verurteilt.

## „Rennsteig“ gegen „Sputnik“ – die Auffahrunfälle

Am 15. Februar 1988 hatte die Deutsche Reichsbahn einen Auffahrunfall zu vermelden. Die Lok 243 264 des Städteexpresszugs Ex 150 fuhr am Abzweig Eichgestell auf dem östlichen Berliner Außenring auf eine haltende Lokomotive auf, die einen Wendezug schob.

Beide Züge hatten ihren DDR-typischen Hintergrund. Der Ex 150 hieß „Rennsteig“ und verkehrte von Meiningen nach Berlin. Der Volksmund nannte ihn „Bonzenschleuder“, denn dieser „Städteschnellverkehr“ sollte besonders Dienstreisenden einen Tagesaufenthalt in der DDR-Hauptstadt ermöglichen. Auf der Rückreise nach Thüringen schleppten die Fahrgäste im „Rennsteig“ dann all das mit, was es meist nur in Berlin gab: H-Milch und Club-Cola, Hortex-Konserven und Eberswalder Würstchen, Salami, Rouladen, manchmal sogar Bananen. Der Wendezug indes war einer der „Sputniks“, die zum S-Bahn-Tarif stündlich von Berlin-Karlshorst nach Potsdam-Hauptbahnhof (heute Pirschheide) und weiter bis Werder verkehrten. Seit die Mauer stand, musste West-Berlin umfahren werden. Der Berliner Außenring ächzte daher seit Langem unter dem hohen Verkehrsaufkommen.

Unfallursache beim Zusammenstoß zwischen „Rennsteig“ und „Sputnik“ war menschliches Versagen: Ein Signal wurde übersehen. Ein Reisender aus dem Ex 150 starb an seinen Verletzungen, und an beiden Lokomotiven und mehreren Wagen entstand erheblicher Sachschaden.

Die Eisenbahner der Deutschen Reichsbahn wussten, wie eng es auf den Strecken zuging. Nach dem Zweiten Weltkrieg hatten die Sowjets die zweiten Gleise der Eisenbahnstrecken als Reparationen demontiert und in die Sowjetunion geschafft. Über die

Jahre nahm der Eisenbahnverkehr stetig zu, während die Verlegung neuer Gleise nur langsam voranging. Aus diesem Grund krachte es immer wieder. Über viele dieser Unfälle wurde wenig, über strafrechtliche Konsequenzen meist gar nicht berichtet, so in den folgenden Fällen:

- 18. Dezember 1979: Auf dem nördlichen Berliner Außenring zwischen dem Bahnhof Schönfließ und dem Karower Kreuz fuhr ein S-Bahn-Zug auf einen zum Halten gekommenen Güterzug auf. Der S-Bahn-Führer hatte eine durch Signal angezeigte Geschwindigkeitsbeschränkung missachtet. Er starb, sieben Reisende wurden verletzt. Der Unfall war nur möglich, weil damals aus Kapazitätsgründen der Abschnitt zwischen dem Bahnhof Schönfließ und dem Abzweig Karow West als Gemeinschaftsstrecke von Fern- und S-Bahn genutzt wurde.
- 31. Oktober 1982: Bei Potsdam prallte ein Güterzug auf einen voll besetzten Personenzug. Der Lokführer des Güterzugs übersah in dichtem Nebel Signale. Die Folge waren acht Tote und 55 Verletzte.
- 5. Juli 1983: Auf dem südlichen Berliner Außenring stießen gegen 6.30 Uhr am Abzweig Glasower Damm der Schnellzug D 571, der auf dem Weg von Berlin-Schöneweide nach Karl-Marx-Stadt war, mit dem Personenzug Piw 11455 zusammen, der von Werder aus nach Berlin-Karlshorst unterwegs war. Der Lokführer des Personenzugs hatte ein Signal missachtet. Die Lok und zwei Wagen seines Zugs sowie vier Wagen des D-Zugs stürzten um. Über Opfer des Unfalls wurde nichts bekannt.
- 11. Oktober 1985: Bei Magdeburg stießen ein Personenzug und eine Diesellok auf einem wegen Bauarbeiten nur eingleisig

befahrbaren Gleisabschnitt frontal zusammen. Die Ursache war menschliches Versagen des Fahrdienstleiters. Es gab 13 Tote und 40 Verletzte.

- 3. Dezember 1988: Bei Görlitz prallten ein Kohlenzug aus Polen, dessen Lokführer ein Haltesignal übersah, und ein Zug der Deutschen Reichsbahn frontal aufeinander. Sechs Menschen starben, vier wurden verletzt.

## Unfall im Behelfsbetrieb

Zwischen Ferdinandshof und Borckenfriede auf der Strecke von Berlin über Pasewalk nach Stralsund herrschte im Frühjahr 1988 ein nur eingleisiger Behelfsbetrieb. Dadurch bedingt, stieß der D 502 auf dem Weg von Saalfeld über Berlin an die Ostsee frontal mit dem D 715 zusammen, der auf dem Weg von Binz nach Leipzig war. Beide Lokomotiven und drei Wagen entgleisten. Der Unfall forderte ein Todesopfer und 28 Verletzte.

*Neues Deutschland* zeigte ein Foto der Trümmer am Unglücksort und teilte mit: „Ursache des Zusammenstoßes ist nach dem bisherigen Stand der Ermittlungen Nichtbeachten eines Haltesignals auf dem Bahnhof Ferdinandshof durch den Lokführer des D 502. Zur Zeit des Unglücks war auf dem zweigleisigen Streckenabschnitt wegen Elektrifizierungsarbeiten nur ein Gleis befahrbar [...].“ Eine Information über Ergebnisse der Untersuchungen und deren Konsequenzen gab es nicht.

Eine der Lokomotiven war so schwer beschädigt, dass sie vor Ort abgewrackt werden musste. Im Bahnbetriebswerk Stralsund schlachteten Arbeiter die zweite Lok aus und zerlegten sie dann für den Hochofen.

# Grauen in Gröbers

Am 24. März 1990 meldete die *Junge Welt*: „Bei einem schweren Eisenbahnunglück am Donnerstagnachmittag zwischen Leipzig und Halle sind fünf Reisende ums Leben gekommen. Etwa 50 weitere wurden verletzt, neun davon schwer. In der Bahnstation Gröbers (Saalkreis) war der Schnellzug D 734 Leipzig–Rostock auf einen haltenden Personenzug gefahren. An den Lokomotiven beider Züge entstand Totalschaden, fünf Reisezugwagen wurden schwer beschädigt. 11 Verletzte befinden sich gegenwärtig noch in stationärer Behandlung. Vier von ihnen sind schwerverletzt. Ihr Zustand gilt als kritisch. Drei der tödlich verunglückten Fahrgäste konnten bisher identifiziert werden. Der Schnellzug war durch Fehlhandlung eines 21jährigen Fahrdienstleiters auf ein falsches Gleis dirigiert worden. Der mit 100 Stundenkilometern fahrende Schnellzug war trotz Bremsversuchs des Lokführers mit etwa 70 Stundenkilometern auf den Vorortzug aufgeprallt." Zu jener Zeit wurde an den Gleisen des Bahnhofs gearbeitet, sodass nicht alle Strecken befahrbar waren.

Bereits zwei Tage nach dem Unglück schien dessen Ursache geklärt: Der 21-jährige Fahrdienstleiter H. hatte die Weiche nicht gestellt. Reichsbahnrat Klaus Salzer vom Reichsbahnamt Halle sagte der *Leipziger Volkszeitung*: „Er hat es wahrscheinlich einfach vergessen."

Am Unglückstag, dem 22. März 1990, war Jürgen Fehlhauer, der direkt an der Strecke wohnte und bei der Freiwilligen Feuerwehr war, einer der Ersten vor Ort. Ein heftiges Krachen alarmierte ihn. „Dann habe ich über die Mauer gesehen und den Zug hier stehen gesehen, auf dem Gleis, wo er eigentlich nichts verloren hatte." Der gelernte Elektriker rannte los und

kroch sofort in einen der Wagen, aus dem Hilferufe schallten. Wenig später kam ihm Busfahrer Herbert Richardt zur Hilfe, ebenfalls bei der Freiwilligen Feuerwehr und gerade auf dem Weg in den Feierabend. „Und dann der grausame Anblick, die Lok demoliert, die Wagen zerquetscht, die Leute schreien [...]." Er sah einen zwischen den Gleisen umherirrenden Eisenbahner und sprach ihn an. Es war einer der Lokführer, der in letzter Sekunde abgesprungen war. Der Mann erklärte ihm trotz Schockzustands, dass sich in solch einer Situation Lokführer retten können, wenn sie sich blitzschnell in die Mitte der Maschine vor den stabilen Motorblock legen. Deshalb nahm er an, dass in der zertrümmerten Lok noch ein Kollege sein könnte. Sie suchten ihn und klopfen so lange am Blech, bis sie ein Lebenszeichen von ihm hörten.

Notarzt Dr. Matthias Schneider von der Schnellen Medizinischen Hilfe in Halle erfuhr unterdessen von dem Unfall. „Es riefen viele Bürger an diesem Tag an und vermeldeten ein Zugunglück am Bahnhof Gröbers. Mehr wussten wir damals auch nicht." Deshalb machten sich zunächst nur drei Ärzte auf den Weg. „Wir betraten dann das Bahnhofsgelände, und uns bot sich ein Bild des Grauens. Es sah aus wie ein Bombeneinschlag." Weil die ganze Strecke unter Strom stand und die abgerissenen Oberleitungen gefährlich waren, konnten die Helfer nicht in die Waggons. Schneider erzählt: „Es dauerte ungefähr 15 bis 20 Minuten, bis wir dann von der Bahn das Okay bekamen, Strecke ist stromlos, wir können betreten." Auch die inzwischen alarmierte Freiwillige Feuerwehr Gröbers erschien am Unglücksort. Feuerwehrmann Ingolf Brömme hat den grausigen ersten Eindruck noch heute im Kopf: „Der eine Waggon war aufgerissen an der Seite, und da hingen Beine von der Decke herunter, zwei Frauen hatte es unter dem Dach eingeklemmt."

Es dauerte rund zwei Stunden, bis die Retter zu allen Verletzten vordringen konnten. Notarzt Schneider musste miterleben, wie nur einen Meter von ihm entfernt ein Mann mit dem Tode rang und er ihn nicht erreichen konnte, weil Trümmer den Weg versperrten.

Der materielle Schaden lag bei 7,6 Millionen Mark. Der fahrlässige Fahrdienstleiter H. wurde später zu 18 Monaten Haft verurteilt.

# Zwischen den Fronten

## Das Treiben der Siegermächte

Nach dem Ende des Zweiten Weltkriegs bröckelte die Zusammenarbeit der Siegermächte. Der von den Amerikanern, Sowjets, Briten und Franzosen gebildete Alliierte Kontrollrat als oberste Besatzungsbehörde zerbrach. Längst wurde jedoch die gegenseitige militärische Überwachung durch geheim gehaltene Abkommen geregelt, von denen die Deutschen weder im Osten noch im Westen offiziell etwas erfuhren. Am 16. September 1946 unterzeichnete die Sowjetunion das erste dieser Abkommen mit Großbritannien, am 3. April 1947 folgte eines mit Frankreich und am 5. April 1947 mit den USA. Alle drei Abkommen sahen die Einrichtung von Militärverbindungsmissionen vor. Diese bekamen einen ähnlichen Status wie diplomatische Vertretungen: Ihr Gebiet war exterritorial, die Mitglieder genossen Immunität, und sie durften sich im jeweiligen Gastland, außer in gekennzeichneten Sperrgebieten, frei bewegen.

Die Amerikaner richteten ihre Militärverbindungsmission in Neu Fahrland bei Potsdam ein, die Briten und Franzosen quartierten sich direkt in der brandenburgischen Hauptstadt ein. Die sowjetische Verbindungsstelle zu den Amerikanern war in Frankfurt am Main angesiedelt, die zu den Briten zunächst in Bad Salzuflen, ab 1957 im westfälischen Bünde und die zu den Franzosen in Baden-Baden.

Über alles, was dort geschah, wurden weder die BRD noch

die DDR informiert. Als unter Besatzung stehende Staaten mit eingeschränkter Souveränität hatten sie sich bis zum Vollzug der Deutschen Einheit am 3. Oktober 1990 nicht in die Angelegenheiten der Siegermächte des Zweiten Weltkriegs einzumischen. Besonders ärgerte die DDR die Präsenz der westlichen Militärs in Ost-Berlin. Sie machte evident, dass die Hauptstadt der DDR alliiertem Recht unterlag. Immer wieder versuchten die ostdeutschen Politiker daher, diese Sonderrechte abzuschaffen, doch die Sowjetunion beharrte auf dem Status quo. Ihr war der ungehinderte Zugang nach West-Berlin stets wichtiger als die Interessen ihres kleinen Verbündeten.

An der Nahtstelle zwischen den Gebieten der gegnerischen Parteien im Kalten Krieg kam es deshalb zu Konfrontationen, die die ganze Welt beunruhigten. Die erste fand bereits gut zwei Monate nach dem Bau der Berliner Mauer statt.

## Panzer am Checkpoint Charlie

Nach dem Bau der Mauer am 13. August 1961 wollte die DDR auch gegenüber den in West-Berlin stationierten Westalliierten demonstrieren, dass sie an ihrer Grenze das Sagen hatte. Das führte am 22. Oktober 1961 zu einer Konfrontation, die in die Geschichtsbücher einging.

An jenem Abend wollte Edwin Allan Lightner, stellvertretender Chef der US-Mission in Berlin, mit seiner Frau wie schon oft zuvor ins Theater nach Ost-Berlin, in Zivil. Erstmals versuchten DDR-Grenzer am Checkpoint Charlie, den Amerikaner in seinem grauen VW zu kontrollieren. Lightner lehnte das ab und ließ sich von bewaffneten US-Militärpolizisten über die Sektorengrenze – für die DDR die Staatsgrenze – eskortieren.

General Lucius D. Clay, der ehemalige US-Militärgouverneur in Westdeutschland, war als persönlicher Vertreter von Präsident John F. Kennedy wegen der Mauerkrise nach West-Berlin entsandt worden. Er nutzte den Vorfall, um aktiv zu werden. In den folgenden Tagen ließ er immer wieder die Grenzpassage ziviler und uniformierter Amerikaner nach Ost-Berlin erzwingen. Der bekennende Hardliner erklärte: „Die Russen verstehen nur eine Sprache, und das ist Gewalt."

Dabei waren es diesmal gar nicht die Sowjets, die am Checkpoint Charlie stänkerten. Sie hatten den Amerikanern bereits vor dem Mauerbau zugesagt, dass deren Rechte in der Vier-Mächte-Stadt - und damit auch in Ost-Berlin - nicht eingeschränkt würden. Aber Walter Ulbricht versuchte eigenmächtig, die Regeln zu ändern. Per Erlass hatte das Innenministerium der DDR festgelegt, dass künftig US-Militärs in Zivil an der Grenze zu kontrollieren seien. Das akzeptierten die Amerikaner nicht, und General Clay ließ am 25. Oktober am US-Kontrollpunkt in der Friedrichstraße Panzer auffahren. Nach einem Krisengespräch zwischen dem amerikanischen Stadtkommandanten Albert Watson und seinem sowjetischen Kollegen Andrej Solowjew zogen sie wieder ab. Als jedoch DDR-Grenzpolizisten am Nachmittag des 26. Oktober erneut einen US-Major in Zivil nicht passieren lassen wollten, wiederholte sich die Drohgebärde.

Nun sah der sowjetische Regierungschef Nikita Chruschtschow seine Autorität infrage gestellt. Gegen 18 Uhr rollten sowjetische T-54-Panzer auf die Sektorengrenze zu. Sie machten wenige Dutzend Meter vor den M-48-Tanks der U.S. Army halt. Die ganze Nacht über richteten die Panzer ihre geladenen Geschütze aufeinander. Moskaus Deutschlandexperte Valentin Falin erinnerte sich später: „Uns trennten nur noch Sekun-

den und Meter von einem Unglück." Dennoch gelang es durch hektische Verhandlungen hinter den Kulissen, die Affäre zu entschärfen. Um Berlin wollten weder die Sowjets noch die Amerikaner einen Krieg riskieren. Am Vormittag des 27. Oktober, kurz vor elf Uhr, setzen die T-54-Panzer zurück, gut eine Stunde später zogen auch die Amerikaner ab.

Fortan konnten Amerikaner, Briten und Franzosen wieder ungehindert den Ostteil Berlins betreten. Bis zum Fall der Mauer am 9. November 1989 änderte sich daran nichts.

## Kennedy liefert einen Flüchtling aus

Am 22. November 1961 weitete sich ein Fluchtversuch aus der DDR zu einem Staatskonflikt aus. Am Ende befahl US-Präsident John F. Kennedy persönlich, den betreffenden Flüchtling auszuliefern, weil er den Zorn des Generalsekretärs der Kommunistischen Partei der Sowjetunion, Nikita Chruschtschow, fürchtete.

Begonnen hatte alles an der Eisenbahnstrecke von Berlin nach Frankfurt am Main, kurz vor der Grenze zwischen DDR und BRD. Siegfried Pump aus Gerwisch bei Magdeburg wollte „nach drüben". Der 20-jährige Schlosser war unzufrieden mit seinem DDR-Leben und hatte Ärger mit seiner Mutter. Seit Langem beobachtete er die amerikanischen Militärzüge, die täglich pünktlich auf die Minute auf ihrem Weg von West-Berlin in die Bundesrepublik den kleinen Ort passierten. Betrieben wurden sie von der Deutschen Reichsbahn. Ein solcher Zug schien ihm eine geeignete Fluchtmöglichkeit zu sein. „Ich wusste, dass diese Alliiertenzüge exterritoriales Gebiet waren, wo die DDR-Behörden keinen Zugriff hatten." Erleichternd kam hinzu, dass die Züge bei Gerwisch wegen einer Baustelle langsam fuhren.

An jenem Abend versteckte sich Siegfried Pump hinter dem Kilometerstein 113 am Bahndamm. Der „Duty Train“ näherte sich schnaufend, und Pump sprang auf. Da die Tür verschlossen war, schlug er eine Scheibe ein. „Es war noch nicht einmal die letzte Scherbe heruntergefallen, da kam schon die amerikanische Militärpolizei. Die machte die Tür auf und ließ mich rein.“

US-Leutnant Norbert Grabowski kommandierte den Militärtransport. Er sah den verängstigten jungen Mann und wollte helfen. Doch sofort erschien der DDR-Eisenbahner Felix G., der zwar in dem Zug nichts zu sagen hatte, ihn aber aus betriebstechnischen Gründen als Zugführer bis zur Grenze in Marienborn begleitete. Siegfried Pump berichtet: „Da kam dann der Zugführer von der Deutschen Reichsbahn hinzu und verlangte von mir Ausweispapiere.“

Bob Alfsen, damals als US-Militärpolizist auf der Fahrt dabei, wusste sofort, dass durch den Flüchtling eine brenzlige Lage entstanden war. „Wir bemerkten, dass der ostdeutsche Zugführer ihn gesehen hatte und auch Zeuge war, wie ihn ein Militärpolizist reingelassen hatte. Der Ostdeutsche wusste, dass der kein Amerikaner sein konnte, so wie er angezogen war. Er sagte: ‚Hier stimmt was nicht.‘“ Leutnant Grabowski erzählt: „Ich wollte ihn überreden, dass er die Sache nicht meldet, wenn wir in Marienborn ankamen.“ Felix G. erinnert sich: „Ich wusste nicht, was ich machen sollte.“

Zugkommandant Grabowski suchte einen Ausweg. Über Funk fragte er bei seiner amerikanischen Dienststelle in West-Berlin an. Die Antwort lautete: „Gemäß der Anweisung handeln.“ Die besagte lediglich, dass alle Amerikaner im Zug bleiben mussten und sie an der Grenze von den Sowjets unbedingt die Weiterfahrt zu verlangen hätten. Grabowski, der fließend Deutsch sprach, informierte seinen blinden Passagier. „Ich

habe dem Flüchtling erzählt, dass die Möglichkeit bestand, dass die Russen über seine Flucht hören werden, durch den ostzonalen Schaffner." Siegfried Pump bekam Angst. „Da habe ich mir schon gedacht, solange wir hier sind, kann was schieflaufen. Aber ich konnte nur hoffen."

Als der Transport in Marienborn einlief, machte Bob Alfsen eine Beobachtung: „Noch bevor der Zug stand, sprang der Zugführer ab und rannte zum russischen Befehlshaber. Er flüsterte ihm was ins Ohr." Felix G. hatte sich entschieden, den Vorfall zu melden.

Siegfried Pump berichtet: „Und dann kam der Kommandant und hat gesagt, der Russe lässt uns nicht weiterfahren. Wir müssen erst mal stehen bleiben, wir verhandeln, wir liefern Sie aber nicht aus." Derweil umstellten sowjetische Soldaten den Zug. Bob Alfsen war das nicht geheuer. „Wir waren nur drei bewaffnete Leute. Und wenn man dann aus dem Fenster schaut und an die 20 Russen sieht, ausgerüstet mit automatischen Waffen, da ist die Anspannung groß." Auch dem Flüchtling wurde bange: „Je länger die Zeit voranschritt, umso vager wurden meine Hoffnungen." Niemand wusste so recht, was zu tun sei. Die Sowjets durften den Zug nicht betreten, aber sie konnten seine Weiterfahrt verhindern. Leutnant Grabowski ließ von seinen Leuten die Handbremsen besetzen, damit der ganze Transport nicht auf ein Nebengleis geschoben werden konnte, was die Russen androhten. Erfolgreich verlangte er von den Sowjets auch, dass die Dampflok angehängt blieb. Es drohte eine eiskalte Nacht, und nur mit ihr funktionierte die Heizung. Die Stunden vergingen.

Inzwischen glühten die Drähte zwischen dem US-Kommando in West-Berlin, dem US-Hauptquartier in Heidelberg und dem amerikanischen Außenministerium in Washington D. C. In den USA war Feiertag, keiner wollte etwas entscheiden. Doch

auch die Sowjets gaben nicht nach. Inzwischen behaupteten sie, Siegfried Pump sei ein Krimineller, der zur Fahndung ausgeschrieben sei. Das stimmte zwar nicht, trotzdem verunsicherte der Zwangsstopp den Flüchtling: „Zehn, zwölf Stunden standen wir schon. Es wurde immer wieder verhandelt. Ich hatte schon aufgegeben, dass da noch etwas Positives für mich herauskommt."

Von der US-Militärmission in Potsdam reiste währenddessen deren Chef, Oberst Ernest von Pawel, an. Leutnant Grabowski: „Und dann hat er gesagt, ja, da können wir nichts anderes tun, als den Flüchtling zu übergeben. Da habe ich mich geweigert, denn das entsprach nicht den Bestimmungen aus Berlin." Der Zugkommandant suchte weiter nach einer Lösung. Er war dem Oberst der Militärmission nicht unterstellt und musste dessen Befehlen nicht folgen. Norbert Grabowski schlug vor, er würde Siegfried Pump an Ernest von Pawel übergeben. Dann könne der Oberst selbst entscheiden, wie es weitergehen soll.

Auch hinter den Kulissen wurde nach einem Ausweg gesucht. US-Präsident John F. Kennedy war auf seinem Landsitz in Massachusetts über den Konflikt mit den Sowjets im fernen ostdeutschen Marienborn informiert worden. Er hatte sich kurz zuvor in Wien mit Nikita Chruschtschow getroffen. Seit ein paar Wochen stand die Mauer in Berlin. Die Sowjetunion fühlte sich als Sieger in dieser Sache. Den gerade aufgenommenen Gesprächsfaden wollte John F. Kennedy nicht wegen eines ostdeutschen Flüchtlings abreißen lassen. Er wies an, den Deutschen an die Sowjets auszuliefern.

Siegfried Pump ahnte nicht, dass er in die große Weltpolitik geraten war. Er hatte keine Chance. „Und dann wurde ich aus meinem Abteil hinausgebeten, wurde zu einem anderen Abteil geleitet. Da waren hohe amerikanische Militärs. Und dort teil-

te mir dann der Kommandant mit: Wir können weiter nichts machen, wir müssen Sie an die Russen ausliefern. Da habe ich nur noch gesagt: Dann können Sie sich ja vorstellen, was mir jetzt blüht." Bob Alfsen berichtet: „Er war ziemlich am Ende. Er hatte Angst vor dem, was auf ihn zukam. Und dann haben sie ihn rausgebracht." Die Sowjets übernahmen Siegfried Pump und übergaben ihn sofort an die Stasi. Der erinnert sich: „Dann setzte sich der Zug schon in Bewegung und fuhr ab. Ohne mich." Es war der 23. März 1961, 13.28 Uhr. Das Zugprotokoll vermerkte lediglich: „855 Minuten Verspätung".

Auf den gescheiterten Fluchtversuch folgten drei Monate U-Haft in Magdeburg: Die Stasi vermutete, dass Siegfried Pump ein amerikanischer Agent sei. Er wurde immer wieder verhört, saß in Dunkelhaft und musste, nur mit einer Unterhose bekleidet, Temperaturen von minus sechs bis acht Grad ertragen. Nachdem sich der Verdacht gegen ihn nicht erhärten ließ, bekam er wegen des Fluchtversuchs eine Haftstrafe von einem Jahr und neun Monaten. Danach blieb er unter Aufsicht der Stasi, die ihn auch beruflich behinderte. Reichsbahn-Zugführer Felix G. dagegen wurde für seine Wachsamkeit gegenüber dem Klassenfeind belobigt, erhielt eine Prämie von 2000 Mark und eine Glashütte-Uhr.

Die Story von der misslungenen Flucht ging durch die Weltpresse und wurde unter dem Titel *Verspätung in Marienborn* zum TV-Thriller. Mit der Wahrheit hatte der Film jedoch nicht mehr viel zu tun.

Niemand erfuhr damals, dass nur gut zwei Wochen später erneut zwei junge Männer aus Gerwisch auf einen Militärzug aufsprangen. Der 22-jährige Peter Albrecht und sein 23-jähriger Freund Curt Kain erwischten zufällig die einzige Tür des Zugs, die nicht durch einen Drahtbügel zusätzlich von innen gegen

Aufsperren gesichert war. Sie wagten den Sprung, obwohl die Lok die Geschwindigkeit bereits schon wieder erhöht hatte. Peter Albrecht war als Vize-Jugendmeister im Geräteturnen und Mitglied der Jugendnationalmannschaft ein trainierter Sportler. Auch Handballer Curt Kain war wendig genug. Im Wagen standen sie plötzlich vor einem US-Offizier. Er wollte wissen, ob sie jemand gesehen habe. Das war nicht der Fall. Nur deshalb durften sie bleiben. Die Grenzpassage erfolgte ohne Zwischenfälle. Die Amerikaner gaben ihnen Militärjacken und Käppis, sodass sie nicht auffielen.

Dieses Mal war es jedoch der US-Geheimdienst, der einen besonders raffiniert eingefädelten Spionagecoup vermutete. Peter Albrecht und Curt Kain wurden von verschiedenen Dienststellen befragt, und die CIA testete sie sogar mit einem Lügendetektor. Die beiden hatten jedoch nichts zu verbergen. Kain arbeitete später bei VW in Wolfsburg, Albrecht führte eine Firma in Braunschweig.

## Geheimer Luftkrieg über der DDR

Den 28. Januar 1964 konnte Werner Jünger aus dem thüringischen Vogelsberg, rund 20 Kilometer nördlich von Weimar gelegen, nie mehr vergessen. „Wir haben gerade eine Fuhre Mist ausgebracht. Mit einmal macht es tack, tack, tack. Dann sehen wir, wie ein Flugzeug mit nur einer Tragfläche wie ein Kreisel vom Himmel kommt und hier auf dem Hügel aufschlägt. Es war wie ein Atompilz. Wir sind gleich hin, aber es war schon zu spät. Die Piloten waren alle verkohlt."

Knapp zwei Monate später, am 10. März 1964, fühlte sich auch Otto Wernicke aus Gardelegen wie im Krieg. „Es hat fürch-

terlich in der Luft geknallt, das kannten wir ja noch von früher. Dann kam die Maschine runter. Trümmerteile habe ich später noch auf unserem Schrottplatz gesehen." Wie zuvor Werner Jünger war auch er Augenzeuge des geheimen Luftkriegs über der DDR zwischen Flugzeugen der Sowjetunion und der NATO geworden.

Scharf geschossen wurde wiederholt seit Kriegsende. Nach Angaben der „Arbeitsgemeinschaft 13. August" aus dem Jahre 1999 kamen allein bei „Flugzeugabschüssen im Grenzgebiet" 21 Menschen zu Tode, davon 18 in der Zeit vor dem Mauerbau. Die Front des Kalten Kriegs führte mitten durch Deutschland, und deshalb reagierten die Sowjets mit unbarmherziger Härte, wenn ein „feindliches Flugobjekt" die Staatsgrenze der DDR überquerte.

So auch an jenem kalten Wintertag im Januar 1964. Um 14.01 Uhr startete der T-39-Sabreliner der US Air Force (USAF) auf dem Flugplatz Wiesbaden. Ein Zeitzeuge, der anonym bleiben will, weil militärische Informationen noch heute der Geheimhaltung unterliegen, erinnert sich: „Die Maschine befand sich nach einem Rundflug auf dem Rückweg nach Wiesbaden und sollte ein sogenanntes Höhenanflugsverfahren vom Funkfeuer Charlie bei Aschaffenburg durchführen. Unmittelbar vor oder kurz nach Passieren des Funkfeuers hatte die Maschine offensichtlich einen totalen Ausfall aller Navigationsgeräte sowie der Funkanlage zu verzeichnen, verblieb auf dem Nordostkurs von etwa 30 Grad und flog in der Gegend von Fulda in den Luftraum der DDR ein. Normalerweise hätte sie bei Erreichen einer Höhe von 12 000 Fuß nach Westen eindrehen müssen."

Der technische Defekt wurde dem Piloten zum Verhängnis. Als der T-39-Sabreliner, ein unbewaffnetes Trainingsflugzeug, um 14.50 Uhr bei Diedorf in der Nähe von Mühlhausen in 8000

Metern Höhe die DDR-Grenze überflog, war er bereits auf den Radarschirmen der Sowjets. Minuten später stiegen Abfangjäger auf. Das Flugzeug der USAF drang etwa 90 Kilometer in den Luftraum der DDR ein. Warnschüsse donnerten, und gegen 15 Uhr wurde die Maschine abgeschossen. Sie zerschellte in einem Wald bei Vogelsberg. Colonel Hannaford, Captain Lorraine und Captain Millard waren sofort tot.

Noch in der Nacht erfuhr die amerikanische Militärmission in Potsdam von dem Zwischenfall und begann mit der Suche nach der Absturzstelle. Dort beobachteten sie bei Vollmond, wie sowjetische Soldaten Wrackteile davontrugen. Am Morgen sperrten die Sowjets das Gelände weiträumig für die Alliierten Militärmissionen ab. Offizielle Anfragen der US-amerikanischen Militärverbindungsmission (USMLM) und des Oberbefehlshabers der amerikanischen Heeresstreitkräfte in Europa, General Paul L. Freeman, bei seinem sowjetischen Kollegen Iwan Jakubowski blieben zunächst ohne Antwort. Stattdessen bestellte der sowjetische Außenminister Andrei Gromyko am 29. Januar den amerikanischen Botschafter in Moskau ein und beklagte sich bitter über die „ungeheure Provokation mitten in Europa". Der US-Diplomat versicherte, dass es sich um einen technischen Defekt gehandelt habe. Dabei beließen es die Herren, denn der Zwischenfall störte die sich gerade anbahnenden Abrüstungsverhandlungen. Deshalb sollten die Militärs die Angelegenheit in „stillen Gesprächen" auf möglichst niederer Ebene lösen. Der Kommandant der bei Erfurt stationierten sowjetischen Truppen nahm Kontakt zur amerikanischen Militärmission auf, und am 31. Januar 1964 durften Angehörige der USMLM mit vier Lastwagen sowie einem Ambulanzfahrzeug die Leichen und die restlichen Trümmerteile abholen.

Dass derlei Zwischenfälle oft für den politischen Kleinkrieg

zwischen Ost und West genutzt wurden, belegt eine weitere Affäre. Am 10. März 1964 überflog ein mit drei amerikanischen Offizieren besetzter Luftbildaufklärer vom Typ RB-66C der USAF, von Sembach kommend, südlich von Altenhausen bei Haldensleben ein sowjetisches Manövergebiet. Die Maschine wurde von Jagdflugzeugen des Diensthabenden Systems, stationiert in Wittstock, gestellt. Hauptmann Sinojew und Hauptmann Iwannikow schossen die RB-66C kurzerhand ab. Die Besatzung rettete sich per Fallschirm. Dabei wurde First Lieutenant Welch schwer verletzt, Captain Holland und Captain Kessler gerieten in sowjetische Gefangenschaft.

Im Westen bemerkte die amerikanische Luftüberwachung das Verschwinden des Flugzeugs und alarmierte die US-Militärmission in Potsdam. Drei geländegängige Opel Admiral wurden in Marsch gesetzt. Der Amerikaner Wolfgang Preissler leistete damals seinen Dienst bei der USMLM und erinnert sich, wie sie die Spur ihrer Leute fanden: „Es war ein reiner Zufall. Wir sahen einige Schulkinder auf dem Weg zur Schule. Die Jungen haben sich über das Auto gewundert, an dem wir standen. Einer fragte mich: Bist du ein Freund von den anderen Amerikanern? Ich sagte, natürlich auf Deutsch: Was meint ihr denn damit? Und er antwortete: Nun, drei Amerikaner sind heute in das Krankenhaus gekommen, in dem meine Mutter arbeitet." Inzwischen hatten die Sowjets jedoch schon die Piloten Holland und Kessler als Spione verhaftet und verhört sowie den verletzten Leutnant Welch in ein Magdeburger Militärlazarett verlegt. Da die Absturzstelle in einem ausgewiesenen Sperrgebiet lag, setzten sie auch die Offiziere der USMLM kurz fest. Diese kamen jedoch wenig später wieder frei, denn die Sowjets hatten andere Pläne: Sie wollten die von den USA als nicht existent betrachtete DDR ins Spiel bringen. Deshalb drohten sie, die abgeschossenen

Amerikaner wegen Spionage an die ostdeutschen Behörden zur Aburteilung zu übergeben.

Dafür inszenierten die sowjetischen Militärbehörden erst einmal ein Verwirrspiel um die abgeschossenen amerikanischen Offiziere. Colonel Paul G. Skowronek, zu jener Zeit Chef der USMLM in Potsdam, durfte den immer noch ohne Bewusstsein im Magdeburger Lazarett liegenden Leutnant Welch besuchen. Trotz der Ankündigung, die Besatzung des Flugzeugs an die DDR zu übergeben, blieben die beiden anderen Offiziere in sowjetischem Gewahrsam. Damit wuchs bei den Amerikanern die Hoffnung, diese notfalls gegen sowjetische Spione austauschen zu können.

Die amerikanische Öffentlichkeit protestierte lautstark gegen den Abschuss. Die Sowjets schwiegen. US-Außenminister Dean Rusk erklärte dem sowjetischen Botschafter in Washington, Anatoli Dobrynin, es sei unerklärlich, wie die RB-66C über die Grenze gelangen konnte. Präsident Lyndon B. Johnson schrieb am 17. April 1964 in einem Brief an Nikita Chruschtschow, dass es sich bei den bislang stattgefundenen Zwischenfällen um eine „Serie von Irrtümern" gehandelt habe und er weiter mit dem Regierungschef der Sowjetunion bei der „Reduzierung der Spannungen in diesem empfindlichsten Gebiet der Welt" zusammenarbeiten wolle.

Doch die Sowjets hatten bereits klargestellt, dass sie die DDR an der Freilassung der Amerikaner beteiligen wollten. So teilte Rechtsanwalt Wolfgang Vogel, der DDR-Beauftragte für Freikauf und Austausch politischer Häftlinge, der US Berlin Mission am 18. März mit, dass er beauftragt sei, im Falle eines zu erwartenden Spionageprozesses vor einem DDR-Gericht die Verteidigung der beiden US-Flieger zu übernehmen.

Zwei Tage später durfte Colonel Skowronek den verletzten

Leutnant in Magdeburg abholen. Er lag schon im Krankenwagen, als hektisch diverse Papiere zur Übergabe unterzeichnet wurden. Erst nach der Abfahrt merkten die Amerikaner, dass sich auch DDR-Beauftragte auf den Unterlagen verewigt hatten. Das war ein kleiner Sieg der Ostdeutschen auf dem Weg zur Anerkennung der DDR.

Ganz ohne die DDR schien es also nicht zu gehen. Deshalb ließ das US-Außenministerium dem Chef der USMLM Verhandlungsspielraum. Das State Department war nun bereit, Formeln wie „in Übereinkunft mit der DDR", „nach Konsultationen mit der DDR" oder „Verletzung der souveränen Grenzen der DDR" zu akzeptieren, wenn es sich bei dem Abkommen über die Freilassung der Piloten eindeutig um ein sowjetisch-amerikanisches Papier handele. Nach dessen Unterzeichnung wurden Captain Holland und Captain Kessler schließlich am 27. März 1964 am Grenzübergang Helmstedt/Marienborn, dem amerikanischen Checkpoint Alpha, mit einem Übergabeprotokoll aus sowjetischer Haft entlassen.

Das Tauziehen um die „Anerkennung" der DDR ging dabei bis zur letzten Minute. Der sowjetische Oberst, der die Übergabe leitete, forderte einen DDR-Offizier auf, das entsprechende Protokoll ebenfalls zu unterzeichnen. Colonel Skowronek reagierte sofort. Er ließ den Ostdeutschen nur als „Zeugen", nicht aber als „handelnde Person" unterschreiben. Den Spionagevorwurf brachten die Sowjets nun nur noch mündlich vor und ließen ihn schließlich ganz fallen. Dafür musste sich der Amerikaner anhören, dass künftig jedes fremde Militärflugzeug über sowjetischen Manövergebieten in der DDR abgeschossen werden würde.

Diese Drohung war nicht neu. Die Praxis der scharfen Schüsse war seit Ende des Kriegs üblich und führte immer wieder

zu schweren Zwischenfällen. So feuerten zwei MiG-15 vom 73. Garde-Jagdfliegerregiment Köthen am 29. April 1952 über Könnern in Sachsen auf eine französische DC-4. Angeblich hatte die Air-France-Maschine, von Captain Gilbert Schwalinger, Pilot Robert Lepaute und vier weiteren Besatzungsmitgliedern geflogen, einen der drei Luftkorridore, die zwischen der Bundesrepublik und West-Berlin bestanden, verlassen. Mit 89 Einschüssen landete sie in Berlin-Tempelhof. Nach französischen Angaben wurden vier der elf Passagiere verletzt. Spionageabsichten gaben die Franzosen nicht zu. Erst nach dem Ende der DDR bestätigten westliche Militärs, dass auch die zivilen Flüge nach West-Berlin durch die Luftkorridore von den Alliierten für Luftbildaufnahmen genutzt wurden.

Warnschüsse galten am 12. März 1953 einem britischen Verkehrsflieger, der den südlichen Luftkorridor verlassen hatte. Am selben Tag wurde bei Thomsdorf an der Elbe ein britischer Avro-Lincoln-Bomber abgeschossen. Er war etwa 120 Kilometer in den Luftraum der DDR eingedrungen und hatte angeblich auf Angriffe sowjetischer Jäger mit MG-Feuer geantwortet. Günter Puchert war damals bei der Grenzpolizei. „Als ich aus dem Fenster sah, bemerkte ich, wie eine riesige Tragfläche über unserer Dienststelle brennend vom Himmel kam." Auf einem Feld fand er einen Überlebenden. Später entdeckte Puchert auch zwei Besatzungsmitglieder, die ihren Fallschirmabsprung nicht überlebt hatten. „Da war ein Loch im Boden, wo sie noch in der Hocke saßen. Zum Teil war die Schädeldecke abgesprungen, und das Gehirn der beiden klebte an den Bäumen." Sechs der sieben Besatzungsmitglieder starben.

Fünf Jahre später nutzte die DDR erneut einen Luftzwischenfall für ihren Kampf um die Anerkennung als Staat. Am 29. Mai 1958 fingen zwei sowjetische MiG-17-Jäger des 773. Jagd-

fliegerregiments aus Pütnitz bei Damgarten einen belgischen RF-84F-Aufklärer ab. Die Maschine der 42. Aufklärerstaffel des 2. Vereinten NATO-Kommandos wurde zur Landung gezwungen, der Pilot gefangen genommen. Seine Freilassung handelte die in West-Berlin ansässige Militärmission Belgiens unter Vermittlung der dort ebenfalls agierenden tschechoslowakischen Militärmission direkt mit dem stellvertretenden DDR-Außenminister Otto Winzer aus. Stolz berichteten Ost-Berliner Zeitungen, die Verhandlungen seien „von Regierung zu Regierung" geführt worden. NATO-Mitglied Belgien dementierte und bestritt, dass dies auch nur „der Spur einer Anerkennung" der DDR gleichkäme. Dennoch meldete die DDR-Presse am 1. Juli 1958: „Entsprechend den zwischen den Regierungen der DDR und des Königreiches Belgien getroffenen Vereinbarungen wurde am Montag [...] das belgische Flugzeug, mit dem der Fliegerleutnant Paulus in die DDR eingeflogen war, an die Vertreter der Regierung des Königreiches Belgien übergeben."

Wenige Wochen später versuchte die DDR, ihre Souveränität auch gegenüber den Amerikanern durchzusetzen. Am 7. Juni 1958 verloren die Piloten eines US-Militärhubschraubers mit neun Personen an Bord bei einem Flug von Frankfurt am Main nach Grafenwöhr die Orientierung. Sie gerieten im Raum Zwickau über DDR-Gebiet in ein schweres Gewitter und mussten notlanden. Dabei verfing sich der Helikopter in einem Baum. Sowjetische Offiziere nahmen die uniformierten Insassen fest, überstellten sie aber wenig später an die Volkspolizei der DDR. Die USMLM in Potsdam erfuhr inoffiziell von dem Zwischenfall und bemühte sich sofort um einen Kontakt zu den Sowjets. General Henry I. Hodes, Oberbefehlshaber der US-Streitkräfte in Europa, ließ über den Chef der Mission, Colonel Robert P. McQuail, einen Brief an seinen sowjetischen Kollegen

Matei V. Sacharow übergeben. Er forderte darin die sofortige Freilassung seiner Landsleute. Doch Moskau blieb diesmal stur: Es müsse mit der DDR verhandelt werden. Derweil hatte das DDR-Außenministerium – da es keine gegenseitigen diplomatischen Vertretungen gab – über die Botschaft der USA in Prag eine Note an das State Department übermittelt und Verhandlungen angeboten.

Das brachte die Amerikaner in eine Zwickmühle. Einerseits existierte die DDR für sie nicht, andererseits mussten sie etwas tun, um die Hubschrauberbesatzung zu befreien. Erneute Vorstöße bei den Sowjets blieben erfolglos, sodass Colonel McQuail schließlich ermächtigt wurde, Kontakt zu offiziellen DDR-Behörden aufzunehmen. Am 14. Juni 1958 traf er den stellvertretenden DDR-Außenminister Otto Winzer. Dabei wurde um den Status der Gespräche bis ins kleinste Detail gerungen. Die Amerikaner verlangten, dass ein sowjetischer Offizier bei dem Gespräch anwesend sei. Die Sowjets schickten daraufhin einen Leutnant namens Vturin. Entgegen der Absprache fuhr er jedoch nicht im US-Wagen, sondern mit einem eigenen Auto vor. Dann entschuldigte er sich kurz und verschwand. Otto Winzer erklärte, der Sowjet-Leutnant habe nur die Aufgabe gehabt, den Weg zu zeigen, alles andere sei Sache der DDR. Sie habe inzwischen mit der Sowjetunion ein Stationierungsabkommen unterzeichnet, die Besatzungszeit sei beendet und die DDR ein souveräner Staat. Das akzeptierten wiederum die Amerikaner nicht. Als sie das Außenministerium der DDR verließen, war Leutnant Vturin plötzlich wieder da.

Es folgten weitere Gespräche und immer wieder Versuche der USA, die Angelegenheit doch noch über das sowjetische Militär zu klären – alles ohne Erfolg. US-Experten analysierten nun den gesamten bisherigen Schriftwechsel, um eine „versehent-

liche" Anerkennung der DDR auszuschließen. Auch die DDR wurde aktiv. Am 2. Juli 1958 lud sie ausländische Korrespondenten ein. Die *Berliner Zeitung* berichtete am nächsten Tag: „Die in einer geräumigen Villa in Dresden untergebrachten neun amerikanischen Offiziere und Unteroffiziere erklärten durch ihren Sprecher, Major Kemper, dass sie von allen Stellen, mit denen sie während ihres Aufenthalts in der DDR in Berührung kamen, äußerst zuvorkommend behandelt worden sind. Auf Fragen des AP-Korrespondenten Topping bestätigte Major Kemper im Einzelnen, dass der Hubschrauberbesatzung Trainingsanzüge und frische Wäsche ausgehändigt wurden, die Verpflegung gut ist und dass Rauchwaren, Süßigkeiten und auf Wunsch Bier und Wein zur Verfügung stehen. Ein Fernsehapparat, Filmvorführungen, Gesellschaftsspiele und Literatur sowie ein Volleyballplatz dienen der Unterhaltung."

Unterdessen wurde hinter den Kulissen weiterverhandelt. Über eine Zahlung von 7334,10 DM für Unterkunft und Verpflegung der amerikanischen Hubschrauberbesatzung konnte man sich einigen, nicht jedoch über deren Freilassung. Eine Lösung wurde letztendlich durch Vermittlung von Vertretern des Deutschen Roten Kreuzes der DDR und des Roten Kreuzes der USA erreicht. Diese konnten als nicht staatliche Organisationen tätig werden, ohne dass es der gegenseitigen staatlichen Anerkennung bedurfte. Dadurch kamen am 19. Juli 1958 die verunglückten Amerikaner frei.

Dennoch dachten weder die Sowjets noch die Amerikaner, Engländer oder Franzosen auch nur im Geringsten daran, ihre Rechte in Deutschland einzuschränken. So mussten Vertreter des Roten Kreuzes schon ein halbes Jahr später erneut vermitteln. Am 4. Dezember 1958 stürzte ein amerikanischer Leutnant auf einem Kurierflug über der DDR ab. Seine Maschine hatte

einen Motorschaden, er rettete sich mit dem Fallschirm. Auch in diesem Fall wurde die USMLM vom Ort des Geschehens ferngehalten. Das Rote Kreuz sorgte diskret dafür, dass die DDR ihren „Gefangenen" am 5. Februar 1959 entließ.

In den folgenden Jahren wurde das Netz der Luftabwehr am Himmel über der DDR immer enger geknüpft. Nun unterband man selbst kleinste Grenzverletzungen. So flog zum Beispiel am 20. Mai 1960 eine C-47 der USAF bei Klütz im Raum Güstrow in Mecklenburg ganze 22 Meilen in die DDR ein. Sowjetische Jäger aus Pütnitz fingen die auf dem Weg von Kopenhagen nach Hamburg befindliche Maschine ab und zwangen sie zur Landung. Besatzung und Passagiere konnten fünf Tage später in den Westen zurückkehren.

Nach dem Mauerbau registrierten die Nationale Volksarmee (NVA) und die sowjetischen Truppen fast jeden Monat mehrfach Luftraumverletzungen durch NATO-Flugzeuge. So provozierte die Bundesluftwaffe am 14. September 1961 um 15.19 Uhr einen Zwischenfall: Zwei F-84F Thunderstreak flogen in 12 000 Metern Höhe bei Elend im Harz in die DDR ein. Die von den Piloten Eberle und Pfefferkorn gesteuerten Maschinen benutzten den für sie verbotenen alliierten Luftkorridor und landeten unbeschadet in Berlin-Tegel. Dort wurden die Flugzeuge vergraben und erst nach der deutschen Wiedervereinigung entdeckt. Albert Norden, Mitglied des Politbüros der SED, erklärte am 15. September 1961: „Wir versichern, so etwas wird sich nicht ein zweites Mal wiederholen."

Diese handfeste Drohung war durchaus ernst gemeint. Am 18. August 1962 überquerte eine Sea Hawk des Marinefliegergeschwaders 1 der Bundeswehr, mit Kapitänleutnant Winkler am Steuer, gegen 13.20 Uhr die Grenze bei Eisenach in 11 000 Metern Höhe. Das Flugzeug hatte zuvor an einer Übung mit dem

Flugzeugträger *Saratoga* im Atlantik teilgenommen und war in Gibraltar gestartet. Ein MiG-21-Abfangjäger stellte die Sea Hawk, schoss auf sie und beschädigte sie erheblich. Das Flugzeug schaffte gerade noch die Notlandung auf dem Fliegerhorst im westdeutschen Ahlhorn.

Neben all diesen Zwischenfällen im Luftraum über der DDR gab es aber auch einen peinlichen Irrtum der Sowjets. Am 5. April 1965 flog plötzlich eine MiG-21U unangemeldet den Flughafen Tegel an. Die fabrikneue Maschine sollte eigentlich nach Cottbus überführt werden. Der sowjetische Pilot bemerkte seinen fatalen Fehler in letzter Sekunde und startete durch, bevor ein eilends herbeigerufener Tanklastzug die Startbahn blockieren konnte.

## Sturzflug auf die „Schwangere Auster"

Der einstige CDU-Abgeordnete des Deutschen Bundestages Dietrich Rollmann erinnerte sich an den 7. April 1965 mit Grausen: „Als die Düsenjäger kamen, war es wie im Krieg. Die Stimme des Bundestagspräsidenten ging im ohrenbetäubenden Lärm unter. [...] Nach einer gewissen Zeit machte sich dann so etwas wie Lähmung breit." An diesem Tag tagten die Bonner Parlamentarier in der West-Berliner Kongresshalle, im Volksmund „Schwangere Auster" genannt. Das war eine bewusste Provokation, denn Berlin stand unter der Verwaltung der vier Siegermächte des Zweiten Weltkriegs und gehörte nicht zur Bundesrepublik.

Nachdem die BRD bereits mehrfach versucht hatte, durch Regierungsveranstaltungen in West-Berlin dessen Zugehörigkeit zum Bund zu demonstrieren, entschied sich die Sowjetunion

nun zu einer drastischen Geste. Ab 14.30 Uhr donnerten Suchoi- und MiG-17-Jäger einzeln und in Staffeln im Horizontalflug knapp unter der Schallgeschwindigkeit über die „Schwangere Auster“. Nur 100 Meter über dem Boden ging es auch über den Tiergarten, die Flughäfen Tempelhof, Tegel und Gatow sowie die Hauptquartiere der Westalliierten. Der Höllenlärm und der bedrohliche Anblick verfehlten ihre Wirkung nicht. Nach und nach verließen die Bundestagsabgeordneten die Sitzung.

Die DDR flankierte die Attacke durch Unterbrechung des Verkehrs auf der Autobahn Helmstedt / Marienborn–Berlin für knapp vier Stunden. Reisende mussten bis zu 20 Stunden auf ihre Abfertigung warten.

In West-Berlin ahnte niemand, dass auch fünf NVA-Flieger bei den Scheinangriffen dabei waren. Sie starteten in Marxwalde (heute Neuhardenberg). Bis nach Berlin brauchten die MiG kaum drei Minuten: Start, eine 246-Grad-Kurve, schon waren sie da. Für die Piloten Wolf, Fischer, Brucke, Gareis und Weinhold fand der Flug im Rahmen einer gemeinsamen Übung mit den sowjetischen Truppen statt, die vom 5. bis zum 11. April 1965 im Raum Berlin bis westlich der Elbe abgehalten wurde. Hanno Blume, an jenem Tag kommandierender Offizier im Gefechtsstand Marxwalde und für die Piloten vom NVA-Jagdgeschwader 8 verantwortlich, erinnert sich an Notfallpläne für den brisanten Flug: „Es könnte ja sein, dass ein Triebwerk ausfällt. Deshalb wurde besprochen, was der Flugzeugführer tun kann, wo Freiflächen sind, wo er sein Flugzeug vor einem Absturz noch hinlenken kann.“ Es passierte nichts. Während die Sowjets ihre Plätze anflogen, landeten die NVA-Piloten um 14.51 Uhr in Marxwalde. Jeder der fünf Männer bekam eine Auszeichnung.

Die DDR triumphierte. Chef-Propagandist Karl-Eduard von Schnitzler gab der 261. Folge seiner Sendung *Der schwarze Kanal*

den Titel *Reinfall des Bundestages.* West-Berlins Regierender Bürgermeister Willy Brandt spielte den Zwischenfall herunter: „Wir haben in diesen Tagen auch die Begrenztheit der kommunistischen Maßnahmen erlebt." Das sahen die Westmächte anders. Sie erklärten am 11. April 1965, dass es in West-Berlin keine Plenarsitzungen des Bundestages mehr geben würde. So blieb es dann auch bis zur deutschen Einheit.

## Das Geheimnis der Jak-28

Am 6. April 1966 starteten einige sowjetische Jak-28P vom Flugplatz Finowfurt. Ihr Flug sollte auch über West-Berlin führen. Um 15.30 Uhr meldete der Pilot einer der Maschinen einen Triebwerksausfall. Er befürchtete, die Maschine nicht mehr lange halten zu können. Die Leitstelle befahl eine Notlandung in der DDR. Dazu kam es nicht mehr. Sekunden später stürzte das Flugzeug aus 4000 Metern Höhe in den Stößensee, mitten in West-Berlin zwischen Pichelswerder und dem nördlichen Grunewald gelegen. Die Besatzung des Abfangjägers, Hauptmann Boris Kapustin und Oberleutnant Juri Janow, war sofort tot.

Am Absturzort erschienen ein Großaufgebot der West-Berliner Polizei und fünf Züge der Feuerwehr. Auch die nach Besatzungsrecht zuständigen Vertreter der britischen Militärregierung waren bereits anwesend, als eine Gruppe sowjetischer Offiziere unter dem Kommando von General Bulanow den Stößensee erreichte. Die Sowjets verlangten, das Flugzeug selbst zu bergen. Sie verliehen ihrem Wunsch Nachdruck, indem kurz darauf auch noch ein Bus mit Sowjetsoldaten am Unglücksort eintraf. Eigentlich war es die Ablösung der Posten am sowjeti-

schen Ehrenmal im Tiergarten, die jedoch kurzfristig umgeleitet worden war. Diese enorme sowjetische Präsenz machte die Briten stutzig: Die Jak-28P musste ein Geheimnis in sich tragen. General Bulanows Forderung, Flugzeug und Besatzung von sowjetischen Kräften bergen zu lassen, wiesen die britischen Militärs daher zurück.

Schon am nächsten Tag spekulierten die westlichen Zeitungen, die abgestürzte Jak-28P wäre geeignet, Atombomben zu tragen. Die DDR-Presse berichtete ausführlich über den „Flug, an dessen Ende das heldenmütige Selbstopfer der beiden sowjetischen Militärflieger stand". Zum Flugzeug selbst wurde dagegen nichts gesagt.

Am Stößensee spielte sich unterdessen ein Geheimdienstkrimi ab. Noch am Abend des Absturztags fanden britische Taucher heraus, dass die sowjetische Maschine mit dem damals modernsten Radargerät Orjel-D – von der NATO „Skip Skin" genannt – ausgerüstet war. Bereits um 1.45 Uhr wurden auch die Leichen der beiden Piloten gefunden. Die Briten versteckten sie jedoch unter Wasser, um Zeit zu gewinnen. Dann bauten Experten das Radargerät und die Triebwerke aus. Es gelang ihnen, sie unbeobachtet aus dem See zu holen. Über den britischen Militärflugplatz Gatow wurde das Gerät nach Farnborough in England geflogen, wo es Ingenieure des „Royal Aircraft Establishment" auseinandernahmen.

In Berlin wurde derweil General Bulanow von Militärdolmetscher Geoffrey Stephenson hingehalten. Erst um 4.07 Uhr bargen die Briten die Leichen von Boris Kapustin und Juri Janow aus dem Wasser. In den frühen Morgenstunden des 8. April übergaben sie schließlich die Opfer des Absturzes mit militärischem Zeremoniell an die Sowjets. Die gefallenen Piloten wurden später über Finowfurt in die Sowjetunion überführt.

Innerhalb von 48 Stunden waren die Untersuchungen der Flugzeugteile in England abgeschlossen. Sie wurden wieder nach Berlin geflogen und erneut im Stößensee versenkt. Erst jetzt begann die offizielle Bergung der Jak-28P. Vor den Augen der Sowjets, die sich ebenso wie die Briten auf einem Ponton auf dem See eingerichtet hatten, erschien ein Teil nach dem anderen an der Wasseroberfläche. Am 13. April trafen sich der sowjetische und der britische Ponton mitten auf dem See. Dort übergaben die Briten die Flugzeugtrümmer. Das war eine langwierige Prozedur, denn die Sowjets bestanden auf die Rückgabe jeder einzelnen Schraube. Schnell merkten ihre Experten, dass es Sägespuren an den Rotorblättern der Triebwerkschaufeln gab. Auch wenn damals noch im Dunkeln lag, wie dies geschehen war, stand fest: Es waren Materialproben entnommen worden. Proteste nutzen nun auch nichts mehr.

Was sich in den letzten Sekunden an Bord der Jak-28P wirklich abgespielt hat, ist bis heute nicht geklärt. Über 30 Jahre später behauptete ein damals auf dem Teufelsberg stationierter britischer Abhörspezialist, der angeblich den Funkverkehr der Maschine abgehört hatte, dass die beiden Schleudersitze der Piloten nicht geladen waren und der vorn sitzende Offizier erschossen wurde. Beweise dafür gibt es nicht.

Auch in der DDR gab es Unfälle mit sowjetischen Flugzeugen, deren Umstände jedoch streng geheim gehalten wurden. Am 18. Mai 1978 flog beispielsweise eine MiG-21 in das Abspannseil eines Sendemasts des Langwellensenders Zehlendorf bei Oranienburg. Der 351 Meter hohe Stahlmast fiel in sich zusammen, glücklicherweise ohne das Gebäude des Senders zu beschädigen. Sowjetische Spezialisten bauten ihn unverzüglich wieder auf – mit einer Höhe von 359,7 Metern.

## Wildwest in Ost-Berlin

Der ungehinderte Zutritt von Amerikanern, Briten und Franzosen in ihre Hauptstadt war der DDR stets ein Dorn im Auge. Besonders argwöhnisch beobachtete man die amerikanischen GIs, und am 5. September 1968 machte die *Berliner Zeitung* ihrem Ärger Luft: „[...] die Amis demonstrieren amerikanisches Benehmen im Ausland auch bei ihren Fahrten, die sie von Westberlin aus in die Hauptstadt der DDR unternehmen: flegelhaftes Verhalten im Straßenverkehr, mutwilliges Übertreten der Straßenverkehrsordnung, Verkehrsraserei, Beschädigung von Spruchbändern und Losungen [sowie] die mehr als ungewöhnliche Souvenirbeschaffung durch den Diebstahl von Fahnen an öffentlichen Plätzen [...]."

Mehr als dieses „Wildwest-Verhalten" störten die umfänglichen Einkäufe im Osten. Bereits am 15. Februar 1955 beklagte die *BZ am Abend*: „Beamte der USA-Mission kauften HO-Optiken en gros!" Es ging um „Optische Geräte im Gesamtwert von 61504 DM". Prompt verwies das US-Hauptquartier in Heidelberg darauf, dass solche Einkäufe legal und mit den Sowjets vereinbart seien. Auch die Angehörigen der sowjetischen Militärmissionen dürften im Westen einkaufen und würden dies ebenfalls reichlich nutzen.

Das weitaus größere Problem stellten jedoch die Einkäufe der in West-Berlin stationierten Soldaten in der DDR dar. Die Army versuchte mehrfach, diese Einkaufstouren zu reglementieren. In den 1970er-Jahren durften höchstens 100 Ostmark ausgegeben werden. In den 1980er-Jahren sollten Käufe von mehr als 200 Ostmark auf einem Formular („Declaration of Purchase Form") notiert werden, was stichprobenartig von der Militärpolizei kontrolliert wurde. Bei Verstößen drohten Disziplinar-

strafen. Im Sommer 1989 legte die Army für Einkäufe in Ost-Berlin ein Limit von 700 Ostmark pro Person fest. Die Soldaten wurden zudem ermahnt, keine knappen und subventionierten Waren wie Lebensmittel und Babykleidung zu kaufen. Eine spezielle Dienstanweisung erklärte ihnen den Unterschied „zwischen der konsumorientierten Wirtschaft in den Westsektoren der Stadt und der zentral kontrollierten Wirtschaft im Ostsektor".

Die Attraktivität der Ost-Berliner Warenhäuser lag für GIs vor allem in den Preisen. Obwohl die US-Militärs offiziell darauf hingewiesen wurden, dass der Geldumtausch bei Banken oder in zugelassenen Wechselstuben erfolgen solle, hielten sich viele nicht daran. Bei der „Berlin U.S. Military Veterans Association" erinnert man sich später: „Wir konnten unsere Dollars auf dem ‚schwarzen Markt' gegen die Ostmark tauschen. Bei etwa 20 Ostmark gegenüber dem Dollar war das fast das Zehnfache des offiziellen Wechselkurses."

Solche Gepflogenheiten schadeten dem Ansehen der Truppe. Am 28. Mai 1983 beklagte das US-Army-Blatt *Stars and Stripes*, es herrschten „unvernünftige und übermäßige Einkaufspraktiken" und der Einkauf in Ost-Berlin habe „ein solches Ausmaß erreicht, dass ein positives Image des US-Servicemitglieds in Ostberlin bedroht ist". Die Zahl der Einkaufstouren wurde von drei auf zwei pro Woche reduziert, und statt zwei Bussen fuhr nur noch einer. Doch das änderte sich bald wieder, denn das Army-Reisebüro „Information, Tour and Travel" (ITT) bot ebenfalls Fahrten an. Die Stasi beobachtete 1987, dass dabei ganz gezielt die Centrum-Warenhäuser am Alexanderplatz und am Ostbahnhof sowie die Geschäfte in der Klement-Gottwald-Allee, der Frankfurter Allee und der Grünberger Straße angefahren wurden. Überdies gab es ein vom ITT organisiertes „Din-

ing in East Berlin". Zu den beliebtesten Gaststätten gehörten das „Stockinger" in der Schönhauser Allee und die „Offenbachstuben" im Prenzlauer Berg. All das war auch im Westen bekannt. Der Hamburger *Stern* berichtete im Juli 1986 über den „Ausverkauf am ‚Alex'", und das West-Berliner Stadtmagazin *Zitty* beklagte im Heft 25/1988 die Zustände im „Café Moskau": An „manchen Sonntagen" fühle man sich hier inzwischen wie in „einem besseren Esslokal einer Kleinstadt im mittleren Westen der USA".

Die DDR-Presse griff vor allem Vorfälle auf, bei denen sie Leib und Leben der DDR-Bürger bedroht sah, und stellte auch schon mal Lynchjustiz in Aussicht. Am 9. Oktober 1964 berichtete *Neues Deutschland*: „In unverschämter Weise rasten Amibesatzer am Mittwochvormittag mit dem Militärfahrzeug BC 69 im Bereich des S-Bahnhofes Friedrichsfelde-Ost durch die Straßen und fuhren dabei einen Regulierungsposten der Nationalen Volksarmee einfach um. Gangstern gleich begingen die Insassen Fahrerflucht und ließen den schwerverletzten Soldaten liegen, der nun mit erheblichen Kopfverletzungen im Krankenhaus liegt. Nur unseren Volkspolizisten ist zu danken, dass die Passanten, die den schweren Unfall miterlebt hatten, die Amibesatzer nicht handgreiflich ihre Empörung und ihren Zorn verspüren ließen."

## Rabiate Franzosen

Besonders die Fahrer der in Potsdam stationierten französischen Militärverbindungsmission (MMFL) waren für ihre rabiate Fahrweise berüchtigt, vor allem wenn es darum ging, illegal in gekennzeichnete militärische Sperrgebiete einzudringen.

Am 13. April 1969 fuhr nach der mündlichen Überlieferung eines französischen Zeitzeugen ein MMFL-Wagen über einen Feldweg bei Leipzig in ein permanent gesperrtes Gebiet ein, das von der NVA bewacht wurde. Die Franzosen vermuteten übende sowjetische Soldaten auf dem Gelände. Ein NVA-Posten sah den Wagen herankommen und beschoss ihn gezielt. Daraufhin erhöhten die Franzosen die Geschwindigkeit und überfuhren den Mann.

Eine völlig andere Darstellung dieses Unfalls verzeichnen die Stasiakten. Dort wird behauptet, der tödliche Unfall sei auf der Autobahn Bautzen–Dresden bei einem Überholmanöver passiert. Der französische Wagen habe mit überhöhter Geschwindigkeit von 140 Stundenkilometern einen Kradfahrer der NVA von hinten angefahren und etwa 60 Meter mitgeschleift. Danach hätten die Franzosen versucht, den Unfallort zu verlassen. Das war jedoch wegen eines Motorschadens nicht möglich.

Beide Berichte stimmen darin überein, dass eine sowjetische Streife den Unfall aufnahm. Sie befahl den Franzosen, ihnen zur sowjetischen Militärkommandantur nach Potsdam zu folgen. Dort wurde die Gruppe vom 14. bis zum 26. April 1969 vom Kommandanten der 4. Sowjetischen Garnisonskommandantur in ihrem Wagen gefangen gehalten. Sie durfte das Fahrzeug nur zum Gang aufs WC und zum Waschen verlassen. Währenddessen handelten der Oberbefehlshaber der französischen Truppen in der Bundesrepublik, General Jaques Massu, und sein sowjetischer Partner Viktor Georgijewitsch Kulikow in Potsdam und Baden-Baden eine Entschädigungssumme für den getöteten NVA-Gefreiten aus. Nach französischer Darstellung betrug diese 1,5 Millionen DM, nach DDR-Darstellung lediglich 27 000 DM. Vertreter der DDR waren an diesen Verhandlungen nicht beteiligt, obwohl es sich bei dem Opfer um einen Bürger ihres

Staates handelte. Nach Abschluss der Verhandlungen wurden die Franzosen über die Glienicker Brücke nach West-Berlin entlassen und zur Persona non grata erklärt.

Von einem weiteren schweren Unfall im Jahr 1988 berichtet eine interne Information der Stasi von 1989, in der Beispiele für die ihrer Meinung nach „unwahre Berichterstattung westlicher Medien" angeführt wurden. Demnach „ignorierten französische Geheimagenten unter Leitung des stellvertretenden Chefs der Mission [...], die im Auto einer Militärkolonne folgten, die Aufforderung des sowjetischen Regelungspostens zum Anhalten, wodurch der Posten auf die Motorhaube des Mercedes geriet. Aber auch da stoppten die Franzosen nicht, die die Geschwindigkeit erhöhten und erst nach etwa drei Kilometern an einem Waldmassiv anhielten."

## Ein Kreuz für Sergeant Mariotti

Als Sergeant Philippe Mariotti am 1. August 1982 seinen Dienst als Fahrer bei der MMFL in Potsdam antrat, war er bereits ein erfahrener Berufssoldat. Er hatte im Algerienkrieg gedient und war in Friedrichshafen und Tübingen stationiert gewesen. Nun stand die Aufklärung der Sowjetarmee und der mit ihr verbündeten NVA in der DDR auf dem Programm.

Deshalb ging es am 22. März 1984 für die MMFL, in den DDR-Akten Militärverbindungsmission (MVM) genannt, in den Raum Halle. Dort sollte das Verladen von Militärtechnik beobachtet werden. Die Männer ahnten nicht, dass sie bereits erwartet wurden. Das Ministerium für Staatssicherheit (MfS) plante, die „Angehörigen der westlichen MVM" an der „Aufklärung des Objekts der NVA" durch „geeignete politisch-operative Maßnah-

men“ zu hindern „bzw. offensiv zu stören“ und „ihre MVM-Fahrzeuge zu blockieren“. Dazu stand die „erforderliche Technik“ im „Verhältnis 1 : 6“ zur Verfügung: Auf ein französisches Missionsfahrzeug kamen sechs NVA-Einsatzfahrzeuge, darunter „3 Lkw mit Hänger“. Um den MMFL-Wagen zu stoppen, war eine „Blockierungsstelle vorbereitet“.

Der Plan sah vor, dass ein NVA-Lkw dem französischen Wagen in Fahrtrichtung sichtbar den Weg versperren sollte. Ein weiterer schwerer Lkw mit Hänger wartete und sollte nach Passieren der Franzosen hinter einer Kurve auf die Fahrbahn einschwenken, um so den Fluchtweg nach hinten zu blockieren. Als Philippe Mariotti die Falle bemerkte, versuchte er, nach vorn zu entkommen. Der auf Kommando losgefahrene Lkw Ural 375 näherte sich auf der Mitte der Straße, laut Stasi-Bericht sogar „eher etwas links“. Er wurde von einem Wehrpflichtigen gesteuert. Die Kommandos gab vom Beifahrersitz aus ein in NVA-Uniform gekleideter MfS-Offizier, der später für die „erfolgreiche Aktion“ eine Prämie von 1000 Mark erhielt. Mariotti konnte dem Lkw nicht mehr ausweichen. Der Aufprall des leicht gepanzerten französischen Pkw war so heftig, dass sich der Lkw durch die Schubkraft des Hängers quer zur Fahrbahn stellte. Die Franzosen gerieten unter den Lastwagen und wurden dann in einen 50 Zentimeter tiefer liegenden Graben geschleudert. Laut Unfallprotokoll der Stasi gab es keinerlei Bremsspuren der Franzosen. Die Fahrerseite ihres Wagens war völlig eingedrückt, Sergeant Mariotti überlebte den Unfall nicht. Der kommandierende Tour-Offizier, Capitaine Staub, wurde in ein DDR-Krankenhaus gebracht. Der Beobachter, Unteroffizier Blancheton, trug Verletzungen am Arm und am Kopf davon und blieb im Wagen, bis seine französischen Kameraden eintrafen.

Als wenig später die Angehörigen der MMFL mit Blaulicht

aus Potsdam kamen, wurde ihnen mitgeteilt, dass der französische Mercedes bei erhöhter Geschwindigkeit in Schlangenlinie gefahren und dies die Unfallursache gewesen sei. Dieses Fahrverhalten habe den NVA-Kraftfahrer irritiert, und deshalb sei er auf die Fahrbahnmitte ausgewichen, wo es zur Kollision kam. So stand es auch im Unfallprotokoll der Volkspolizei. Die beabsichtigte Blockade wurde nicht erwähnt.

Wie bei derartigen Fällen üblich, protestierte der in Berlin kommandierende französische General Philipponat am 23. März 1984 beim Oberkommandierenden der „Gruppe der sowjetischen Streitkräfte in Deutschland“ (GSSD). Ihm wurde von den Sowjets mitgeteilt, „dass keine vorsätzlichen Gewalttaten in Bezug auf die Mitglieder der F-MVM von der Seite der Angehörigen der GSSD unternommen wurden“. Das war nicht gelogen, denn die Aktion lief ja unter der Regie des MfS.

Das Oberkommando der GSSD in Wünsdorf wollte trotz des tödlichen Zwischenfalls jede Belastung des Verhältnisses zu Frankreich vermeiden. Am 18. April 1984 informiert es das MfS, dass 14 Mitglieder der französischen Militärmission in sechs Autos am 20. April eine Trauerfeier an der Unfallstelle abhalten und ein Kreuz aufstellen wollten. Außerdem habe General Philipponat Schadensersatz für den Tod Mariottis gefordert. Die Sowjets hatten die Reise der Franzosen bereits genehmigt. Sie erwarteten von der Stasi, „dass im Zusammenhang mit diesem Vorhaben keinerlei operative Maßnahmen eingeleitet werden“. Das war ein deutlicher Befehl, sich aus der Sache herauszuhalten.

Dennoch observierte die Stasi die Trauerfeier und machte konspirativ Fotos. Sie stellte fest, dass „die durch 10 Straßenpassanten beobachtete Gedenkfeier [...] nicht öffentlichkeitswirksam“ wurde. Sorgen machte allerdings das Kreuz für den Ser-

geanten. Bürger aus der Umgebung hatten dort bereits Blumen niedergelegt und Vasen aufgestellt. Deshalb sollten „Kräfte der VIII [MfS-Hauptabteilung Beobachtung/Ermittlung] nach Einbruch der Dunkelheit die notwendigen Maßnahmen durchführen. Es wird keine Hinweise auf die ‚Täter' geben." Dazu kam es nicht mehr. Bevor das Kreuz heimlich abgebaut werden konnte, erschien dort ein Mann, kniete nieder und betete. Dann riss er das Kreuz aus dem Boden und verschwand in der Dunkelheit. Trotz sofort eingeleiteter Suche wurde er von der Stasi nicht entdeckt. Sergeant Philippe Mariotti erhielt in Frankreich posthum das Kreuz der Ehrenlegion.

Im Jahr 1998 eröffnete das Alliiertenmuseum in Berlin-Dahlem eine Ausstellung über die Arbeit der Militärverbindungsmissionen in der DDR während des Kalten Kriegs. Dort wurde der tödliche Unfall von Philippe Mariotti unter Hinweis auf die Unterlagen der Experten der westlichen Missionen als „vorsätzliche Tötung" bezeichnet. Diese Behauptung wird durch den in der Ausstellung dargestellten Hergang des Unfalls untermauert: „Der Wagen von Mariotti hatte sich auf einer vierspurigen Autobahn befunden, als plötzlich auf der Gegenfahrbahn ein Lastwagen aus einem Konvoi der DDR-Truppen ausscherte, den Grünstreifen überquerte und frontal mit dem Missionsfahrzeug zusammenstieß. Mariotti war sofort tot, zwei seiner Kollegen wurden schwer verletzt. Die Wucht des Aufpralls war so groß, dass der schwere Lastwagen auf dem Dach des PKW zu stehen kam." Diese Beschreibung stimmte weder mit dem in den Stasiakten verzeichneten Unfallhergang noch mit dessen Beschreibung durch Oberstleutnant Daniel Trastour, der von 1979 bis 1982 sowie von 1985 bis 1989 in der MMFL stationiert war, überein. Die einzige Übereinstimmung bestand in der Aussage, dass der Wagen der Mission unter den NVA-Lkw geraten sei.

Die einschlägigen MfS-Akten belegen, dass die Stasi zwar die Blockade des französischen MMFL-Mercedes geplant, nicht jedoch einen tödlichen Unfall einkalkuliert hatte. In den festgelegten „Auswertungsmaßnahmen" der Hauptabteilung VIII des MfS vom 6. April 1984 hieß es: „Grundsätzlich [sind] derartige operative Maßnahmen qualifiziert vorzubereiten und nur dort durchzuführen, wo Auswirkungen, wie sie am 22.03.1984 auftraten, weitgehendst ausgeschlossen werden können." Darüber hinaus gab es folgende Anweisung: „Durch eine entsprechende Instruierung der politisch-operativen Kräfte der Linie VIII und Einflussnahme auf die Diensteinheiten der Linie I [ist] zu gewährleisten, dass durch die eingeleiteten operativen Sicherungsmaßnahmen gegen Angehörige der MVM an Objekten und Einrichtungen der NVA nicht solche Auswirkungen wie beim genannten Vorkommnis eintreten, da sich daraus ernsthafte Probleme für die Tätigkeit der sowjetischen MVM in der BRD sowie die politische Lage und Beziehungen der UdSSR und der DDR zu den USA, Großbritannien und Frankreich belastende Momente ergeben können."

Dies widerspricht dem Vorwurf der „vorsätzlichen Tötung". Dass das gewaltsame Stoppen eines Pkw durch einen schweren Ural 375 gravierende Folgen für die Pkw-Insassen haben kann, wurde jedoch billigend in Kauf genommen.

## Der Tod des Majors Nicholson

Am 25. März 1985 gegen 17 Uhr schienen die Grenzposten auf der Potsdamer Seite der Glienicker Brücke verwaist. In rascher Fahrt näherte sich aus der Berliner Straße in Potsdam ein schwarzer Mercedes dem nur für Diplomaten und Alliierte er-

laubten Übergang nach West-Berlin. Ein Krankenwagen folgte ihm. Mitten auf der Brücke stoppte der kleine Konvoi. Ein amerikanischer Offizier kam von der anderen Seite und stieg in den Krankenwagen. Er breitete ein Sternenbanner über den darin befindlichen Zinksarg. Auf der Westseite präsentierten GIs das Gewehr, als die beiden Autos an ihnen vorbeirollten. Major Arthur D. Nicholson war vom Einsatz hinter den feindlichen Linien zurück. Den hatte er nicht überlebt.

Am 24. März wurde der 37-jährige Offizier der amerikanischen Militärmission bei einer Erkundungsfahrt in der Nähe der Fernstraße Nr. 5 bei Ludwigslust in Mecklenburg von einem sowjetischen Posten erschossen. US-Präsident Ronald Reagan verurteilte öffentlich die „Tragödie, die niemals hätte passieren dürfen", als „unrechtmäßiges Verbrechen". Darüber hinaus gab er sich eher zurückhaltend. Kurz zuvor hatte er nämlich Michail Gorbatschow, dem neuen Mann an der Spitze des Kreml, ein Gipfeltreffen vorgeschlagen. Dieses wollte Reagan wegen eines solchen Zwischenfalls nicht gefährden.

Nun mussten die Amerikaner erst einmal klären, was eigentlich geschehen war. Dabei sollte ihnen Sergeant Jessie Schatz behilflich sein, der als Fahrer des Chevrolets der USMLM an dem Zwischenfall beteiligt war. Er berichtete, dass der Wagen am Sonntag, dem 24. März, gegen 15.30 Uhr im Raum Ludwigslust auf die geteerte Landstraße 191 abgebogen sei. Die Amerikaner wussten, dass in dieser Gegend ein motorisiertes Schützenregiment der 94. Division und ein Panzerregiment der 2. sowjetischen Gardearmee stationiert waren. Gegen 15.36 Uhr befahl Major Nicholson, an einem Kiefernwäldchen, hinter dem sich sowjetische Kasernen befanden, zu stoppen. Er ging in Richtung der Gebäude. Sergeant Schatz stand auf dem Sitz des Autos und beobachtete durch das Schiebedach

das Gelände. Plötzlich fielen drei Schüsse. Nicholson brach getroffen zusammen. Aus der Deckung tauchten mehrere sowjetische Soldaten auf. Sie hinderten Schatz daran, Erste Hilfe zu leisten.

Diese Darstellung unterschied sich von einem Bericht des sowjetischen Geheimdienstes, der auch an die Stasi ging. Danach erschien der mit zwei Personen in Tarnanzügen besetzte Wagen der USMLM gegen 15.40 Uhr auf dem Panzerschießplatz Techentin im Kreis Ludwigslust. Bereits zu diesem Zeitpunkt wurde er von dem sowjetischen Posten aus der Deckung heraus beobachtet. Der Wagen wendete, verschwand zunächst wieder, kehrte aber nach zehn Minuten zurück. Erst jetzt verließ Major Nicholson das Auto, um zu fotografieren. Daraufhin gab der Posten einen Warnschuss ab und forderte den Amerikaner auf Russisch und Deutsch auf, stehen zu bleiben. Als Nicholson darauf nicht reagierte, schoss er gezielt, und der Major brach wenige Meter vor dem Auto der Mission tödlich getroffen zusammen. Gegen 18.30 Uhr sei dann der zuständige sowjetische Kommandant erschienen, und um 22 Uhr traf der Chef der USMLM aus Potsdam ein. Strittig blieb, ob die tödlichen Schüsse innerhalb oder außerhalb eines Sperrgebiets gefallen waren.

In einer offiziellen Erklärung beharrte die sowjetische Nachrichtenagentur TASS darauf, dass der Tatort Teil eines Militärobjekts war: „Wie festgestellt wurde, handelte es sich bei dem Eindringling um einen Mitarbeiter der amerikanischen Militärischen Verbindungsmission, Major A. Nicholson, der zusammen mit dem Stabssergeanten Schatz unter Missachtung der deutlich sichtbaren Schilder in russischer und deutscher Sprache mit einem Auto auf das Territorium des Militärobjektes gefahren war. […] Somit handelt es sich bei den erwähnten geheimdienstlichen Aktivitäten der amerikanischen Militäran-

gehörigen um eine grobe Verletzung des Abkommens über die militärischen Verbindungsmissionen vom 3. April 1947, auf dessen Grundlage die USA-Mission in Potsdam wirkt."

Am 27. März 1985 bestätigte ein Sprecher der US Army, dass Major Nicholson von einem Fenster aus das Innere eines militärischen Gebäudes fotografiert habe. Dieses läge aber nicht im militärischen Sperrgebiet. Auch Richard Burt, Chef der Westeuropa-Abteilung im State Department, beharrte gegenüber dem sowjetischen Gesandten Oleg Sokolow darauf, dass die offiziellen Karten den Tatort nur bis zum 20. Februar 1985 als Sperrgebiet auswiesen. Ein Pentagon-Sprecher stellte daraufhin fest: „Nicholson war kein Spion, er war ein Beobachter. Die Sowjets hatten das Recht, ihn zu verhaften, obwohl er sich außerhalb der Sperrzone befand, ihn jedoch ohne Warnung zu erschießen, war absolut ungerechtfertigt." Ronald Reagan pflichtete ihm bei: „Der Major hat nichts getan, was er nicht hätte tun dürfen. Fotografieren ist gestattet." Sein Verteidigungsminister Caspar Weinberger verglich bei einem NATO-Treffen in Luxemburg die Todesschüsse von Ludwigslust mit dem 1983 erfolgten Abschuss der koreanischen KAL-Verkehrsmaschine durch die Sowjetunion, bei dem 269 Passagiere zu Tode kamen: „Sie schießen erst und fragen später."

Die Militärs reagierten derweil wesentlich unspektakulärer. Am 12. April trafen sich der Oberbefehlshaber der US Army, General Glenn K. Otis, und der Chef der GSSD, General Michail M. Saizew, in Potsdam. Letzterer sagte General Otis zu, dass die Sowjets künftig keine Schusswaffen mehr gegen Angehörige der amerikanischen Militärmission anwenden würden. Doch das ging den Moskauer „Falken" offenbar zu weit. Deshalb war nur zehn Tage später in der sowjetischen Presse zu lesen, dass sich Moskau das Recht vorbehielte, „Gewalt gegen unbekannte Ein-

dringlinge in sowjetische Militäreinrichtungen" anzuwenden. Infolgedessen wies ein Sprecher des Weißen Hauses darauf hin, dass Major Nicholson eine korrekte Uniform und der Wagen der Militärmission die vereinbarten Nummernschilder getragen habe.

Die Reaktion der USA auf den Vorfall war dort innenpolitisch umstritten. Schließlich setzte sich das State Department durch. Die Diplomaten verlangten, den Zwischenfall vom gesamten Komplex der sowjetisch-amerikanischen Beziehungen abzukoppeln. Nach der Machtübernahme Michail Gorbatschows in Moskau eröffneten sich bisher ungekannte Perspektiven für die bilateralen Abrüstungsverhandlungen. Die sollten nicht gefährdet werden. Daran war auch Moskau interessiert. Deshalb veröffentlichte die amtliche Nachrichtenagentur TASS nun eine Erklärung, nach der „der tragische Ausgang des Zwischenfalls Ursache für Bedauern ist" und man „die Gefühle der Familie des Major Nicholson verstehen" könne. Das konnten die Amerikaner als - wenn auch halbherzige -Entschuldigung akzeptieren.

Am 6. April 1985 wurde der gefallene Major posthum zum Oberstleutnant befördert und auf dem Heldenfriedhof Arlington bei Washington D. C. mit militärischen Ehren beigesetzt.

## Ein Schützenpanzer am Ku'damm

Noch ein paar Jahre früher wäre dieser Vorfall wahrscheinlich böse ausgegangen: Am 19. November 1990 rasselte ein 13 Tonnen schwerer sowjetischer Schützenpanzer in Richtung Potsdam. Um 4.10 Uhr wurde das Fahrzeug in der Stadt gesehen, als es ohne Licht und mit überhöhter Geschwindigkeit in Richtung Teltow fuhr. Dort schob der Schützenpanzer einen sowjetischen

Lkw zur Seite, der ihn stoppen sollte. Gegen 5.10 Uhr passierte das Kettenfahrzeug die Grenze zu West-Berlin, raste über die Avus, am Funkturm vorbei und bog in Halensee auf den Ku'damm ein.

In dem Gefährt saß der 20-jährige Ukrainer Wladimir Gregorenko. Der Soldat hatte von seiner Braut gerade den Laufpass bekommen. Deshalb drehte er durch und fuhr nun mit 60 Stundenkilometern durch Berlin. Streifenwagen der Polizei versuchten, ihm den Weg frei zu machen, um Schlimmeres zu verhindern. Zwei kleinere Auffahrunfälle konnten sie nicht vermeiden, zwei Polizeiwagen wurden beschädigt. Über die Gneisenaustraße, den Hermannplatz und die Karl-Marx-Straße verließ er um 5.37 Uhr an der Walthersdorfer Chaussee die Stadt und fuhr nun wieder Richtung Potsdam. In Saarmund gelang es Unteroffizier Maxim Woronow, nach vierstündiger Amokfahrt den Sehschlitz des Schützenpanzers von außen mit seiner Jacke zu verstopfen. Die Folge war, dass der Schützenpanzer an einem Baum landete. Gregorenko wanderte in den Knast.

Ein sowjetischer Kommandeur entschuldigte sich danach bei der Bundeswehr für den Vorfall. Glücklicherweise sei keine Munition an Bord des gestohlenen Schützenpanzers gewesen.

# Krieg im Frieden

## Der gefährliche Umgang mit militärischem Gerät

Über Unfälle mit Todesopfern bei der Nationalen Volksarmee (NVA) der DDR wurde allenfalls dann in der Presse informiert – und dies auch nur spärlich –, wenn dabei Zivilisten in Mitleidenschaft gezogen wurden. Der Grund lag zum einen in der generellen militärischen Geheimhaltung, zum anderen aber auch darin, dass seit Einführung der Wehrpflicht 1962 jeder junge männliche DDR-Bürger 18 Monate „bei der Fahne" abzuleisten hatte und nicht der Eindruck erweckt werden sollte, dies sei sonderlich gefährlich. Doch bei Manövern kam es häufig auch zu tödlichen Unfällen. Meist erfuhren nur die Menschen im näheren Umfeld der Betroffenen davon, weil die Beisetzung mit militärischen Ehren erfolgte.

Einen vagen Hinweis auf „Besondere Vorkommnisse" geben die Militärstrafverfahren. In ihnen kam es zwischen 1969 und 1988 zu durchschnittlich 1100 Verurteilungen pro Jahr. Meist ging es dabei um militärische und politische Straftaten. Es gab aber auch Urteile wegen Fahrlässigkeit, die auf gravierende Unfälle hindeuten.

Das größte Gefährdungspotenzial für Berufssoldaten lag im Umgang mit dem Kriegsgerät. Luftwaffenexperte Peter Veith ermittelte, dass beispielsweise während des Bestehens der Luftstreitkräfte der NVA im Schnitt etwa sieben Maschinen pro Jahr in der Luft und am Boden verloren gingen. Insgesamt wurden

auf diese Weise 13 Prozent des Bestandes an Luftfahrzeugen zerstört. Mindestens 150 Besatzungsmitglieder, meist Piloten, und sieben Zivilisten ließen dabei ihr Leben.

Unter den Wehrpflichtigen gab es besonders im Grenzdienst Todesopfer, hier fielen 27 Männer. Die Zahl derer, die durch die an der Grenze verlegten Minen schwer verletzt wurden, blieben bis zum Ende der DDR streng geheim. Informationen über die zahlreichen Zwischenfälle, an denen Angehörige der „Gruppe der sowjetischen Streitkräfte in Deutschland“ (GSSD) beteiligt waren, kamen erst in den letzten Jahren der DDR an die Öffentlichkeit.

Zu den inzwischen weitgehend durch Zeitzeugen und private Militärhistoriker bekannt gewordenen tödlichen Unfällen zählen auch Abstürze von Militärflugzeugen. Die setzten Anfang der 1960er-Jahre ein, als wieder mit der aktiven Luftverteidigung und entsprechenden Übungen begonnen wurde. Neben den hier geschilderten Fällen mit tödlichem Ende gab es zahlreiche weitere Unfälle, die glimpflich ausgingen.

## Die verlorenen MiG-Jäger

Bereits vor Gründung der NVA im Jahre 1956, nämlich ab 1951, begann die DDR, Luftstreitkräfte aufzubauen. 1961 erfolgte deren Eingliederung in das Diensthabende System des Warschauer Vertrages. Die Zahl der tödlichen Unfälle bei der DDR-Militärluftfahrt stieg mit wachsender Ausrüstung und dem Einsatz düsenbetriebener Jagdflugzeuge. Seit dem Ende der DDR hat Peter Veith Angaben von Zeitzeugen dazu gesammelt und auf seiner Internetseite veröffentlicht, auf die sich die Darstellung hier stützt. Er weist allerdings darauf hin, dass die Angaben „aufgrund der Geheimhaltung mit Unsicherheit behaftet“ sind.

- Am 3. September 1960 gegen 0.24 Uhr schlug die MiG-17F mit der taktischen Nummer 425 in das Dach eines Hauses in der Sielower Landstraße in Cottbus ein.
- Eine MiG-17PF stürzte am 9. Juni 1961 einen Kilometer nördlich der Hafeneinfahrt von Swinemünde in Polen ab. Pilot Leutnant Hans Freudrich verlor sein Leben.
- Am 18. Juli 1961 stürzte eine MiG-17PF beim Nachtflug ab. Hauptmann Gerd Winkelmann kam ums Leben.
- Am 30. Mai 1962 verunglückte mit Oberst Leander Ratz der ranghöchste Offizier, der in der DDR bei einem Flugzeugabsturz ums Leben kam. Bei einem Übungsflug im Raum Bad Muskau, aber bereits über Polen, berührte die vom damaligen Chef der Fliegerschule geflogene MiG-17 den Boden und explodierte.
- Den Fluglehrer Leutnant Peter Fitzner traf es am 30. Juli 1962 in einer MiG-17. Er versuchte erfolglos, sich mit dem Schleudersitz zu retten.
- Unterleutnant Harry Deckert stürzte am 7. August 1962 mit seiner MiG-17F gegen 0.50 Uhr aus unbekannter Ursache in die Ostsee. Seine sterblichen Überreste wurden erst elf Monate später bei Altredewitz gefunden.
- Am 30. Januar 1963 schlug eine MiG-17F nach dem Start in Peenemünde aus 60 Metern Höhe auf der Eisdecke der Ostsee auf. Leutnant Max Günther Thews verlor sein Leben.
- Beim Kunstflug verunglückte Offiziersschüler Hans-Jürgen Pohlers am 27. April 1963 mit einer MiG-15bis. Die Maschine stürzte am Stadtrand von Görlitz ab. Der Pilot hatte versucht, sich per Schleudersitz zu retten, doch die Höhe reichte nicht.
- Eine MiG-17F mit Hauptmann Hans Matthai am Steuer überschlug sich und explodierte am 9. Mai 1963 beim Landeanflug auf Peenemünde. Der Pilot starb dabei.

- Am 13. August 1965 stürzte eine MiG-21F13 nach dem Start in Tutow aufgrund eines Ausfalls der Höhensteuerung bei Sassen ab. Dabei verunglückte der Kommandeur des Jagdgeschwaders JG-9, Major Günther Schmidt, trotz Ausstiegs per Schleudersitz. Das Flugzeug stürzte in einen Bauernhof.
- Am 23. Juni 1965 brannte eine MiG-21F13 nach einer Notlandung auf einem Acker bei Jarmen. Leutnant Werner Döhnert verstarb.
- Ein nächtlicher Kunstflug wurde am 4. August 1965 Oberleutnant Hans Kleinsteuber mit seiner MiG-17 zum Verhängnis. Er verunglückte auf dem Truppenübungsgelände bei Nochten tödlich.
- Am 4. November 1965 brannte und explodierte eine MiG-17F, bevor sie zehn Kilometer nordwestlich der Insel Greifswalder Oie ins Wasser fiel. Die sterblichen Überreste des Piloten Oberleutnant Hubertus Daberkow wurden später nie gefunden.
- Bei Zittau stürzte am 13. August 1966 eine MiG-21U nach einer Kollision mit einem Wetterballon ab. Oberleutnant Siegmar Nenke und sein Offiziersschüler Bernd Achtelstetter kamen ums Leben.
- Einen Absturz bei Rothenburg überlebte Flugschüler H. J. Engelhard am 13. Mai 1967 mit seiner MiG-21U nicht. Er hatte die Maschine beim Anflug überzogen.
- Leutnant Karl Heidel konnte sich am 8. Juni 1970 in Peenemünde noch aus seiner MiG-21M katapultieren, verunglückte aber trotzdem tödlich.
- In der Kunstflugzone bei Zirkow auf Rügen stürzte am 25. Juli 1971 eine MiG-21US ab. Die Piloten, Major Wilhelm Mattauch und Hauptmann Klaus Kunath, kamen ums Leben.
- Die Schauspielerinnen und Schauspieler des Kabaretts „Die

Distel“ wurden am 26. Oktober 1971 Augenzeugen des Absturzes einer MiG-21M. Hauptmann Ulrich Handke wollte während einer Schauvorführung eine Rolle fliegen. Es kam zu einem Strömungsabriss, die Maschine schlug neben dem Bombenlager ein. Der Pilot verstarb.

- Am 9. Juli 1973 blockierte bei Steinbach der Gashebel im Nachbrennerregime einer MiG-21U-400. Oberleutnant Hans-Gerhard Voigt gelang es nicht, sich mit dem Schleudersitz zu retten.
- Am 25. Juni 1975 übte Oberleutnant Konrad Ritter mit seiner MiG-21M bei Sargard auf der Insel Rügen den Kunstflug und verlor dabei die Orientierung. Er konnte sich noch aus dem Flugzeug katapultieren, überlebte jedoch nicht.
- Am 11. Mai 1976 gab es einen Unfall bei einer Notlandung auf dem Flugplatz Rothenburg. Bei der MiG-21U fiel der Generator aus, der Aggregateantrieb brach ab, und die hydraulischen Systeme verloren ihren Druck. Fluglehrer Hauptmann Wolfgang Schönberg verstarb, sein Flugschüler Lutz K. konnte sich erfolgreich mit dem Schleudersitz retten.
- Eine MiG-21F13 mit Major Ollhoff am Steuerknüppel kollidierte bei einer Paarlandung mit einem Erdwall. Der Pilot überlebte nicht.
- Am 26. Mai 1978 stürzte bei Drehsa im Kreis Bautzen eine MiG-21F13 durch „Kunstflug in zu geringer Höhe“ ab. Offiziersschüler Uwe Garz betätigte zu spät den Schleudersitz und starb. Die Maschine fiel in das Gelände eines Munitionslagers.
- Eine Bodenberührung am 8. Mai 1980 über dem Schießplatz Nochten wurde Offiziersschüler Liebke mit seiner MiG-21PFM/SPS zum tödlichen Verhängnis.
- Von einer MiG-23ML fanden polnische Fischer später nur noch

einen Teil des Leitwerks, nachdem sie am 9. März 1983 bei einer nächtlichen Abfangübung vor Heringsdorf auf Usedom abstürzte. Hauptmann Gerhard Burwitz kam dabei zu Tode.

- Bei ihrem letzten Flug vor dem Ruhestand stürzten am 3. Oktober 1983 Oberstleutnant Wolfgang Wesner und Major Heinz Steinbach mit ihrer MiG-23UB beim Anflug auf Peenemünde ab. Beide Offiziere verunglückten dabei tödlich.
- Am 12. März 1984 brannte bei einer MiG-23ML das Triebwerk. Pilot Oberstleutnant Karl-Heinz Günthel wurde beim Katapultieren mit dem Schleudersitz verletzt und ertrank in der Ostsee.

Daran, dass bei einem solchen Schleudersitzmanöver eine Menge Glück nötig war, erinnerte sich auch der spätere DDR-Kosmonaut Sigmund Jähn: „Einmal musste ich mich per Schleudersitz aus einer MiG-17 katapultieren. Die Maschine zerschellte. Als ich zur Unfallstelle fuhr, fand ich zwischen den Trümmern meine halb verkohlte Flugkarte.“ Sie wurde sein Talisman auf dem Flug zu den Sternen.

Wenn es möglich war, ließen die Piloten ihre Maschine ins Wasser stürzen, um die Bevölkerung zu verschonen. Am 20. Juli 1968 verlor Hauptmann Heinz Sch. in seiner MiG-21SPS/K die Raumorientierung und stieg per Schleudersitz aus. Die Maschine flog noch 25 Minuten führerlos weiter und fiel dann in den Greifswalder Bodden.

Viel heikler waren Abstürze über stark bevölkertem Gebiet. Eine Beinahekatastrophe gab es am 23. Juni 1973, als im Luftraum über Dresden zwei MiG-21MF kollidierten. Die erste stürzte in Coswig bei Meißen, die zweite im Dresdner Stadtgebiet ab. Hauptmann Rolf G. und Hauptmann Karl-Heinz B. konnten sich retten.

Auch der Forster Ortsteil Eulo entkam nur knapp einem Unglück, als sich am 16. Dezember 1968 Pilot Gerd B. aus seiner MiG-21SPS/K schoss. Der Jäger flog noch rund 35 Kilometer weiter, bevor er zu Boden ging.

Nach der Inbetriebnahme des Kernkraftwerks Lubmin am Greifswalder Bodden Mitte der 1970er-Jahre barg diese Gegend eine besondere Gefahr. Natürlich durfte die Anlage nicht überflogen werden, aber führerlose Flugzeuge stellten immer wieder ein beträchtliches Risiko dar. Am 10. Februar 1973 stürzte eine MiG-21SPS/K etwa zwei Kilometer südwestlich von Neu Boltenhagen im Kreis Greifswald ab. Am 14. Mai 1973 fiel eine MiG-21SPS/K nahe der Insel Vilm ins Wasser. Am 1. August 1973 geschah ein weiterer Unfall bei Zempin im Kreis Wolgast mit einer MiG-21SPS/K. Ein Schulungsflug auf einer MiG-23UB endete am 21. Mai 1986 in einem Wald bei Hanshagen im Kreis Greifswald.

Unfälle gab es aber nicht nur mit Jagdflugzeugen. Ein Hubschrauber der Funktechnischen Kompanie 512 mit der taktischen Nummer 415 verunglückte am 26. Oktober 1984 bei Steinheid. Er hatte das Abspannkabel einer Antenne gestreift und krachte aus 30 Metern Höhe auf den Boden. Es gab drei Tote

Tödliche Abstürze von Militärflugzeugen ereigneten sich auch im Westen. Zwischen der Indienststellung des F-104 Starfighter am 22. Juli 1960 und seiner Ausmusterung am 23. Oktober 1987 stürzten 292 Flugzeuge dieses Typs ab. Dabei kamen 116 Piloten ums Leben. Im Gegensatz zu den Unfällen bei den DDR-Luftstreitkräften fanden die Starfighter-Abstürze große Aufmerksamkeit bei der DDR-Presse. Ausführlich berichtete diese unter Überschriften wie *Strauß verlangte Todesflug* (1962), *„Starfighter“ sind Särge* (1965) oder *Selbstmordflugzeug bleibt im Dienst* (1966) über die Vorfälle.

## Geheimsache Militärzug

Am Abend des 1. März 1962 gab es zwischen Trebbin und Kliestow auf der Strecke von Berlin nach Leipzig einen schweren Unfall mit einem Zug der GSSD. Die näheren Umstände unterlagen bis zum Ende der DDR strengster Geheimhaltung.

Wie jedes Jahr im Herbst fanden damals Manöver mit rund 40000 sowjetischen Soldaten bei Jüterbog statt. Nach deren Ende wurde das Panzerbataillon des 248. Schützenregiments mit 300 Soldaten und 30 T-55-Panzern auf einen Sonderzug verladen, um in die Kaserne bei Potsdam zurückzukehren. Der Zug fuhr mit 60 Stundenkilometern, auf dem Gegengleis näherte sich ein Schnellzug mit 120 Stundenkilometern.

Jahrzehnte später entdeckte Jüterbogs Ortschronist Henrik Schulze im Archiv der Stadt Hinweise darauf, was dann passierte: „Kurz vor Trebbin geschah das Unglück dadurch, dass einer der auf dem Güterzug verladenen Panzer mit seinem Turm in Richtung D-Zug gedreht hat. [...] Es wurde die Seite aufgeschnitten, auf der der Gang war.“ Das Rohr hebelte einen zufällig dort stehenden Raucher aus dem Zug, der sofort tot war. Viel schlimmer traf es jedoch die Soldaten im Militärzug: „Durch die Kanone übertrug sich dic Kraft auf den Panzer, sodass dieser rückwärts vom Güterwagen kippte. Und er fiel genau in die Lücke zwischen dem Wagen, auf dem er stand, und dem folgenden Wagen mit den Soldaten drin, riss die Kupplung ab, und alle anderen Wagen schoben sich auf diesen Panzer zu einem Trümmerberg auf, von dem später die Feuerwehrleute sagten, dass er 10, 15 Meter hoch gewesen sei.“ Otto Schmädecke, damals 30 Jahre alt und bei der Freiwilligen Feuerwehr Trebbin, bestätigt das: „Es sah fürchterlich aus. Ein mächtiger Berg, von dem Panzer alles zusammengeschoben, die Waggons zusammengedrückt.“

Glücklicherweise war der D-Zug nicht entgleist. Die Dunkelheit behinderte jedoch die Rettungsarbeiten. Der 17-jährige Trebbiner Feuerwehrmann Dieter Reichert beobachtete, dass die Sowjets die deutschen Helfer am liebsten vom Bahndamm verbannt hätten. Er wunderte sich über den brutalen Umgang mit den zahllosen Verletzten, die zusammen mit den Toten unter eine Plane geworfen wurden. „Das Schreien war grauenvoll, und man konnte nicht helfen." Reichert vermutete, dass etliche Verwundete unter dieser Plane erstickten.

Die Helfer ließen sich nicht vertreiben, doch sie hatten nicht genügend Rettungswagen. Henrik Schulze erzählt: „Alles, was an Fahrzeugen zu mobilisieren war, ist sofort requiriert worden. Man hat jedes vorbeifahrende Auto angehalten."

Im Krankenhaus Luckenwalde tagte zufällig eine Ärztekonferenz, sodass sofort viele Fachleute für Operationen zur Verfügung standen. Die damalige Schwesternschülerin Ursula Köhler erinnert sich an „ungefähr 70 Verletzte" und weiß von einem unglaublichen Vorgang zu berichten: Unvermittelt erschienen sowjetische Offiziere in Luckenwalde und ließen die frisch operierten Männer auf Militär-Lkw verladen und abtransportieren. Als Chefarzt Dr. Dietrich davon erfuhr, versuchte er, seine Patienten zu schützen. Fünf Schwesternschülerinnen, so erinnert sich Ursula Köhler, „saßen dann Wache am Bett".

Die genaue Zahl der Toten unter den sowjetischen Soldaten wurde nicht bekannt gegeben, dürfte aber nach Schätzungen von Fachleuten über 100 gelegen haben.

Die wahrscheinliche Ursache des Unglücks erfuhr Ortschronist Henrik Schulze erst viele Jahre nach dem Abzug der sowjetischen Truppen von einem früheren Mitarbeiter im einstigen GSSD-Hauptquartier Wünsdorf. Der Panzer war kurz zuvor repariert worden. Während der Fahrt saß nun die Besatzung

darin und probierte das Schwenken der Kanone aus, indem sie das Rohr auf imaginäre Ziele links und rechts der Bahngleise richtete. „Bei diesem Spiel mit der Panzerkanone müssen die Männer, die da drin saßen, irgendwo den Überblick verloren haben und nicht bemerkt haben, dass ihnen mit großer Geschwindigkeit ein Eilzug entgegenkam."

## Ein Bomber fällt auf Folbern

Der Flugplatz Großenhain war ein wichtiger Luftstützpunkt der GSSD. Dort waren schon in den 1960er-Jahren Suchoi-7-Jagdbomber stationiert, die auch Atomwaffen tragen konnten. Marcel Reichel hat nach dem Abzug der Besatzungstruppen die Geschichte des Flugplatzes erforscht. „Die Suchoi 7 ist eine starke Kampfmaschine. Sie kann 365 Tage zu fast jedem Zeitpunkt fliegen. Es gibt keine schlechten Wetterbedingungen, und es kann genügend Munition und Bombenlast transportiert werden."

Regelmäßig wurden mit den Bombern Angriffe geübt. Die Einwohner des 300-Seelen-Dorfes Folbern, zwei Kilometer vom Flugplatz entfernt, litten unter dem Lärm, vor allem dem Überschallknall der Düsenmaschinen. Oft starteten sie paarweise oder sogar im „Viererpäckchen".

Am 14. Mai 1966 machten sich kurz vor acht Uhr morgens zwei voll munitionierte Suchoi 7 auf den Weg zu einem Manöver nach Polen. Jede Maschine trug rund zwei Tonnen Bomben und Munition und hatte zwecks Erhöhung der Reichweite Zusatztanks, die bis zu 2000 Liter Kerosin fassen konnten. Gleich nach dem Start verlor eine der beiden Maschinen an Höhe. Dem Bomber fehlte der Schub. Der sowjetische Pilot funkte an seine Leitstelle, dass er versuchen werde, über Folbern hinwegzuflie-

gen, um dann den Schleudersitz zu betätigen. Das schaffte er jedoch nicht mehr. Das Flugzeug touchierte den Schornstein eines Konsum-Geschäfts, dann raste es auf das Elternhaus der damals 13-jährigen Hannelore Sommer zu und zerstörte den ersten Stock. Schließlich schlug das Flugzeug in die Einfahrt des Nachbarhauses ein, weiß Hannelore Sommer noch, die an jenem Vormittag in der Schule war.

Die Maschine brannte. Durch das auslaufende Kerosin breitete sich das Feuer aus. Dieter Eltzsch war einer der Augenzeugen. „Ich sah nur Qualm, und da war eine Frau, die kam aus dem Konsum und brannte." Zum Glück hatte nur ihre Kleidung am Rücken Feuer gefangen. Manfred Tenner, der Wehrleiter der Freiwilligen Feuerwehr, berichtet: „Ich bin vom Hof runter und kam vorn auf die Straße, und da kamen die ersten Geschosse schon geflogen." Die kleinen Kaliber der an Bord befindlichen Munition explodierten als Erstes durch die Hitze. Die Freiwillige Feuerwehr begann trotzdem zu löschen. Vom Flugplatz kam die sowjetische Feuerwehr hinzu, und auch aus Großenhain traf Verstärkung ein. Noch bevor das Feuer die schweren Waffen detonieren lassen konnte, war der Brand gelöscht und die Leiche des Piloten geborgen. Tenner erinnert sich: „Der Pilot war zusammengeschrumpft, ich würde sagen, so auf 60, 50 Zentimeter - verkohlt."

Volkspolizei, Staatssicherheit und Kampfgruppen sperrten sämtliche Zugänge nach Folbern ab. Sehr schnell erschien ein Aufräumkommando der Sowjets. Dieter Eltzsch berichtet: „Jeder kleine Splitter von dem Flugzeug wurde eingesammelt und kam fort."

Die GSSD übernahm auch die Kosten für den Wiederaufbau des Hauses der Familie Sommer und packte bei den Bauarbeiten mit an. Feuerwehrmann Manfred Tenner erzählt: „Es gab

da ganz konkrete Festlegungen: Sofort erst einmal die Trümmer beseitigen, das Haus abreißen, und innerhalb von sechs Wochen musste es wieder bezugsfähig sein." Der Termin wurde gehalten, und im Zuge der Schüsselübergabe im Dorfgasthaus ehrte man auch die deutschen Helfer. Nur reden durfte niemand über den Vorfall.

## Vergessene Minenopfer

Die Minen an der Westgrenze der DDR sind eine bleibende Erinnerung an die Unmenschlichkeit des „Arbeiter-und-Bauern-Staates". Die Grenzwächter versprachen der SED-Führung damit „eine sichere Bekämpfung ungeschützter lebender Ziele". Die Minen waren so verlegt, dass sie nicht vor westlichen Eindringlingen schützten, sondern die eigene Bevölkerung an einer Flucht hinderten. Dabei gab es auch unter dieser zahlreiche Opfer, die als Wehrpflichtige oder Freiwillige ihren Dienst auf der DDR-Seite der Grenze leisteten. Die DDR nahm dies billigend in Kauf, wie die Geschichte des Ausbaus der Minensperren belegt.

Am 20. Juli 1967 reichte der Chef Pionierwesen der NVA dem Kommando der Grenztruppen die „Vorlage 12/67" mit dem Titel „Die Minensperren, ihre Wirksamkeit, Dichte und Arten unter Berücksichtigung der Aufgabenstellung und der politischen Lage" als „Geheime Verschlusssache G/03043" ein. Darin hieß es: „Zu den umfassenden Maßnahmen unserer Partei und Regierung zur konsequenten Sicherung der Staatsgrenze der DDR zu Westdeutschland zählte die Errichtung eines durchgehenden Systems von Pioniersperren in den Jahren 1961 bis 1963. In Durchsetzung dieser Maßnahme wurden im

genannten Zeitraum ca. 490 km Drahtsperren und ca. 760 km Minensperren angelegt. Aus dem unterschiedlichen Anteil dieser beiden Sperrarten zum Gesamtausbau der Staatsgrenze geht hervor, dass den Minensperren vorrangige Bedeutung beigemessen wurde."

Dennoch zeigten sich die obersten Grenzwächter unzufrieden: „Im Zeitraum von Dezember 1962 bis zum Mai 1967 wurden 132 Personen mit Hilfe von Minensperren festgenommen. Dem gegenüber gelang es 1328 Personen im gleichen Zeitraum, die Minensperren zu überwinden und die Staatsgrenze zu verletzen. 1963–1967 wurden 20 Grenzverletzer verletzt und 3 getötet. Davon konnten 8 Personen die Grenze durchbrechen." Aus diesem Grund wurde der Minengürtel um die DDR erweitert. Die „Geheime Verschlusssache G/406070" vom 27. August 1979 hielt fest: „An der Staatsgrenze der DDR zur BRD werden seit 1961 Teilabschnitte mit Minensperren ausgebaut. Errichtet wurden bisher: 1961 [...] ca. 150 km, 1962/63 [...] ca. 800 km, ab 1966 [...] ca. 300 km, ab 1970 [...] ca. 400 km." Zuletzt fanden Minensperren SM 70 Verwendung, auch Splitterminen 70 genannt und landläufig unter dem Begriff Selbstschussanlagen bekannt.

Die Wirksamkeit dieser Splitterminen sollte erhöht werden. Dazu meldete Generalmajor Günter Gabriel mit der „Geheimen Verschlusssache G 692 297" vom Dezember 1983 an den Chef der Grenztruppen: „Auf der Grundlage der durch den Minister für Nationale Verteidigung bestätigten ‚Entscheidungsvorlage über Maßnahmen zur Erhöhung der Wirksamkeit der Grenzsicherungsanlagen der Staatsgrenze der DDR zur BRD' vom 04.02.1982 (GVS-Nr. A 555 667) wurde durch das Militärtechnische Institut der NVA eine leistungsgesteigerte Splittermine für die Sperranlagen 501/701 entwickelt und im Zusammenwirken

mit den Grenztruppen der DDR einer taktisch-technischen Erprobung unterzogen." Als Ergebnis wurde festgehalten: „Die Leistungsfähigkeit der modifizierten Splittermine gewährleistet im Zielbereich bis 21,1 m eine sichere Bekämpfung ungeschützter lebender Ziele."

Die perfide Mordwaffe forderte nicht nur das Leben und die körperliche Unversehrtheit zahlreicher DDR-Flüchtlinge, sondern – ebenso wie die Beseitigung inzwischen unbrauchbar gewordener Minen – auch Opfer unter den Grenzern. Die „Vertrauliche Verschlusssache VVS G/693805" vom 26. November 1984 hielt dazu fest: „In den Grenztruppen der DDR gibt es mit Stand vom 30.8.1979 insgesamt 104 Minenverletzte: davon 1 Toter, 36 Schwerverletzte, 67 Leicht- und mittlere Verletzte."

Die beigefügte Übersicht nannte 45 Personen mit Namen, Beruf und Anschrift sowie ihre Verletzungen. Typisch waren dabei Verletzungen wie „Abriss rechter Fuß", die beispielsweise bei Unteroffizier Siegfried K., Jahrgang 1942, Soldat Peter D., Jahrgang 1949, oder Leutnant Theo G., Jahrgang 1939, auftraten. Bei anderen, wie Oberleutnant Bernhard K., Jahrgang 1938, Leutnant Bernd B., Jahrgang 1950, oder dem Gefreiten Wolfgang W., Jahrgang 1946, vermerkte die Liste „Beinamputation". Häufig konstatierte man auch Augenverletzungen, so bei Unteroffizier Erich P., Jahrgang 1940 („beiderseits blind, 1 Arm fehlt"), dem Gefreiten Klaus E., Jahrgang 1960 („Erblindung, Gehör- und Gesichtsschäden, teilweise Amputation rechte Hand"), oder Unteroffizier Roland G., Jahrgang 1954 („Teilamputation Hand, rechtes Auge blind"). Alle wurden „auf Grund schwerer Minenverletzungen als dienstuntauglich entlassen". Einige fanden als Zivilbeschäftigte in der NVA eine Anstellung, andere in der staatlichen Verwaltung.

## Dänische Fähre versenkt Torpedoschnellboot

Mitte Januar 1968 nahm das Ministerium für Staatssicherheit (MfS) sieben Matrosen des Torpedoschnellboots 844 *Willi Bänsch* fest. Die Ermittlungen bestätigten: Die Männer wollten ihr Schiff bei der nächsten Übungsfahrt auf offener See kapern und dann ein NATO-Kriegsschiff oder einen skandinavischen Hafen anlaufen. Der Plan wurde verraten. Fluchtabsichten konnten in diesem Fall nur zwei Stabsmatrosen nachgewiesen werden. Sie wurden zu Haftstrafen verurteilt.

Aus „Sicherheitsgründen" versetzte die Marineführung auch den Kapitän. Das hatte fatale Folgen. Am 31. August 1968 kollidierte das Torpedoschnellboot nordwestlich von Darßer Ort in Höhe der Tonne 12 mit dem dänischen Fährschiff *Drottningen*. Die unerfahrene, gerade erst zusammengewürfelte Mannschaft des Torpedoschnellboots beherrschte das nur 67,5 Tonnen schwere Schiff aus Holz nicht. Sieben Marinesoldaten fanden den Tod.

Die Ursache dieses schwersten Seeunfalls in der Geschichte der Volksmarine lag Zeitzeugen zufolge im seemännischen Fehlverhalten des Kommandanten, der eine noch nicht eingespielte Mannschaft befehligte. In der offiziellen Begründung des Seeunfalls fand das keine Erwähnung. Die Presse, unter anderem *Neues Deutschland*, druckte folgende gleichlautende Meldung: „Das Volksmarineboot ‚Willi Bänsch' befand sich am 31. August 1968 auf einer Überfahrt im Seeraum nördlich Darßer Ort. Dunkelheit und dichter Nebel erschwerten die Sicht, die etwa 50 Meter betrug. Inmitten des in diesem Seegebiet herrschenden regen Schiffsverkehrs kam es zur Kollision des schwedischen Fährschiffes ‚Drottningen' und des Bootes ‚Willi Bänsch'. Der Zusammenstoß erfolgte in der toten Zone des Sichtbereiches

des Radargerätes. Der Kommandant des Bootes der Volksmarine unternahm alles, um die entstandene Gefahr abzuwenden. Die ‚Willi Bänsch' wurde stark getroffen, kenterte sofort und sank. [...] Das gesunkene Boot wurde gehoben. Vier Mann der Besatzung konnten nur noch tot geborgen werden. Drei Besatzungsangehörige werden noch vermisst. Man muss damit rechnen, dass sie den Seemannstod gefunden haben."

Zu einem weiteren, damals jedoch streng geheim gehaltenen Unfall bei der Volksmarine kam es Ende 1985. Nordöstlich von Darßer Ort stießen das Kleine Torpedoschnellboot 945 (vormals 951) und das Raketenschnellboot 734 *Albert Gast* zusammen. Dabei rammte die fast 39 Meter lange und über 200 Tonnen schwere *Albert Gast* das Torpedoschnellboot, das nur rund 19 Meter lang und etwa 35 Tonnen schwer war, an der Steuerbordseite zwischen Aufbauten und Geschütz. Das Torpedoschnellboot wurde so stark beschädigt, dass es sank. Ein Matrose verlor bei dem Zusammenstoß sein Leben. Zeitzeuge Ronald Böhme erinnert sich: „Ich war in dieser Nacht als Mot-Gast [für die Maschine zuständiger Matrose] auf dem Raketenschnellboot 734 ‚Albert Gast', und wir haben die Besatzung des Torpedoschnellbootes aufgenommen. Für uns bedeutete das einen längeren Werft-Aufenthalt in der Peene-Werft Wolgast." Das Kleine Torpedoschnellboot 945 wurde am 30. Juni 1986 außer Dienst gestellt.

Aktenkundig sind auch Kollisionen zwischen zivilen und militärischen DDR-Schiffen. So kollidierte das Fahrgastschiff *Granitz* am 6. August 1965 bei Tonne 2 im Rassower Strom vor Rügen mit einem Schleppzug der Volksmarine. Am 29. Oktober 1966 krachte es auf dem Fischereischiff WAR-64 *Adolf Hennecke* vor Warnemünde, als es mit Minenräumgerät Berührung hatte. Am 3. November 1966 stieß der Kutter WOG 99 *Erfüllung* auf der Bock

Reede vor Stralsund mit dem Grenzboot G-95 zusammen. Die Volksmarine-Barkasse 21-403 und das Fischerboot KAR-36 *Bautzen* kollidierten am 30. Juli 1973 im Stralsunder Ziegelgraben.

Überdies gab es in der stark befahrenen Ostsee auch immer wieder Zusammenstöße mit Schiffen anderer Nationen. Am 2. April 1971 kollidierte das U-Boot *U-12* der Klasse 205A der Bundesmarine in Überwasserfahrt mit dem DDR-Frachter *Fritz Reuter*. Das U-Boot wurde im rechten Winkel überlaufen und so schwer beschädigt, dass es für zwei Jahre in die Werft musste. Personen kamen nicht zu Schaden. Am 6. Januar 1973 stießen 17 Seemeilen nordöstlich vor Arkona das Fischerboot ROS-205 *Berlin* und die Fregatte F 221 *Emden* der Bundesmarine zusammen. Der Frachter *Theodor Fontane* hatte am 5. Dezember 1975 in der Ausweiche Oldenbüttel im Nord-Ostsee-Kanal einen Zusammenstoß mit dem Lenkwaffenzerstörer D 187 *Rommel* aus dem Westen.

Einige Zusammenstöße erlebte auch das DDR-Urlauberschiff *Völkerfreundschaft*. Am 9. November 1965 kollidierte es mit dem dänischen Küstenmotorschiff *Burgundia*. Nach dem Zusammenstoß wurde ein Besatzungsmitglied des dänischen Schiffs vermisst. Am 14. April 1968 rammte der U-Boot-Jäger P 6113 *Najade* der Bundesmarine die *Völkerfreundschaft* im Bereich der Spanten 41 bis 50 des A-Decks. Die Bundesrepublik zahlte für den Schaden. Im Fehmarnbelt krachte es erneut am 21. Januar 1983. Das U-Boot *U-26* der Bundesmarine mit der NATO-Bezeichnung S175 lief in Überwasserfahrt bei rauer See. Der Kommandant hatte angeordnet, es vom Sehrohr aus und ohne Radargebrauch zu fahren. Durch die Kollision mit der *Völkerfreundschaft* entstand ein Millionenschaden am U-Boot. Ein Schöffengericht in Kiel urteilte später, dass dieser Unfall mit Radar zu vermeiden gewesen wäre.

# Eine MiG stürzt in ein Wohnhaus

Erich Schroff aus Cottbus traute seinen Augen an diesem 14. Januar 1975 kaum. Um 10.20 Uhr rief er die Notrufnummer 112 an und meldete, ein Düsenjäger sei soeben in ein Haus gestürzt. Im zweiten Geschoss eines Wohnblocks war eine MiG eingeschlagen. Es brannte vom Keller bis zum vierten Stock.

Direkt vom Dienstsport auf dem Platz an der Burger Chaussee aus rückte um 10.21 Uhr ein kompletter Zug der Feuerwehr aus. Die Männer hatten bereits die Rauchsäule über dem Ortsteil Ströbitz bemerkt. Fünf Minuten später waren sie in der Schmellwitzer Straße. Nachbarin Hannelore Gehre war bereits vor der Feuerwehr zur Stelle und fand eine Frau, die in Panik vom Balkon gesprungen war. „Da war der Oberarm wie abgeschnitten."

Auch Feuerwehrmann Ulrich Börold erinnert sich an diesen Einsatz: „Wir kamen an und sahen die starken Flammen, die aus dem Fenster kamen, ungewöhnlich für einen Wohnungsbrand. Dann wurde uns mitgeteilt, da steckt ein Flugzeug drin." Die Retter entdeckten eine Überlebende, konnten sie aber wegen der Hitze nicht erreichen. „Sie sollte weg vom Fenster. Sie sollte in die Wohnung hineingehen." Die Kameraden spritzen so viel Wasser wie möglich. „Da lag sie dann in diesem Wasser. Das hat ihr wahrscheinlich das Leben gerettet."

In dem Haus wohnten polnische Frauen, die im Textilkombinat arbeiteten. Die Feuerwehrleute wussten weder, wie viele Menschen sich in dem Ledigenwohnheim befanden, noch, wie die MiG ausgerüstet war. Die NVA-Verantwortlichen meinten später, es dürften mindestens 800 Liter Benzin an Bord gewesen sein. Heißes Magnesium und Aluminium flossen durchs Treppenhaus. Ein Betreten war unmöglich. Die Schlotwirkung fachte das Feuer immer wieder an. 18 Wohnungen wurden auf-

gebrochen und nach Menschen durchsucht. Die Männer fanden schließlich fünf tote Frauen. Zwölf Zivilisten wurden verletzt.

Pilot Peter Makowicka hatte bereits den Befehl gehabt, sich aus seiner MiG-21PFM/SPS zu katapultierten. Das tat er aber nicht. Er überflog mit letzter Kraft das Textilkombinat sowie einen Kindergarten und versuchte einen nahe gelegenen Friedhof zu erreichen. Eine Bö drückte die MiG jedoch herunter, sodass der Absturz nicht mehr zu verhindern war. Hannelore Gehre meint: „Der Pilot hat sich geopfert, um Menschenleben zu retten. Er hat an alle anderen gedacht, aber nicht an sich selbst." Major Peter Makowicki wurde auf dem Südfriedhof Cottbus mit militärischen Ehren beigesetzt.

Die Untersuchungen zur Unfallursache ergaben, dass die Vorstartkontrolle nicht ordnungsgemäß erfolgt war. Dadurch blieb dem Piloten verborgen, dass der Mechaniker die Verdichterluke nur mit vier statt mit 36 Schrauben befestigt hatte. Sie riss im Landeanflug ab und brachte das Triebwerk zum Stehen. Hans Henker, der an der Aufklärung des Absturzes beteiligt war, erklärt: „Damit stand im Grunde genommen fest, dass das Triebwerk aufgrund des Verlustes dieser Luke ausgefallen ist." Der Mechaniker, Unteroffizier G., wurde dafür am 23. April 1975 zu einer Freiheitsstrafe von fünf Jahren verurteilt.

Von diesem Urteil erfuhr die Öffentlichkeit nichts. Das Loch im Haus war bereits am nächsten Tag repariert. MfS-Mitarbeiter registrierten die Stimmung in der Bevölkerung, die sich schon lange Sorgen über die Gefahren des nahen Militärflugplatzes machte. Reden durfte niemand darüber. Die einzige öffentliche Information über das Unglück erschien am 16. Januar 1975 und lautete: „Ein folgenschweres Unglück ereignete sich beim Absturz eines Flugzeuges am 14. Januar gegen Mittag in Cottbus. Trotz größter Bemühungen des Flugzeugführers, eine Katastro-

phe zu verhindern, kamen er und weitere fünf Menschen ums Leben. [...] Zur Feststellung der Ursachen des Unglücks wurde eine Regierungskommission eingesetzt."

## NATO-Alarm vor Darßer Ort

Am 17. Juli 1975 meldete die *Ostsee-Zeitung*: *Segeljacht der DDR gewaltsam entführt.* Das klang nach einer Sensation, die das sonst eher trockene Parteiblatt entdeckt hatte.

Hinter der Meldung verbarg sich die erfolgreiche Flucht des 34-jährigen Rostocker Segelmachers Willi Gaeth mit seiner Frau Brigitte und den Söhnen Klaus und Peter zwei Tage zuvor. Mit seinem Segelboot *Tornado* hatte er das DDR-Küstenwachschiff *G 21* an der Tonne Darßer Ort unentdeckt passiert. Wenig später näherte sich das Wachschiff *BG 14* des Bundesgrenzschutzes (BGS) unter dem Kommando von Oberstabsbootsmann Claus Seekamp. Es war nicht zufällig dort: „Wir hatten den Auftrag, die Segeljacht dort an einem gewissen Punkt zu treffen."

Das BGS-Schiff nahm Willi Gaeth an den Haken und ging auf Kurs West. Plötzlich rauschte das Volksmarineschiff *G 21* der Kondor-Klasse heran. Die Flüchtlinge stiegen auf das westdeutsche Schiff um, zwei BGS-Männer besetzten die *Tornado* und hissten Schwarz-Rot-Gold. Die *G 21* wollte den Schleppzug stoppen. BGS-Kommandant Seekamp reagierte jedoch nicht. Ein zweites DDR-Schiff traf ein. Beide machten die Geschütze gefechtsklar. Jetzt gab auch der BGS-Oberstabsbootsmann Gefechtsalarm. Inzwischen war ein drittes DDR-Kriegsschiff vor Ort. Zwei nahmen das Wachschiff des BGS in die Zange, das dritte Schiff legte sich vor den Bug. Seekamp raste darauf zu, in letzter Sekunde fuhr das DDR-Schiff beiseite.

Ein zur Hilfe geholter BGS-Hubschrauber blendete eine Kondor und flog einen Scheinangriff. Nach drei Stunden war ein zweites Grenzschutzboot aus dem Westen, die *G12*, vor Ort. Auch die DDR rüstete auf: Zwei Schnellboote der Sershin-Klasse erschienen. Der BGS schickte zusätzlich die *BG17*, und Kommandant Seekamp forderte die Hilfe der Bundesmarine an. Um 23 Uhr wurde NATO-Alarm ausgelöst. Zwei Schnellboote gingen von Olpenitz aus in See, zwei gefechtsklare NATO-Kampfhubschrauber waren in der Luft. Nun drehten alle DDR-Schiffe schlagartig ab und verschwanden mit voller Kraft. Familie Gaeth ging im Westen, in Neustadt, an Land. Später baute sie dort eine Segelmacherfirma auf.

Zwischenfälle wie dieser waren in den Jahren des Kalten Kriegs stets mit der Gefahr einer unkontrollierten Eskalation verbunden. In diesem Fall blieb es bei einer diplomatischen Demarche gegenüber dem Ständigen Vertreter der Bundesrepublik in der DDR: „Von der Regierung der BRD wird gefordert, die für die Provokation Verantwortlichen zur Rechenschaft zu ziehen und unverzüglich Maßnahmen einzuleiten, die derartige gefährliche Handlungen in Zukunft ausschließen." Eine Reaktion des Westens gab es nicht. Doch die Sachlage war klar: DDR-Bürger galten als „Deutsche im Sinne des Grundgesetzes", denen in Not geholfen werden musste.

Die Hintergründe des Vorfalls sind ungeklärt. Willi Gaeths Sohn Klaus ist sich heute sicher, dass es „eine geplante und eine angemeldete Flucht" war. Und er geht davon aus, dass sein Vater Inoffizieller Mitarbeiter (IM) der Staatssicherheit gewesen sein könnte. Dabei stützt er sich auf Akten der Stasiunterlagenbehörde in Rostock. Dort entdeckte Klaus Gaeth die Verpflichtungserklärung seines Vaters, unterzeichnet einmal handschriftlich mit „Willi Gaeth" und darunter nochmals mit dem Decknamen

„Hans". Fünf Jahre lang, bis zur Flucht im Sommer 1975, arbeitete Willi Gaeth den Unterlagen zufolge für die Stasi. Ob er ihr durch die Flucht entkommen wollte, vielleicht nur im Westen eine bessere Zukunft suchte oder sogar Kontakt zu einem westlichen Geheimdienst hatte, bleibt ungeklärt. Über seine Tätigkeit als IM Hans und die Zeit nach der Flucht aus der DDR wollte Willi Gaeth gegenüber der Presse nicht sprechen. Das sei „zu schwer" für ihn, erklärte er.

## Das Raketeninferno von Dannenwalde

„Es war, als sei schlagartig ein Krieg ausgebrochen. Überall zischte und knallte es. Russische Frauen rannten mit ihren Kindern aus dem Stützpunkt und versuchten, sich in den Häusern der Dannenwalder zu verstecken. Keiner sagte, was eigentlich passiert war." Die Einwohner verließen fluchtartig ihr Dorf.

Beschreibungen dieser Art sind in Dannenwalde bei Gransee noch heute zu hören, wenn sich die Älteren an den 14. August 1977 erinnern. Dass auf dem Stützpunkt der GSSD Munition lagerte, wussten alle. Schon die Wehrmacht hatte 1938 dort eine Lufthauptmunitionsanstalt errichtet. „Muna" nannten die Dorfbewohner das Lager nur. Nach dem Krieg übernahm die 2. Garde-Panzerarmee der Sowjetarmee die vorhandenen Bunker und baute die Anlage weiter aus. Die Muna blieb somit in Dannenwalde, nur war sie jetzt das Munitionsdepot „der Freunde".

Vermutet wurde schon damals, es könnten dort auch Atomsprengköpfe gelagert sein. Doch das blieben Gerüchte. Anwohner Rüdiger Ungewiß erzählt: „Wir wussten, dass es ein Munitionslager war. Was da gelagert war, wussten wir natürlich nicht. Es hatte eigentlich niemand Zugang." Russischlehrer

Erhard Dürr, der hin und wieder für die Sowjets dolmetschte, weiß mehr: „Es gab den ersten und den zweiten und den dritten Zaun. Der zweite war für uns schon Sperre, und hinter dem dritten Zaun soll das gewesen sein." Dass es seinerzeit geheimnisvoll zuging, bestätigte auch Dietmar Hirchert, damals Reichsbahner auf dem Bahnhof Dannenwalde: „Nachts kamen dann die Züge. Dann durften wir nicht rausgehen, und das Licht musste ausgemacht werden. Darüber durften wir nicht sprechen."

Der Bundesnachrichtendienst hatte den Sowjetstützpunkt im Auge. Nach seinen Erkenntnissen befanden sich dort das „Objekt 521", ein Munitionslager mit 13 200 Tonnen Munition, und das „Objekt 523", eine Instandsetzungswerkstatt für Artillerietechnik und Artilleriemunition. Bis 1992 war die 3397. Bewegliche Raketentechnische Basis in Dannenwalde stationiert. Sie verantwortete die komplette technische Versorgung der taktischen Boden-Boden-Raketen SS-21 Scarab – in der Sowjetunion wurden sie 9K79 Totschka genannt – der 2. Garde-Panzerarmee. Die SS-21 konnten sowohl mit konventionellen als auch mit atomaren Sprengköpfen versehen werden. Ob in Dannenwalde Atomwaffen lagerten, wird bis heute geheim gehalten. In einer ukrainischen Zeitung erwähnte der ehemalige Feuerwehrchef der GSSD, Wladimir Gawrilowitsch Wlasenko, Jahre später lediglich, dass dort auch „Spezialladungen" gelagert worden seien.

Doch gefährlich wurden am 14. August zunächst einmal ganz simple Katjuscha-Geschosse: Artilleriemunition mit einem Kaliber von 12,2 Zentimetern für Geschosswerfer, auch Stalinorgeln genannt. Um die Mittagszeit braute sich über dem Ort ein Gewitter zusammen. Plötzlich begann es zu krachen. Rüdiger Ungewiß erinnert sich: „Ich war zu Hause, habe abgewaschen. Die Fensterscheiben haben geklirrt, bis dann ein Mann aus dem Nachbar-

haus kam, der den Weltkrieg schon mitgemacht hatte und der sagte: Macht, dass ihr wegkommt, die Muna geht in die Luft."

Als Stabschef der Zivilverteidigung und als Jäger, der regelmäßig in seinem Revier bis an den äußeren Zaun des sowjetischen Stützpunkts unterwegs war, wusste Erich Opitz, dass es die Sowjets mit der Sicherheit nicht so genau nahmen: Die Offiziere wilderten, die Postentürme waren nicht besetzt. Er hatte dem Chef der Zivilverteidigung darüber bereits Meldung gemacht, und die ging auch bis auf den Schreibtisch von Erich Mielke, aber nichts geschah. Niemand wollte sich mit „den Freunden" anlegen. Und jetzt schienen seine Befürchtungen wahr zu werden: „Es sausten Raketen in Richtung Osten, mit Feuerschwänzen hinten dran – nicht einzelne, sondern immer gleich so sechs, sieben Stück auf einmal."

Gegen 14.05 Uhr erreichte Erich Opitz seine Dienststelle in Gransee. Die Staatssicherheit, die Feuerwehr einer nahen NVA-Einheit und weitere Hilfskräfte wurden alarmiert. Sie alle boten den Sowjets Hilfe an, doch die lehnten ab.

Später wurde vermutet, dass ein Blitz in einen Stapel ungesicherter Katjuschas eingeschlagen war. Er entzündete einige der gelagerten Raketen, die wiederum setzen weitere Munitionsstapel in Brand. Die folgende Kettenreaktion aktivierte die Feststoffantriebe der Raketen, die daraufhin unkontrolliert starteten. Es knallte und pfiff unaufhörlich. Experten gehen von mindestens 1000 gezündeten Raketen aus. Sie flogen bis zu 15 Kilometer weit, durchschlugen Dächer, beschädigten Autos und töteten eine Kuh. Eine Granate landete in einem leeren Kinderbett. Insgesamt war ein Gebiet von rund 180 Quadratkilometern betroffen. Wie durch ein Wunder wurden keine DDR-Bürger verletzt. Auch das nur zehn Kilometer entfernte Atomkraftwerk Rheinsberg blieb ohne Treffer.

Weil bei den Katjuschas die Zünder nicht installiert waren, explodierten sie nicht. So richteten sie beim Einschlag in 23 umliegenden Dörfern nur Sachschäden an. Viele Raketen schlugen in Wäldern oder auf Wiesen und Äckern ein. Das erklärt die niedrige Schadenssumme von 37000 Mark. Sie stand in keinem Verhältnis zur potenziellen Gefahr, die von den fliegenden Metallteilen ausging.

Auf dem Bahnhof war kurz zuvor ein Munitionszug eingetroffen. Eisenbahner Dietmar Hirchert erinnert sich: „Wie das losging mit dem Gewitter, kamen schon die Russen und sagten: Raus, raus, raus!" Sein Kollege Ulrich Helm sperrte geistesgegenwärtig die Gleise. Hirchert berichtet: „Da haben wir den ganzen Zug genommen und sind rausgefahren, Richtung Gransee. Sonst wäre der auch noch in die Luft geflogen." Damit war die Gefahr erst einmal eingedämmt. Die Männer beobachteten, wie derweil der Stützpunkt hektisch geräumt wurde. Auf Fahrzeugen wurde die Munition weggeschafft. Für die sowjetischen Soldaten war das ein Himmelfahrtskommando, doch es kam noch schlimmer. Helm erzählt: „Da habe ich gesehen, dass Raketen rausgefahren wurden, vier oder fünf Fahrzeuge, riesige Raketen mit diesem Sprengkopf vorne drauf, auf Lafetten. Und die sind Richtung Eichholz gefahren." Wahrscheinlich waren es SS-21-Mittelstreckenraketen, die aus der Gefahrenzone gebracht wurden.

Gegen 16 Uhr nahmen die Detonationen noch einmal gewaltig zu. Die Kommandantur hatte inzwischen Räumpanzer geordert, und im Munitionslager versuchten Soldaten verzweifelt und unter Lebensgefahr, die fatalen Kettenreaktionen zu stoppen.

Erst gegen 19.45 Uhr war der Spuk vorbei. Danach konnten die DDR-Einsatzkräfte mit ihren Aufräumungsarbeiten außerhalb des Stützpunkts beginnen. Die Dannenwalder kehrten noch in der Nacht in ihre Häuser zurück.

Was sich hinter den Mauern und Zäunen des sowjetischen Lagers tatsächlich ereignet hatte, erfuhren sie nicht. Die Lagerung von Atomwaffen unterlag strengster Geheimhaltung. Trotzdem gab es Hinweise. Jäger Erwin Tammer war zu jener Zeit mit hohen Offizieren des GSSD-Oberkommandos aus Wünsdorf auf der Pirsch. Er erinnert sich an ein Gespräch mit einem Militär beim nachfolgenden Umtrunk: „Er sagte, Genosse Tammer, ich würde hier wegziehen. Sie wohnen zwar schön, Natur, Wild, alles Wald ... Und dann ließ er die Katze aus dem Sack und sagte: Wenn hier was in Dannenwalde passiert, alles kaputt." Militärforscher Dirk Henschkel suchte 30 Jahre später nach Spuren. „Die Tragik bei dem Fall damals bestand darin, dass nur zweihundert Meter von dem Detonationsort entfernt ein Sonderlager bestand, in dem die Sowjetarmee wahrscheinlich Kernwaffen gelagert hatte."

Wie ernst die Lage im Munitionslager im August 1977 war, erahnte Anwohner Heinz-Dieter Kaluschke: „Wir haben uns getroffen mit russischen Offizieren, die in die Gaststätten kamen. Und da hat man dann auch gefragt. Eine Antwort war: Viel Blut." Zahlen über Todesopfer unter den sowjetischen Soldaten wurden nicht bekannt gegeben. Gerüchten zufolge sollen es rund 300 Opfer gewesen sein. Militärforscher Henschkel hat recherchiert, dass der Spezialbau Fürstenberg und andere Metallbaubetriebe zu dieser Zeit mindestens 70 Zinksärge nach Dannenwalde lieferten.

DDR-Behörden durften nicht ermitteln. Das MfS sorgte dafür, dass nichts an die Öffentlichkeit drang. Wochenlang lasen Stasimitarbeiter jeden Brief aus Dannenwalde mit und notierten akribisch, wer was über die Explosion an Freunde oder Verwandte geschrieben hatte. Es folgten Besuche, bei denen die Stasi Schweigeverpflichtungen einholte. Die Presse berichtete

nicht über das Unglück. Auch die SED-Führung wurde von den Sowjets nur vage informiert.

Nach der Katastrophe räumten die sowjetischen Truppen das Munitionslager in Dannenwalde und vernichteten mehrere Wochen lang die beschädigten Geschosse durch kontrollierte Sprengungen. Rund 330 Lkw-Ladungen wurden zum Sprengplatz gebracht. Bei Aufräumungsarbeiten in der Umgebung fanden sich 770 Katjuscha-Raketen. Nach dem Abzug der GSSD 1992 wurden noch einmal 270 Stück aus der Erde gegraben.

Bis heute ist ungeklärt, ob in Dannenwalde durch gelagerte Atomsprengköpfe oder chemische Waffen nicht eine noch viel größere Katastrophe hätte eintreten können. Einige gefundene Munitionsteile trugen gelbe Markierungen, wie sie bei chemischen Waffen üblich sind. Damals beobachteten Anwohner, dass unmittelbar nach dem Inferno überschwere Lkw umfangreich Güter abtransportierten. Erwin Tammer erinnert sich: „Die haben sie behandelt wie ein rohes Ei." Reichsbahner Dietmar Hirche weiß auch von anderen merkwürdigen Transporten: „Die haben mal auf der Ladestraße Kesselwagen entladen mit Gasmaske und Schutzanzug."

Sowjetische Akten zum Unglück von Dannenwalde sind trotz Ablaufs der 40-jährigen Sperrfrist unzugänglich. Wahrscheinlich wurde ihre Geheimhaltung von Russland verlängert.

## Die gefährlichen Besatzer

Auf der Autobahn Karl-Marx-Stadt (heute Chemnitz) kam am 14. Juni 1980 jede Hilfe zu spät. Ein DDR-Pkw fuhr auf einen abgestellten und unbeleuchteten Lastwagen der sowjetischen Armee auf. Die Polizei musste drei Tote bergen.

Unfälle wie dieser waren typisch für das Verhalten der Sowjets im Straßenverkehr. Immer wieder führten technische Defekte, mangelhafte Ausbildung, Nichtbeachten der Vorschriften, Übermüdung der Fahrer und Alkohol zu schweren Unfällen. So verunglückte am 7. Februar 1980 ein Mopedfahrer bei Benkendorf im Kreis Saalfeld tödlich, als er auf einen ungesicherten Brückenlegepanzer auffuhr. Dessen Batterie war leer, die Lichtmaschine kaputt. Die Besatzung hatte ihn deshalb einfach stehen gelassen. Ein anderer Zweiradfahrer starb, als ihn am 20. Mai 1980 bei Wintersdorf im Kreis Altenburg ein Lkw Ural 375 mit defekten Bremsen überrollte. Und am 12. Januar 1981 verloren im Kreis Röbel drei Menschen in einem Trabant durch die Kollision mit einem unsachgemäß abgeschleppten und dadurch unlenkbaren Schützenpanzer ihr Leben.

In der DDR-Presse wurde über derartige Unfälle erst ab Ende der 1980er-Jahre berichtet. So gab es beispielsweise 1988 eine Meldung über einen Verkehrsunfall: „In den frühen Morgenstunden des 13. August 1988 ereignete sich in der Ortschaft Niebel / Kreis Luckenwalde ein folgenschwerer Verkehrsunfall. Dabei kam es zwischen dem Spitzenfahrzeug einer gepanzerten Fahrzeugkolonne der GSSD und einem PKW Trabant zu einer Kollision, bei der zwei Insassen des PKW tödlich verletzt wurden."

Solche Verkehrsunfälle kamen während der gesamten Besatzungszeit vor, und allein die damals streng geheimen Zahlen aus den Jahren 1980 bis 1981 bezeugen die Brisanz des Problems. In diesen beiden Jahren gab es 2987 Verkehrsunfälle mit sowjetischer Beteiligung. Bei 2551 Unfällen lag die Schuld bei den Armeeangehörigen. Dabei wurden 94 DDR-Bürger und 53 sowjetische Bürger getötet. Hinzu kamen 207 Schwer- und 731 Leichtverletzte auf deutscher Seite. Der Sachschaden betrug – ohne Folgeschäden wie Renten oder Ausgleichszahlungen – ins-

gesamt 7 504 450 Mark. An den Unfällen waren 55 Panzer, 89 Schützenpanzer, 1996 Lkw, 286 Pkw, 28 Kräder und 97 Busse beteiligt.

Die Militärstaatsanwaltschaft der DDR stellte in ihren internen Analysen fest, dass die sowjetischen Behörden oft trotz eindeutiger Beweislage die Schuld leugneten und sogar Ermittlungen behinderten. In Einzelfällen wurde auch versucht, Zeugen, beispielsweise durch Bestechung oder Bedrohung, zu beeinflussen.

Das prominenteste Opfer eines Verkehrsunfalls mit sowjetischer Beteiligung war der Chef der politischen Hauptverwaltung der NVA, Armeegeneral Heinz Keßler, damals 51 Jahre alt. Er ließ sich am 4. Januar 1971 über die Autobahn Berliner Ring chauffieren. Rund 40 Kilometer vor Königs Wusterhausen passiert es. „Während der Fahrt begann ein heftiges Schneetreiben, hinzu kam ein dichter, undurchdringlicher Nebel, die Sicht auf der nahezu unbefahrenen Autobahn betrug vielleicht nur fünf, sechs Meter", erinnerte sich Keßler später. Plötzlich tauchte auf der linken Fahrbahn der Autobahn ein unbeleuchteter stehender Lkw auf. Als der Fahrer ihn schemenhaft wahrnahm, war es schon zu spät – der Wagen des NVA-Generals fuhr mit großer Wucht auf den Lkw auf. Natürlich wurde der Unfall des Spitzenfunktionärs gründlicher untersucht, als es normalerweise üblich war. Keßler erzählte: „Wie sich später herausstellte, war hier vor Kurzem ein sowjetischer Konvoi gefahren, der – ein unbeschädigtes Fahrzeug an der Spitze, eines am Ende – reparaturbedürftige LKW aus der ČSSR zur zentralen Reparaturstelle der sowjetischen Truppen in der DDR geleitete. Ein Wagen war liegen geblieben – und leider auch liegen gelassen worden." Trotz eines neunmonatigen Krankenhausaufenthalts war Heinz Keßler fortan gehbehindert.

Nur wenn solche Vorkommnisse zu „erheblichen negativen Diskussionen unter der Bevölkerung führen“ konnten, reagierten die Sowjets auch mit harten Strafen. So wurde beispielsweise ein Fähnrich, der am 17. September 1987 auf der F 96 Richtung Berlin betrunken und ohne Fahrerlaubnis mit seinem Lkw die vier Insassen eines Trabants tötete, zu einer Freiheitsstrafe von neun Jahren verurteilt. DDR-Zeitzeugen berichten in diesem Zusammenhang auch davon, dass sowjetische Soldaten von Vorgesetzten geschlagen und brutal abtransportiert wurden, wenn sie Verkehrsunfälle verursacht hatten.

Seit Anfang der 1980er-Jahre versuchte die Militärstaatsanwaltschaft der DDR nachdrücklicher, ihr seit Langem verbrieftes Recht bei der Verfolgung von Straftaten „der Freunde“ – so auch stets die Bezeichnung für die GSSD in den Akten – durchzusetzen. Das schien bitter nötig. Am 4. Januar 1983 schrieb Generalleutnant Alfred Leibner, der von 1966 bis 1987 Chef der Militäroberstaatsanwaltschaft war, in einem internen Bericht zum Komplex „Rowdyhaftes Verhalten in der Öffentlichkeit“: „Es häufen sich die Fälle, dass sowjetische Armeeangehörige z. T. in Uniform und in Zivil auf Dörfern und in Städten DDR-Bürger (Frauen und Männer) grundlos anfallen, persönliches Eigentum wie Geld, Uhren und auch Bekleidungsstücke entwenden und sie niederschlagen.“

Die in ihrer Ablehnung gegenüber Gorbatschows Reformpolitik mutiger gewordenen DDR-Behörden sahen nun genauer hin und registrierten zumindest gründlicher die gefährlichen Zwischenfälle. Trotzdem blieben Kapitalverbrechen von Angehörigen der GSSD geheim. Allein für das Jahr 1988 registrierte ein streng vertraulicher Bericht der DDR-Militärstaatsanwaltschaft folgende schwere Verbrechen:

- In Ludwigslust schoss am 1. Januar 1988 der Fähnrich Gerassimow dem DDR-Bürger B. mit einer Pistole in den Bauch. B. hatte die Herausgabe von Geld verweigert. Gerassimow wurde von einem sowjetischen Militärtribunal für die Tat zu sieben Jahren Haft verurteilt.
- Die Soldaten Samson und Sharikow aus Krampnitz bei Potsdam wollten Geld erbeuten. Sie klingelten am 22. September 1988 an der Tür des 75-jährigen Rentners Bruno T. Als der Mann öffnete, stachen sie ihn nieder. Dann erschlugen sie den Mann mit einer Eisenstange und drangen in sein Haus ein. Dort ermordeten Samson und Sharikow auch Bruno T.'s 73-jährige Frau Margarete.
- Am 25. Oktober 1988 floh der Soldat Selenzow von seiner in Wurzen stationierten Einheit. Er wollte sich Zivilkleidung verschaffen und brauchte Lebensmittel. Deshalb brach er in das Haus des Bürgers H. ein. Der überraschte den Soldaten. Um einer Festnahme zu entgehen, erwürgte Selenzow den Hausbesitzer.
- Der fahnenflüchtige Soldat Koschunow trieb sich bereits mehrere Tage in der Gegend um Jüterbog herum. Am 2. November 1988 drang er auf der Suche nach etwas Essbarem in ein Wohnhaus in Maltershausen ein. Dabei überraschte ihn die Wohnungseigentümerin Frau S. Mit dem Bajonett erstach er die 74-jährige Rentnerin.
- Einen homosexuellen Hintergrund hatte ein Mord am 2. Dezember 1988 in Plauen. Untersergeant Rushkalin erschlug den DDR-Bürger M. in seiner Wohnung und raubte ihn aus. Mittäter Obersergeant Rusow versteckte das Diebesgut.

# Amoklauf in der Disco

Der Oberleutnant der Volkspolizei Lothar Schirmer und sein Genosse Oberleutnant Michael Truthmann erhielten am Abend des 12. Februar 1982 aus dem Volkspolizeikreisamt die Meldung, auf einer Müllkippe hinter der von den Sowjets genutzten Kaserne in Magdeburg-Herrenkrug habe eine Schießerei stattgefunden. Lothar Schirmer erinert sich: „Geschossen wurde schon öfter mal – aber auf dem Gelände der Sowjetarmee, das war schon etwas Besonderes."

Gegen 18.40 Uhr traf er gemeinsam mit Michael Truthmann an der Müllkippe ein, wo sie eine große Blutlache und Schleifspuren vorfanden. In dem Moment näherten sich Jeeps. Nun wurde den beiden Kriminalisten klar, dass es sich um einen Schusswechsel zwischen sowjetischen Soldaten gehandelt haben musste. Sie riefen Einsatzkräfte der Volkspolizei zur Verstärkung. Obermeister Otto Kindiger, der dabei war, erzählt: „In Höhe der Mülldeponie hielten uns zwei sowjetische Offiziere an, die schwer bewaffnet waren." Schirmer und Truthmann erfuhren, dass ein Fähnrich, ausgerüstet mit seiner Kalaschnikow und Handgranaten, desertiert sei und auf der Müllkippe bereits vier Soldaten erschossen habe, die sich ihm in den Weg gestellt hatten.

Es handelte sich um Michail Leonidowitsch Krupsky, geboren am 3. März 1958. Seine Freundin aus der Heimat hatte sich von ihm getrennt, und nun war er desertiert, um sie zur Rede zu stellen. Doch das erfuhren die DDR-Kriminalisten erst später.

Derweil verfolgte der Streifenwagen den Deserteur. Zwei sowjetische Offiziere fuhren mit. Dann entdeckten sie ihn am Straßenrand. Otto Kindiger weiß noch: „Die haben gleich durch

die geschlossene Scheibe geschossen." Der Flüchtling erwiderte das Feuer. Mitten im abendlichen Magdeburger Berufsverkehr peitschten Schüsse. Eine Handgranate detonierte, der Deserteur wurde am Bein getroffen. Er ließ seine MPi zurück und flüchtete weiter, immer noch mit einer Handgranate bewaffnet.

Pünktlich um 19 Uhr begann derweil im Klubhaus Friedensweiler die freitägliche Disco. Rund 80 junge Leute wollten dort die Woche ausklingen lassen. Discobesucher Dirk Schulenburg erinnert sich: „Ich bin raus, und in dem Moment steht da ein russischer Offizier vor mir. Der hat mir in die Augen geschaut, und ich habe dem Mann angesehen, der hatte panische Angst. Der war verstört." Schulenburg bemerkte die Verletzung und nahm ihn mit in die Garderobe des Klubhauses. Dort informierte er Klubhausleiter Uwe Bösel. Erst dann sahen die Männer, dass der Soldat eine scharfe Granate in der Hand hielt. Um 19.30 Uhr wählten sie deshalb den Notruf 110.

Inzwischen kam auch Lothar Schirmer am Klubhaus Friedensweiler an. Ein sowjetischer Offizier und ein Mitarbeiter des KGB in Zivil begleiteten ihn. Er entschloss sich, ins Klubhaus zu gehen. „Mein Gedanke war, wenn jetzt der KGB-Mann, der total russisch aussah im Gesicht, reingeht, dann weiß der Deserteur gleich, was los ist. Und der russische Offizier mit der MPi war ja auch sofort zu erkennen. Da würde also unter Umständen ein Blutbad stattfinden – und das musste man verhindern." Aber Schirmers Vorsicht war schnell hinfällig. „Der russische Oberleutnant hat mich an die Seite gedrückt und dann – das ist für mich völlig unverständlich gewesen – mit der MPi von links unten nach rechts oben durch die geschlossene Tür geschossen. Dann hat er die Tür aufgetreten, hat irgendetwas Russisches gesagt und noch mal eine MPi-Salve durch die offene Tür gegeben." Auch der KGB-Mann schoss mit seiner Pistole in den

Raum. Der Deserteur wurde getroffen. Schirmer erinnert sich: „Keine drei Sekunden später detonierte dann in dieser Garderobe die Handgranate."

Wie durch ein Wunder wurde niemand im Saal verletzt. Die Jugendlichen im Tanzsaal hatten sich inzwischen, so gut sie konnten, versteckt. Nur Klubhausleiter Bösel machte einen fatalen Fehler, der ihn fast das Leben kostete: Er rannte hinaus. Draußen verwechselten die sowjetischen Soldaten ihn mit dem Deserteur. Bösel erzählt: „Da kommt einer, hält mir die Pistole an den Kopf und spannt den Hahn ..." In letzter Sekunde klärte sich der Irrtum.

Auch in der Garderobe spitzte sich die Lage dramatisch zu. Der Flüchtling hatte schwer verletzt überlebt, doch nun nahm der sowjetische Offizier seine Kalaschnikow von der Schulter und wollte ihn an Ort und Stelle erschießen. Lothar Schirmer rang ihm die Waffe ab. In dem Moment versuchte der KGB-Mitarbeiter, mit seiner Pistole auf den verletzten Mann zu schießen. Oberleutnant Truthmann, inzwischen ebenfalls im Klubhaus eingetroffen, konnte den Arm mit der Waffe gerade noch wegdrücken. Ein Rettungswagen brachte Michail Leonidowitsch Krupsky schließlich ins Krankenhaus. Nach einigen Operationen war die akute Lebensgefahr gebannt.

Das Klubhaus wurde schnell repariert. Journalist Bernd Kaufholz, schon damals bei der Magdeburger *Volksstimme*, durfte kein Wort über den Vorfall schreiben. Erst 2004 veröffentlichte er die Geschichte unter dem Titel *Amoklauf eines Sowjetsoldaten brachte 80 Disko-Gäste in Todesgefahr*.

Michail Leonidowitsch Krupsky wurde nach seiner Genesung von einem sowjetischen Militärgericht zum Tode verurteilt und hingerichtet.

## Glasnost gegen Gorbatschow

Es war schon stockdunkel, als ein 18-jähriger sowjetischer Panzerfahrer am 19. Januar 1988 um 17.50 Uhr in Forst Zinna seine letzte Runde mit dem Fahrschulpanzer drehte. Mitten durch das 500 Hektar große Militärareal verlief die Eisenbahnstrecke Leipzig–Berlin–Stralsund. Die Trasse trennte die Kasernen für rund 40 000 Soldaten von dem Manövergelände und sorgte immer mal wieder für Zwischenfälle durch fahrlässiges Überqueren der Gleise. Die Beschwerden und Eingaben der Reichsbahner wurden jedoch ignoriert. Die Sowjets ließen sich von den DDR-Behörden nicht vorschreiben, wie sie sich auf ihrem Übungsplatz zu bewegen hatten. Deshalb rollten auch immer wieder Lkw und Panzerfahrzeugen über die Gleise. So auch an diesem Winterabend. Der Soldat jagte den T 72 den Bahndamm hoch, dann würgte er versehentlich den Motor ab. In Panik sprangen Fahrschüler und -lehrer aus dem Panzer, der mitten auf dem Gleiskörper stehen blieb, und liefen weg.

Derweil raste der D 716 mit 400 Fahrgästen an Bord heran. Er fuhr mit 120 Stundenkilometern, und der Lokführer bemerkte erst im letzten Moment das unbeleuchtete Hindernis auf den Schienen. Thomas Jäpel, der in dem Zug saß, erzählt: „Es war ein unheimlicher Schlag, und ich habe einen riesigen Lichtschein erlebt. Dann ging das Licht aus, und der Wagen fing an, sich zur Seite zu neigen. Wir rutschten dann runter, auf die andere Seite des Wagens." Trotz Schnellbremsung starben sechs Menschen in den Trümmern des Zugs. 33 wurden verletzt, viele von ihnen schwer. Die Waggons sprangen aus den Schienen und verkeilten sich ineinander.

Thomas Jäpel und andere unverletzte Zugreisende halfen, so gut sie konnten. Die Bergung der Verletzten war durch die

Trümmer und die Dunkelheit schwierig. Feuerwehrmann Lutz Selent berichtet: „Wir sahen ein bisschen Feuerschein aus dem Mitropa-Wagen, so ein bisschen Flackern.“ Den Panzer bemerkten er und seine Kameraden erst später. Sehr schnell trafen Reporter und Kameraleute der *Aktuellen Kamera* ein. Denen nahm die Feuerwehr die Handlampen ab, um sie als Lichtquellen zu nutzen.

Die Schuldfrage war von Anfang an eindeutig geklärt, und nachdem Michail Gorbatschow in der Sowjetunion drei Jahre zuvor unter den Schlagworten „Glasnost“ und „Perestroika“ eine Reformbewegung eingeleitet hatte, ließen sich die DDR-Ermittler nicht mehr so einfach abwimmeln. Obwohl der Fahrschulpanzer mit neuer Technik ausgerüstet gewesen sein soll, durfte das Wrack untersucht werden. Auch konnten die beiden sowjetischen Unfallverursacher verhört werden.

Die DDR-Presse berichtete ausführlich. Sie nutzte die Gelegenheit, dem „großen Bruder“ Schlendrian und Nachlässigkeit vorhalten zu können. Gorbatschows „Glasnost“ machte es immerhin möglich, dass die DDR-Ermittler diesmal nicht am Kasernentor haltmachen mussten. Das SED-Zentralorgan *Neues Deutschland* und die lokale Parteipresse berichteten am nächsten Morgen über das schwere Eisenbahnunglück „mit einem Panzer der Sowjetarmee [...], der auf offener Strecke versucht hatte, die Gleise zu überqueren. Neun Wagen des D-Zugs entgleisten, drei davon stürzten um.“ Ein Foto der völlig zertrümmerten E-Lok illustrierte die ADN-Meldung vom Zusammenstoß, bei dem unter anderem der Lokführer und sein Begleiter ums Leben gekommen waren. Auch die *Aktuelle Kamera* sendete Bilder vom Unfallort.

Der Fahrschüler und sein Lehrer, die den Panzer in Panik verlassen hatten, waren unverletzt geblieben und wurden fest-

genommen. Im Hauptquartier in Wünsdorf reagierte man mit einem Befehl zur „Besserung der Ausbildungsorganisation und Steuerung der Fahrzeuge und Kampftechnik". Später teilte das sowjetische Oberkommando mit, dass die beiden Panzersoldaten vor ein Militärgericht gestellt werden sollten. Gerüchte wollten von Todesurteilen wissen – eine Bestätigung dafür gab es jedoch weder von der DDR-Justiz noch von sowjetischer Seite, auch nicht nach dem Abzug der Besatzungstruppen aus der ehemaligen DDR.

## Kollateralschäden

Bis zum Schluss war die DDR für die sowjetischen Streitkräfte ein besetztes Land. Und in einem solchen musste man sich ihrer Ansicht nach nicht um Sicherheitsvorschriften scheren. Das belegen die Kollateralschäden durch Beschuss aus sowjetischen Manövergebieten. Wie umfangreich sie über all die Jahre gewesen sein dürften, lässt sich erahnen, wenn man allein die „Besonderen Vorkommnisse" aus dem Frühjahr 1990 betrachtet. Manchmal, wie am 24. März des Jahres, war nicht einmal klar, was da von den Sowjets abgefeuert worden war. Stattdessen war von einem „unbekannten Flugobjekt" die Rede, das in der Nähe der Touristenstation Breitenbach im Kreis Zeitz eingeschlagen war. Am 30. März dagegen wussten die Fischer des volkseigenen Betriebs Binnenfischerei Dresden, Betriebsteil Zelsholz, genau, was in ihr Gelände gekracht war: eine Flakgranate, abgeschossen auf dem Truppenübungsplatz Schwepnitz. Großes Glück hatte auch ein Mann aus Röhrensee im Kreis Arnstadt am 3. April. Vom Truppenübungsplatz Ohrdruf aus abgeschossen, traf eine 23-mm-Granate gegen 15.30 Uhr sein Wohnhaus und deto-

nierte. Glücklicherweise blieb es bei Sachschäden. Vom selben Schießplatz kamen am 9. April gegen zwölf Uhr drei großkalibrige Granaten geflogen, die nur 300 Meter von der Gemeinde Bittstädt im Kreis Arnstadt entfernt einschlugen. Ebenfalls im Frühjahr 1990 wurde zudem die Kirchturmuhr in Gossel von einer Panzergranate getroffen.

Solche Schießunfälle passierten natürlich auch schon früher. So ist zum Beispiel ein Fall vom 30. August 1984 bekannt, bei dem zwei Minen in Stülpe im Kreis Luckenwalde explodierten. Ein Ehepaar wurde verletzt, es entstand ein Sachschaden von 36 380,41 Mark.

Berichtet wurde über solche Vorkommnisse in der DDR nicht. Und bis zum Ende der Besatzungszeit änderte sich daran auch nicht viel. Von Mai bis August 1989 registrierte die Feuerwehr für die gesamte DDR 110 Brände, die 251 Hektar Wald vernichteten und Schäden in zweistelliger Millionenhöhe anrichteten. Etwa die Hälfte davon verursachten die sowjetischen Truppen. So brannte zum Beispiel am 21. Juni 1989 bei Griebsee im Kreis Wittstock ein 70-jähriger Kiefernbestand ab. Die Brandursache war eine unsachgemäß abgelöschte Kochstelle. Eine Zigarettenschachtel der Marke Sewernije und sowjetische Fleischbüchsen wiesen den Weg zu den Tätern. Am selben Tag verlor der Fahrer einer beheizten Feldküche der Sowjets im Wald bei Stepenitz / Jännersdorf im Kreis Pritzwalk Glut. Schadenshöhe allein in diesem Fall: 411 900 Mark. *Neues Deutschland* meldete nur: „Das Feuer war gegen Mittag in dem 21-jährigen Kiefernbestand aus ungeklärter Ursache ausgebrochen."

# Über den Wolken

## Flugzeugkatastrophen und -fluchten

Der Luftraum über Berlin war den Siegermächten des Zweiten Weltkriegs vorbehalten, deutsche Flugzeuge mussten draußen bleiben. Deshalb wurde der Flughafen Ost-Berlins in das Dorf Schönefeld verlegt, das vor den Toren der Stadt lag und über einen früheren Werksflugplatz verfügte.

Die Geschichte des Flugwesens in der DDR begann 1954 mit der Gründung der Deutschen Lufthansa der DDR. Um den Traditionsnamen Deutsche Lufthansa gab es jedoch Streit. Das am 6. Januar 1926 gegründete Luftfahrtunternehmen war 1951 durch die Alliierten liquidiert worden. Bereits 1953 gründete die Bundesrepublik die „Aktiengesellschaft für Luftverkehrsbedarf", die 1954 die Namensrechte der Deutschen Lufthansa kaufte.

In der DDR war man sich daher unsicher, ob man den traditionsreichen Namen würde behalten dürfen, denn im internationalen Wettlauf verfügte der Westen über die weit besseren Karten. Deshalb entstand am 10. September 1958 zusätzlich die Interflug als „Gesellschaft für internationalen Flugverkehr GmbH". Neben der Deutschen Lufthansa der DDR sollte sie Charter- und Messeflüge durchführen und den Einstieg in den internationalen Luftverkehr ermöglichen. Nachdem der Europäische Gerichtshof in Den Haag 1963 der Bundesrepublik endgültig die Führung des Traditionsnamens Deutsche Lufthansa

zugesprochen hatte, übernahm die Interflug ab dem 1. September 1963 alle Aufgaben des zivilen Flugwesens der DDR.

Zu ihren ersten Maschinen zählten in Dresden gefertigte Lizenzbauten der IL 14. Ab 1961 flogen dann nur noch aus der Sowjetunion importierte Flugzeuge der Hersteller Iljuschin (IL), Antonow (AN) und Tupolew (TU). Obwohl für DDR-Bürger die Flugziele begrenzt blieben, entwickelte sich das Passagieraufkommen rasant. 1968 stiegen rund 719 000 Reisende in die rot-weißen Maschinen der Interflug, davon etwa 174 000 Charterpassagiere. Auf dem Flughafen Berlin-Schönefeld wurden ein Jahr später erstmals eine Million Fluggäste abgefertigt, bis 1990 verdreifachte sich ihre Zahl.

Mit dem Eintritt ins Jet-Zeitalter ab 1969 und der hierfür erfolgten Anschaffung der TU 134 sowie der ersten drei IL 62 schaffte es die DDR, die Spitzenposition unter den Fluggesellschaften des Ostblocks hinter der sowjetischen Aeroflot zu erobern. Ihre Liniendienste flogen von Kuba im Westen bis nach Hanoi im Osten sowie nach Afrika und in den Nahen Osten.

Zuletzt arbeiteten 7611 Frauen und Männer bei der Fluggesellschaft, davon 1600 auf den Flughäfen und 2566 im Verkehrsflug. Es wurden 2,594 Milliarden Passagierkilometer geflogen und damit ein Umsatz von 1,5 Milliarden Mark erwirtschaftet.

Da die Sowjetunion Ende der 1980er-Jahre nicht mehr in der Lage war, ausreichend moderne und große Passagierjets zu liefern, schaffte die Interflug im Sommer 1989 mit Vermittlung des bayrischen Ministerpräsidenten Franz Josef Strauß den ersten Airbus A 310-304 an. Er flog unter der Kennung DDR-ABA im Interkontinentaldienst. Ihm folgten zwei weitere Maschinen dieses Typs.

Mit der deutschen Einheit am 3. Oktober 1990 begann vor allem wegen der wirtschaftlichen Konkurrenz durch die Deut-

sche Lufthansa der Absturz der Interflug. Das Ende für die mittlerweile in Treuhandbesitz befindliche Fluggesellschaft kam dann im Frühjahr 1991 auf klassisch kapitalistischem Wege: Die Banken sperrten die Kredite. Der Versuch der Ausgründung einer Gesellschaft namens Berline blieb ebenso erfolglos wie die Bemühung, diese Gesellschaft als German European Airlines noch einmal in den Himmel steigen zu lassen. Auch die anderen neu gegründeten Teilbetriebe verschwanden vom Markt.

In den 1950er-Jahren gehörte jedoch die Produktion eigener Flugzeuge noch zu den ganz großen Träumen des kleinen Landes. Die DDR wollte zeigen, was in ihr steckt, und in Dresden einen düsengetriebenen Mittelstreckenjet entwickeln. So etwas gab es damals weder in der Sowjetunion noch in der Bundesrepublik. Die Geschichte endete tragisch.

## Der Traum vom eigenen Flugzeug platzt

Flugkapitän Willi Lehmann, sein Co-Pilot Kurt Bemme und Bordingenieur Paul Heerling hatten es geschafft. Am 4. Dezember 1958 brachten sie das erste selbst entwickelte Verkehrsflugzeug der DDR für einen 35-Minuten-Testflug in die Luft.

Noch flog der Prototyp 152/IVI mit der Registrierung DM-ZYA mit sowjetischen Tumanski-RD-9B-Triebwerken, aber er war bereits ein selbst konstruierter, moderner Düsenjet der internationalen Spitzenklasse: 43,6 Tonnen schwer, für 40 bis 60 Passagiere ausgelegt, 31,4 Meter lang, mit einer Spannweite von 26,3 Metern, einer Reichweite von 2000 Kilometern und einer Reisegeschwindigkeit von 765 Stundenkilometern.

Die Entwicklung des stolzen Vogels begann in der Sowjetunion, wo der Ingenieur Prof. Brunolf Baade, der früher bei den

Junkers Flugzeug- und Motorenwerken angestellt gewesen war, mit seinen Leuten an einem zweistrahligen Bomber - später Alexejew 150 genannt - arbeitete. Nach seiner Rückkehr in die DDR sollte aus diesem Bomber in den Vereinigten Volkseigenen Betrieben Flugzeugbau - ab 1. Oktober 1961 wurde deren Dresdner Betriebsteil dann zum volkseigenen Betrieb (VEB) Flugzeugwerft Dresden - eine Passagiermaschine entwickelt werden. Moskau signalisierte Interesse an der Abnahme von 100 Maschinen, sodass die ganze Sache ökonomisch sinnvoll gewesen wäre.

Um die Welt von der Qualität des vierstrahligen Jets zu überzeugen, war eine Landung anlässlich der Leipziger Frühjahrsmesse, die vom 28. Februar bis zum 10. März 1959 stattfand, vorgesehen - als Überraschung für den sowjetischen Parteichef Nikita Chruschtschow. Damit alles reibungslos klappte, war für den 4. März ein letzter Testflug angesetzt. Schlechtes Wetter verzögerte den Start in Dresden-Klotzsche. Um 12.58 Uhr war es dann endlich so weit: Ohne Probleme stieg die 152/I V I in den Himmel und drehte ihre Runden. An Bord befanden sich die dreiköpfige Testbesatzung und Flugzeugingenieur Georg Eismann.

Dann sollte die Maschine in etwa 100 Meter Höhe über den Flugplatz donnern, um der Presse Gelegenheit für spektakuläre Fotos zu geben. Auch Brunolf Baade brauchte eine beeindruckende Aufnahme für einen geplanten Vortrag. Der Flugkapitän leitete einen zehnminütigen Sinkflug ein, es gelang ihm jedoch nicht, den Jet rechtzeitig abzufangen. Um 13.51 Uhr zerschellte die 152/I V I auf einem Acker bei Ottendorf-Okrilla, 5700 Meter von der Landebahn entfernt. Keiner der Insassen überlebte.

Die genaue Absturzursache ist bis heute unbekannt. Nachgewiesen ist der plötzliche Ausfall der Triebwerke, wahrscheinlich hervorgerufen durch eine Unterbrechung der Treibstoffzufuhr. Angenommen wurde, dass der Schub nach dem Sinkflug erst

verzögert einsetzte. Aber niemand weiß letztendlich, ob dafür technisches oder menschliches Versagen der Grund war. Da die Stasi sofort sämtliche Untersuchungen über das Unglück an sich zog, blühten auch die Gerüchte: Von einer gemeinsamen Geheimdienstaktion durch CIA und KGB war die Rede, und auch der BND soll seine Finger im Spiel gehabt haben. Beweise für derartige Verschwörungstheorien gibt es jedoch nicht.

Die Stasi verhaftete den technischen Direktor des VEB Entwicklungsbau Pirna, der die Triebwerke Pirna 014 bauen sollte. Die Hamburger Wochenzeitung *Die Zeit* berichtete: „Am Montag, dem 29. August [1960], verurteilte das Bezirksgericht in Dresden den 55jährigen Flugzeugingenieur und ehemaligen technischen Direktor des Volkseigenen Betriebs (VEB) Entwicklungsbau Pirna, Manfred Gerlach, zu einer lebenslangen Zuchthausstrafe wegen Spionage, Schädlingsarbeit und Wirtschaftsverbrechen. ‚Abgrundtiefer Hass gegen die Arbeiter- und Bauernmacht' hatte nach Darstellung des Gerichts den Verurteilten veranlasst, ‚Produktions- und Perspektivpläne der Luftfahrtindustrie der DDR' skrupellos jenen ‚Mächten auszuliefern, die die Sowjetunion überfallen wollen.' ‚Jene Mächte' – das sind nach Meinung des Sowjetzonengerichts die Bundesrepublik und deren NATO-Partner. [...] Im Herbst 1959 aber wurde Gerlach verhaftet. Fast ein Jahr musste er auf seinen Prozess warten, in dem ihm zur Last gelegt wurde, er habe sofort nach seiner Rückkehr aus der Sowjetunion verräterische Beziehungen zu dem Darmstädter Luftfahrtspezialisten Professor Bock aufgenommen, der gleich ihm zu den Zwangsverpflichteten gehört hatte, aber unmittelbar nach seiner Entlassung in die Bundesrepublik geflüchtet war. Die Frau des Professors Bock sei hauptamtliche Agentin des ‚Bundesnachrichtendienstes', und ihr habe Gerlach gegen Honorar ständig Informationen über die Produktion der

‚DDR-Luftfahrtindustrie' gegeben. Die Presse der Sowjetzone hat über den Prozess so berichtet, als könne es nur eine Schlussfolgerung geben: Weil Gerlach ein Verräter sei, käme die volkseigene Flugzeugproduktion nicht voran."

In zeitgenössischen DDR-Publikationen wurde die Beschuldigung, Gerlach sei ein feindlicher „Spitzenagent" – so der Stasi-Autor Julius Mader 1966 –, bis zum Ende des Staates aufrechterhalten. Hans Teller schrieb 1979, Gerlach „ließ trotz begründeter technischer Einwände Versuche durchführen und gab bewusst falsche Weisungen, die zu schweren Lufthavarien mit Menschenopfern und Sachschäden führten". Herbert Graf, bis 1971 persönlicher Mitarbeiter Walter Ulbrichts, behauptete noch 19 Jahre nach dem Ende der DDR mit Blick auf das Flugzeugmodell 152: „Der BND hat den nicht aussichtslosen Versuch ‚überholen ohne einzuholen' sabotiert."

Beweise dafür legte die DDR niemals vor. Auch die Entwicklung des Triebwerks Pirna 014 verlief erfolgreich. Beim zweiten Versuchsträger 152/II, der am 26. August und am 4. September 1960 zu jeweils etwa 20 Minuten langen Testflügen startete, leisteten sie ihren Dienst. Der letzte Flug eines Triebwerks Pirna 014 fand am 20. Juni 1961 mit einer sowjetischen IL II-28R als Erprobungsträger statt. Später wurde das Triebwerk für Kriegsschiffe der Volksmarine genutzt.

Bis 1961 entstand unter der Bezeichnung 152/II V5 und mit der Kennung DM-ZYG ein dritter Prototyp des DDR-Flugzeugs, der jedoch nur noch für Rollversuche bis 160 Stundenkilometer genutzt wurde.

Das Aus für den DDR-Flugzeugbau kam aus der Politik. Die Sowjetunion hatte plötzlich kein Interesse mehr am Kauf der Maschinen. Damit gab es nicht mehr genügend Abnehmer für das Flugzeug, denn der DDR-Bedarf war zu gering und der Wes-

ten kaufte aus Prinzip nicht im Osten. Am 31. Dezember 1961 wurde die VVB Flugzeugbau schließlich offiziell per Ministerratsbeschluss aufgelöst. Die Produktion von 26 Maschinen, die bereits während der Erprobung begonnen hatte, endete mit der raschen Verschrottung aller bereits fertigen Bauteile und -gruppen. Heute existiert nur noch der Rumpf Nr. 11, der auf dem Flugplatz Dresden aufbewahrt wird.

## Eine Bauchlandung und andere kleine Unfälle

Die IL 14 war das erste in der DDR eingesetzte Verkehrsflugzeug. 80 Maschinen des russischen Konstrukteurs Sergej Iljuschin wurden in Lizenz im Flugzeugwerk Dresden gefertigt. Fünf Mann Besatzung transportierten mit den zweimotorigen Propellermaschinen je nach Ausführung zwischen 28 und 36 Passagiere.

Die Flugzeuge galten als sehr sicher, und so war auch „menschliches Versagen" der Grund für den einzigen Unfall einer IL 14 der Interflug. Durch falsche Bedienung fielen am 7. Dezember 1963 alle Generatoren aus. Die IL 14 DM-SBL legte bei Schwepnitz in der Nähe von Königsbrück eine Bauchlandung hin. Personen kamen nicht zu Schaden.

Das nächste Flugzeug, eine viermotorige IL 18W mit der Kennung DM-STF, verlor die Interflug am 1. März 1967 in Moskau. Bei Überholungsarbeiten in der Aeroflot-Werft brach durch Fahrlässigkeit ein Brand aus. Die Maschine wurde zerstört.

Ein Opfer schlechten Wetters bei der Landung in Berlin-Schönefeld wurde eine TU 134 im Jahre 1972. Der zweistrahlige TU-Jet galt bei den Piloten als schwierige Maschine mit kon-

struktiven Tücken. Dennoch war dieser Flugzeugtyp das „Arbeitspferd" der Interflug, das einiges vertrug. So verwand sich nur der Rumpf nach einer harten Schlechtwetterlandung, bei der die Maschine mit der Kennung DM-SCA auch noch von der Landebahn rutschte. Glücklicherweise gab es keine Verletzten.

Gerade noch glimpflich, da ebenfalls ohne ernste Personenschäden, verlief eine harte Landung in Berlin-Schönefeld am 22. November 1977. In einer TU 134A sollte ein neuer Autopilot getestet werden. Er war bei der Landung angeschaltet, das Flugzeug überschlug sich, eine Tragfläche riss ab, schließlich blieb die Maschine auf der Oberseite liegen. Glücklicherweise entstand kein Brand, sonst wäre das Unglück kaum ohne Tote ausgegangen.

## Der geteilte Himmel

Als DDR-Schriftstellerin Christa Wolf 1963 mit ihrem Roman *Der geteilte Himmel*, der in der Zeit vor dem Mauerbau spielt, ihren ersten großen Erfolg einfuhr, ahnte sie nicht, dass vier junge Männer ebendiesen Himmel zur Flucht in den Westen nutzen wollten. Sie hatten in einer Kaserne Waffen gestohlen und wollten eine AN 24 auf einem Inlandsflug von Dresden nach Berlin-Schönefeld entführen. Das Ministerium für Staatssicherheit (MfS) aber hatte von dem geplanten Coup Wind bekommen und verhinderte ihn. Es blieb nicht der einzige Fall dieser Art.

Im Juni 1971 planten drei Angehörige der Strausberger Verbindungsfliegerstaffel der Nationalen Volksarmee, eine Zivilmaschine in ihre Gewalt zu bringen. Sie wurden vorher verhaftet. Den Entführungsversuch einer AN 24 auf dem Weg von Erfurt nach West-Berlin verhinderte ein MfS-Flugbegleiter im

April 1971. Der 20-jährige Student Klaus-Dieter Z. konnte noch während des Flugs überwältigt werden.

Hijacking war in jenen Jahren ein weltweites Problem. Die Täter gefährdeten nicht nur den internationalen Flugverkehr, sondern auch das Leben der anderen Passagiere und von Menschen am Boden. Am 16. Dezember 1970 entstand deshalb das „Übereinkommen zur Bekämpfung der widerrechtlichen Inbesitznahme von Luftfahrzeugen", dem einige Jahre später auch die DDR und die Bundesrepublik beitraten. Darin wurden die in diesem Zusammenhang stehenden Straftaten definiert und vereinbart, dass sich jeder „Vertragsstaat verpflichtet [...], die in Artikel 1 genannten strafbaren Handlungen mit schweren Strafen zu bedrohen". Die Konvention war Ausdruck des internationalen Konsenses, in jeder Flugzeugentführung, unabhängig vom Motiv der potenziellen Täter, einen Terrorakt zu sehen.

Für die DDR stellte „der geteilte Himmel" ein ganz besonderes Problem dar, denn aufgrund des rigiden Grenzregimes setzten manche Menschen ihre Hoffnung darauf, mit einem entführten Flugzeug dem Staat entfliehen zu können.

Dies gelang am 18. Oktober 1968 dem 24-jährigen Peter Klemt und dem 19-jährigen Ulrich von Hof aus Ost-Berlin. Der Fahrzeugschlosser Klemt war bereits am 3. Februar 1964 durch den Teltowkanal nach West-Berlin geflohen, später jedoch in den Osten zurückgekehrt. Für eine erneute Flucht entführte er gemeinsam mit seinem Freund die polnische LOT-Verkehrsmaschine SP-LSE, eine IL 18 auf dem Flug von Warschau nach Ost-Berlin, und zwang sie, auf dem Flughafen Berlin-Tegel im französischen Sektor West-Berlins zu landen. Dafür hielten sie die Piloten mit zwei – laut späterem Sachverständigengutachten unbrauchbaren – Trommelrevolvern in Schach und

machten den Bordmechaniker, der Widerstand leisten wollte, mit einem Schlag auf den Kopf kampfunfähig.

Wegen Verstoßes gegen die alliierten Luftsicherheitsbestimmungen und wegen der deutschen Straftatbestände Nötigung und Transportgefährdung forderte der für den französischen Sektor in West-Berlin zuständige Oberstaatsanwalt Pierre Henriet für Klemt und von Hof jeweils drei Jahre Gefängnis. Die deutschen Pflichtverteidiger verlangten mit Hinweis auf das individuelle Freiheitsrecht der beiden Flüchtlinge einen Freispruch.

Gerichtspräsident Marcel Sacotte, vom Oberlandesgericht Paris für den Prozess nach West-Berlin abkommandiert, akzeptierte diese Fluchtgründe nicht und sah lediglich im jugendlichen Alter der Angeklagten mildernde Umstände. Er verhängte deshalb zwei Jahre Gefängnis ohne Bewährung, aber mit der Möglichkeit, Berufung vor dem französischen Obergericht in Rastatt einzulegen. Die Begründung des Richters: Die beiden Delinquenten „hätten eine tragische Katastrophe provozieren können".

*Der Spiegel* bemerkte dazu: „Wäre sie eingetreten, hätten einen Teil der Verantwortung freilich auch die polnischen Piloten der Iljuschin tragen müssen. Denn die Verhandlung im ‚Quartier Napoleon' ergab nebenbei, dass die Besatzung in zwei Punkten gegen das internationale Luftsicherheitsreglement verstoßen hatte: Der Kommandant kurvte 45 Minuten lang in 400 Metern Höhe über Berlin, ehe er sich zur Landung entschloss. Und er unterließ es, die Berliner Luftsicherheitszentrale auf Notruffrequenz über die Kursabweichung zu unterrichten und damit einer möglichen Kollision vorzubeugen. Stattdessen erörterte er die ganze Zeit über Sprechfunk mit den Flughäfen Warschau und Schönefeld seine Chancen, die beiden

Flüchtlinge doch noch der DDR-Polizei an die Handschellen zu liefern."

Bereits nach sechs Monaten kamen Peter Klemt und Ulrich von Hof wieder frei. Die milde Strafe schien die Tat zu relativieren.

Der nächste Fluchtversuch per Flugzeug aus der DDR ging tragisch aus. Für den 10. März 1970 buchten der 21-jährige Eckhardt Wehage und die 23-jährige Christel Wehage einen Flug mit der AN 24 von Berlin-Schönefeld nach Leipzig. Der Obermaat bei der Volksmarine aus Berßel im Harz hatte mit 14 Jahren schon einmal in den Westen zu fliehen versucht und war dafür zu acht Monaten Haft verurteilt worden.

Für den Fluchtversuch mit seiner Frau beschaffte er sich zwei Makarow-Pistolen aus der Waffenkammer seines Standorts. Da es bei Inlandsflügen keine Kontrollen gab, konnten sie diese unbemerkt mit an Bord nehmen. Kurz nach dem Start in Berlin-Schönefeld begann etwa über Wittenberg die Entführung. Stewardess Monika Heine hatte die Tür zum Cockpit und den davor befindlichen Durchgang zur Bordküche vorschriftsmäßig verschlossen. Sie erinnert sich an den Überfall: „Er hielt mir die Pistole an den Kopf, seine Begleiterin ist in der Kabine herumgelaufen und hat die Pistole auf die Passagiere gerichtet." Eckhardt Wehage befahl Monika Heine, die Piloten über das Bordtelefon zu einer Kursänderung in Richtung Hannover zu bringen. Gleichzeitig versuchte er, das Cockpit zu stürmen. Er schoss auf die Zwischentür zur Küche, die sich dadurch öffnete. Die Stewardess machte ihn auf die damit verbundene Gefahr aufmerksam: „Wenn diese Zelle verletzt wird, kann das Flugzeug auseinanderfliegen, und wir sind alle tot. Da sagt er, darauf kann ich keine Rücksicht nehmen."

Es folgten Schüsse auf die Cockpit-Tür. Dahinter hatte sich

die Crew verbarrikadiert. Der damalige Bordmechaniker Walter Kohse erzählt: „Die Situation war von Beginn an sehr heikel.“ Die Schüsse auf die Cockpit-Tür hatten lebensgefährliche Folgen: Einige Instrumente und ein Fenster des Flugzeugs wurden beschädigt, der Pilot blutete aus einer Wunde am Ohr. „Damals gab es für eine solche Situation noch keine ausdrücklichen Vorschriften. Für uns kam Verhandeln gar nicht infrage. Nur noch heile runter, lautete unsere Devise“, berichtete Kohse. Chefpilot Schmidt erklärte, der Treibstoff reiche nicht für einen Flug bis nach Hannover, und bot an, umzukehren und in Berlin-Tempelhof zu landen. Das Ehepaar fiel auf diesen Trick herein. Die AN 24 flog zurück, ging aber in Berlin-Schönefeld zu Boden. Zu diesem Zeitpunkt hatten sich die 40 Passagiere und vier Besatzungsmitglieder fast eine halbe Stunde lang in der Gewalt der Entführer befunden.

Als Eckhardt und Christel Wehage den Schriftzug am Flughafengebäude erkannten, erschossen sie sich. Monika Heine berichtet, dass später Abschiedsbriefe der beiden gefunden wurden. Offenbar hatten die Flugzeugentführer für den Fall des Scheiterns ihrer Flucht den gemeinsamen Freitod geplant.

Die Flugzeugentführung war auch im Westen nicht unbemerkt geblieben, zahlreiche Zeitungen berichteten darüber. Deshalb sah sich die DDR gezwungen, am 11. März 1970 zu melden: „Wie ADN von INTERFLUG erfährt, versuchten am Dienstag früh zwei Banditen unter Schusswaffengebrauch die Besatzung eines Verkehrsflugzeuges der DDR-Fluggesellschaft INTERFLUG auf der planmäßigen Flugroute Berlin–Leipzig zur Kursänderung zu zwingen. Der Anschlag misslang jedoch dank der ordnungsgemäßen Einhaltung der Sicherheitsbestimmungen durch die Besatzung. Die Banditen, die mit ihrem verwerflichen Anschlag die Luftsicherheit gefährdeten und die Passagiere

in äußerste Lebensgefahr brachten, begingen angesichts ihres gescheiterten Vorhabens während des Landemanövers Selbstmord, um sich der gesetzlichen Strafe zu entziehen. Durch das besonnene Verhalten der Besatzung wurde das Flugzeug sicher gelandet, und die Insassen erlitten keinen Schaden."

Das MfS sorgte dafür, dass über den Zwischenfall nichts weiter zu lesen war. In der Traueranzeige für Eckhardt und Christel Wehage am 3. April 1970 stand, sie seien durch einen „tragischen Verkehrsunfall" ums Leben gekommen.

Auch später gab es immer wieder Versuche, den geteilten Himmel über der DDR für eine Flucht zu nutzen. Eine besonders spektakuläre Flucht mit hohem Gefährdungspotenzial gelang am 30. August 1978 mit einer TU 134 auf dem Weg von Danzig nach Berlin-Schönefeld.

Um 6.50 Uhr startete die Maschine in der polnischen Hafenstadt. Im Luftraum über Fürstenberg zog der 30-jährige Ost-Berliner Kellner Detlev Tiede eine täuschend echt aussehende Spielzeugpistole vom polnischen Trödelmarkt. Seine 34-jährige Bekannte Ingrid Ruske und ihre zwölfjährige Tochter saßen ebenfalls in der Maschine. Die polnischen Piloten ließen sich von der angeblichen Waffe in die Irre führen. Obwohl MiG-Abfangjäger aufstiegen, landete die LOT in Tempelhof. Auf dem amerikanischen Militärflughafen erwarteten US-Scharfschützen den Entführer und verhafteten ihn.

In der polnischen Linienmaschine reisten 62 Passagiere, darunter 50 DDR-Bürger. Neben Ruske, ihrer Tochter und Tiede blieben weitere sechs DDR-Bürger spontan im Westen. Die anderen wurden am Abend mit einem Bus an den Grenzübergang nach Ost-Berlin gebracht.

Ursprünglich hatten Tiede und Ruske geplant, per Fährschiff von Danzig über Schweden in den Westen zu gelangen. In der

polnischen Hafenstadt warteten sie jedoch vergeblich auf Horst Fischer, Ruskes damaligen Geliebten. Der Hamburger arbeitete beim Aufbau des Fleischkombinats Eberswalde in der DDR und hatte dort Ruske kennengelernt. Im Absatz seines Schuhs wollte er nachgemachte West-Stempel für die Ausreise der DDR-Bürger aus Polen schmuggeln. Dabei wurde er von der Stasi erwischt.

Die Amerikaner saßen in einer Zwickmühle. Einerseits verstanden sie den Wunsch Tiedes nach Freiheit, andererseits durfte das Hijacking nicht zur Nachahmung anregen. Nun kam eigens ein US-Gericht nach West-Berlin. Richter Herbert J. Stern verhängte Ende Mai 1979 nur geringe Strafen, da er – im Gegensatz zu dem französischen Richter bei der Flugzeugentführung von 1968 – im Fluchtmotiv einen Milderungsgrund sah. Detlev Tiedes Strafe galt mit der neunmonatigen Untersuchungshaft als verbüßt, Ingrid Ruske und ihre Tochter kamen bereits nach zwei Monaten wieder auf freien Fuß.

Die Regierung in Bonn entging damit einer peinlichen Situation. Kurz zuvor hatte sie das Haager „Übereinkommen zur Bekämpfung der widerrechtlichen Inbesitznahme von Luftfahrzeugen" ratifiziert. Das sah unter anderem die Auslieferung von Flugzeugentführern vor. Mit einer alliierten Anordnung vom 16. August 1973 untersagten die USA jedoch die Übernahme des Gesetzes für Berlin und stellten klar, dass dort bei Luftpiraterie auch weiterhin die einschlägigen Regelungen der Militärregierung galten.

Einen Tag nach Detlev Tiede und Ingrid Ruske wurde der West-Berliner Horst Fischer in Ost-Berlin „wegen bandenmäßig organisierter Verbrechen" zu acht Jahren Haft verurteilt. Nach zwei Jahren kaufte ihn die Bundesregierung frei. Später heiratete er Ingrid Ruske.

Es blieb die letzte gelungene Flucht aus der DDR durch eine Flugzeugentführung. Noch mindestens zweimal versuchten Menschen allerdings erfolglos, auf diesem Weg aus der DDR zu entkommen.

Am 1. Februar 1980 meldete ADN: „Am Mittwochvormittag versuchten zwei Banditen ein Flugzeug der INTERFLUG (Typ IL18) auf dem Wege Berlin–Erfurt gewaltsam vom Kurs abzubringen. Durch das umsichtige und entschlossene Handeln des Piloten, des übrigen Flugpersonals sowie von Passagieren konnten die verbrecherischen Pläne vereitelt und die Täter dingfest gemacht werden. Sie wurden in Haft genommen." Über Flugzeugentführungen aus den „sozialistischen Bruderstaaten" in den Westen berichtete *Neues Deutschland* mehrfach. Das Urteil in diesem Fall wurde jedoch nicht mitgeteilt.

Mittels einer Bombendrohung wollte Siegfried K., EDV-Techniker bei Interflug, am 20. Dezember 1980 eine Maschine in den Westen entführen. An jenem Tag checkte er in Berlin-Schönefeld zum Flug 302 nach Budapest ein. 77 Passagiere saßen in der TU134A. Während des Flugs steckte K. einen Umschlag in die Sitztasche seines Nachbarn, den dieser fand und der Stewardess übergab. In dem Umschlag fand sich folgende Information: An Bord befinde sich ein roter Rucksack mit einer Bombe, die explodiere, wenn das Flugzeug unter 120 Meter sinke – dies könne aber durch zwei Helfer auf dem West-Berliner Flughafen Tempelhof verhindert werden, wenn die Maschine dort mit blinkenden Scheinwerfern zur Landung ansetzen würde. Diesen Bluff hatte sich Siegfried K. aus einem amerikanischen Spielfilm abgeguckt.

Die Mannschaft suchte unverzüglich nach dem roten Rucksack. Sie fand sogar einen, der gehörte aber einem unbeteiligten Niederländer und war leer. Trotzdem wollte der Pilot sicher-

gehen und flog das slowakische Poprad an, das 718 Meter über dem Meeresspiegel, also über dem besagten Niveau lag. Nichts passierte nach der Landung.

Fünf Stunden lang wurden alle Passagiere verhört – auch Siegfried K., der nicht ahnte, dass er bereits unter Verdacht stand. Denn eine Bombenzündung per Höhenmesser wurde am ehesten einem Interflug-Insider zugetraut. Zudem hatte er seinen anonymen Drohbrief – eine „An den Kommandanten und seine Besatzung" adressierte Klappkarte mit der Aufschrift „Frohe Weihnachten" – mit einem Markant-Federhalter geschrieben, wie ihn technische Zeichner benutzten.

In Berlin wurden die Vernehmungen durch das MfS fortgesetzt. Von Siegfried K. wurde nun auch eine Schriftprobe genommen. Am 4. Januar 1981 gestand er. Wenig später wurde er zu acht Jahren Haft und 48 122 Mark Schadensersatzzahlung an die Interflug verurteilt. Mit den Zinsen und Anwaltskosten entstand eine Gesamtschuld von 53 411,53 Mark plus 112 Mark Gebühr. Im Sommer 1984 kaufte ihn die Bundesrepublik frei.

## Absturz eines Ferienfliegers

Es war ihre Hochzeitsreise, und wenigstens die Füße wollten sie am Abend noch im Schwarzen Meer abkühlen. Als die IL 62 der Interflug mit der Kennung DM-SEA – seit April 1970 im Dienst und die erste Maschine dieses Typs in der DDR – am 14. August 1972 um 16.29 Uhr von Berlin-Schönefeld in Richtung Burgas abhob, hielten sich die beiden an den Händen. Eine halbe Stunde später waren sie tot. Die IL 62 war abgestürzt. Keiner der 148 Passagiere und acht Besatzungsmitglieder überlebte.

Bereits kurz nach dem Start bemerkte Kapitän Heinz Pfaff, 51 Jahre alt, dass es Probleme mit dem Stabilisator gab. Er entschied sich zur Umkehr. In Berlin-Schönefeld ahnte niemand etwas von der bevorstehenden Katastrophe. An Bord entwickelte sich derweil eine dramatische Lage. Beim Landeanflug versagte über Königs Wusterhausen plötzlich die Höhensteuerung. Dann brach das Heck des Flugzeugs ab, wenig später das Rumpfvorderteil. Die Einzelteile schlugen nacheinander auf einem Feld auf. Es war gegen 17 Uhr, Sekunden vorher hatte es noch einen Notruf der Maschine gegeben.

Feuerwehrmann Klaus Speiler eilte mit seinen Kameraden zur Unfallstelle. „Schon auf der Anfahrt hat man die schwarze Rauchwolke gesehen. Da lagen dann sehr viele Tote, fast so wie eine Sitzreihe im Flugzeug aufgebaut ist." Jörn Lehweß-Litzmann, der später an der Untersuchung der Katastrophe beteiligt war, berichtet: „Im Umkreis von zweihundert Metern lagen also Flugzeugteile, lagen die Passagiere aus der vorderen Kabine, auch schwer gezeichnet, alle natürlich tot, Kopf ab oder Extremitäten ab, oder sie steckten in dem daneben liegenden Feld, und dann lagen Koffer und alle möglichen Geräte in der Gegend herum." Der Aufprall war so gewaltig, dass 60 Opfer nicht mehr identifiziert werden konnten.

Am 15. September 1972 teilte die Regierungskommission zu den Ursachen des Unglücks mit: „Die Vorbereitung und Durchführung des Startes des Flugzeuges erfolgte entsprechend den gültigen Bestimmungen und ohne Beanstandungen. Im Raum Cottbus in einer Höhe von 8900 m meldete der Kommandant Schwierigkeiten bei der Verstellung der Höhenflosse und traf die Entscheidung zur Rückkehr zum Zentralflughafen Berlin-Schönefeld, weil eine unmittelbare Gefahr für ihn nicht erkennbar war. Auf Anfrage des Flugsicherungs-

dienstes schätzte der Kommandant ein, dass Rückflug und Landung auf dem Zentralflughafen Berlin-Schönefeld normal verlaufen würden. Entsprechend der bestehenden Vorschrift für das Flugzeug IL 62 ließ der Kommandant beim Rückflug zur Vermeidung einer Überlastlandung Kraftstoff ab. Um 17.00 Uhr riss die Verbindung zwischen den Flugsicherungsdiensten und der Besatzung ab. Unmittelbar darauf erfolgte der Absturz bei Königs Wusterhausen. Alle Passagiere und Besatzungsmitglieder des Flugzeuges fanden dabei den Tod. Das Flugzeug wurde total zerstört und brannte teilweise aus. Die Ursache des Absturzes des Flugzeuges war ein Brand im Inneren des nichthermetisierten Heckteils, der sich in der letzten Phase des Fluges ausbreitete. Dadurch wurde der Festigkeitsverband zwischen Rumpf und Heck so weit geschwächt, dass das Heckteil mit dem Leitwerk abbrach. Die Untersuchungen ergaben, dass die Besatzung des Flugzeuges und das Flugsicherungspersonal richtig handelten und ihre Maßnahmen nach den geltenden Vorschriften durchführten. Auch die technische Vorbereitung des Flugzeuges erfolgte nach den staatlichen Normativen. Zwischen dem Schnellablass des Kraftstoffes während des Fluges und dem Brand besteht kein ursächlicher Zusammenhang."

Die Untersuchungen wurden fortgeführt, über deren Ergebnis war jedoch nie wieder etwas zu hören. Zunächst ging es darum, die Brandursache zu klären. Das Feuer musste im hinteren Gepäckraum entstanden sein. Die Unfallermittler bauten das Heckteil der Maschine nach und stießen dabei auf gravierende Konstruktionsmängel. So verlief zum Beispiel eine Heißluftleitung, die sich bis auf 300 Grad erhitzen konnte, direkt neben Elektrokabeln. Jörn Lehweß-Litzmann erklärt: „Und so kam es zu einer Lichtbogenzündung. Dieses Magnesium-

Material brennt mit zweitausend Grad ab, sodass also das Heck abgeschweißt wurde."

Der ehemalige Interflug-Kapitän Horst Materna kennt die IL 62 aus der eigenen Praxis. „Man sagte, in dem Gepäckgang kann ja nichts passieren, da war also weder eine Feuerwarnanlage noch eine Feuerlöschanlage drin, sodass auch keine Anzeige im Cockpit da war, wenn dort Unregelmäßigkeiten auftraten. Das war natürlich ein grober Konstruktionsfehler." Das Iljuschin-Werk hatte einfach die Brandmelder „eingespart".

Die von den DDR-Experten festgestellte Unfallursache wiesen die Sowjets zurück. Im Abschlussbericht, der als „Geheime Verschlusssache" galt, wurden trotzdem konkrete Empfehlungen für eine konstruktive Veränderung formuliert. Die Konstrukteure übernahmen sie stillschweigend und rüsteten ältere IL 62 nach. Der Kontroll- und Wartungsplan wurde ebenfalls überarbeitet. Nur reden wollte man nicht mehr darüber. Im Dezember 1973 bekam Erich Honecker vom Präsidenten der Volkskammer, Gerald Götting, folgende Hausmitteilung: „Anbei das sowjetische Gutachten über den Absturz. Es widerspricht unseren Experten, gibt aber keine Ursache an. Ich schlage vor, die Sache ruhen zu lassen." Am 11. Dezember 1973 unterzeichnete der DDR-Staats- und Parteichef das Blatt mit „Einverstanden, E. H.".

## Das Ende eines Messeflugs

Tief hängende Wolken machten den Morgen des 1. September 1975 so trübe, dass Bauer Paul Leskowitz das Flugzeug hörte, bevor er es sah. Wieder eine Messemaschine, ein Charterflug irgendwoher aus dem Westen. Es war erst acht Uhr, und Les-

kowitz wollte weiterarbeiten. Da fiel ihm auf, wie niedrig die TU 134 mit der Kennung DM-SCD einschwebte. In dem Moment krachte es auch schon. „Da bin ich eben losgerannt. [...] Da hörte man schon jemanden stöhnen, Schreie und so." Leskowitz war der erste Helfer am Unfallort.

Bei der Flugsicherung wusste noch niemand, dass etwas passiert war. Die TU 134 hatte rund 1000 Meter vor der Landebahn erst eine Antenne des Funkfeuers Mike gestreift, dann ein Dach. Dadurch wurde sie herumgerissen, fiel auf den Boden, überschlug sich, brach auseinander und begann zu brennen. Alles ging sehr schnell. Als Paul Leskowitz zum Unfallort rannte, war noch keine Feuerwehr da. Der Bauer schleppte vier Schwerverletzte aus dem geborstenen Rumpf. Aus dem etwas abseits liegenden Cockpit krochen die vier Besatzungsmitglieder. Sie waren mit dem Schrecken davongekommen. 26 der 34 Insassen der Maschine hatten weniger Glück und verbrannten, ein weiterer Schwerverletzter starb später im Krankenhaus. Außer den drei Stewardessen waren alle Opfer aus dem Westen, denn die TU 134 kam aus Stuttgart.

Feuerwehrmann Wolfgang Wenzel erinnert sich bis heute an den merkwürdigen Alarm: „Hier ist ein Flugzeug angekommen, das ist aber nicht da." Die Feuerwehr raste in das schlammige, aufgeweichte Gelände an der Landebahn und fand die brennenden Trümmer. Es war ein so grausiges Bild, dass Wenzel lange nicht darüber sprechen konnte.

Die Sache war für die DDR äußerst unangenehm, da sie sich gerade mit den beiden Leipziger Messen jedes Jahr vor aller Welt in einem guten Licht darstellen wollte. Außerdem waren die Charterflüge der Interflug mit den Messegästen aus ganz Europa ein gutes Geschäft, das Devisen einbrachte. Unverzüglich wurden im Bezirkskrankenhaus St. Georg in Leipzig Kranken-

hausbetten frei gemacht, um die Überlebenden zu versorgen. Krankenschwester Ruth Wolff war damals im Dienst. „Als sich das herumgesprochen hatte, dass das die Chartermaschine war mit Westdeutschen, da konnte man sich schon denken, dass das Ganze doch eine andere Dimension annimmt."

Durchaus ungewöhnlich war, dass sofort Reporter aus Ost und West vor Ort erschienen. Die *Aktuelle Kamera* des DDR-Fernsehens drehte ausführlich, durfte dann allerdings die grausigsten Aufnahmen nicht senden. Auch durften die Angehörigen der Bundesbürger ohne die sonst üblichen bürokratischen Hürden einreisen, und die spätere Überführung der Leichen klappte ebenfalls reibungslos.

Angehörige des MfS schirmten die Überlebenden hermetisch ab, auch die DDR-Bürger, die Hilfe geleistet hatten, wurden befragt. Krankenschwester Wolff erzählt: „Das hat schon ein bisschen Angst ausgelöst. Du tust hier eigentlich nur deine Pflicht und wirst jetzt so beschattet, als wenn du hier irgendwas in die Luft sprengen wolltest." Bauer Leskowitz machte ebenfalls unangenehme Erfahrungen: „Da wurdest du von der Stasi gefragt, warum ausgerechnet du als Erster dort gewesen bist." Und Feuerwehrmann Wenzel erinnert sich: „Die Art der Befragung, da konnte man schon den Eindruck gewinnen, dass wir diejenigen sind, die was verbrochen haben."

Zur Ursache des Unglücks gab es kaum Informationen. ADN teilte am 2. September lediglich mit: „Der Flughafen Leipzig-Schkeuditz, der infolge des schweren Unglücks mit einer INTERFLUG-Maschine vom Typ TU134 vorübergehend gesperrt war, konnte am Montag gegen 14.20 Uhr wieder den normalen Flugbetrieb aufnehmen. Die Maschinen, die bis zu diesem Zeitpunkt planmäßig in Leipzig landen sollten, wurden umgeleitet."

Gerüchte besagten, dass Wrackteile der TU 134 verschwunden und in einem Steinbruch versenkt worden seien. Dafür gibt es jedoch keinerlei Belege. Einig waren sich die Fachleute hingegen, dass der Flugplatz Leipzig-Schkeuditz als Provinzlandeplatz keine der damals üblichen internationalen Sicherheitsstandards aufwies. Wegen des sonst eher ruhigen Flugverkehrs unterstützte nur während der Frühjahrs- und der Herbstmesse eine eigens herbeigeschaffte mobile Radarstation die Landung. Sie maß zusätzlich die Höhe des anfliegenden Flugzeugs. Möglicherweise versäumte es die Flugsicherung am Unglückstag, diese Daten an die Maschine zu übermitteln. Wegen des schlechten Wetters befand sich die TU 134 jedoch im Instrumentenanflug, und ein solches Manöver muss vom Boden aus durch zwei Leitstrahlen – für den Kurs und für die Höhe – unterstützt werden.

Als offizielle Unfallursache galt „menschliches Versagen". Der Pilot, der Co-Pilot und der Radarlotse wurden zu Haftstrafen zwischen drei und fünf Jahren verurteilt.

## Feuer auf der Startbahn

Am 17. Juni 1989 sollte die IL 62M mit der Kennung DDR-SEW in Berlin-Schönefeld mit zehn Besatzungsmitgliedern und 103 Fluggästen an Bord, darunter einer Jugendtourist-Gruppe und 16 Ausländern, über die Piste 25L Richtung Moskau abheben. Um ihre 165 Tonnen in die Luft zu bringen, musste die IL 62M auf Formel-I-Geschwindigkeit gebracht werden und brauchte eine Startbahn von etwa 2000 Metern.

Über das, was an diesem Tag passierte, berichtete *Neues Deutschland* am 19. Juni: „Die Linienmaschine IF 102 Berlin–

Moskau konnte sich beim Start trotz voller Entwicklung des Triebwerkschubs nicht von der Startbahn lösen und raste etwa 500 Meter über das Ende der Betonpiste hinaus in Richtung Waßmannsdorf. [...] Der Rumpf des Flugzeuges zerbrach in mehrere Teile, auslaufender Treibstoff setzte die Maschine in Brand. Noch bevor der ganze Rumpf von den Flammen erfasst wurde, konnten nahezu 100 Insassen durch Notausstiege und Bruchstellen ins Freie gelangen. [...] Dank des raschen Einsatzes der Flughafenfeuerwehr [...] konnte ein Übergreifen des Feuers auf die kaum beschädigte rechte Tragfläche verhindert werden. In ihr befand sich etwa die Hälfte des Flugtreibstoffes. Nach der Abkühlung durch chemische Mittel konnten Mitarbeiter der INTERFLUG und Feuerwehrleute bereits am Sonnabendnachmittag 15 000 Liter Kerosin abpumpen."

Gerhard Finger, Einsatzleiter der Betriebsfeuerwehr, berichtet: „Genau 8.29 Uhr wurden wir alarmiert. Um 8.32 Uhr erreichten wir den Unglücksort." Trotz aller Bemühungen starben 15 Menschen an der Unfallstelle, zwei weitere auf dem Transport und vier später im Krankenhaus. Darüber hinaus gab es 28 Schwerverletzte.

Datenverarbeitungsingenieur Erich Britzke saß mit seiner Freundin Andrea Chwalczik in der Maschine. Er erinnert sich an jene dramatischen Minuten: „In der Maschine war es totenstill. Es gab weder Durchsagen, noch war eine Stewardess zu sehen. Alle drängten nach vorn, zum Glück entstand aber keine Panik. Plötzlich wurde es in der Kabine dunkel, und alles war voller Rauch. Ich bin dann in Ohnmacht gefallen. In der Zeit gelang es einem Passagier, den Notausstieg zu öffnen. Durch die einströmende kalte Luft kam ich wieder zu mir und gelangte über die Notrutsche ins Freie. Erst da merkte ich, dass Andrea, die im Flugzeug hinter mir gewesen war, verschwunden war."

Seine Freundin überlebte das Unglück nicht. Britzke wurde ins Krankenhaus Hedwigshöhe gebracht und später in die Charité verlegt. Fast zwei Monate musste er wegen Rauchgasvergiftung und Verbrennungen der Atemwege stationär behandelt werden. Er überlebte als Invalide.

In der DDR wurde über das Unglück der gerade zehn Monate alten Maschine umfangreich berichtet. Der 21-jährige Elektromaschinenbauer Andreas Teuscher aus der Jugendtourist-Gruppe erzählte später von seinem Überleben: „Ich habe auf meinem ersten Flug direkt am Notausstieg auf der rechten Seite gesessen. Als die Maschine stand, sah ich auf der linken Seite Feuer, die Tragfläche stand in Flammen. Ich öffnete sofort den Notausstieg und rannte aufs Feld. Nach mir eilten weitere Passagiere hinaus." Renate Lazer, die mit ihrem Mann Ingolf sowie den Söhnen Uwe und Frank in der siebten Reihe im Vorderteil der IL62 saß und auf dem Weg in den Urlaub war, berichtete: „Die Maschine brach unmittelbar vor unseren Sitzen auseinander. Durch den Riss sind wir nach draußen geklettert."

Trotz dieser umfangreichen Schilderungen von Betroffenen gab es über die Unfallursache keine Informationen. Ralf-Carsten Ludwig, damals 31 Jahre alt und als Alpinist auf dem Weg nach Samarkand, erinnert sich, dass nach der Rettung alle Überlebenden in einem Hangar von der Stasi befragt wurden. „Es gab Vermutungen, es könnte ein Terroranschlag gewesen sein, wegen des 17. Juni." Aussagen von Augenzeugen, das Flugzeug sei bereits abgehoben, bevor es zerbrach, wurden unterdrückt. So entging die DDR einer internationalen Untersuchungskommission, die nach Flugzeugabstürzen vorgeschrieben ist. Die DDR-Staatsanwaltschaft ermittelte und stellte das Verfahren anschließend ein.

Der „Abschlussbericht der staatlichen Luftfahrtinspektion"

vom 12. Dezember 1989 kam erst 1992 an die Öffentlichkeit. In ihm wird festgestellt, dass die IL 62 nicht in die Luft kam, weil Höhen- und Seitenruder mechanisch blockierten. Das bemerkte der Pilot und gab die Anweisung, den Start abzubrechen. Wäre der Flugingenieur dem Befehl gefolgt, hätte er die Düsen auf den bremsenden Umkehrschub schalten und die ebenfalls bremsenden Spoiler ausfahren müssen. Dann wäre die Maschine rechtzeitig zum Stehen gekommen. Stattdessen, so der Untersuchungsbericht, „löste der Startabbruch beim Flugingenieur eine Reihe logisch nicht erklärbarer Handlungen aus“. Er schaltete alle Triebwerke aus. Nun jagte die Maschine mit einer Geschwindigkeit von 303 Stundenkilometern auf das Ende der Startbahn zu. Mit 262 Stundenkilometern verließ sie die Piste, 24 Meter dahinter schlug sie auf. In dem Moment entstand das Feuer.

Damit legte der Unfallbericht den Verdacht auf fahrlässige Tötung nahe. Erich Britzke versuchte bereits im Frühjahr 1990 auf eigene Faust, diesem Verdacht nachzugehen. Zunächst erhielt er sogar Einblick in Akten der Staatsanwaltschaft. Doch plötzlich schienen alle Wege versperrt. Interflug-Techniker verweigerten bei weiteren Begegnungen jede Auskunft. Auch nach der Wiedervereinigung kam Erich Britzke nicht weiter. Am 12. Juni 1991 wandte er sich an die Staatsanwaltschaft beim Landgericht Berlin und bat um eine strafrechtliche Prüfung der ihm inzwischen bekannt gewordenen Vorgänge. Doch nichts geschah.

Da die Opfer von der DDR-Versicherung nur mit geringen Geldbeträgen entschädigt worden waren – bei Erich Britzke waren es 7000 Mark –, erzwangen sie Mitte der 1990er-Jahre einen Prozess. Zu dieser Zeit waren ihre Ansprüche jedoch bereits verjährt. In einem weiteren Prozess wurde 1997 der Bord-

ingenieur freigesprochen, der die Anweisung zur Schubumkehr nicht befolgt hatte. Der Richter sah die Unglücksursache in den Fehlleistungen der gesamten Crew sowie in ihrer unzulänglichen Ausbildung.

Erich Britzke starb an den Spätfolgen des Unglücks.

# Die DDR in der weiten Welt

## Gefährliche Auslandseinsätze

Der berühmteste Dienstreisende der DDR hieß Sigmund Jähn. Am 26. August 1978 startete der damalige Oberstleutnant der Nationalen Volksarmee (NVA) gemeinsam mit dem sowjetischen Kosmonauten Waleri Fjodorowitsch Bykowski in der Raumkapsel Sojus 31 zur Raumstation Saljut 6. Nach acht Tagen und 125 Erdumkreisungen kehrten die beiden zurück.

Am 4. September 1978 meldeten sämtliche DDR-Zeitungen: „Der Landeapparat des Raumschiffes Sojus 29 ist im vorgesehenen Gebiet auf dem Territorium der Sowjetunion 140 Kilometer südöstlich der Stadt Dsheskasgan (Kasachstan) weich gelandet. Das Befinden Waleri Bykowskis und Sigmund Jähns nach der Landung ist gut."

Das war nur die halbe Wahrheit, denn ganz so „weich" war die Landung für die Insassen nicht: Sigmund Jähn hatte sich die Wirbelsäule verletzt. „Waleri erreichte bei der Landung den Schalter zum Absprengen des Fallschirms ein wenig zu spät. Dadurch löste er sich nicht rechtzeitig von der Landekapsel, und sie überschlug sich ein paar Mal und wurde ein Stück durch die Steppe geschleift." Sigmund Jähn erlitt eine bleibende Verletzung. „In der DDR war das als Berufsunfall anerkannt worden, worauf man mich teilinvalidisierte." Erfahren durfte jedoch niemand davon, denn der als „Held der DDR" und

„Held der Sowjetunion“ ausgezeichnete Jähn durfte natürlich keinerlei Wehwehchen haben.

Wenn DDR-Bürger Ungewöhnliches vollbrachten, sollte das Volk stolz auf sie sein. Kam es zu Zwischenfällen, geriet die Berichterstattung schnell in eine Zwickmühle. Einerseits ließen sich Unfälle schwer verschweigen, andererseits durfte „dem Klassenfeind“ kein Ansatzpunkt zur Kritik geboten werden.

Wie man diesen Spagat zu bewältigen versuchte, zeigte sich bereits Ende der 1950er-Jahre, als erstmals DDR-Wissenschaftler in die Antarktis aufbrachen. Am 12. November 1959 reisten die ostdeutschen Forscher Günter Skeib, Christian Popp und Joachim Kolbig als Mitglieder einer sowjetischen Antarktis-Expedition mit den Schiffen *Ob* und *Kooperazija* zu der seit 1955 betriebenen Station Mirny. Dort kam es am 3. August 1960 zu einem verheerenden Brand. Sieben sowjetische Wissenschaftler und der DDR-Meteorologe Popp verloren ihr Leben. Darüber gab es am 19. August eine Meldung. Am 8. September hieß es dann nur noch: „Brandursache auf Mirny noch nicht geklärt“. Weitere Informationen fehlten. Stattdessen erschien im Februar 1961 eine Reportage von Expeditionsmitglied Joachim Kolbig, in der die großen wissenschaftlichen Erfolge gewürdigt wurden, das schreckliche Ereignis jedoch nur am Rande erwähnt wurde. Nach Popp benannte man eine neu entdeckte Antarktis-Insel auf 68 Grad 32 Minuten südlicher Breite und 151 Grad 46 Minuten östlicher Länge.

Der spätere Chefredakteur des SED-Zentralorgans *Neues Deutschland*, Günter Schabowski, erinnerte sich daran, welche Probleme der Vorfall den Journalisten machte: „Ich war damals Journalistik-Fernstudent. Das Wichtigste, was wir lernten, war, parteilich zu sein. Wir wollten die Menschen erziehen. Da bedurfte es keiner Zensur. Die Redaktionen zensierten sich selbst.

Bei der Sache in Mirny ging es um die internationale Rolle der DDR. Wir in der Antarktis, das war doch was. Dass die ganze Sache nicht ungefährlich war, konnte da nicht unser Thema sein. Wir waren doch keine Nörgler!"

Dieses Bestreben, das Renommee der DDR nicht zu beschädigen, bestimmte über all die Jahre die Berichterstattung über Unglücke, Katastrophen und „Besondere Vorkommnisse".

## Absturz in der Eigernordwand

Die 1800 Meter hohe Eigernordwand in den Berner Alpen war nie nur eine Herausforderung für Bergsteiger, sondern immer auch ein Propagandasymbol. Nachdem die „Mordwand" bereits neun Todesopfer gefordert hatte, nutzten die Nationalsozialisten die Erstbesteigung im Sommer 1938 als „Beweis" für die „Überlegenheit der germanischen Herrenrasse". Wer unter Alpinisten etwas gelten wollte, versuchte sich fortan an dieser schwer zu besteigenden Wand.

In der DDR kamen die Alpinisten meist nur bis in die Sächsische Schweiz. Viele von ihnen gingen deshalb im Laufe der 1950er-Jahre in den Westen. Dennoch gab es eine Nationalmannschaft Alpinistik. Im Sommer 1967 wollten ihre besten Kletterer die Eigernordwand bezwingen. Das endete am 21. Juli mit dem tödlichen Absturz der vier DDR-Alpinisten. Wahrscheinlich riss sie ein unerwarteter Steinschlag ins Tal.

Ulrich Voigt, selbst Bergsteiger und 1957 Mitglied der ersten Fahrt einer sechsköpfigen DDR-Nationalmannschaft zum Montblanc nach Frankreich, war mit den Männern befreundet. „Die verunglückten Bergsteiger Fritz Eske, Günter Kalkbrenner, Kurt Richter und Günter Warmuth gehörten damals zu

den Besten. Sie waren gut vorbereitet und hatten vorher auch die Nordwand am Matterhorn schnell und sicher bestiegen. International waren das erfahrene Alpinisten." Er erinnert sich daran, dass es der DDR bei der Expedition in die Alpen nicht nur um den Sport ging. „Natürlich wurde das DDR-Team auch politisch instrumentalisiert. Da sollte es beim Klettern ums Ideologische gehen. Aber bei den vier Verunglückten hatte man da nicht viel Erfolg, denen ging es allein ums Bergsteigen."

An den schwarzen Tag für die vier DDR-Alpinisten erinnert sich Ulrich Voigt so: „Ersatzmann Hering und Trainer Karl Däweritz blieben im Lager unterhalb der Wand zurück, während das Kernteam die Matterhorn-Nordwand bestieg. Trotz schlechter Verhältnisse glückte der Aufstieg über die Schmid-Route. Am 21. Juli stiegen die vier dann über die Eigernordwand ein. In den späten Nachmittagsstunden wurden sie das letzte Mal gesichtet. Kurz danach stürzten sie ab. Die Ursachen und der Hergang des Unglücks sind bis heute ungeklärt. Die Leichen von drei der Bergfreunde wurden am nächsten Tag unterhalb des Zerschrundenen Pfeilers gefunden. Zehn Tage später bargen zwei tschechische Kletterer an einer anderen Stelle auch die Leiche von Günter Kalkbrenner."

Am 31. Juli 1967 verabschiedeten sich im Dresdner Rathaus Tausende Bürger und eine Delegation des Deutschen Turn- und Sportbundes von den verunglückten Bergsteigern.

## Ein DDR-Diplomat wird ermordet

Am 22. November 1970 versuchte eine Söldnertruppe mit Unterstützung der früheren Kolonialmacht Portugal, in Conakry, der Hauptstadt Guineas, einen Staatsstreich durchzuführen.

Die DDR fühlte sich dem seit der Unabhängigkeit am 2. Oktober 1958 herrschendem Regime des Präsidenten Sékou Touré solidarisch verbunden, weil dieser für einen „panafrikanischen Sozialismus" eintrat. Es gab seit 1970 diplomatische Beziehungen, zudem arbeiteten DDR-Entwicklungshelfer in dem afrikanischen Land.

Als der Zweite Sekretär der DDR-Botschaft Dr. Siegfried Krebs und der Handelsrat Helmut Fischer die Meldung von *Radio Conakry* über das Anlanden der Söldnertruppe von See aus hörten, wollten sie per Auto die Botschaft erreichen. Sie benutzten die Uferstraße und fuhren in Richtung des Hotels Camayenne. Plötzlich wurde der Wagen mit Maschinenpistolen beschossen. Die Schüsse verletzten die beide Diplomaten schwer. Als die Söldner ihren Irrtum bemerkten, drangen sie darauf, dass die beiden Deutschen sofort verschwanden. ADN berichtete: „Der verletzte Handelsrat war noch in der Lage, sich selbst ans Steuer zu setzen, um mit dem schwerverletzten Dr. Krebs den Ort des hinterhältigen Überfalls zu verlassen." Die beiden Männer erreichten das Donka-Krankenhaus, in dem DDR-Ärzte arbeiteten, die die Verletzten versorgten. „Dr. Krebs hatte eine schwere Bauchverletzung, während Helmut Fischer im Rücken getroffen war. Trotz aller ärztlichen Kunst erlag Dr. Siegfried Krebs in der Nacht zum Montag seinen Verletzungen. Die Geschosse, die im Körper der DDR-Diplomaten gefunden wurden, stammten aus Waffen portugiesischer Söldner, wie inzwischen vorgenommene Untersuchungen ergaben."

Der Staatsstreich gegen Sékou Touré wurde niedergeschlagen. Am 25. November 1970 traf eine Sendung mit Medikamenten und Sanitätsmaterial aus der DDR im Wert von 200 000 Mark in Conakry ein. ADN meldete: „Der Staatschef Guineas, Sékou Touré, der DDR-Botschafter Günter Fritsch empfing, dankte

für die solidarische Haltung der DDR und die Unterstützung Guineas in seinem gerechten Kampf. Er bat, der Regierung der DDR und der Witwe von Dr. Krebs sein tiefempfundenes Beileid zu übermitteln."

## Die Tragödie von Eindhoven

Im Sommer 1971 reiste der Hallesche Fußballclub (HFC) zu einem Rückspiel im UEFA-Cup gegen den PSV Eindhoven in die Niederlande. Sie nahmen im Hotel TsilvereZeepard (Silbernes Seepferdchen) Quartier. Darüber, was dort am 28. September 1971 geschah, berichtete der Journalist Jan van der Maas: „Eine Gasexplosion in den Küchenräumen setzte Dienstag früh um 5.30 Uhr das im Stadtzentrum von Eindhoven gelegene Hotel in Brand. Innerhalb von fünf Minuten brannte das fünfstöckige Gebäude wie eine Fackel. In den 75 Zimmern befanden sich unter den Gästen die Fußballmannschaft aus Halle und Teilnehmer eines internationalen Ärztekongresses. Die meisten Gäste konnten sich nur durch die Flucht über das Dach, durch einen Sprung aus dem Fenster oder mittels geknüpfter Betttücher retten. Um 12 Uhr brannte das oberste Stockwerk noch immer."

Die DDR-Fußballer versuchten nach Kräften, nicht nur sich selbst in Sicherheit zu bringen, sondern auch anderen Hotelgästen zu helfen. Nationalspieler Klaus Urbanczyk stürmte aus seinem Zimmer und sprang aus acht Metern Höhe aus dem Fenster. Beim Aufprall erlitt er schwere Schnittverletzungen, die ihn fast das Leben kosteten. Erhard Mosert brach sich durch seinen Sprung aus großer Höhe einen Knöchel, und auch Masseur Rolf Schüttig musste in ein Krankenhaus eingeliefert werden. Delegationsleiter Hans Schmidt, die Trainer Walter Schmidt

und Günter Hoffmann sowie der Spieler Günter Riedl kamen mit leichten Verletzungen davon. Peter Klemm und Rainer Langer brachten ein schwedisches Ehepaar in Sicherheit, Roland Nowotny rettete eine amerikanische Computerexpertin.

Nachwuchsspieler Wolfgang Hoffmann überlebte das Inferno nicht. Delegationsleiter Schmidt berichtete: „Die besondere Tragik dieses frühen Morgens beim Brand im Hotel Seepferdchen bestand auch darin, dass der junge Wolfgang schon mit seinen Sportkameraden aus dem Zimmer war und auf dem Weg nach draußen. Er kehrte aber noch einmal um und wollte seine Sachen holen, dabei ereilte ihn dieser tragische Tod." Insgesamt starben elf Menschen, mehr als zwei Dutzend wurden verletzt. Der HFC sagte das Spiel ab, und die Eindhovener zogen kampflos in die nächste Runde ein.

*Die Neue Fußballwoche* in der DDR kommentierte: „Sich auf dem Spielfeld zu bewähren, das war dem HFC in Eindhoven nicht möglich." Die Mannschaft „bestand indes eine weit höhere, schwierigere Form der Bewährung. Und der Ausdruck ‚Helden' ist durchaus angebracht, er war selten so berechtigt wie in diesem Fall."

## US-Rakete auf DDR-Frachter

Am 16. April 1972 geriet das im vietnamesischen Hafen Haiphong liegende DDR-Handelsschiff *Halberstadt* zwischen die Fronten des Vietnamkriegs. Amerikanische Flugzeuge bombardierten und beschossen die Hafenstadt. ADN-Korrespondent Hellmut Kapfenberger berichtete: „Bei dem Beschuss des Hafengeländes mit Raketen erhielt das Schiff einen schweren Treffer. Der leitende Ingenieur Frank Just erlitt durch Splitter

Verwundungen. Mehrere vietnamesische Hafenarbeiter wurden getötet oder schwer verwundet. Einem der vietnamesischen Hafenarbeiter an Deck wurden beide Hände halb abgerissen. Auf dem Oberdeck der ‚Halberstadt' wurden nach dem Angriff Gliedmaßen entsetzlich verstümmelter vietnamesischer Bürger aufgefunden."

Matrose Peter Schwarzlose erinnerte sich fast 40 Jahre später an die dramatischen Minuten: „Am 16. April 1972, genau um 15:15 Uhr, passierte das für uns für unvorstellbar Gehaltene. Unser Schiff wurde von einer Rakete auf der Backbordseite getroffen. Einen regelrechten Luftsatz schien das Schiff zu vollführen. Und wir, die auf der Treppe gesessen hatten, fanden uns irgendwo im Gang, nebeneinander und aufeinander liegend, wieder. Natürlich hatten wir, wieder einigermaßen zur Besinnung gekommen, nur das eine Bestreben: Bloß raus hier! Und nur Sekunden später rüttelten die Ersten auch schon an den Stahltüren. Aber da tönte die Stimme unseres Kapitäns durch den Raum: ‚Halt, Männer! Alles bleibt drin! Seid ihr denn wahnsinnig geworden?' Und tatsächlich wäre es wohl der größte Fehler gewesen hinauszugehen, denn normalerweise folgte auf den ersten Angriff auch noch ein zweiter." Zwei große Löcher klafften im Schiffsrumpf, das Radar sowie die Ruder- und Funkanlage waren beschädigt. Darüber hinaus war das Schiff durchlöchert von über 100 MG-Einschüssen.

Die *Halberstadt* war somit nicht mehr seetüchtig. Bis auf 13 Seeleute wurde die 56-köpfige Mannschaft auf die *Frieden* evakuiert, die acht Kilometer vor Haiphong auf Reede lag. Nach zehn Tagen war das Loch im Rumpf geflickt. Peter Schwarzlose erzählt: „Auf die Raketenlöcher hatten sie Stahlplatten aufgeschweißt und auch sonst alles notdürftig repariert." Einige Stunden später nahm der Frachter Kurs auf Singapur. Die USA

zahlten die Kosten für die Reparatur und entschuldigten sich bei der DDR. Die *Halberstadt* erreichte schließlich am 8. August 1972 wieder ihren Heimathafen Rostock.

Geheim blieb damals, dass die *Halberstadt* Haiphong nur verlassen durfte, weil an ihrer Stelle die *Frieden* am Kai des Hafens festmachte. Die Vietnamesen wollten ausländische Schiffe als Schutzschilde im Hafen haben, um so die Bombardierung der Anlagen zu verhindern. Als Reaktion darauf verminten die Amerikaner die Zufahrt in den vietnamesischen Hafen. Sie wollten so die weitere Lieferung von Hilfsgütern aus anderen sozialistischen Ländern verhindern. Die *Frieden* saß dadurch in der Falle. Sie konnte erst nach 14 Monaten in die DDR zurückkehren, nachdem sich die USA im Pariser Abkommen vom Januar 1973 verpflichtet hatten, die Minen zu räumen.

## Pogromstimmung gegen Ausländer

„Frieden, Freundschaft, Solidarität" lautete die DDR-Parole. Übergriffe auf die wenigen im Land tätigen Ausländer durfte es daher nicht geben. Diese kamen als Vertragsarbeiter aus Angola und Mosambik, aus Algerien, Kuba und Vietnam in die DDR und lebten dort in Wohnheimen. Doch sehr schnell kam es zu ausländerfeindlichen Übergriffen, die immer bedrohlicher wurden. Der Historiker Harry Waibel erklärte 2016: „Wir können bisher 700 Vorfälle nachweisen und belegen, bei denen es mindestens zwölf Tote gegeben hat." Rund 200 dieser Übergriffe stufte er als „pogromartig" ein.

Etwa 300 algerische Vertragsarbeiter waren seit Mitte Juni 1975 in Erfurt und im Gummikombinat Waltershausen tätig. Sie waren bereits durch Randalieren, Belästigen weiblicher Bade-

gäste im Nordbad und Alkoholexzesse aufgefallen. In der Bevölkerung verbreitete sich überdies das – falsche – Gerücht, die Ausländer würden besser bezahlt und bei der Versorgung mit Wohnraum bevorzugt. Nun wurde gar behauptet, Algerier hätten in Erfurt Einheimische angegriffen und eine Frau vergewaltigt. Ein Kraftfahrer gab später zu, all dies frei erfunden zu haben.

Am 10. August 1975 kam es auf dem Erfurter Domplatz zu ersten Schlägereien zwischen DDR-Jugendlichen und etwa 25 Algeriern. Das Ministerium für Staatssicherheit (MfS) hielt später in einem Protokoll fest: „In aufgebrachter, pogromhafter Stimmung folgten ihnen zuerst etwa 150, später nahezu 300 Jugendliche." Sie schlugen „mit auf Baustellen und von Marktständen entwendeten Latten und Stangen" aufeinander ein. Ein Mann hetzte seinen Schäferhund auf die Ausländer.

Am 11. August bekamen die Algerier, die im Wohnheim in der Nordhäuser Straße lebten, die Information, ihre Landsleute würden erneut angegriffen. Journalist Rainer Erices, der die damaligen Vorkommnisse recherchierte, berichtet: „Sofort bewaffnete sich eine Gruppe mit Stöcken, Drahtseilen und Messern. Weit kam sie nicht. Die Straßenbahnfahrer weigerten sich, die Algerier zu befördern, der Bahnbetrieb wurde eingestellt. [...] Im Wohnheim fanden die Sicherheitskräfte ein Flugblatt: ‚DDR-Faschisten' und ‚Wir wollen wieder nach Hause' stand darauf. Am 12. August versammelten sich über 50 Jugendliche in der Innenstadt. Sie provozierten anwesende Algerier und schlugen sie zusammen. Die Algerier flohen in Panik und Angst um ihr Leben. [...] In Sprechchören verlangten die Deutschen, so notierte die Stasi, die Herausgabe der Algerier. ‚Schlagt die Algerier tot, jagt sie heim, sie sollen sich wieder in den Busch scheren', skandierten letztlich rund 150 Erfurter. Die Lage wurde nun auch für die Polizisten bedrohlich. Steine

flogen, es gab Scherben, doch es gelang den Sicherheitskräften schließlich, die Algerier sicher in ihr Wohnheim zu fahren. Dorthin machten sich am nächsten Tag Trupps von mit Stöcken bewaffneten, schreienden Deutschen auf, um Algerier zu verprügeln. Die Sicherheitskräfte waren alarmiert und konterten mit einem Großaufgebot. Die Daten von 132 DDR-Bürgern wurden aufgenommen, 57 Beteiligte wurden festgenommen, die mutmaßlichen Rädelsführer kamen in Untersuchungshaft. Gegen 31 beteiligte Deutsche wurde im Nachgang ermittelt, zwölf weitere erhielten eine Ordnungsstrafe."

Im August 1975 wurden gegen die Haupttäter der fremdenfeindlichen Übergriffe mehrjährige Haftstrafen verhängt. Das stieß bei vielen Erfurtern auf Unverständnis. Sie kritisierten, dass „die Deutschen" bestraft wurden, die Algerier aber nicht. Auch die Gerüchte wucherten weiter, wie Rainer Erices aus den Akten der Stasi erfuhr: „Im Angermuseum glaubten Mitarbeiter hartnäckig daran, dass Algerier mit Messern auf Menschen losgegangen seien. Einige DDR-Bürger seien dabei zu Tode gekommen, darunter auch eine Frau. Angestellte in der örtlichen Druckerei gaben an, sich abends nicht mehr auf die Straße zu trauen, da sie möglicherweise von Algeriern überfallen werden könnten. Im Kombinat Umformtechnik empörte sich die Belegschaft darüber, dass drei Deutschen die Kehlen durchgeschnitten worden seien. Im Nordpark hätten Algerier ein Erfurter Paar überfallen. Der Mann sei gleich niedergestochen worden, während die Frau von drei Algeriern vergewaltigt worden sei. [...] Hartnäckig hielten sich auch Gerüchte über Weisungen oder Informationen staatlicher Stellen an die Bevölkerung, in denen vor Ausländern gewarnt worden sei. Beispielsweise habe die Volkspolizei angeblich im Erfurter Wohngebiet Rieth ‚die Bevölkerung zur Vorsicht ermahnt'. In Kindergärten kursierten Ge-

rüchte über Weisungen der Abteilung Volksbildung, ‚in denen auf Veranlagungen der Algerier, sich schon 9- bis 14-jährigen Mädchen zu nähern, hingewiesen worden sei'. Viele Menschen gingen davon aus, dass bei Klärung von Schuldfragen grundsätzlich Algerier begünstigt werden. Fehlende Presseberichte wurden als ‚Beweis für die Manipulierung der Vorkommnisse' bewertet. Die Staatssicherheit von Erfurt ermittelte zu allen Gerüchten. Sie fand jedoch keine einzige schwere Straftat, die durch Algerier begangen worden war."

Die DDR-Behörden setzten sich nicht konsequent mit der aufgetretenen ausländerfeindlichen Stimmung im Land auseinander, denn das hätte zu einem Infragestellen politischer Grundsätze führen können. Stattdessen wurde weggeschaut und verharmlost. So konnte es wenige Jahre später zu einem Doppelmord kommen.

Ein Streit in der Disco Saaletal in Merseburg war am 12. August 1979 der Anlass für eine tödliche Hetzjagd auf eine Gruppe kubanischer Vertragsarbeiter. Augenzeuge Horst Buch kann den Überfall auf die Kubaner bis heute kaum in Worte fassen: „Zwei wurden über das Brückengeländer in die Saale ... Da wollten die die einfach darüber schmeißen ... Und dann ist es dazu gekommen, dass die auch gestorben sind." Auch weitere Unbeteiligte beobachteten brutale Gewalt. Lothar Menzel erinnert sich: „Ich konnte sehen, dass da eine Weinflasche geflogen kam und den genau vorm Kopf getroffen hatte. Und der ist dann untergegangen."

Einige Tage später fand man die Leichen von Delfin Guerra und Raúl García Paret in der Saale. Die Polizei ermittelte fünf Tatverdächtige und verhörte sie. Sie belasteten sich gegenseitig. Die Staatsanwaltschaft Halle lud Gerichtsmedizinerin Uta Romanowski als Zeugin, die einen Toten obduzierte. Sie

erinnert sich heute noch an den Zustand des Opfers, der das Aufdecken der Straftaten schwierig machte: „Der Verstorbene hat mehrere Tage in der Saale gelegen – im Hochsommer. Da waren die Fäulniserscheinungen doch schon weit fortgeschritten. Eine Befunderhebung ist erschwert bei einem solchen Zustand der Fäulnis.“ Aufgrund der schwierigen Beweislage stellte die Generalstaatsanwaltschaft ihre Tätigkeit in beiden Fällen ein. Einem entsprechenden Vorschlag stimmte SED-Chef Erich Honecker ausdrücklich zu. Die politischen Beziehungen zwischen der DDR und Kuba sollten nicht leiden.

Weitere Verbrechen gegen Ausländer folgten. Am 19. September 1987 wurde in Staßfurt ein Lehrling aus Mosambik von mehreren Männern mit fremdenfeindlichen Motiven bewusstlos getreten und in die Bode geworfen. Einen Tag später fand man seine Leiche. Öffentlich berichtet wurde nicht darüber. Laut Stasiakten sollen sechs Staßfurter für seinen Tod verantwortlich sein. Ein bereits einschlägig vorbestrafter Täter wurde zu fünf Jahren Haft verurteilt.

## Ein Genosse wird erschossen

Auf seinem Schlüsselanhänger waren Hammer und Sichel eingraviert. Vielleicht genoss Benito Corghi bei seinen Fahrten quer durch die DDR sogar ein bisschen seinen sozialistischen Traum. Seit Langem war der 38-Jährige Mitglied der Kommunistischen Partei Italiens (KPI).

Wer, wie er, in der italienischen Provinz lebte und Frau und zwei Kinder zu versorgen hatte, brauchte eine gut bezahlte Arbeit. Seine Partei besorgte ihm daher den Trucker-Job bei einer ihrer Genossenschaften in Rubiera. Corghi fuhr regelmäßig

Fleisch aus der DDR in den Süden. Manches Stück des weltberühmten italienischen Pancetta wuchs damals in den Ställen der Landwirtschaftlichen Produktionsgenossenschaften Mecklenburgs heran.

Am frühen Morgen des 5. August 1976 passierte er den Grenzübergang Hirschberg/Rudolphstein. Bereits im Westen angelangt, sagte ihm ein nach ihm angekommener Kollege, er habe seine Veterinärpapiere auf der DDR-Seite liegen gelassen. Benito Corghi ging zu Fuß zurück über die Saalebrücke. Es nieselte. Er steckte sich eine Zigarette an. Es sollte die letzte in seinem Leben sein.

In der Tagesmeldung der für Hirschberg zuständigen DDR-Grenzer hieß es später: „Von 3.40 bis 3.52 Uhr war der grenzüberschreitende Verkehr unterbrochen." In diesen zwölf Minuten wurde das Leben zweier Menschen zerstört.

Postenführer Uwe Sch. hatte seine Schicht fast hinter sich, als ihn ein Befehl des diensthabenden Oberstleutnants der Führungsstelle erreichte: „Grenzverletzer - mit allen Mitteln festnehmen!" Der Offizier wusste, dass nur ein Lkw-Fahrer aus irgendeinem Grund zu Fuß in Richtung DDR unterwegs sein konnte. Trotzdem gab er Alarm.

Der 20-jährige Grenzer auf der Brücke ließ den Mann auf 15 Meter herankommen, dann sprang er mit seiner MPi im Anschlag aus seinem Versteck und rief: „Halt, stehen bleiben, Grenzposten, Hände hoch!" Der Italiener warf die Zigarette weg und redete auf den Jungen ein. Der verstand kein Wort. Benito Corghi drehte sich um und ging zurück Richtung Westen. Erneut tönte es hinter ihm: „Stehen bleiben, Hände hoch!" Eine Salve peitschte in den Asphalt. Nun begann der Lkw-Fahrer in Todesangst zu rennen. Wieder ein Rufen, fast schon flehend: „Bleib stehen, bleib doch endlich stehen!" Der Grenzer gab noch

einen Warnschuss in die Luft. Corghi rannte um sein Leben, war schon 80 Meter entfernt. Uwe Sch. zielte auf den Oberschenkel. Der Flüchtling riss die Arme hoch und brach zusammen. Der Grenzer lief hin, verband ihm eine Platzwunde am Kopf. Als die Alarmgruppe eintraf, schrie er, sie möge sich um den Verletzten kümmern. Er zitterte und wurde von den Kameraden der Grenzübergangsstelle (Güst) weggeschafft. Andere scheuerten das Blut vom Asphalt.

Im Grenzbericht wurde vermerkt: „Am 05.08.1976 gegen 3.40 Uhr drang ein italienischer Staatsbürger aus Richtung BRD kommend ca. 600 m in den Grenzstreckenabschnitt der Güst ein. Er widersetzte sich der Festnahme und wurde flüchtig. Nach Anwendung der Schusswaffe durch den Sicherungsposten festgenommen, wurde der Grenzverletzer wegen vermutlicher Schussverletzung in das Krankenhaus Schleiz überführt. Dort wurde gegen 4.50 Uhr dessen Tod festgestellt."

Grenzer Uwe Sch. bekam die Medaille für vorbildlichen Grenzdienst, 200 Mark Prämie und wurde versetzt. Mit der Last, einen Menschen getötet zu haben, musste er allein fertigwerden. Das schaffte er nicht. Er wurde alkoholabhängig. Als er 1994 in Gera für seine Tat vor Gericht stand, musste die Verhandlung immer wieder wegen seiner Weinkrämpfe unterbrochen werden. Trotzdem schien der Prozess eine Befreiung für ihn zu sein.

*Neues Deutschland* berichtete am 6. August 1976 nur lapidar von einem „Zwischenfall an der Staatsgrenze". Nach weit mehr als 100 Todesopfern, meist auf der Flucht aus der DDR erschossen, war es zum ersten Mal ein Ausländer, der an der Grenze sterben musste – fatalerweise auch noch ein Genosse aus der KPI.

Es war die Zeit der Entspannung in Europa, die durch die

Konferenz von Helsinki 1975 eingeläutet worden war. Doch nicht allen schmeckte die Annäherung zwischen Ost und West. So überschrieb die Illustrierte *Quick* ihren Bericht über den Tod Corghis mit den Worten *Die Killer an der Zonengrenze*. Der Osten erwiderte sogleich das propagandistische Trommelfeuer.

Trotzdem versuchten die DDR-Diplomaten, die Angelegenheit mit ihren italienischen Kollegen einvernehmlich zu regeln. Das war kompliziert, weil auch die KPI – traditionell der DDR wohlgesonnen – die Erschießung ihres Genossen scharf verurteilte und eine materielle Entschädigung verlangte. Ein heikles Thema, denn es mündete unweigerlich in die Frage: Wie viel ist den Kommunisten ein Menschenleben wert? Das Fernsehen im Westen kannte solche Skrupel nicht und zahlte der Witwe Silvana Corghi 12 000 DM für eine Talkshow. Die Frau, selbst Mitglied der KPI, sagte nach der Trauerfeier für ihren Mann bei einem Treffen mit dem Gesandten der DDR, Heinz Lehmann, der Botschafter Klaus Gysi vertrat: „Was geschehen ist, ist das Ergebnis einer absurden und unannehmbaren Art, Sozialismus zu verteidigen. Wir, meine Kinder und ich, haben einen Preis bezahlt, der hoch ist, zu hoch. [...] Sozialismus kann nicht mit Morden verteidigt werden." Auf Anweisung Erich Honeckers zahlte die DDR umgerechnet 80 000 DM an die Witwe. Es war das einzige Mal, dass für einen Toten an der Staatsgrenze der DDR eine materielle Entschädigung erbracht wurde.

Richter Ullrich Klimmek urteilte 18 Jahre später, dass der kommandierende Oberstleutnant der „eigentlich Schuldige" am Tod Benito Corghis gewesen sei. Doch der blieb unbehelligt, da ihm keine direkte Tatbeteiligung nachzuweisen war. Den vor ihm stehenden Uwe Sch. sprach der Richter frei. Der Bundesgerichtshof bestätigte das Urteil: „Der Einsatz der Schusswaffe gegen eine Person, die – wie in diesem Zusammenhang zu un-

terstellen ist – unerlaubt die Grenze überschritten hat und sich der Festnahme durch Flucht zu entziehen sucht, ist nicht offensichtlich rechtsstaatswidrig."

## Tödlicher Solidaritätsflug

Es ist März in Angola. In der Hauptstadt Luanda herrscht um diese Jahreszeit eine tropisch feuchte Hitze. Temperaturen um 27 Grad treiben Schweiß auf die Haut und lassen körperliche Arbeit zur Tortur werden. Wer kann, döst lieber im Schatten, eine Flasche Wasser in Griffnähe.

Der 26. März 1979 war ein besonders heißer Tag. Eine Frachtmaschine der Interflug wurde beladen. Die viermotorige IL 18 D mit der Kennung DM-STL hatte Solidaritätsgüter aus der DDR nach Afrika geflogen und sollte als Rückfracht ein paar Tonnen Kaffee mitnehmen. Dabei wurde das zulässige Frachtgewicht überschritten.

Nach dem Start gegen 14.30 Uhr stotterte ein Triebwerk. Maximal 64 Tonnen brachten die vier Ivtschenko-Turbinen AI 20M mit ihren je 3125 Kilowatt Leistung in die Luft. Allein die Maschine wog rund 35 Tonnen, dazu kam das Gewicht von Sprit, Passagieren und Fracht. Draußen knallte die Hitze auf Rumpf und Motoren. Siebeneinhalb Meter pro Sekunde Steigleistung sollten die Propeller schaffen, doch die überladene IL 18 D gewann nicht an Höhe. Dann fiel die Leistung an einem Triebwerk rapide ab. Normalerweise flog die IL 18 D auch mit drei Motoren noch sicher, aber diese war einfach zu schwer.

Die Interflug-Maschine zerschellte in einer Senke hinter der Startbahn. Explosionen zerrissen den feuchtheißen Luftschleier, das Flugzeug geriet in Brand. Die Crew um Flugkapitän

Dieter Hartmann hatte keine Chance. Alle zehn Insassen kamen ums Leben.

Unglücke bei Solidaritätsflügen gab es immer mal wieder. Interflug-Kapitän Hans-Dieter Kallbach erinnert sich an den 12. November 1976, als auf dem Flughafen N'Djamena im Tschad ein tödlicher Unfall passierte: Ein Flughafenangestellter geriet in das laufende Triebwerk einer IL 18. Über derartige „Kleinigkeiten" wurde in der Presse nicht berichtet.

## Tod eines Botschafters

Nach sieben Jahren blutiger Diktatur, die rund 300 000 Oppositionelle das Leben kostete, griff Ugandas Staatschef Idi Amin im Jahr 1978 seinen südlichen Nachbarn Tansania an. Den Gegenangriff im April 1979 nutzten ugandische Rebellenverbände, um den verhassten Herrscher zu stürzen. In der Hauptstadt Kampala herrschte daraufhin eine Weile Anarchie. Tansanische Truppen bekämpften die letzten Getreuen des Diktators, die verschiedenen Gruppen der „Befreiungskräfte" heizten den Bürgerkrieg an. Überall wurde geplündert und gebrandschatzt, die Gruppen beschossen sich gegenseitig, und es floss reichlich Alkohol.

Die DDR war in Kampala mit einer kleinen Botschaft vertreten. Im April 1979 befanden sich dort nur noch Botschafter Dr. Gottfried Lessing und sein Zweiter Sekretär Lothar Henschel mitsamt ihren Ehefrauen. Der sowjetische Botschafter hatte bereits am 8. April 1979 einen Wagenkonvoi für die Diplomaten der sozialistischen Länder auf einer noch sicheren Straße in Richtung Kenia organisiert, doch die beiden DDR-Vertreter waren aus ungeklärten Gründen nicht am Treffpunkt erschienen.

Botschafter Lessing gehörte zu den profiliertesten Afrika-Kennern der DDR. Der 1914 in St. Petersburg geborene Jurist emigrierte Ende der 1930er-Jahre nach Großbritannien. Er war Jude und deshalb im nationalsozialistischen Deutschland seines Lebens nicht mehr sicher. 1939 gelangte Lessing in die britische Kolonie Südrhodesien (heute Simbabwe), wo er von 1942 bis 1949 Mitbegründer und Vorsitzender der illegalen Kommunistischen Partei wurde. Das blieb von der Kolonialmacht nicht unentdeckt, vor der Ausweisung schützte ihn jedoch 1944 die Heirat mit der Britin Doris May Wisdom, die später als Doris Lessing den Literaturnobelpreis erhielt. Ebenso wie seine Schwester Irene, die nach Frankreich emigriert war und später mit DDR-Kulturminister Klaus Gysi verheiratet war, machte Gottfried Lessing ab 1949, nach der Scheidung von seiner ersten Frau, in der DDR Karriere. Er wurde Präsident der Kammer für Außenhandel, arbeitete als Handelsrat in Indonesien und als Generalkonsul der DDR in Tansania.

Obwohl Lessing wusste, dass das exterritoriale Gelände einer Botschaft bei kriegerischen Auseinandersetzungen im Gastland immer noch den sichersten Aufenthaltsort bot, versuchte er, mit Henschel und den Ehefrauen Kampala am Abend des 10. April 1979 mit zwei Autos zu verlassen. Beide Pkw wurden kurz darauf in der Nähe des Sportplatzes von Granaten getroffen. Die Autos explodierten. Alle Insassen wurden aus den Wagen geschleudert und waren sofort tot.

Die Schüsse waren von Angehörigen einer der vielen Rebellengruppen abgefeuert worden. Diese scherten sich nicht um die Leichen und zogen weiter. Mit etlichen anderen Toten lagen sie tagelang in der heißen Sonne auf der Straße. Erst nachdem sich die Lage in Kampala wieder einigermaßen beruhigt hatte, kam ein Transporter und sammelte die Opfer der blutigen

Kämpfe ein. Anschließend wurden sie in einem Massengrab beerdigt.

Den DDR-Behörden war mittlerweile bekannt, dass Gottfried Lessing, Lothar Henschel und ihre beiden Frauen vermisst wurden. Am 24. April meldete dies schließlich auch die DDR-Presse. Eine Untersuchungskommission unter Leitung von Botschafter Hans-Jürgen Weitz reiste nach Kampala.

Die Untersuchung der zerschossenen Autowracks in der ugandischen Hauptstadt brachte die Gewissheit: Sie gehörten zur DDR-Botschaft. Am 31. Mai teilte ADN mit: „Die durch die Untersuchungen bekannt gewordenen Umstände lassen es jedoch als sehr wahrscheinlich erscheinen, dass die Genossen Gottfried und Margot Lessing und Lothar und Ingeborg Hentschel während der Kämpfe, die am 10. und 11. April in der ugandischen Hauptstadt Kampala stattgefunden haben, auf tragische Weise ums Leben gekommen sind."

Die Toten wurden aus dem Massengrab exhumiert. Mitarbeiter der DDR-Botschaft in Daressalam, darunter der Dritte Sekretär Frank N., im Hauptberuf Hauptmann in der Hauptverwaltung Aufklärung des MfS, identifizierten die Leichen. Am 11. Januar 1980 erschien dann in der DDR eine Traueranzeige im Namen des Ministers für Auswärtige Angelegenheiten, der Betriebsgewerkschaftsleitung des Ministeriums und der Kreisleitung der SED. Die genauen Umstände des Todes von Gottfried und Margot Lessing sowie Lothar und Ingeborg Hentschel sind bis heute ungeklärt.

Anfang der 1980er-Jahre kursierten Gerüchte, dass der südafrikanische Geheimdienst seine Finger im Spiel gehabt haben könnte, denn dort galt Gottfried Lessing wegen seiner politischen Tätigkeit in Südrhodesien als Agent des KGB. Beweise dafür gibt es jedoch nicht.

## Piraten vor Westafrika

In seiner Bilanz des Jahres 1979 hatte der volkseigene Betrieb (VEB) Deutfracht/Seereederei Rostock Vorkommnisse zu vermerken, von denen man glaubte, es gebe sie gar nicht mehr: Piratenüberfälle.

Natürlich waren es längst nicht mehr die legendären Freibeuter mit Augenklappe, Holzbein und krächzendem Papagei auf der Schulter, die die Weltmeere unsicher machten. Die modernen Piraten kamen bei Nacht und Nebel mit Schnellbooten, enterten die großen Frachter und raubten die Mannschaften aus. Innerhalb von kurzer Zeit waren sie mit ihrer Beute wieder verschwunden. Seegebiete wie die Straße von Malakka, aber auch Reeden in Regionen, wo bitterste Armut herrschte, waren berüchtigt.

Das MS *Werner Seelenbinder* und das MS *Wittenberge* erwischte es vor Westafrika. Die DDR unterhielt dorthin einen Liniendienst mit Stückgutfrachtern mittlerer Tonnage. Dieser wurde gemeinsam mit der Polish Ocean Line aus Polen und der Estonian Shipping Company aus der Sowjetunion betrieben.

In der DDR las man erst vier Jahre später von den Überfällen. In einem Bericht der CDU-Zeitung *Neue Zeit* vom 6. August 1983 über die damals zunehmende Seepiraterie stand: „Auch der VEB Deutfracht/Seereederei Rostock (DSR) wurde davon betroffen: 1979 enterten und beraubten größere Freibeutergruppen die Frachter MS ‚Werner Seelenbinder' und MS ‚Wittenberg'. ‚Mit daraufhin eingeleiteten Maßnahmen zur Sicherheit unserer Schiffe konnten seitdem weitere Angriffsversuche abgewehrt werden', so Kapitän Alfred Kieckhöfer in der Zeitschrift ‚poseidon'. ‚Ständige Aufmerksamkeit und Konzentration sind erforderlich, um einen Überfall auszuschließen: Die seit einiger

Zeit den Kapitänen anvertrauten Waffen werden zur Sicherheit unserer Schiffe und ihrer Besatzungen beitragen.'"

Der frühere Seemann Joachim H. Rudek aus Rostock erinnert sich: „Ich weiß, dass wir zum Beispiel für die Durchfahrt bei Singapur immer bestimmte Maßnahmen festlegten. Verschlusszustand aller Räume, Feuerwehrschläuche an Deck und angeschlagen, verstärkter Ausguck und so weiter. Eine Pistole hatte der Kapitän immer in seinem Safe." Manchmal reichte es auch schon, wenn die Schiffe mit heller Beleuchtung auf der Reede lagen. Andere sicherten ihre Schiffe zudem mit Stacheldraht an der Reling und setzten auf ein paar handfeste Kerle in ihrer Mannschaft, die ihre Knüppel sogar in der Koje griffbereit hatten. Für die DDR war das alles ein schwieriges Problem: Einerseits fühlte sie sich mit den mittellosen afrikanischen und asiatischen Ländern solidarisch, andererseits war natürlich die Sicherheit der Schiffe zu garantieren.

Dass in manchen Ländern die Seeräuber offensichtlich Helfer bei den Behörden hatten, berichtete der Hamburger Kapitän Frieder Paulenz: „Kollegen von mir wollen gesehen haben, dass Piratenboote ganz offensichtlich bei Zollkreuzern längsseits gegangen sind und nicht nur Worte von Bord zu Bord flogen."

Einen „staatlichen Piratenakt" gab es bereits Ende März 1960 im Mittelmeer. Ein amerikanisches Kriegsschiff stoppte vor Gibraltar den griechischen Frachter *Marta*. Er hatte 6700 Tonnen Bor-Erz für die DDR geladen. Bor-Erz unterlag dem Embargo der westlichen Staaten gegen den Ostblock. Die DDR brauchte den Rohstoff aber dringend für die Glas-, Keramik- und Pharmaindustrie. Deshalb wurde dieser über einen Zwischenhändler in der Türkei gekauft. Die Amerikaner beschlagnahmten die Ladung und gaben sie erst Mitte 1961 mit der Auflage wieder frei, sie an ein NATO-Land zu verkaufen. Doch die DDR fand keinen

entsprechenden Kunden. So gingen ihr die 1 684 154 Mark verloren, die sie für das Bor-Erz bereits bezahlt hatte. Die durch den Vorgang verursachten Produktionsausfälle summierten sich auf 2 357 700 Mark, die Folgekosten auf rund 15 Millionen Mark.

Die Amerikaner hatten den Tipp bezüglich des geplanten Schwarzimports von einem leitenden Mitarbeiter des Staatlichen Komitees für Materialversorgung der DDR bekommen. Er arbeitete seit 1952 für die CIA und wurde erst Anfang der 1970-Jahre enttarnt.

## Anschlag auf die „Arendsee"

Am 30. Juli 1984 lag der DDR-Frachter *Arendsee* auf der Innenreede der angolanischen Hauptstadt Luanda. Er hatte 2782 Tonnen Stückgüter geladen, darunter Lkw des Typs W 50 und Nahrungsmittel.

Nach der Unabhängigkeit von der früheren Kolonialmacht Portugal bekämpften sich im Land die „Volksbewegung zur Befreiung Angolas" (MPLA) und die „Nationale Union für die völlige Unabhängigkeit Angolas" (UNITA). Da die MPLA als marxistisch orientierte Bewegung gegründet worden war, erfreute sie sich der Unterstützung der sozialistischen Staaten. Die DDR lieferte Solidaritätsgüter und wahrscheinlich auch Waffen, entsandte Experten und förderte den Außenhandel. 1985 hatte der Export in das afrikanische Land ein Volumen von 956,4 Millionen Mark, der Import von 423,1 Millionen Mark. Das entsprach etwa den Umsätzen, die die DDR im selben Jahr mit den USA machte.

Von Angola wurde vor allem Kaffee bezogen. Deshalb steuerten DDR-Frachter das Land regelmäßig an. Für die *Arendsee*

ging das im Sommer 1984 dramatisch aus. Plötzlich erschütterte auf Steuerbord in Höhe des Maschinenraums eine heftige Explosion das Schiff. Sofort löste die Feuerschutzautomatik aus, dann brach die gesamte Energieversorgung des Frachters zusammen. Noch während der Maschinenraum von einer Sturzflut überschwemmt wurde und mit Wasser volllief, riss eine zweite Detonation ein weiteres Loch in die Steuerbordseite. Die Besatzung verließ das Schiff, nur der Kapitän Heinz Wagner und vier Offiziere blieben an Bord.

Mittlerweile war der sowjetische Schlepper *Neotrazimuy* zur Stelle. Dessen Kapitän Durnjew erinnert sich: „Als wir uns dem Schiff näherten, hatte es bereits zwei Lecks. Deren Ausmaß mutete unwahrscheinlich an: Elf Quadratmeter maß das Leck im Bereich der Maschinenabteilung und zehn das andere zwischen dem zweiten und dritten Frachtraum. Ich beschloss, das in Not geratene Schiff in Schlepp zu nehmen. Als es vertäut war, bemerkten wir, dass das Schiff rasch zu sinken begann. Trotzdem gelang es uns, die ‚Arendsee' in Schlepp zu nehmen. So konnten wir das in Not geratene Schiff auf eine Sandbank setzen."

Im flachen Wasser wurde eine dritte Haftmine entfernt und entschärft. Alle 33 Besatzungsmitglieder, darunter eine mitreisende Ehefrau, kamen mit dem Schrecken davon. Ein Teil der Deckfracht konnte durch Umladen auf den DDR-Frachter *Rudolf Diesel* gerettet werden. Zeitzeugen berichten, dass die Seeleute damals die Frachträume der *Arendsee* unter keinen Umständen betreten durften. Als Grund wurde angegeben, dass die Ladung im Frachtraum sowie das Schiff versichert seien und die Versicherung nur bei tatsächlichem Totalschaden zahle. Damalige Mitglieder der Mannschaft vermuteten dagegen, das Schiff habe illegal Handfeuerwaffen aus DDR-Produktion transportiert.

ADN informierte am 2. August 1984: „Die Explosion auf

dem DDR-Motorschiff ‚Arendsee' am vergangenen Montag im Hafen von Luanda ist auf einen Anschlag konterrevolutionärer Banden zurückzuführen. Dies teilte die angolanische Nachrichtenagentur ANGOP unter Berufung auf offizielle Angaben im Ergebnis der Untersuchung der Ursachen der Explosion mit. Bei dem Anschlag wurden Haftmimen benutzt, die das Schiff schwer beschädigten." Am 10. August hieß es dann, „die ‚Arendsee' transportierte ausschließlich in der VR Angola dringend benötigte Lebensmittel und andere Versorgungsgüter". Der Hamburger *Spiegel* berichtete allerdings bereits Ende August: „[...] der angolanischen MPLA lieferte die DDR allein im vierten Quartal 1975 drei Schiffsladungen mit Armeeausrüstung, darunter auch schwere Waffen. Außerdem schenkte Ost-Berlin den neuen Freunden in Luanda ein umgebautes Landungsboot [...]." In einem Rückblick auf die „antiimperialistische Solidarität" schrieb *Neues Deutschland* am 15. Februar 2011: „In Angola tobte einer der sogenannten Stellvertreterkriege. Moskau schickte Waffen, Gerät und Soldaten. Vermutlich bis zu 50 000 Kubaner kämpften an der Front. Es war ein offenes Geheimnis, dass die DDR nicht nur FDJ-Solidaritätsbrigaden aufbot. Aber nur wenige erinnern sich, dass einige der Blauhemd-Entwicklungshelfer ihr Leben ließen. Auch die NVA schickte Entwicklungshelfer. Man spricht von rund 2000 Militärs. Das DDR-Innenministerium und die Staatssicherheit delegierten ebenso Experten [...]."

Es wurden Gerüchte laut, der Anschlag auf die *Arendsee* sei von südafrikanischen Kampftauchern ausgeführt worden, um das Anlanden von Waffen zu verhindern. Da gleichzeitig mit ihr auch das angolanische Küstenmotorschiff *Lundoge* angegriffen wurde, könnte es aber auch sein, dass das DDR-Schiff nur zufällig in eine der vielen Aktionen im Zuge des Bürgerkriegs geraten war.

Als Experten die Schäden an dem Mehrzweckfrachter vom Typ Poseidon untersuchten, stellte sich schnell heraus, dass sich eine Reparatur der großen Lecks nicht mehr lohnte. Am 27. August 1984 waren die Lecks provisorisch so weit abgedichtet, dass das Wrack der *Arendsee* am 5. September 1984 auf hohe See geschleppt und in 530 Metern Tiefe versenkt werden konnte.

## Acht Tote nach Mordanschlag in Afrika

Am 24. Februar 1979 schloss die DDR ein Abkommen über Freundschaft und wirtschaftliche Zusammenarbeit mit Mosambik. Es sollte die dort vermutete „sozialistische Orientierung“ stärken. Die Vereinbarung betraf vor allem den Aufbau großer Staatsfarmen im Norden des Landes mithilfe von Experten aus der DDR. Mit ihren Produkten sollte das afrikanische Land künftig die Lkw und landwirtschaftlichen Maschinen, die von der DDR geliefert wurden, sowie die geheime militärische Unterstützung der marxistischen „Mosambikanischen Befreiungsfront“ (FRELIMO) bezahlen.

1984 herrschte Bürgerkrieg in Mosambik. Die FRELIMO bekämpfte die von Südafrika unterstützte Partei „Nationaler Widerstand Mosambiks“. Auch die Staatsfarm Unango wurde mehrfach überfallen. Hier arbeiteten unter anderem Landwirtschaftsexperten der DDR. Die Aufbauhelfer, darunter Klaus Pohl, machten sich Sorgen um die eigene Sicherheit in der angolanischen Provinz. Trotz der wachsenden Gefahr entschieden sie sich aber, vor Ort zu bleiben. Von ihrem ganz in der Nähe gelegenen Wohnort Lichinga fuhren sie jedoch nur noch mit militärischer Begleitung nach Unango.

So geschah es auch am Morgen des 6. Dezember 1984. Gegen

7.15 Uhr verließ die Transportkolonne, die aus fünf Lkw W 50 und einem Multicar bestand, Lichinga in Richtung Unango. 21 Milizionäre, bewaffnet mit leichten und schweren Maschinengewehren sowie Panzerfäusten, begleiteten sie. Zehn von ihnen fuhren an der Spitze des Konvois, die anderen saßen auf den folgenden Fahrzeugen, darunter einem Tankwagen und zwei mit Dünger beladenen Lastwagen. In einem W-50-Kofferwagen, der die Werkstatt beherbergte, saßen neun Aufbauhelfer aus der DDR sowie ein Mosambikaner und ein Jugoslawe. Klaus Pohl befand sich im Fahrerhaus eines Lkw.

Als sich die Kolonne etwa zehn Kilometer vor ihrem Ziel an einem Berg langsamer bewegte, peitschten plötzlich Schüsse durch die Luft. Aus einem Hinterhalt schossen etwa 45 Angreifer. Der Multicar wurde von einer Bazooka getroffen, doch das Hauptziel war offensichtlich der Werkstattwagen. Die mosambikanischen „Beschützer" flohen. Nach ein paar Minuten war alles vorbei.

Der Aufbauhelfer Pohl hatte sich aus dem Lkw fallen lassen und in den dicht bewachsenen Straßengraben gerollt. Das rettete ihm das Leben. Als er sich schließlich wieder aus seinem Versteck traute, lagen vier seiner Kollegen erschossen neben den Autos. Auch im Werkstattwagen hatte es ein Massaker gegeben. Mit gezielten Kopfschüssen waren drei weitere DDR-Bürger, ein Jugoslawe und ein Mosambikaner ermordet worden. Ein vierter ostdeutscher Aufbauhelfer überlebte zunächst schwer verletzt, starb aber nach einer Notoperation durch sowjetische Ärzte in Maputo. Wie viele Mosambikaner bei dem Überfall getötet wurden, ist nicht genau bekannt. Die Angaben schwanken zwischen fünf und 15 Personen. Die Angreifer raubten den Ermordeten Kleidung, Schuhe und alles, was ihnen sonst noch wertvoll erschien, bevor sie verschwanden. Am Tag nach dem

Anschlag wurden die Toten samt ihren Angehörigen wie auch die nicht betroffenen DDR-Aufbauhelfer mit einer Sondermaschine der Interflug nach Berlin ausgeflogen.

Eine Aufklärung des Attentats gelang nicht. Im Untersuchungsbericht des MfS war lediglich „vom kapitulantenhaften Verhalten fast aller Sicherungskräfte" die Rede. Der Obduktionsbericht der Charité stellte fest, dass die tödlichen Projektile aus „Waffen vom Typ Kalaschnikow aus sowjetischer Bauart verschossen" wurden. Im Jahr 2009 erfuhren die DDR-Experten Manfred Grunewald, Wilfried Meinert und Dieter Obendorfer, die Anfang der 1980er-Jahre in Afrika tätig gewesen waren, sowie die Witwe Edith Skibbe von der Staatsanwaltschaft in Gera, dass das Verfahren in Deutschland eingestellt und an das Gericht in Maputo verwiesen worden sei.

Die acht Toten in Mosambik waren nicht die einzigen Opfer des dortigen Bürgerkriegs. Bereits am 12. Oktober 1979 kamen Gerhard Gutjahr, Gerhard Hoigt, Jürgen Pfüller und Karl-Heinz Rehfeld, alle Angehörige des VEB Kombinat Geologische Forschung und Erkundung Halle, ums Leben. Sie waren in der Nähe von Manica mit der Bergung eines beschädigten Lasters beschäftigt, als ein Blindgänger explodierte. Zwei weitere DDR-Bürger wurden dabei leicht verletzt.

Bereits Mitte 1985 zog die DDR rund 1000 Entwicklungshelfer aus Mosambik zurück. Die Beziehungen zur FRELIMO-Regierung, die versuchte, sich wieder stärker Südafrika anzunähern, hatten sich verschlechtert. Überdies waren die erwarteten Ergebnisse der Zusammenarbeit ausgeblieben.

# Alarmstufe Rot

## Die Gefahren der Atomkraft und anderes Geheimgehaltene

Nachdem der DDR-Schlagerstar Frank Schöbel 1989, als Liebeslied verpackt, *Wir brauchen keine Lügen mehr* gesungen hatte, war das Lied in der Wiederholung der TV-Sendung *Ein Kessel Buntes* verschwunden. Bei der nächsten Ausstrahlung der beliebten Unterhaltungssendung aber konnte man es wieder hören. Die politischen Verhältnisse hatten sich verändert.

Die Massenmedien der DDR reagierten auf jeden Windhauch. Sie machten daraus einen sozialistischen Sturm oder ein laues Lüftchen, je nachdem, was die Politik gerade forderte. Katastrophen ließen sich für die Medien stets schlecht einordnen. Schon in den 1950er-Jahren definierte Deba Wieland, die langjährige Chefin der Nachrichtenagentur ADN: „Information ist Agitation, keine zahnlose, leidenschaftslose Mitteilung von Tatsachen, sondern eine solche Zusammenstellung von Tatsachen [...], dass sie für unsere Sache werben."

Für Presse, Funk und Fernsehen führten tragische Ereignisse stets in ein Dilemma. Einerseits sprachen sie sich herum, und jede Geheimnistuerei nährte unliebsame Gerüchte. Andererseits sollte kein großes Aufheben darum gemacht werden, denn menschliches oder technisches Versagen passte nicht zum Selbstbild der DDR. Deshalb erschienen meist nur standardisierte Meldungen. Obwohl die Ermittlungen stets gründlich betrieben wurden, wurde die Öffentlichkeit meist nicht über deren

Ergebnisse informiert oder mit Allgemeinplätzen abgespeist. Über die Verantwortlichen erfuhr man gelegentlich etwas in den Berichten über Strafprozesse.

Unter Berufung auf Lenin verstanden sich die Massenmedien der DDR als „kollektiver Propagandist", „kollektiver Agitator" und „kollektiver Organisator". Objektive Nachrichten zu verbreiten sahen sie nicht als ihre Aufgabe. Wenn es um Unfälle, Katastrophen oder andere „Besondere Vorkommnisse" ging, lavierten sie daher zwischen Aufklärung und Vertuschung.

## Der „Tschechenkrieg" in Uckro

Am Morgen des 10. Oktober 1953 wurde ein Schnellkommando der Volkspolizei zum Bahnhof Uckro geschickt. Kommandeur Helmut Strempel wusste nur, dass dort „fünf Ausländer" festgesetzt worden waren, die sich beim vorangegangenen Halt in Elsterwerda „verdächtig benommen" hatten. Gemeinsam mit dem Abschnittsbevollmächtigten Hermann Grummini sollte er sie kontrollieren.

Einer von ihnen hieß Ctirad Mašín, 1930 in Prag geboren. Zusammen mit den anderen vier Männern war er auf der Flucht. Später erinnerte er sich folgendermaßen an die Lage in Uckro: „Wir mussten etwas machen, sonst würden wir zurück ins Gefängnis geschickt und hingerichtet."

Seine Sorge war begründet. Seit Anfang der 1950er-Jahre hatte er mit seinem 1932 geborenen Bruder Josef Mašín und einigen Gleichgesinnten Anschläge und Sabotageakte gegen die Kommunisten in der Tschechoslowakei unternommen. Im Zuge dessen überfielen sie auch Polizeireviere, um Waffen für den „Untergrundkampf" zu erbeuten. Dabei kamen zwei

Polizisten zu Tode. Nach einer weiteren Attacke auf die Polizeistation in Čelákovice am 28. September 1951 wurden sie verraten. Ctirad Mašín wurde zu Zwangsarbeit in einer Uranmine bei Jáchymov verurteilt. Während er in Haft saß, raubten sein Bruder Josef und die anderen Bandenmitglieder im August 1952 einen Lohngeldtransport aus und erbeuteten 846 000 Kronen. Einer der Transportbegleiter wurde von Josef Mašín erschossen.

Die Brüder Mašín verstanden sich als Widerstandskämpfer gegen den Kommunismus. Sie und ihre Komplizen Milan Paumer, Zbyněk Janata und Václav Švéda hofften, dass der Westen einen Krieg gegen die Sowjetunion führen würde. Diesen wollten sie vor Ort vorbereiten. Der Plan war, entweder einen Uranzug oder den Sonderzug des tschechoslowakischen Präsidenten Klement Gottwald in die Luft zu sprengen. 100 Kilogramm Sprengstoff hatten sie dafür bereits aus einem Steinbruch gestohlen. Doch zunächst verübten Václav Švéda und Ctirad Mašín Anfang September 1953 in einer Nacht zahlreiche Brandanschläge auf landwirtschaftliche Gebäude. Dies brachte jedoch die tschechoslowakische Polizei und Staatssicherheit auf ihre Spur, sodass sie beschlossen, sich über die DDR in das damals noch frei zugängliche West-Berlin durchzuschlagen. Dort wollten sie in die US-Armee eintreten, um dann nach dem von ihnen ersehnten Krieg gegen die kommunistischen Länder als Sieger nach Prag zurückzukehren.

In der Nacht zum 4. Oktober 1953 überschritten Ctirad und Josef Mašín sowie Milan Paumer, Zbyněk Janata und Václav Švéda, bewaffnet mit vier Pistolen, bei Deutschkatharinenberg die grüne Grenze. Wenig später scheiterte der Versuch, in der DDR ein Auto zu entwenden, woraufhin sie den Zug in Richtung Berlin nahmen.

Von alledem ahnten die beiden Volkspolizisten Helmut Strempel und Hermann Grummini nichts, als sie am 10. Oktober in den Raum des Bahnhofsgebäudes kamen, in dem zwei weitere Polizisten die fünf Tschechen bewachten. Ewald Fitzek, als junger Volkspolizist dabei, erinnert sich, dass dann alles sehr schnell ging: „Der eine hat die Pistole gezogen und auf Grummini einen Schuss abgegeben. Der ist umgefallen. Strempel hatte die MPi um und stürzte sich auf Ctirad Mašín. Die beiden Männer rangen miteinander. In dem Moment ging das los, einfach nur noch Schießerei. Rundum hat es geknallt." Hermann Grummini wurde durch einen Kopfschuss getötet. Helmut Strempel überlebte mit sechs Einschüssen in Bauch und Brust. Die Tschechen flohen aus dem Bahnhof. Sofort wurde eine Großfahndung eingeleitet. Dabei kamen auch die sowjetischen Truppen sowie die Stasi zum Einsatz.

Niemand weiß bis heute, wie viele Verfolger mobilisiert wurden. Der Abschlussbericht nannte 5000 Personen, machte aber keine Angaben zur Zahl der eingesetzten Mitarbeiter des Ministeriums für Staatssicherheit (MfS) und der sowjetischen Soldaten. Die Mašíns behaupteten, es wären 20 000 Verfolger gewesen. Diese Zahl übernahm auch die Presse im Westen.

Nach der Flucht aus dem Bahnhof Uckro lief Zbyněk Janata der Polizei in die Arme. Die anderen vier versteckten sich in einer Scheune in Reichwalde. An das unglaubliche Chaos auf Seiten der Verfolger erinnert sich Kriminaltechniker Werner Illig, der als junger Polizist mit dabei war: „Das Zusammenwirken zwischen KVP [Kasernierte Volkspolizei], Polizei, sowjetischen Truppen – das stimmte hinten und vorn nicht. Das war ein wildes Durcheinander. Viele Einsatzkräfte waren erst vierzehn Tage, drei Wochen dabei, die hatten überhaupt noch keine Ausbildung, waren nicht an Waffen ausgebildet. Und es wurde be-

sonders in den Nachtstunden aus allen Rohren geschossen, das habe ich selbst miterlebt. Konkretes Beispiel: Ein 18-Jähriger, der war vierzehn Tage dabei oder vier Wochen. Sein Nachbar hörte irgendein Geräusch, schoss mit seiner MPi, und dann ging die MPi nach oben, weil er noch nie mit der Waffe geschossen hatte, und dabei erschoss er seinen Kameraden, der vielleicht 20 Meter daneben stand."

Nach einigen Tagen in der Scheune wurden die Tschechen von einer Bäuerin entdeckt. Ein Junge führte sie heimlich aus dem Dorf. In einem Waldstück bei Waldow wurden sie jedoch von der Polizei aufgespürt und eingekesselt. Die Mašín-Brüder sowie Paumer und Janata durchbrachen schießend die Polizeikette. Švéda wurde dabei verwundet. Ctirad Mašín erinnerte sich später: „Wir haben ihn gefragt, ob er sich selbst erschießen will oder ob wir ihn erledigen sollen." Schließlich ließen sie Švéda lebend zurück. Er wurde am folgenden Tag gefunden und verhaftet.

Wieder verlor die Polizei die Spur der Flüchtige, denen erneut heimlich durch Einwohner geholfen wurde. Auf Schleichwegen gelangten die Tschechen so zu einem Bahnhof und konnten auf einen Güterzug nach Berlin aufspringen.

Die nächste Schießerei gab es am Ring um Berlin, der von der Volkspolizei bewacht wurde. Obwohl Paumer dabei einen Durchschuss erlitt, erreichten die drei Männer eine S-Bahn. Ctirad Mašín hängte sich unter das Gestänge eines Wagens, Josef Mašín und der schwer verwundete Paumer setzten sich auf die Puffer. Letztere wurden an der Grenze entdeckt und flohen im Kugelhagel zu Fuß in den Westen, während Ctirad Mašín versteckt unter dem S-Bahn-Wagen in West-Berlin einfuhr. Nach 31 Tagen war ihre Flucht beendet. Die Amerikaner nahmen die drei unter ihren Schutz. Die Presse im Westen feierte

die Mašín-Brüder und Paumer als Freiheitskämpfer. Die DDR dagegen prangerte West-Berlin als Zufluchtsort für Mörder und Terroristen an.

Die von der Volkspolizei verhafteten Bandenmitglieder Švéda und Janata wurden von der DDR unter der Bedingung an die Tschechoslowakei ausgeliefert, dass sie dort zum Tode verurteilt und hingerichtet würden, was auch geschah. Auch Ctibor Novák, ein in der Heimat verbliebenes und dort gefasstes Mitglied der Mašín-Gruppe, wurde zum Tode verurteilt. Zdena Mašínová, die Mutter der Brüder, bekam eine Haftstrafe von 25 Jahren und verstarb am 12. Juni 1956 im Gefängnis.

Ctirad und Josef Mašín sowie Paumer gingen in die USA und verpflichteten sich dort zu fünf Jahren Militärdienst. Noch immer hegten sie die Hoffnung, bald in der Tschechoslowakei eingesetzt zu werden. Nachdem jedoch der Westen in den Ungarischen Volksaufstand 1956 nicht eingegriffen hatte, verloren sie die Illusion vom „großen Krieg gegen den Kommunismus". Nach ihrer Militärzeit wurden die beiden Brüder Unternehmer. Paumer arbeitete als Taxifahrer in Florida. Josef Mašín zog in den 1960er-Jahren nach Köln, wo er jedoch von der tschechoslowakischen Staatssicherheit entdeckt und bedroht wurde. Daraufhin ging er zurück nach Kalifornien.

1995 erklarte ein tschechisches Berufungsgericht die Taten der Mašín-Gruppe für verjährt, rehabilitierte die Männer jedoch nicht. Damit waren die Betroffenen unzufrieden, denn sie verlangten einen Freispruch und die Anerkennung als Widerstandskämpfer. Bedauern für ihre Opfer äußerten sie nicht. Ihr Heimatland haben die Brüder Mašín nie wieder betreten. Milan Paumer lebte dagegen seit 2001 wieder in Tschechien, wo er am 22. Juli 2010 starb.

Die Zahl der Opfer im „Tschechenkrieg von Uckro" ist bis

heute nicht bekannt. Belegt ist nur, dass drei Volkspolizisten versehentlich von ihren Kameraden und drei weitere von den Flüchtenden erschossen wurden.

## Ein Mann wird gejagt

Für jeden Tag Freiheit ein Jahr Knast – das war die zusätzliche Strafe für den einzigen Häftling, dem es jemals gelang, aus dem berüchtigten Gefängnis Bautzen II auszubrechen.

Sein Name ist Dieter Hötger. Der West-Berliner, damals 22, zog nach dem Mauerbau zu seiner Freundin in den Osten. Dort fühlte er sich bald bedrängt und eingeengt. Noch funktionierten ein paar Schleichwege von Ost nach West. Hötger kannte und nutzte sie. Seine Freundin wollte er später nachholen. Doch die Mauer wurde Tag für Tag unüberwindlicher, weshalb er schließlich den Entschluss fasste, einen Tunnel zu graben.

Unter den Helfern gab es jedoch einen Spitzel. Der Plan wurde verraten. Als Hötger schließlich seine Freundin holen wollte, wurden sie mit Schüssen empfangen. Ein Freund von ihm starb, er selbst wurde schwer verletzt verhaftet und am 5. Oktober 1962 zu neun Jahren Haft verurteilt.

Das Gefängnis an der Bautzener Lessingstraße lag zwar mitten in der Stadt, aber es schien so ausbruchsicher wie Alcatraz in der Bucht von San Francisco. Hier hatte die Stasi das Sagen, mehrere Höfe umgaben den Komplex, und die Mauern schienen unüberwindlich. Trotzdem begann Hötger in seiner Zelle, ein Loch in die Wand zu kratzen. Mit einem Löffel schabte er hinter einem Wandschrank den Mörtel aus den Fugen. Nach wochenlanger Schwerstarbeit ließen sich die ersten Steine bewegen. Es dauerte noch bis zum 27. November 1967, bis er sie

vorsichtig herausziehen konnte. Ein Loch von 40 mal 30 Zentimetern klaffte nun in der Außenmauer des Zellenbaus zum Hof hin. Hötger zwängte sich hindurch, hinaus in die Freiheit.

Obwohl Hötger seit Jahren nur auf diesen Moment hingearbeitet hatte, wusste er nicht, wie er nun von Bautzen nach West-Berlin gelangen sollte. Auch wie es rings um die eingemauerte Halbstadt aussah, ahnte er nicht. Er hoffte, irgendwo im Süden, in der Gegend von Teltow und Kleinmachnow, einen Durchschlupf zu finden. Doch zunächst irrte er noch in der Gegend um Bautzen umher, während eine Großfahndung nach ihm lief. Hötger hatte nur seine dünne Häftlingskluft an, und die kalten Novembernächte machten ihm zu schaffen. Hin und wieder gelang es ihm, vom Transportwagen für das Essen eines Krankenhauses ein paar Scheiben Brot zu stehlen, ansonsten blieb ihm nichts anderes übrig, als die Mülltonnen nach etwas Essbarem zu durchsuchen. Tagsüber versteckte sich der Ausbrecher in Ruinen und Feldscheunen, nachts suchte er den Weg nach Berlin.

Am 6. Dezember 1967 fasste eine Volkspolizeistreife den Flüchtling schließlich in einem stillgelegten Teil des volkseigenen Betriebs (VEB) Schamottewerk Wetrow. In der Urteilsbegründung zu der zusätzlichen Haftstrafe von acht Jahren für den Fluchtversuch hieß es: „Die Gebäude der StVA [Strafvollzugsanstalt] sind sozialistisches Eigentum. Durch die Schaffung eines Loches in der Mauer beschädigte er das sozialistische Eigentum."

## Der Brückeneinsturz von Zeulenroda

Am 14. August 1973 meldete ADN: „Bei Arbeiten an der im Bau befindlichen Talsperre Zeulenroda II im Bezirk Gera kam es am Montagmittag zu einem folgenschweren Unglück. Aus bisher

ungeklärter Ursache stürzte ein Brückenarm mit einem darauf befindlichen Baukran ab. Dabei kamen drei Bauarbeiter ums Leben, fünf weitere wurden verletzt [...]."

Der Bau einer 365 Meter langen Brücke für die Verbindungsstraße von Auma nach Zeulenroda war schon seit Ende der 1960er-Jahre geplant worden. Im Berliner „Entwurfsbüro des Straßenwesens" beschäftigte sich Bauingenieur Gisbert Rother damit. Erstmals in der DDR sollte eine Brücke im freien Vorbau entstehen. Dabei wurde das Bauwerk Stück für Stück auf dem bereits fertigen Abschnitt in Richtung des nächsten Auflagers errichtet. Das war immer wieder mit kritischen Situationen verbunden, denn bis die nächste Stütze erreicht war, musste die frei schwebende Baustelle die nötigen Maschinen und Arbeitskräfte für den Vorbau tragen. Bei dieser Bauweise hatte es bereits 1969 an der Donau in Wien und 1971 bei der Rheinbrücke in Koblenz Einstürze gegeben. Davon wussten die DDR-Ingenieure jedoch wenig, denn Fachliteratur aus dem Westen war ihnen nicht zugänglich.

Wegen knappen Materials und fehlender Baukapazität wurde der Brückenbau in Zeulenroda immer wieder verschoben. Doch dann musste es auf einmal ganz schnell gehen. Ingenieur Fritz Rath, ein früherer Studienkollege Rothers an der TU Dresden, erinnert sich: „Dann kam 1973 das Vorhaben kurzfristig wieder ‚in den Plan', nun aber mit dem Ziel der kurzfristigen Fertigstellung im gleichen Jahr wegen der vorgesehenen Stauseeflutung." Hintergrund der plötzlichen Eile war die Trinkwasserknappheit im damaligen Bezirk Gera. Der VIII. Parteitag der SED hatte daher 1971 beschlossen, den Talsperrenbau bei Zeulenroda voranzutreiben.

Daran, dass es an Stahl mangelte, änderte der Parteibeschluss jedoch nichts. Ingenieur Rother war klar, dass ein starkes Kas-

tenbodenblech am letzten Auflager der Brücke gebaut werden musste, um das Gewicht des waagerechten Teils der Brücke, Kragarm genannt, und des Montagegeräts an der Spitze des Vorbaus zu halten. Dann wurde er von der ausführenden Stahlbaufirma Beuchelt informiert, dass sie ein noch schwereres Montagegerät als ursprünglich geplant benutzen müsse. Fritz Rath berichtet: „Wegen nachgewiesener Überbelastung des vorgegebenen Bodenblechs veranlasste Rother Baustopp. Der Baubetrieb reagierte mit einer Baubehinderungsanzeige wegen des Staatsplantermins. [...] Rother hatte zwischenzeitlich eigenverantwortlich eine Verstärkung des Bodenblechs vorgesehen. Unter Zeitdruck musste der Projektant den Stabilitätsnachweis erbringen, der sich nun – mit gegenüber den Vorschriften minimaler, rechenbedingter Abweichung – an der Sicherheitsgrenze zum Bodenblechversagen bewegte."

Dann kam der 13. August 1973. Während ein weiterer Teil der Brücke im Vorbau montiert werden sollte, brach das Vorderteil des bereits fertiggestellten Bauwerks ab. Mit 80 Tonnen war der eingesetzte Kran viel zu schwer, und die „eingesparten" Stahlmengen gingen auf Kosten der Stabilität. Vier Bauarbeiter starben, fünf wurden schwer verletzt. Der Sachschaden betrug rund 3,5 Millionen Mark.

Rother selbst war Augenzeuge des Einsturzes. Er hatte an diesem heißen Sommertag seiner Familie sein neuestes Projekt zeigen wollen. Seine Lebensgefährtin, eine Ärztin, leistete Erste Hilfe zwischen den Trümmern.

Die Stasi vermutete sofort einen feindlichen Anschlag, denn es war zufällig der zwölfte Jahrestag des Mauerbaus. Zu Rother legte sie den Operativen Vorgang „Konstrukteur" an. Am 30. November 1973 wurde Rother zur Vernehmung nach Gera bestellt und dort verhaftet. Der Prüfingenieur Heinz Haser und

der Montagebauleiter Horst Adler wurden ebenfalls festgenommen – alle drei wegen Sabotage. Chefingenieur Rother schien besonders verdächtig, denn 1962 hatte man ihn bereits einmal an der rumänisch-jugoslawischen Grenze auf dem Weg in den Westen festgenommen, somit war er als potenzieller „Republikflüchtling" aktenkundig.

Am 27. Mai 1974 verurteilte das Bezirksgericht Gera die drei Ingenieure: eineinhalb Jahre Haft für Rother, ein Jahr und zehn Monate für Haser und eineinhalb Jahre auf Bewährung für Adler. Da sich alle nachweislich an die geltenden Vorschriften gehalten hatten, konnte ihnen nur „Verletzung des Arbeitsschutzes" angelastet werden. „Die Bemühungen der Angeklagten, ökonomisch billig und modern zu bauen", könnten nicht akzeptiert werden, „wenn dabei die Sicherheit [...] außer Acht gelassen wird", hieß es in der Urteilsbegründung.

Darüber wurde in der Presse nicht berichtet. Aber rund 300 Ingenieure mussten als „Delegierte" ihrer Betriebe im Gerichtssaal den Prozess verfolgen. Das hatte eine unerwartete Wirkung. Alle im Saal wussten, dass nicht ihre Kollegen, sondern die Verhältnisse an dem Unfall schuld waren. Überall auf DDR-Baustellen wurde nun Dienst nach Vorschrift geleistet. Man verbaute mehr Material als nötig, und keiner wollte mehr Verantwortung übernehmen. Denn wer riskierte schon gerne eine Haftstrafe für seine Arbeit? Die Parteifunktionäre waren alarmiert. Fritz Rath berichtet: „Eine Solidarisierung der Fachwelt setzte ein. Der gesellschaftliche Verteidiger des ersten Prozesses, Fiedler, erreichte mit seinen Eingaben, unterstützt von ehemaligen Mitstudenten, dass der Prozess vor dem Obersten Gericht der DDR erneut verhandelt wurde."

Erst jetzt erfolgte eine faire Untersuchung. Rother, Haser und Adler wurden schon vor der Urteilsverkündung aus der Haft

entlassen, denn ihre Unschuld am Brückeneinsturz stand fest. Sie erhielten sogar eine Haftentschädigung. Stillschweigend erhöhte man den Sicherheitswert für den Lastfall beim freien Vorbau von Brücken.

Die neue Brücke an der Talsperre Zeulenroda wurde am 22. Juni 1975 feierlich eingeweiht. Ein 1994 am Straßenrand aufgestellter Gedenkstein erinnert an das Unglück.

## Alarmstufe Rot im KKW Nord

Seit den 1950er-Jahren galt durch Atomkraft gewonnener Strom in aller Welt als problemfreie Energie der Zukunft. Das erste kleine kommerzielle Atomkraftwerk, Calder Hall-1, ging 1956 in Großbritannien ans Netz.

In der DDR begann nach ersten Versuchen mit einem 70-MW-Reaktor im Kernkraftwerk (KKW) Rheinsberg 1974 die ökonomisch wichtige Stromerzeugung im KKW Nord in Lubmin bei Greifswald. Offiziell hieß dieses VE Kombinat Kernkraftwerke „Bruno Leuschner". Bis 1979 waren vier Reaktorblöcke in Betrieb. Sie deckten etwa zehn Prozent des Energiebedarfs der DDR. Der Ausbau des KKW bis 1989 sah weitere vier Blöcke mit je 408 Megawatt Leistung vor. Von denen wurde jedoch nur noch einer ab dem 1. November 1989 kommerziell genutzt und nur drei Wochen später abgeschaltet. Die Stilllegung der anderen Reaktorblöcke wurde am 18. Dezember 1990 abgeschlossen. Die sowjetischen WWER-440/230-Reaktoren aus den späten 1960er-Jahren entsprachen nicht den aktuellen Sicherheitsstandards.

Erst nach dem Ende der DDR stellte sich heraus, dass es im KKW Nord mehrfach Störfälle und Verstöße gegen die Strah-

lenschutzbestimmungen gegeben hatte. Nachrichtensperren, Vertuschungsmanöver und eine massive Überwachung der Mitarbeiter durch das MfS sorgten dafür, dass nichts davon an die Öffentlichkeit drang. Auch als das KKW Nord am 7. Dezember 1975 nur knapp einer Katastrophe entging, gab es in der DDR keine offiziellen Informationen dazu.

An jenem Tag wollte ein Elektriker seinem Lehrling mit einer einfachen Flachzange und entgegen jeder Vorschrift zeigen, wie man Schaltkreise überbrückt. Es knallte, ein Lichtbogen entstand, und plötzlich brannte ein Kabel an der Primärseite des Trafos an Block 1. Der Brand zerstörte die Stromzufuhr und die Steuerleitungen für fünf der sechs Hauptkühlmittelpumpen. Die Betriebsfeuerwehr konnte ihn schnell löschen und die Pumpen über provisorische Leitungen wieder in Gang setzen. Damit verhinderte sie in letzter Sekunde den „größten anzunehmenden Unfall" (GAU). Der Vorfall wurde in der DDR geheim gehalten, aber die Sowjetunion, die für die Technik des KKW verantwortlich war, informierte bereits wenige Stunden nach dem Zwischenfall die Internationale Atomenergie-Organisation (IAEO) in Wien. Diese stufte den Vorfall auf der „Internationalen Bewertungsskala für nukleare Ereignisse" in die Kategorie 4 von 7 ein. Die möglichen Folgen des so klassifizierten Unfalls waren nach der IAEO-Definition: „Auswirkungen außerhalb der Anlage durch Strahlenexposition der Bevölkerung etwa in der Höhe der natürlichen Strahlung und/oder die Auswirkungen innerhalb der Anlage durch schwere Kontaminationen und/oder Strahlenbelastung des Personals, die zu akuten Gesundheitsbelastungen führen kann (Größenordnung 1 Sievers)".

Nur weil die Mitarbeiter im KKW Nord im entscheidenden Moment alles richtig gemacht hatten, verhinderten sie das

Schlimmste. Auch spätere Auswertungen belegten, dass der Zehn-Prozent-Grenzwert der zulässigen Aktivitätsabgabe nicht überschritten wurde. In den folgenden Wochen baute man für die Pumpen separate Stromzufuhren. Experten optimierten zudem den Brandschutz, unter anderem durch das Einziehen von Zwischenwänden.

Der international bekannt gewordene Unfall vom Dezember 1975 war jedoch nicht die erste Betriebsstörung. Bereits kurz nach dem Anfahren auf Volllast 1974 wurde im Block 1 ein unkontrollierter Anstieg der Temperaturen gemessen. Nach dem Öffnen des Reaktordeckels zeigte sich, dass die Zirkon-Ummantelung einzelner Brennstäbe innerhalb der als Kassetten bezeichneten Brennelemente geborsten war.

Wenig später wurde bei der Entladung von Block 1 eines der Steuerelemente, Absorberkassetten genannt, irrtümlich aus dem offenen Druckgefäß gezogen. Es baumelte über dem vollgeladenen Reaktorkern und drohte, aus 15 Metern Höhe abzustürzen. Der Feuerwehr gelang es, ein Sprungtuch darunter zu spannen und so einen Unfall zu verhindern.

Die geheimen Störfallberichte des MfS verzeichneten darüber hinaus weitere Zwischenfälle mit hohem Gefahrenpotenzial. So gab es 1977 einen „Entstehungsbrandfall in der chemischen Wasseraufbereitungsanlage (CWA 1)". Im Jahr 1981 konnte ein „Durchgehen" des Reaktors gerade noch vermieden werden, nachdem aufgrund zweier vertauschter Rohrleitungen etwa 40 Minuten lang sogenanntes deionisiertes Wasser („Deionat") in die aktive Zone des Reaktors geflossen war. Es beschleunigte den Kernspaltungsprozess, und die Temperatur stieg unkontrolliert. Die sofort erfolgte Schnellabschaltung und Zuführung von neutronenbremsendem Bor stoppten die Überhitzung. 1988 zündelte es „infolge bekannter Mängel (Ölleck am Lager 2 mit

Ölaustritt in der Isolierung)". Dadurch kam es zu einer „Glutnestbildung" im Turbinensatz 5.

Das Gefahrenpotenzial erhöhte sich ab Anfang der 1980er-Jahre durch Verschleiß der Anlage. Werkstoffprüfer stellten fest, dass der Stahl der Reaktordruckgefäße durch den pausenlosen Beschuss mit Neutronen aus den Brennstäben und durch die mechanischen Einwirkungen der unaufhörlich durch den Kreislauf pulsierenden Wassermassen ermüdete und „versprödete". Er zeigte erste Risse und Korrosionsnarben. Hier forderte die veraltete Technik – etwa der direkte Kontakt der Stahlwände mit dem Kühlwasser –, aber auch die nachlässige Arbeitsweise beim Auftragen der Anti-Korrosionsschichten ihren Tribut. Bereits 1983 meldeten die Prüfer „tiefe Anrisse" in Reaktorblock 3.

Reparaturarbeiten wurden ausgeführt, aber die nötigen Modernisierungen schob das Politbüro der SED am 30. Juni 1987 noch einmal aus Kostengründen auf. Das KKW durfte nicht vom Netz, da seine Rolle in der Energieversorgung der DDR zu bedeutsam war. Der übliche Beladungs- und Wartungsaufwand von drei bis vier Wochen pro Reaktor und Jahr summierte sich bereits 1988 bei den vier Blöcken in Lubmin auf insgesamt 231 Tage Stillstand.

Erst am 30. Mai 1989 beschloss die SED-Führung eine groß angelegte Rekonstruktion der Reaktorblöcke 1 bis 4. Dagegen opponierte das Staatliche Amt für Atomsicherheit und Strahlenschutz der DDR. Es erklärte, dass „einer Rekonstruktion in den 90er Jahren, bei der eine beträchtliche Differenz zum internationalen Stand verbleibt, nicht zugestimmt werden kann, sondern eine Stilllegung der Blöcke erfolgen sollte". Das war ein Affront gegenüber der Sowjetunion. Obwohl die SED deren Politik mittlerweile kritisch sah, musste sich die DDR-Aufsichtsbehörde schließlich dem Beschluss des Politbüros beugen und die geplan-

te Rekonstruktion befürworten. Wie dringend diese nötig war, zeigte bereits 1988 der kurzzeitige Ausfall des Reaktorblocks 3, dessen Notstromsystem versagte. Für vier Minuten funktionierten durch fehlenden Strom weder Signalgeber noch Sensoren.

Die nächste kritische Lage entstand am 24. November 1989. Bei sogenannten Schieflast-Tests am neuen Reaktorblock 5 wurden drei Hauptumwälzpumpen abgeschaltet, um die automatische Schnellabschaltung zu prüfen. Dieser Havarieschutz funktionierte jedoch nicht, und der simulierte Störfall geriet außer Kontrolle, als eine weitere Umwälzpumpe versagte. Die vorgesehene Schnellabschaltung wurde daraufhin per Hand ausgelöst, was zu einer Verzögerung von 40 bis 50 Sekunden führte. Diese Zeit reichte für eine gefährliche Überhitzung von schätzungsweise zehn bis 30 Brennelementkassetten.

Eine letzte potenzielle Gefahrenlage entstand am 13. Dezember 1990 bei einem Schaufliegen für Mitglieder der Arbeitsgruppe Verteidigungspolitik der CDU/CSU-Bundestagsfraktion. In der Nähe des Flugplatzes Peenemünde stürzte ein MiG-23-Jäger der Nationalen Volksarmee ab. Der Pilot kam dabei ums Leben. Da er das Überflugverbot des KKW einhielt, habe allerdings „niemals eine akute Gefahr" bestanden, hieß es in übereinstimmenden Erklärungen aller Verantwortlichen.

Am 30. Juni 1995 erfolgte die offizielle Stilllegung des KKW Nord. Für den danach begonnenen Rückbau wurden Kosten von drei bis fünf Milliarden Euro kalkuliert. Zum Zeitpunkt der Abschaltung des KKW befanden sich am Standort Lubmin in den Kernkraftwerksblöcken 1 bis 5 und dem Zwischenlager für abgebrannten Brennstoff insgesamt 5037 bestrahlte Brennelemente. Im Werk waren zusätzlich noch 860 unbestrahlte Brennelemente vorhanden. 235 nur teilweise abgebrannte Elemente aus dem Block 5 konnten an das typgleiche KKW Paks in

Ungarn verkauft werden. Der Verkauf des gesamten unbestrahlten und nur teilweise abgebrannten Kernbrennstoffs war 1996 abgeschlossen. Damit war die Zeitbombe KKW Nord endgültig entschärft.

## Terroralarm bei der S-Bahn

Simona A. fuhr am 27. Mai 1983 als Zugführerin die S-Bahn von Mahlsdorf zum Bahnhof Friedrichstraße. Dass seit dem Marx-Engels-Platz (heute Hackescher Markt) im Dienstabteil hinter der Schiebetür zum Fahrerstand ein Mann mit einer Tasche saß, bemerkte die 21-jährige Eisenbahnerin aus Berlin-Lichtenberg nicht.

Wolfgang K. (24) wollte mit der S-Bahn in den Westen. Deshalb hatte der als Beifahrer bei der Müllabfuhr tätige Mann in der Suhler Jagdhütte, die im Haus der Statistik am Alex untergebracht war, 400 Diabolos als Munition gekauft, sein 4,5-mm-Luftgewehr in die Tasche gepackt und sich im „Alex-Treff" Mut angetrunken. Dass die S-Bahn-Strecke vom Bahnsteig C des Bahnhofs Friedrichstraße in Richtung Lehrter Stadtbahnhof längst unterbrochen war und an einem Prellbock vor der Brücke über die Luisenstraße endete, wusste K. nicht.

Es war 18.24 Uhr. In den „Operativen Informationen 502/83" der Stasi wird das Geschehen folgendermaßen beschrieben: „Als die Triebwagenführerin bei Einfahrt des Zuges auf dem Bahnhof Friedrichstraße den Bremsvorgang einleitete, gelang es ihm, in den Führerstand einzudringen." Simona A. hob die Hände, um ihren Kollegen auf dem Bahnsteig zu signalisieren, dass etwas nicht stimmte. Die Stasiakten vermerken, worum es ging: Wolfgang K. „bedrohte sie mit der Waffe, forderte die

Einstellung des Bremsvorgangs und die Weiterfahrt nach Westberlin".

Die S-Bahn hatte mittlerweile das Haltesignal überfahren, zweieinhalb Wagen befanden sich bereits im „Grenzabschnitt", und die automatische Zwangsbremsung setzte ein. Auch davon ahnte K. nichts. Er drehte hektisch an den Schaltern, nichts geschah. Dann öffnete er das Seitenfenster und zielte mit dem Luftgewehr auf zwei Grenzer.

Die Stasi-Leutnants Siegfried K., Stephan B. und Hauptmann Uwe Z. liefen unterdessen über die Wagendächer nach vorn und sprangen aufs Gleis. Siegfried K. zerschlug die Fensterscheibe und schoss mit seiner Pistole. Der Entführer war kurz abgelenkt, sodass Z. und B. ihn festnehmen konnten. Bis zum Prellbock waren es noch 150 Meter. Um 18.50 Uhr endete der Entführungsversuch.

Wolfgang K. wurde am 6. Oktober 1983 wegen Terrors zu acht Jahren Haft und Schadenersatz in Höhe von 15 008,56 Mark verurteilt. Simona A. wurde außerplanmäßig „Verdienter Eisenbahner der DDR".

## Das DDR-Echo auf Tschernobyl

In der Sowjetunion herrschte bereits seit einem Jahr Glasnost, als der GAU passierte. Trotzdem wurden die dortige Bevölkerung ebenso wie die „Freunde" in der DDR nur spärlich über die Katastrophe im Atomreaktor Tschernobyl am 26. April 1986 informiert.

Erst drei Tage nach dem Unfall, am 29. April, erschien in der DDR-Presse eine Meldung der sowjetischen Nachrichtenagentur TASS: „Im Kernkraftwerk Tschernobyl in der Ukraine

hat sich eine Havarie ereignet. Einer der Kernreaktoren wurde beschädigt. Es werden Maßnahmen zur Beseitigung der Folgen der Havarie ergriffen. Den Betroffenen wird Hilfe erwiesen. Es wurde eine Regierungskommission eingesetzt."

Das reichte den DDR-Bürgern offenbar nicht, denn aus dem Westfernsehen wussten sie von den Sorgen, die man sich in Nord- und Westeuropa machte. Einen Tag später meldete ADN deshalb: „Im Zusammenhang mit Anfragen teilt das Staatliche Amt für Atomsicherheit und Strahlenschutz mit, dass in der DDR ständig Messungen zur Überwachung der Radioaktivität in der Umwelt erfolgen. Nach der TASS-Meldung über eine Havarie im KKW Tschernobyl/Ukraine wurden keine Werte der Radioaktivität gemessen, die eine Gesundheitsgefährdung hervorrufen können." Zusätzlich gab es eine Verlautbarung des Ministerrates der UdSSR: „Moskau (TASS). Bei der Havarie in dem 130 Kilometer nördlich der ukrainischen Hauptstadt Kiew gelegenen Kernkraftwerk Tschernobyl sind zwei Menschen ums Leben gekommen. Wie der Ministerrat der UdSSR am Dienstag informierte, sind dringende Maßnahmen zur Beseitigung der Folgen der Havarie eingeleitet worden. [...] Nach derzeit vorliegenden Informationen ereignete sich die Havarie in einem der Räume des 4. Energieblocks. Dadurch wurde ein Teil des Reaktorgebäudes zerstört und der Reaktor selbst beschädigt, was zum Entweichen einer gewissen Menge radioaktiver Stoffe führte. Die drei anderen Blöcke sind stillgelegt worden. Sie sind intakt und stehen in Betriebsreserve. Die Strahlungssituation im Kraftwerk und seiner Umgebung ist stabilisiert worden. [...] Aus der Kraftwerkssiedlung und drei umliegenden Ortschaften ist die Bevölkerung evakuiert worden. Die Radioaktivität im KKW Tschernobyl und Umgebung wird ständig kontrolliert."

Dass viele Menschen im Westen eine radioaktive Belastung fürchteten, erfuhren die DDR-Bürger auch noch auf ganz andere Weise: In der Hauptstadt und rings um Berlin tauchten plötzlich Spargel, grüner Salat und Erdbeeren in den Läden auf. Das war unüblich. Die Erklärung war: Der West-Berliner Handel nahm der DDR die Ware wegen der befürchteten atomaren Belastung nicht mehr ab. Der Physiker Sebastian Pflugbeil, seit den 1970er-Jahren in der oppositionellen Umweltbewegung der DDR aktiv, erinnert sich: „Die Leute kauften es dann auch nicht, weil sie vorher Westfernsehen gesehen hatten, Salat zum Beispiel. Schließlich landete das Zeug in den Schulküchen und den Kindergärten, und die Kinder kriegten das zu futtern. Man sah dann, die Kinder, die informiert waren, ließen es stehen, und die anderen, die holten sich zwei, drei Portionen."

Im Osten wurde die Belastung derweil weiter verharmlost: „Der Leiter des Staatlichen Amtes für Atomsicherheit und Strahlenschutz der DDR, Prof. Dr. Georg Sitzlack, der sich gegenwärtig mit einer Expertengruppe aus der DDR zu einem Besuch in Dänemark aufhält, erklärte [...] gegenüber Pressevertretern, dass in der DDR Strahlenmessungen mit äußerster Gründlichkeit vorgenommen werden. Im Zusammenhang mit der Havarie in dem ukrainischen Kernkraftwerk Tschernobyl erklärte Sitzlack, für die Sicherheit der Reaktortypen in der DDR gelten eigene nationale und zusätzliche Sicherheitsvorschriften, deren Einhaltung mit aller Strenge gegenüber der Wirtschaft und allen Beteiligten durchgesetzt wird. Als ‚nicht relevant' bezeichnete ein Sprecher des Staatlichen Amtes für Atomsicherheit und Strahlenschutz der DDR in Berlin die Frage einer Überprüfung der Sicherheit in den Kernkraftwerken der DDR nach dem Unfall im ukrainischen Kernkraftwerk Tschernobyl. ‚Wir ha-

ben ganz andere Reaktoren', erläuterte der Sprecher des Amtes auf entsprechende Fragen von Pressevertretern."

Am 8. Mai 1986 gab es dann eine offizielle Mitteilung des Amtes selbst: „In der DDR werden seit vielen Jahren ständig alle wichtigen Umweltmedien (Luft, Wasser, Boden, Pflanzen) und ausgewählte Nahrungsmittel vom Staatlichen Amt für Atomsicherheit und Strahlenschutz sorgfältig auf Radioaktivität überwacht. Von diesem ständig bestehenden Überwachungsnetz ausgehend, wurden die Messungen der Radioaktivität auf dem Territorium der DDR nach der Havarie im KKW Tschernobyl unverzüglich verdichtet und kontinuierlich ausgewertet. Die Ergebnisse der vom Staatlichen Amt für Atomsicherheit und Strahlenschutz durchgeführten dichten Kontrollen belegen, dass, wie bereits gemeldet, auf Grund der Strahlensituation auf dem Territorium der DDR infolge der Havarie im KKW Tschernobyl (UdSSR) keinerlei gesundheitliche Gefährdungen für die Bevölkerung der DDR bestanden haben oder bestehen."

Dass sämtliche Umweltdaten in der DDR einer strikten Geheimhaltung unterlagen, wurde nicht erwähnt.

Auf einer Sondersitzung des Gouverneursrates der IAEO in Wien am 21. Mai 1986 betonte Georg Sitzlack, dass es in der DDR keinerlei Besonderheiten nach dem GAU von Tschernobyl gebe: „Der Staatssekretär informierte den Gouverneursrat über die Fürsorgemaßnahmen in der DDR im Zusammenhang mit dem Reaktorunfall in Tschernobyl. Zu jeder Zeit sei eine vollständige Kontrolle auf Grundlage eines täglichen 24-Stunden-Messprogramms gewährleistet gewesen, das alle entsprechenden Medien erfasste. Charakter und Ausmaß der radioaktiven Werte und der generell hohe hygienische Standard in der DDR hätten die Anwendung von Präventivmaßnahmen nicht notwendig

gemacht. Eine Beeinträchtigung oder Bedrohung der Gesundheit durch radioaktive Strahlung habe für die Bevölkerung zu keiner Zeit bestanden. In diesem Zusammenhang ist dem Generaldirektor der IAEO, Dr. Hans Blix, am Donnerstag in Wien eine Zusammenstellung von charakteristischen Messwerten über radioaktive Strahlungen auf dem Gebiet der DDR übergeben worden. In einem Anschreiben verweist Staatssekretär Prof. Dr. Georg Sitzlack darauf, dass die Messungen in einem System Tausender Messpunkte weiter fortgeführt werden."

Die Oppositionellen innerhalb der Kirche intensivierten ihre Aufklärungsarbeit. Sebastian Pflugbeil erzählt: „Es wurde einmal eine Handvoll Zahlen veröffentlicht, die haben dann einen Schwall von Anfragen provoziert bei den Behörden, das haben sie nie wieder gemacht, und ansonsten waren das Allgemeinplätze, die in den Medien veröffentlicht wurden." In der DDR herrschte weiterhin eine riesige Verunsicherung, denn detaillierte Ergebnisse von Strahlungsmessungen wurden auch jetzt nicht veröffentlicht.

Die aufgeregte Stimmung blieb dem MfS nicht verborgen. Die SED-Führung reagierte darauf und setzte am 30. April 1986 eine Sondersendung im Fernsehen an. Die Presse berichtete darüber: „Führende DDR-Experten für Nukleartechnologie und für Strahlenschutz haben [...] ausführlich zur Kernkraftwerkshavarie von Tschernobyl und damit zusammenhängenden Fragen Stellung genommen. Die Professoren Dr. Gunter Flach, Direktor des Zentralinstituts für Kernforschung Rossendorf bei Dresden, und Dr. Karl Lanius, Direktor des Akademieinstituts für Hochenergiephysik Zeuthen bei Berlin, sowie Dr. Wolfgang Krüger vom Staatlichen Amt für Atomsicherheit und Strahlenschutz betonten auf entsprechende Fragen übereinstimmend, dass es in keiner Phase der Entwicklungen nach der Havarie

eine Gefährdung für Menschen und Umwelt in der DDR gegeben hat."

Dass ihre Ausführungen auf Skepsis stießen, war zwischen den Zeilen zu lesen: „Auf die Frage, ob die in Tschernobyl ausgetretene Radioaktivität irgendwelche Konsequenzen für die DDR und ihre Bevölkerung habe und ob es überhaupt eine Gefährdung der DDR gebe, sagte Prof. Lanius: ‚Ich würde sehr klar mit nein antworten. Nach den Messwerten, die durch unsere entsprechenden Behörden ermittelt wurden, sieht es so aus, dass in keiner Phase die erhöhte Radioaktivität in irgendeiner Form die Grenzwerte erreichte. Der momentane Stand ist, dass dies bereits im Abklingen ist [...]'. Prof. Flach führte aus, zur endgültigen Bewertung des Vorfalls in Tschernobyl müsse man die genaueren Untersuchungen abwarten. Klar sei allerdings, dass große komplexe technische Systeme gewissen Störungen unterliegen könnten, wie dies auch frühere Havarien in Atomkraftwerken westlicher Länder zeigten. Die Wahrscheinlichkeit dafür sei jedoch sehr gering. Nach allen vorliegenden Informationen hätten sich die sowjetischen Kollegen intensiv und mit sehr großer Akribie mit Fragen der Sicherheit des Reaktortyps des Tschernobyler Kraftwerkes auseinandergesetzt. 12 Jahre Betrieb der Reaktoren bewiesen, dass dieser Typ im Prinzip sicher ist."

Die schwammige Aussage und das vage Eingeständnis, dass es bei derartigen Anlagen immer ein Risiko gebe, mündete nun in einen politischen Angriff auf den Umgang mit dem Thema im Westen: „Insofern muss ich absolutes Unverständnis äußern, sagte Prof. Flach, wie man die technische Situation, die eingetreten ist, zu einer derartigen Kampagne nutzen kann, um die friedliche Nutzung der Kernenergie in der UdSSR zu verteufeln [...]."

Dann wurde es grundsätzlich: „Auf eine Frage nach der Zielrichtung der westlichen Medienkampagne zu Tschernobyl sagte Prof. Lanius, was im Moment passiere, müsse man nicht zuletzt unter dem Gesichtspunkt sehen, dass es die Menschen ablenken soll von den Vorschlägen der Sowjetunion zur Abrüstung. Wenn man dazu gebracht werde, sich zum Beispiel den Kopf darüber zu zerbrechen, ob eine Gefährdung durch radioaktiven Niederschlag, der mit Ostwind die DDR oder Westeuropa erreiche, eine ernsthafte Bedrohung darstelle, dann denke man eben nicht über die Problematik der Abrüstung nach. Das heißt also, man soll bitte nicht vergessen, dass offenbar hier sehr starke Elemente einer Verteufelung der Sowjetunion und einer Ablenkung von den doch so enorm wichtigen Friedensinitiativen zu sehen sind, äußerte Prof. Lanius. Er unterstrich die Notwendigkeit, verstärkt gegen die Gefährdung der Menschheit durch Kernwaffen zu wirken."

Der Reaktorunfall in Tschernobyl verschaffte der Umweltschutzbewegung in der DDR, die sich zunächst unter dem Dach der Kirche sammelte, erheblichen Auftrieb. Die politische Einordnung des Vorfalls in die Problematik von Abrüstung und Sicherheit aber erklärte all jene zu „Staatsfeinden", die sich Sorgen um die Gefahren machten, die von den Atomkraftwerken ausgingen.

## Gasvergiftung nach Brandstiftung

Als ADN am 27. Juni 1986 über einen Brand im VEB Wollkämmerei Leipzig – einem Großbetrieb mit 1500 Beschäftigten – berichtete, wusste noch niemand, was dort eigentlich passiert war: „In der Nacht zum Donnerstag brach in Kellerräumen des

VEB Wollkämmerei Leipzig ein Brand aus. Zwei Arbeiterinnen kamen dabei ums Leben. Bei der Brandbekämpfung, die durch Rauchentwicklung erschwert war, erlitten mehrere Feuerwehrleute Rauchvergiftungen."

In dem Werk wurde aus Wolle und Kunstfasern Garn für die Textilindustrie gesponnen. Dass das aufgrund der leichten Entzündbarkeit der Chemiefasern gefährlich werden konnte, war bekannt. Achim Blödner, früher dort tätig, erzählt von Brandversuchen, die man unternommen hatte: „Bei der Chemiefaser, die damals aus Wolfen kam, hat ein Funke gereicht, um das Zeug in Brand zu setzen."

Als am 26. Juni 1986 dann tatsächlich ein Brand ausbrach, erwartete Hauptbrandmeister Werner Schrönghammer zunächst nichts Außergewöhnliches: „Wollkämmerei, das sind organische Stoffe, da kann nicht viel passieren – dachten wir!" Vor Ort bot sich jedoch ein anderes Bild. Feuerwehrmann Thomas Gundlach erinnert sich noch genau: „Es war ein gespenstisches Szenario, aus jeder Öffnung, Fenster, Türen, kam richtig dunkler, schwarzer Rauch, und dann lagen schon tote Vögel auf dem Fußboden, runtergefallen durch das Gift in der Rauchwolke." Das fiel auch Branddirektor Peter Heilmann auf: „Vor dem Gebäude befand sich ein Baum, so in zehn, 15 Meter Entfernung vom Gebäude, und es fielen dort buchstäblich die Spatzen von der Kastanie."

Nun war den Männern klar, dass sie es mit Gift zu tun hatten. Um 2.49 Uhr begann die Suche nach Vermissten im Gebäude. Feuerwehrmann Reinhard Steffler erinnert sich daran, dass es wegen der Hitze von bis zu 1200 Grad nur auf allen Vieren vorwärtsging. Zwei tote Frauen wurden geborgen, doch auch die Retter bekamen unerwartete Probleme. Schrönghammer erinnert sich: „Nach knapp zehn Minuten bekam ich keine Luft

mehr." Anderen Kameraden wurde schlecht, nachdem sie an der frischen Luft die Atemmasken abgesetzt hatten. Offenbar hatten sich Giftpartikel in der Kleidung festgesetzt. Eine Messung um 8.30 Uhr ergab eine übergroße Konzentration an Blausäure.

Die Brandbekämpfung dauerte bis zum Nachmittag. Etwa 48 Tonnen Wolpryla standen im Keller der Wollkämmerei in Flammen. Inzwischen waren neben der Leipziger Berufsfeuerwehr auch die Freiwilligen Feuerwehren alarmiert worden. Matthias Bessel berichtet: „Als ich in dem Einsatzabschnitt ankam, war dort nur noch ein Feuerwehr-Offizier, der mich mit den Worten begrüßte: ‚Ich habe alle meine Kollegen im Einsatz verloren.'" Immer mehr Feuerwehrleute wurden bewusstlos, am Ende waren es 26 Mann. Reinhard Steffler erinnert sich an die unglaubliche Hitze: „Der Helm einer unserer Männer begann zu schmelzen." Erst als ein Schaumteppich alles abdeckte, erstickten die Flammen.

Schnell ermittelte die Kriminalpolizei, dass der Hilfsarbeiter Hartmut M. das Feuer gelegt hatte. Wegen eines Diebstahls stand ihm ein Disziplinarverfahren bevor. Dafür wollte er sich rächen. Am 15. Oktober 1986 berichtete *Neues Deutschland*: „Die Strafkammer des Kreisgerichts Leipzig, Stadtbezirk Nordost, verurteilte am Dienstag den 23-jährigen Hartmut M. wegen schwerer Brandstiftung zu einer Freiheitsstrafe von zwölf Jahren und zu Schadenersatz. M. hatte am 26. Juni 1986 in den Kellerräumen des VEB Wollkämmerei Leipzig vorsätzlich einen Brand gelegt, der sich schnell ausbreitete. Dadurch waren, wie gemeldet, zwei Werktätige ums Leben gekommen; mehrere hatten Verletzungen erlitten. Durch den Brand entstand erheblicher Sachschaden."

Einen Hinweis darauf, was damals zum – in dieser Form in

Deutschland einmaligen – Ausfall vieler Feuerwehrleute führte, fanden Reinhard Steffler und sein Kollege Joachim Müller erst Jahre später in den Akten der Brandermittler. Bereits damals war eine außerordentlich hohe Konzentration an Blausäure festgestellt worden. Schon ein bis zwei Milligramm pro Kilogramm Körpergewicht können tödlich wirken. Doch beim Verbrennen wird ein weitaus schlimmerer Prozess in Gang gesetzt: Der Blausäure entweichen stickstoffhaltige Polymere, die weitere chemische Reaktionen auslösen können. Reinhard Steffler erklärt: „In dem Vermerk steht, dass bei über 1000 Grad Celsius Schwefellost entstehen kann." Das Gefährliche an diesem Gas, das besser bekannt ist als Senfgas oder Yperit und erstmals im Ersten Weltkrieg eingesetzt wurde, ist, dass es nicht nur über die Atemwege, sondern auch über die Haut aufgenommen wird.

Einen endgültigen Beweis, ob sich dieses Gas tatsächlich 1986 in der Wollkämmerei gebildet hat, gibt es nicht. Damals waren die technischen Möglichkeiten der Luftmessung noch nicht weit genug entwickelt. Es würde erklären, warum so viele Feuerwehrleute ausfielen.

## Leichen in der Oder

Die Bilder der Flüchtlinge in den Budapester Rotkreuzlagern und am Zaun der bundesdeutschen Botschaft in Prag sind ebenso unvergessen wie die der Trabbi-Karawane aus Ungarn nach Österreich und der Züge, die aus Prag über Dresden in den Westen fuhren. Fast vergessen ist jedoch, dass ebenfalls Tausende versuchten, im Herbst 1989 über die Botschaft der Bundesrepublik in Warschau auszureisen. Auf dem Weg dorthin gab es die wahrscheinlich letzten toten Flüchtlinge aus der DDR.

Frank-André Bethmann war einer von ihnen. Seine Eltern erhielten als letzte Nachricht von ihrem Sohn eine Rechnung des VEB Städtisches Bestattungs- und Friedhofswesen Berlin über 1476,25 Mark. Am 15. Oktober 1989 hatte der Werkzeugmacher aus Thale versucht, über die Oder zu schwimmen, um danach über die Botschaft der Bundesrepublik in Warschau in den Westen zu gelangen. Sein Weg endete in der Totenkammer des Krankenhauses Słubice.

Der 28-jährige Bethmann träumte vom Westen wie vom Paradies. Sein Vater Kurt erzählt: „Er glaubte, dort fliegen einem die gebratenen Tauben in den Mund." Mit 18 Jahren versuchte er das erste Mal, über die Tschechoslowakei zu fliehen. Das brachte ihn für zehn Monate ins Stasi-Gefängnis. Danach schien er sich an die kleine DDR gewöhnt zu haben. Doch im Mai 1989 stellte Frank-André Bethmann einen Ausreiseantrag. Der wurde abgelehnt, eine Reise nach Ungarn wurde ihm ebenfalls verwehrt. Anfang Oktober wollte der junge Mann in die westdeutsche Botschaft nach Prag. Er kam ein paar Stunden zu spät auf dem Dresdner Bahnhof an: Der „visafreie Reiseverkehr" war „ausgesetzt". Auch nach Polen durfte niemand mehr reisen. So entschloss sich Frank-André Bethmann, an die Oder zu fahren.

Im September und Oktober flüchteten sich rund 6000 DDR-Bürger in die Botschaft der Bundesrepublik in Warschau. Dort versah der westdeutsche Gesandte Johannes Bauch seinen Dienst. Mit seinem ostdeutschen Kollegen, Botschafter Jürgen van Zwoll, hatte er kaum Kontakt. So wollte es die Politik beider Seiten. Doch durch die brisante Lage war es nun nicht mehr möglich, sich einfach aus dem Weg zu gehen. Der damalige DDR-Botschafter erinnert sich: „Das hat sich dank der Flüchtlinge geändert. Da haben wir uns kennengelernt, also etwas

näher, und hatten eine gemeinsame Aufgabe. Aus unterschiedlichen Gesichtspunkten heraus gestalten, etwas suchen, etwas finden, das heißt, eine Vereinbarung finden, wie das Problem Flüchtlinge in Warschau gelöst werden kann."

Für Bauch ergaben sich zunächst einmal eine Menge logistischer Probleme. „Unsere Botschaft lag einige 100 Meter Luftlinie entfernt in einem ehemaligen Privathaus und war in verschiedenen Gebäuden untergebracht. Und wir waren rein von der technischen Ausstattung, von der räumlichen Ausstattung auf so etwas überhaupt nicht vorbereitet. Die Botschaft musste im September 1989 zeitweise für den Publikumsverkehr geschlossen werden, weil wir einfach Flüchtlinge in unseren Arbeitszimmern untergebracht haben. Wir waren nicht mehr arbeitsfähig. Wir haben dann in der Nähe der Botschaft eine Art Kiosk eingerichtet für die wichtigsten Sichtvermerkangelegenheiten."

In der DDR-Botschaft wurde unterdessen diskutiert, ob es sich bei den Flüchtlingen nicht einfach nur um „Verräter" der DDR handele. Jürgen von Zwoll erinnert sich: „In unseren Diskussionen hat sich eine andere Meinung durchgesetzt. Und diese andere Meinung war: Ja, sie verlassen die DDR. Ja, wir können deshalb mit ihnen nicht mehr rechnen, egal, was wir eventuell vorhaben, egal, wie lange die DDR noch existieren wird. Aber diese Menschen haben eine Entscheidung für ihr Leben getroffen, und diese Entscheidung für ihr Leben müssen wir respektieren."

In Polen hatten sich die politischen Verhältnisse schon früher geändert als in der DDR. Im Herbst 1989 herrschte dort eine Solidarność-Regierung, die auf eine humanitäre Lösung drängte. Der DDR-Botschafter meint im Rückblick: „Das war die beste Verfahrensweise, die damals möglich erschien."

Für Frank Bethmann kam sie zu spät. Und er war nicht das

letzte Opfer. Am 29. Oktober 1989 fand ein polnischer Angler am Grenzzeichen 453 nahe Eisenhüttenstadt die im Fluss treibende Leiche des Schlossers Uwe Petras aus Heinrichswalde in Vorpommern. Einen Tag später erspähte ein polnischer Grenzer den ertrunkenen Landarbeiter Dietmar Pommer aus Ludwigslust. Dessen Eltern bekamen eine Verfügung des Bezirksstaatsanwalts der polnischen Stadt Krosno Odrzańskie, mit der die Ermittlungen „in der Sache des plötzlichen Todes des Dietmar Pommer" eingestellt wurden. Sie trug als Datum den 9. November 1989 – den Tag des Mauerfalls.

# Die fünf Feinde des Sozialismus

## Naturkatastrophen

Wenn dem Volk die Arroganz und die Ausreden der Mächtigen zu stark auf die Nerven gehen, macht es sich gern mit einem Witz Luft. Das war auch in der DDR so. Einer der damals von allen verstandenen, heute vielleicht etwas obskur erscheinenden Witze lautete: „Was sind die fünf größten Feinde des Sozialismus?“ Die Antwort: „Frühling, Sommer, Herbst, Winter - und natürlich der Klassenfeind.“

Ob nasse Böden im Frühjahr oder Eis und Schnee im Winter, ein paar Wochen ohne Regen im Sommer oder Stürme im Herbst - immer musste das Wetter herhalten, um das Stocken bei der „Versorgung der Bevölkerung“, Produktionsausfälle oder den Mangel in der Wirtschaft zu entschuldigen.

Auch anderswo gab es Naturereignisse, die Schäden hervorriefen. In der DDR aber wurden sie gern als Ausrede genutzt. Und so, wie Arbeitsleistungen mit militärischen Begriffen beschrieben wurden - da wurden „Ernteschlachten geschlagen“ und in der Produktion „Fronten errichtet“ und „Angriffe unternommen“ -, so klang die Berichterstattung über Naturereignisse, die Schaden verursachten, erst recht nach Krieg. Das begann bereits vor der Gründung des Staates, als im Frühjahr 1947 eine Hochwasserkatastrophe die sowjetische Besatzungszone bedrohte.

# Bomben gegen Eisbarrieren

Nur zwei Jahre nach dem Krieg verfiel das SED-Zentralorgan *Neues Deutschland* plötzlich in eine Art Frontberichterstattung: „Zwei Braunkohlengruben ersoffen" und „Eisenbahnbrücke eingestürzt" hieß es am 20. März 1947. Wenige Tage zuvor war bereits zu lesen gewesen: „Sprengkommandos mit ausreichendem Gerät stehen an allen Gefahrenstellen [...] bereit" sowie „Granatwerfer warten darauf, gegen herantreibendes Eis im Bedarfsfalle eingesetzt zu werden".

Die Lage war dramatisch. Die Presse berichtete: „Der lange und harte Winter wird sich auch in der zu erwartenden Tauwetterperiode besonders auswirken. Infolge der großen Schneemassen im Gebirge und der starken Eisdecke auf Flüssen und Kanälen muss mit Hochwasser gerechnet werden, dessen Gefahren aber diesmal wesentlich größer als in vorangegangenen Jahren sind." Die Flut bedrohte das durch den Krieg ohnehin zerstörte Land. „Die zahlreichen Behelfsbrücken mit ihren eng aneinander stehenden Brückenpfeilern und den teilweise noch im Strom liegenden alten Brückentrümmern haben nur eine geringe Durchlassfähigkeit. Stauungen infolge der starken Eisdecke können dann sowohl zu Brückeneinstürzen als auch zu Deichüberflutungen oder -brüchen führen. Große Flächen im Stromgebiet der Elbe und Oder sind dann gefährdet. Noch schwerwiegendere Folgen müsste aber der Einsturz von Straßen- und besonders Eisenbahnbrücken haben. Für Mecklenburg, Brandenburg und Berlin könnte dann die lebenswichtige Verbindung mit dem sächsischen und westfälischen Kohlenrevier zumindest in Frage gestellt sein, da auch die Schiffahrt unter diesen Umständen nicht aktionsfähig sein kann." Ein „Kampf um Berlins Versorgung" wurde ausgerufen. Dazu musste vor allem die

Elbebrücke bei Wittenberg „gehalten" werden. „Seit dem Februar wird auch unter letztem Einsatz an dem Neubau der alten, von den Nazis sinnlos zerstörten Eisenbahnbrücke gearbeitet. 580 Männer und Frauen sind auf beiden Brücken unermüdlich tätig. Tag und Nacht, bei Kälte und Sturm, bei Regen und Wind. Einzelne unter ihnen haben fünf Schichten hintereinander durchgestanden. [...] Mit dieser Brücke steht oder fällt die Berliner Kohlenversorgung, ob die Berliner Industrie Kohlen hat und arbeiten kann. Von ihr hängt es ab, ob die Berliner Werktätigen Arbeit, Lohn und Brot haben oder ob sie frieren müssen."

Dabei setzte man vor allem auf die Hilfe der sowjetischen Truppen – die im Übrigen zu der Zeit noch nicht als „Freunde" tituliert wurden. „Granatwerfer warten darauf, gegen herantreibendes Eis im Bedarfsfalle eingesetzt zu werden. Die russische Besatzungsmacht ist überall, wo Brücken gefährdet erscheinen, mit allen ihr zur Verfügung stehenden Kräften und Mitteln bereit, diese unbedingt zu halten." Sogar Bomber kamen zum Einsatz. Es war die größte Militäraktion mit scharfer Munition, die die sowjetischen Truppen seit dem Zweiten Weltkrieg auf deutschem Boden durchführten.

Wilhelm Konrad aus Beuster bei Havelberg beobachtete im April 1947 als Kind solch eine Aktion: „Dann ist mit sowjetischen Granatwerfern die Brücke frei geschossen worden, damit der Eisdruck wieder wegkam. Und weil wir hier diese große Eisfläche hatten, von der alten Elbe, und die nicht losgeworden sind, weil sie ja nicht gebrochen ist, haben die dann mit Minen die ganze Sache gesprengt, damit es abfließen konnte." Über zwei Wochen dauerte der Einsatz, an dem rund 5000 sowjetische Soldaten beteiligt waren.

Gefahrenlagen wie diese bestanden an allen ostdeutschen Flüssen. So berichtete *Neues Deutschland* am 13. März 1947: „Die

Elster führt Hochwasser und so starken Eisgang, wie seit 50 Jahren nicht mehr verzeichnet wurde. [...] Die Hauptbrücke zwischen Alt- und Neustadt in Greiz ist überflutet. [...] Das Eis auf der Mulde ist durch das Tauwetter der letzten Tage in Bewegung gekommen. Die wichtige Notbrücke über die Mulde bei Düben wurde abgebaut. [...] Von Schöna in der Tschechoslowakei sind riesenhafte Eisbrocken bereits in Bewegung geraten. Sie hatten sich vor Dresden gestaut und bildeten eine Gefahr für diese Stadt. Dann ist das Eis weitergewandert. [...] ‚Die größte Gefahr', erläutert Generaldirektor Wollweber [damals stellvertretender Leiter der Generaldirektion Schifffahrt, später Staatssekretär für Staatssicherheit], ‚liegt augenblicklich bei Riesa. Hier hat sich eine Eisstauung ungewöhnlichen und recht bedrohlichen Ausmaßes gebildet. Diese Eisstauung erstreckt sich über eine Länge von 20 Kilometern und sechs Meter Höhe. [...] Bei einer Flussbreite von etwa 80 Metern handelt es sich um rund acht Millionen Kubikmeter Eis!'"

Viele Schäden zeigten sich erst, nachdem das Eis verschwunden und das Wasser abgeflossen war. Nun stellte sich heraus, dass selbst ansonsten unbedeutende Flüsschen ihr Zerstörungswerk getrieben hatten. „Die größten Schäden, die Eisnot und Hochwasser in diesem Frühjahr in der Provinz Sachsen-Anhalt angerichtet haben, sind weniger auf die bedrohlich angeschwollene Elbe zurückzuführen als auf sporadische Überflutungen der aus dem Harz in den Mittelelberaum einmündenden Bode. In der Egelner Mulde bei Unseburg sind die beiden Gruben ‚Johe' und ‚Karbe' riesigen Wassereinbrüchen zum Opfer gefallen. Die Schächte der beiden Gruben sind ersoffen. Auch für die Braunkohlengrube ‚Cäsar' bei Wester-Egeln besteht Gefahr."

Der frühere DDR-Wasserwirtschaftler Ernst-Peter Trömel weiß, wie groß die Gefahr damals war: „Es gab Todesopfer noch

und noch. Und das nach dem Krieg. Die Menschen wurden 1947 gerade wieder sesshaft hier, die Saat wurde wieder eingebracht. Es wurde alles vernichtet. Es war eine fürchterliche Katastrophe."

Die Schadenshöhe wurde nie ermittelt, da sich die Verwaltung gerade erst im Aufbau befand. Eine Konsequenz der Vorfälle war, dass der Kampf gegen Hochwasser bis zum Ende der DDR militärisch organisiert wurde und strengster Geheimhaltung unterlag.

## Die Amikäfer kommen

Mitten im ersten Sommer der DDR, am 13. Juli 1950, ging eine merkwürdige Meldung durch die Presse: „Das Amt für Information hat in einer Broschüre ‚Halt, Amikäfer!' Dokumente zu dem Abwurf von Colorado-Käfern über das Gebiet der DDR zusammengestellt, die über die Vorgeschichte und die Hintergründe dieses Verbrechens gegen die Menschlichkeit Auskunft geben. Abbildungen des Kartoffelkäfers und seiner Larven sowie das Wichtigste aus den Richtlinien zur Kartoffelkäferbekämpfung sind der weitere Inhalt."

Gerhard Eisler, der Chef des Amtes für Information, ließ es sich nicht nehmen, das abenteuerliche Pamphlet mit der merkwürdigen Grammatik persönlich vorzustellen. Die Broschüre zeigte blau-weiß-rote „Amikäfer", die auf grünen Bahnen gen Osten krochen. Angeblich hatten die Amerikaner die Schädlinge aus Flugzeugen abgeworfen, von ganzen „Bombergeschwadern" war die Rede.

Eine Regierungskommission wurde gebildet, und in regelmäßigen Abständen erschienen in den Zeitungen ihre Rapporte mit

bis auf den Käfer genau ausgewiesenen Zahlen über die erlegten Feinde. Die Propagandaschlacht wurde sogar auf Kinderbücher ausgedehnt. So zeigte ein Buch namens *Karl Kahlfraß und sein Lieschen* auf dem Umschlag schwarze Flieger, die nach Westen abdrehten.

Fotos von den amerikanischen Flugzeugen über der DDR oder den Abwurfbehältern gab es nicht. Dennoch verfehlte die Propaganda ihre Wirkung nicht. Schließlich waren die amerikanischen und englischen Bomber, die die deutschen Städte in Schutt und Asche gelegt hatten, noch in zu frischer Erinnerung. Zehntausende DDR-Bürger zogen auf die Felder, um der Bedrohung Herr zu werden. Viele Kinder und Jugendliche waren dabei.

Am Abwurf der Käfer aus amerikanischen Kampfflugzeugen wurde kaum gezweifelt. Manche erinnerten sich daran, dass Kartoffelkäfer angeblich schon während des Zweiten Weltkriegs als biologische Waffe eingesetzt wurden. Deutschland und England bezichtigten sich gegenseitig, die Schädlinge über dem jeweils feindlichen Gebiet verstreut zu haben. Das hatte es in Wahrheit wohl nicht gegeben. Belegt ist allerdings, dass die Wehrmacht 1943 Kartoffelkäfer züchtete und 14 000 Tiere in einem Testversuch über der Pfalz abwarf. Es sollte überprüft werden, ob die Käfer den Sturz vom Himmel überhaupt überstanden. In das Arsenal von Hitlers „Wunderwaffen" wurden sie dennoch nicht eingereiht.

Wahrscheinlich war es aber gerade diese Kartoffelkäfer-Geschichte aus dem Krieg, die die Amerikaner veranlasste, von Bonn Gegenmaßnahmen gegen die DDR-Propaganda zu verlangen. Unter strengster Geheimhaltung trafen sich deshalb Anfang August 1950 Mitarbeiter des Pressereferats im Ministerium für gesamtdeutsche Fragen, das für die Propaganda in der

„Zone“ zuständig war, mit amerikanischen Geheimdienstlern in der Bonner Ermekeilkaserne. Sie kamen überein, Kartoffelkäfer-Nachbildungen mit aufgedruckten Propagandasprüchen und einem „F“ für „Freiheit“ zu produzieren und in den Osten zu versenden. Dafür wurden postkartengroße Bögen mit jeweils etwa 50 Kartoffelkäfer-Bildern gedruckt und an alle Räte der Gemeinden in der DDR geschickt. Weitere Käfer-Nachbildungen stanzte man aus und ließ sie von Ballons über die Grenze transportieren.

Mit der Aktion gelang es, in der „Zone“ das „F“ als Freiheitssymbol bekannt zu machen. Auch als die Kartoffelkäfer-Kampagne längst im Sande verlaufen war, wurden über die antikommunistische „Kampfgruppe gegen Unmenschlichkeit“ in West-Berlin Zehntausende Zettel mit dem „F“ in die DDR verbracht und dort von Einheimischen an Hauswände und Bäume geklebt. Das endete für viele der Protestler vor Ort mit jahrelangen Zuchthausstrafen.

## Die Heinrichsflut kennt keine Grenze

Alles begann, als am 16. Juli 1965 schwere Unwetter über Hessen, Niedersachsen und Nordrhein-Westfalen tobten. In mehreren Landkreisen galt Katastrophenalarm, Straßen und Eisenbahnlinien standen unter Wasser, ganze Gemeinden waren von der Außenwelt abgeschnitten. Mindestens 16 Menschen fanden den Tod. Als Heinrichsflut ging das außergewöhnliche Wetterereignis in die Geschichte ein. Die Schäden im Westen beliefen sich auf mindestens 150 Millionen DM.

Die DDR schien zunächst noch glimpflich davonzukommen. Die DDR-Presse meldete am 17. Juli: „Heftige Gewitter, die sich

in einer schwachen Luftströmung nur sehr langsam verlagerten, brachten am Freitag verschiedenen Teilen der DDR beträchtliche Niederschläge. Am stärksten wurden Thüringen und das westliche Erzgebirge betroffen. Dort fielen verbreitet innerhalb weniger Stunden 25 bis 55 Liter pro Quadratmeter. In Sonneberg-Innenstadt wurden sogar 75 Liter pro Quadratmeter gemessen."

Die Behörden im Westen waren mit der Katastrophe überfordert. Es gab organisatorische Schwächen und unnötige Opfer. Das griff die DDR-Presse auf und berichtete ungewöhnlich umfangreich. Auch der Hinweis, dass die „kapitalistischen Verhältnisse" die Hilfe für die Menschen erschwerte, fehlte nicht.

Als es dann auch in Sachsen, Sachsen-Anhalt und Thüringen schwere Schäden gab, stand wieder einmal die „sozialistische Menschengemeinschaft" im Mittelpunkt, die alles viel besser bewältigte: „Schwere Schäden, vor allem in der Landwirtschaft und an Verkehrswegen, haben die Unwetter der letzten Tage in Bezirken der Republik hinterlassen. Allerorts geht die Bevölkerung der betroffenen Gebiete, unterstützt von freiwilligen Helfern aus den Reihen der Nationalen Volksarmee, der bewaffneten Kräfte, des Ministeriums des Innern und Angehörigen der Sowjetarmee, an die Beseitigung der Unwetterfolgen. [...] Heftige Niederschläge - teilweise bis 150 mm - hatten am Wochenende im Bezirk Erfurt die Kreise Mühlhausen, Heiligenstadt, Bad Langensalza und Eisenach betroffen. In der Landwirtschaft entstanden schwere, zum Teil auch Totalschäden: Einige tausend Hektar Getreide wurden überschwemmt. [...] In einigen Dörfern musste Großvieh evakuiert werden. Im Kreis Heiligenstadt wurden Brücken in Mitleidenschaft gezogen. Nach vorläufiger Übersicht belaufen sich die Schäden im Bezirk Erfurt auf 13 Millionen Mark. [...] Im Bezirk Halle wurden besonders die

Kreise Merseburg, Eisleben, Sangerhausen, der Saalkreis und Querfurt von Unwetterschäden betroffen. [...] Die Kohleversorgung für Leuna und Buna, die durch die Überschwemmung der Braunkohlentagebaue im Geiseltal gefährdet war, wurde gesichert. [...] Insgesamt waren allein in Halle, Merseburg und Querfurt über das Wochenende über 3000 Feuerwehrleute, Volkspolizisten und freiwillige Helfer im Einsatz. Wegen Hochwassers mussten auch mehrere Streckenabschnitte der Deutschen Reichsbahn am vergangenen Freitag und Sonnabend gesperrt werden [...]."

In der DDR forderte die Heinrichsflut drei Todesopfer.

## Orkantief Quimburga

Ab 13. November 1972 zog einer der schlimmsten Orkane des 20. Jahrhunderts über Mitteleuropa hinweg. Da niemand mit solch starken Stürmen in Deutschland gerechnet hatte, wurden in West wie in Ost keine angemessenen Sturmwarnungen ausgegeben.

Am 14. November berichteten die Zeitungen: „Das Unwetter [...] richtete auch auf dem Gebiet der DDR beträchtliche Schäden an. Wie bisher bekannt ist, waren zwölf Todesopfer zu beklagen. 148 Bürger der DDR erlitten Verletzungen. [...] Der Zugverkehr wurde in allen Bezirken stark beeinträchtigt. 34 Haupt- und Nebenstrecken der Reichsbahn mussten kurzfristig gesperrt werden. [...] Der 245 Meter hohe Sendemast des Funkamtes Königs Wusterhausen stürzte um. Dadurch entstand zeitweiliger Sendeausfall. Umgeknickte Leitungsmasten, Leitungsrisse sowie Kurzschlüsse in den Umform- und Übertragungseinrichtungen führten vor allem in den Nordbezirken sowie in den

Bezirken Magdeburg, Halle und Frankfurt (Oder) zu zeitweiligen Unterbrechungen in der Elektroenergieversorgung. [...] Wichtige Großbetriebe der Republik konnten wegen Stromausfalles zeitweise nicht oder nur im Teilbetrieb arbeiten. [...] Auf dem Brockengipfel im Harz tobte der stärkste Sturm des Jahrhunderts. In den Spitzenböen des Orkans wurden 68 m/s, das sind 245 km/h, gemessen. [...] Besonders durch Fahr- und Freileitungsrisse sowie umgeknickte Bäume kam zum Beispiel in allen Tagebauen der vier Braunkohlekombinate im Bezirk Halle die Produktion zum Erliegen. Das führte dazu, dass Brikettfabriken stillgelegt werden mussten oder nur mit Minderleistung gefahren werden konnten." Zu den zahlreichen Sachschäden gehörte auch, dass nach dem Orkan die Christopherus-Kirche in Berlin-Friedrichshagen abgerissen werden musste."

Das Sturmtief, von den Meteorologen Quimburga genannt, forderte europaweit mehr als 50 Todesopfer. Am Abend des 13. Novembers 1972 ließ der Sturm spürbar nach. Das Tief zog ostwärts ab.

## Massencrash am Sachsenring

Der Sachsenring gehörte seit 1927 zu den traditionsreichsten deutschen Autorennstrecken. Ein Teil führte durch die engen, abschüssigen Straßen von Hohenstein-Ernstthal. Am 10. Juni 1977 hatten sich, wie immer zu den Rennwochenenden, Zehntausende Zuschauer am Sachsenring eingefunden. Als Erstes starteten die Tourenwagen bis 600 Kubikzentimeter: getunte Trabbis, die deshalb gern auch Rennpappe genannt wurden. Es war ein regnerischer Tag, der die Straße durch den Ort schmierig gemacht hatte.

Die Zeitschrift *Illustrierter Motorsport* berichtete: „Streckensprecher Joachim Eisold hatte gerade noch das farbenfrohe Bild dieses Feldes geschildert, als starker Regen einsetzte. Die Wagen [...], die besten bis etwa 60 PS, wurden auf die 8-Runden Reise geschickt, aber schon nach der ersten Runde fehlte die gesamte Spitze."

Was passiert war, weiß Zuschauer Wolfgang Hallmann aus Hohenstein-Ernstthal zu berichten: „Man hörte sie schon dröhnen in der Ferne. Sie kamen in die erste Kurve rein, und da geschah das Fürchterliche." Mehrere Fahrer verloren durch die nasse Straße die Kontrolle über ihre „Rennpappen". „Es krachte einer nach dem anderen auf die schon stehenden Fahrzeuge drauf."

Innerhalb von Sekunden war die Straße von zehn Trabbi-Wracks übersät. Ulrich Wünsch hatte das Rennen aus seinem Küchenfenster verfolgt. Er war Sanitäter und leistete sogleich Hilfe. „Einer rutschte gegen einen Lichtmast, der sofort knickte, aber zum Glück nicht umfiel." Der Wagen mit der Startnummer 1 war mit 140 Stundenkilometern dagegen geprallt. Das zerriss die Leitungen. Streckenposten Bernd Bammler erkannte die Gefahr: „Die Kabel baumelten, und wenn sie aneinander vorbei gingen, kam jedes Mal so eine kleine Stichflamme." Dadurch herrschte Brand- und Explosionsgefahr, denn aus den verunglückten Trabbis war Benzin ausgelaufen. Zum Glück stellte jemand geistesgegenwärtig den Strom ab. Die Fachzeitschrift *Illustrierter Motorsport* vermerkte: „Ein Fahrer, Wolfgang Wöhner vom MC Gotha, wurde dabei verletzt und zur stationären Behandlung in das Krankenhaus gebracht. Der Lauf wurde sofort abgebrochen, kein Fahrer ging in die zweite Runde. Man beriet und entschied, angesichts der schlechten Witterungsbedingungen nur noch die Läufe mit den Rennwagen der Leis-

tungsklasse I und mit den großen Spezialtourenwagen im Programm zu lassen."

Also ging das Rennen weiter. Nun rollten die Tourenwagen bis 1300 Kubikzentimeter an den Start. Die Rennleitung hatte lediglich eine Vorsichtsregel veranlasst: „Aus Sicherheitsgründen – es regnete unablässig und stark – wurde jeweils eine Einführungsrunde im geschlossenen Feld vorgeschrieben, aus der es dann, am Start und Ziel ohne Halt, im fliegenden Start ins Rennen ging."

Auch das ging nicht gut. Sanitäter Wünsch berichtet: „Der Erste kam quer aus der Kurve. Und der Zweite kam auch quer, allerdings mit noch mehr Speed, und ist mit der Fahrertür auf den Lichtmast getroffen." Es war dieselbe Stelle, an der kurz zuvor die Trabbis zerschellt waren, nur dass der Skoda mit noch größerer Geschwindigkeit aufprallte. Wieder half Wünsch, doch er sah beim verunglückten Fahrer schnell: „Innerlich war alles zertrümmert." Der Tscheche Vladislav Ondřejík wurde ins Krankenhaus nach Karl-Marx-Stadt (heute Chemnitz) gebracht. Dort verstarb er wenig später. Nun endlich wurde das Rennen abgebrochen.

Auf dem Sachsenring röhrten bis 1990 die Motoren. Dann schloss man die Strecke: Sie entsprach nicht mehr den modernen Sicherheitsanforderungen. In den gut 50 Jahren, die der Sachsenring existierte, starben dort 22 Rennfahrer.

## Sibirische Kälte fesselt das Land

Natürlich ist kein Land vor Naturkatastrophen gefeit, doch in der DDR potenzierten sich schnell die damit einhergehenden Probleme, weil in der Wirtschaft stets sehr eng kalkuliert wur-

de. Ein Beispiel ist die Energieversorgung. 75 Prozent der Energie wurde aus Braunkohle gewonnen. Die Kraftwerke wirtschafteten von der Hand in den Mund, große Vorräte konnten nicht angelegt werden. Wenn im Winter die Oberleitungen und Weichen der Kohlenzüge vereisten, stockte der Nachschub, und die stark wasserhaltige Braunkohle fror in den Waggons fest. Durch die Kälte stieg aber gleichzeitig der Energiebedarf. Ein Teufelskreis, der schwer zu durchbrechen war.

Wurde es richtig eng, zeigten sich aber nicht nur die Schwächen, sondern auch die Stärken der zentral gesteuerten Wirtschaft und der Art und Weise des Zusammenlebens in der DDR. So auch im „Jahrhundertwinter" 1978/79, der mit einer äußerst seltenen Wetterlage begann. Durch extreme Druckgegensätze stürzte in der Nacht vom 28. zum 29. Dezember 1978 innerhalb weniger Stunden die Temperatur um fast 30 Grad Celsius ab, von mildem Tauwetter um die zehn Grad plus auf knackigen Frost. Zusätzlich regnete und stürmte es. Nach ein paar Stunden lagen die Nordbezirke der DDR unter einem dicken Eispanzer. Dann begann ein 78-stündiger Schneesturm.

Tausende von Silvesterreisenden blieben im Schnee stecken und mussten zu Fuß ihren Weg fortsetzen. In Turnhallen und Schulen entstanden Notquartiere, viele Leute boten privat kostenlose Hilfe an. Die Insel Rügen war bald völlig von der Außenwelt abgeschnitten. NVA-Kettenfahrzeuge brachten Lebensmittel, Hubschrauber bargen einige Schwangere und Kranke. Die 25-jährige Rotraud Hoge gehörte zu den Frauen, die just in diesen Tagen ihr Baby erwarteten. Sie hatte schon seit zwei Tagen Wehen. Marineflieger Lutz Weibezahl brachte sie per Hubschrauber ins Stralsunder Krankenhaus, wo ihre Tochter Bettina geboren wurde. Er erinnert sich: „Man sah schon beim Anflug auf Putbus die Fackeln. Wir sind

dann höher angeflogen und in den senkrechten Sinkflug gegangen. Ab zehn Metern konnte man nichts mehr sehen, weil der Schnee so stark aufwirbelte. Aber es hat geklappt. Wir standen mit dem Hubschrauber im Schnee und waren heilfroh, als Frau Hoge an Bord war." Wer auf dem Dorf noch melken konnte, meldete sich freiwillig im Kuhstall. Die elektrischen Melkmaschinen hatten keinen Strom mehr, und die Kühe schrien vor Schmerzen.

Nach ein paar Tagen Dauerfrost drohte die Braunkohlenförderung zusammenzubrechen. Die Flöze waren steinhart, in den Kraftwerken gab es kaum Reserven. Darüber hinaus mangelte es an geeignetem Werkzeug. Der Otto-Versand lieferte innerhalb von 24 Stunden 500 Bohrhämmer gegen Bares in die DDR. Tausende freiwillige Arbeitskräfte kämpften um die Kohle. Auch NVA-Soldaten wurden eingesetzt. Dieter Baumann, der damals Hauptdispatcher für die Braunkohleversorgung der DDR war, brach seinen Urlaub in Oberhof ab und brauchte 14 Stunden mit dem Trabbi, um die 300 Kilometer bis in sein Büro in Hoyerswerda zu bewältigen. Die folgenden 14 Tage verließ er es nicht mehr.

Die Versorgung der Neubausiedlungen mit Fernwärme stockte, ganze Wohnblöcke blieben eiskalt. Viele DDR-Bürger erinnern sich an die Tage in Kälte und Schnee aber auch als ein Ereignis, das viel uneigennützige Hilfsbereitschaft und Solidarität hervorrief.

Die DDR-Presse berichtete in ungewohnter Offenheit über die Katastrophe. Angaben über die genaue Schadenshöhe und die Zahl der Todesopfer wurden jedoch nicht gemacht. Experten gehen davon aus, dass mindestens fünf Menschen ums Leben kamen.

## Wirbelsturm in Eisenach

In der Nacht vom 14. zum 15. Juni 1980 schienen die entfesselten Elemente den Süden der DDR zu beherrschen. Sturm tobte, heftiger Regen peitschte, und Blitze schlugen ein. Die Nachrichtenagentur ADN meldete am 16. Juni: „Besonders betroffen wurde der Bezirk Erfurt, wo mehrere Tote zu beklagen sind."

Eine Katastrophe ereignete sich auf dem Campingplatz Altenberger See im Kreis Eisenach. Dort kamen sechs Menschen ums Leben, als gegen zwei Uhr nachts der plötzlich losbrechende Wirbelsturm in Sekundenschnelle zahlreiche Bäume umstürzen ließ und auf die Zelte und Wohnwagen der Wintercamper schleuderte.

Drei weitere Opfer forderte das Unwetter in Kölleda und Ebeleben im Kreis Sömmerda sowie in Schmalkalden im Bezirk Suhl. Dort führte das Berühren der vom Sturm heruntergerissenen Energieleitungen zu tödlichen Verletzungen. Auf einem Gartengelände im Kreis Delitzsch im Bezirk Leipzig wurde zudem ein Mann durch einen Blitzschlag getötet.

Beschädigte Energieleitungen und Blitze unterbrachen in den Bezirken Erfurt, Magdeburg, Suhl und Leipzig die Stromversorgung. Ungewöhnlich war, dass allein im Bezirk Potsdam zwölf Mittelspannungsleitungen von Blitzen getroffen wurden, was in 20 Orten zu Stromausfällen führte. Es gab darüber hinaus Störungen im Eisenbahnverkehr, von denen auch die Transitstrecke zwischen Magdeburg und Marienborn betroffen war. Ebenso mussten Straßenabschnitte wegen umgestürzter Bäume, Überflutungen und Schlamm gesperrt werden, darunter die Autobahn bei Eisenach von Kilometer 270 bis 294. Im Laufe des Vormittags des 15. Juni schwächte sich die Gewitterfront ab.

Die Chance, von einem Blitzschlag getötet zu werden, ist außerordentlich gering. Trotzdem passierte es bei diesem Unwetter. Noch schlimmer traf es jedoch am 22. Juni 1975 knapp zwei Dutzend Menschen, die sich während eines Gewitters in Milow im Kreis Rathenow unter einen großen Baum gestellt hatten. Zwei Personen fanden den Tod, 16 Verletzte wurden in ein Krankenhaus eingeliefert. Und am 11. Juni 1980 starben zwei junge Männer in der Nähe von Strausberg, die bei einem Gewitter unter einer Esche Schutz gesucht hatten.

## Der letzte große Seuchenzug

Ging es um die Bekämpfung der hochinfektiösen Maul- und Klauenseuche, erwies sich die restriktive Wirtschaftsorganisation der DDR als Vorteil. Als der letzte große Seuchenzug 1982 die Regionen Wolgast, Stralsund, Greifswald, Anklam, Grimmen, Rügen und die Halbinsel Darß / Zingst erfasste, blieben die Verluste daher überschaubar. Dazu trug nicht nur die in der DDR als dem ersten Land der Welt eingeführte Impfung bei, sondern auch das strikte, fast militärische Regime bei der Eindämmung der Seuche. So war zum Beispiel der Zugang zur Halbinsel Zingst 1982 monatelang reglementiert: Kein Reisender erreichte sie, ohne eine desinfizierende Seuchenmatte zu Fuß passiert zu haben.

Wie es nach dem Ausbruch der Maul- und Klauenseuche zuging, ist in der Chronik des mecklenburgischen Dorfs Nisdorf nachzulesen. Vom 30. März bis zum 20. April 1982 war es komplett von der Außenwelt abgeschnitten. „Am Ortseingang wurde ein Schlagbaum errichtet, und keiner durfte den Ort verlassen. Lebensmittel und sonstige Versorgungsgüter sowie Futter für die

Tiere wurde über diese Schleuse eingeführt. [...] Alle Einwohner waren strengen seuchenhygienischen Maßnahmen unterworfen. [...] Die Seuchenkommission der Gemeinde gab Anweisungen und Befehle, die strikt zu befolgen waren. Widerspruch wurde nicht geduldet und bestraft. [...] Am 5.4.82 konnte eine Lehrerin eingeschleust werden, um die schulpflichtigen Kinder zu unterrichten. Die Versorgung der Bevölkerung erfolgte über die Konsumverkaufsstelle, die reichlich mit Waren versorgt wurde. Nisdorf hatte einen eigenen Geldumlauf, das Geld welches der Konsum einnahm wurde im gebildeten Büro eingezahlt, der Lohn der Beschäftigten berechnet und das Geld ausgezahlt und der Kreislauf begann von neuem."

Von der Bevölkerung wurden die strengen Maßnahmen meist akzeptiert, denn die Gefahren, die von den riesigen Tierbeständen ausging, waren allgemein bekannt.

## Wie die Mauer West-Berliner Smog stoppte

Am 1. Februar 1985 wurde in West-Berlin Smogalarm Stufe 1 ausgerufen. Das war mit einem Fahrverbot für Autos verbunden. Rund 1800 Autofahrer beantragten eine Sondergenehmigung. Andere aber nutzten die Tatsache, dass auf der anderen Seite der Mauer auf die Luftbelastung überhaupt nicht reagiert wurde. Martin Lutz, damals beim West-Berliner Senat für die Luftüberwachung zuständig, erinnert sich: „Wer mit einem Koffer im Kofferraum unterwegs war, hatte schon eine gute Ausrede." Wenn er eine der 90 Kontrollstellen in West-Berlin passierte, brauchte er nur zu behaupten, auf dem Weg in die DDR oder nach Ost-Berlin zu sein, denn dort gab es ja offiziell keinen Smog.

Erst knapp 35 Jahre später wurde bekannt, wie es um die Luft in der DDR Anfang 1985 wirklich bestellt war. Meteorologin Ute Dauert vom Umweltbundesamt hat die Daten ausgewertet. Sie belegen für Ost-Berlin am 7. Januar 1985 einen Stundenhöchstwert von 1500 Mikrogramm Schwefeldioxid pro Kubikmeter Luft sowie am 21. Januar einen von 1000 Mikrogramm. Zum Vergleich: Heute beträgt der zulässige Stundenmittelwert 350 Mikrogramm.

Durch die Inversionswetterlage mit geringem Luftaustausch kam es 1985 auch im Mitteldeutschen Chemiedreieck zwischen Halle, Leipzig und Bitterfeld zu einem ausgeprägten Wintersmog. Meteorologin Dauert berichtet: „Im Rekordwinter 1985 wurden in Halle stundenweise Schwefeldioxidkonzentrationen in der Atemluft von 4250 Mikrogramm pro Kubikmeter Luft gemessen. In Leipzig blieb die Anzeige des Messgeräts am 20. Januar für anderthalb Stunden am oberen Anschlag hängen – bei 4999 Mikrogramm." Einen Smogalarm gab es nicht, obwohl die Schadstoffkonzentration damit etwa fünfmal so hoch wie im Ruhrgebiet war.

Seit den 1970er-Jahren gab es ein umfangreiches Messnetz in der DDR, 1990 umfasste es rund 300 Messstationen. Ulrich Zimmermann, damals als junger Ingenieur am Bezirkshygieneinstitut Magdeburg für die Emissionsmessungen an Kraftwerken zuständig, erinnert sich daran, dass die Messdaten zunächst bagatellisiert, dann verschwiegen und schließlich zur „Geheimen Verschlusssache" erklärt wurden. „Jeden Abend mussten wir unsere Ergebnisse in einen Panzerschrank im Chefbüro legen und die Tür anschließend versiegeln."

Auch wenn die Messwerte damals geheim blieben – den Dreck in der Luft konnten die Menschen mit den Händen greifen. Auch die Straßenschilder „Vorsicht Industrienebel" oder

Pechfackeln, mit denen in Leipzig im Winter Fußwege beleuchtet wurden, um nicht vom Weg abzukommen, waren nicht zu übersehen.

Während im Westen Anfang der 1980er-Jahre das Problem Smog ins öffentliche Bewusstsein rückte, wies die DDR, in der fast nur mit Braunkohle geheizt wurde, jeglichen Verdacht auf Luftverschmutzung zurück. Am 5. Februar 1985 erschien unter dem Titel *Enten im Smog* in allen DDR-Zeitungen ein gleichlautender Beitrag zu diesem Thema: „In diesen Tagen gingen Meldungen durch den Blätterwald der BRD-Presse, dass der Smog in verschiedenen Gebieten der BRD angeblich aus der DDR käme. Wie der Meteorologische Dienst der DDR dazu mitteilt, zeugen solche Veröffentlichungen von wenig Sachkunde. In der besagten Zeit traten nur sehr geringe Luftbewegungen aus unterschiedlichen Richtungen auf, so dass ein nennenswerter Schadstofftransport über größere Entfernungen überhaupt nicht stattfinden konnte. Im Übrigen dürfte hinlänglich bekannt sein, dass sogenannte Smogsituationen in erster Linie nur durch Schadstoffanreicherungen aus örtlichen Quellen verursacht werden."

Der West-Berliner Experte Martin Lutz widerspricht mit Blick auf die Braunkohlenkraftwerke in der Lausitz: „Da hat ein Kraftwerk das 1,4-Fache von dem rausgehauen, was wir heute alle miteinander erzeugen – und es gab ja nicht nur eines. Das war eine Ansammlung von Dreckschleudern da unten, nur 100 Kilometer von der Stadt weg, und bei Südostwind kam das natürlich nach Berlin."

Als die DDR 1989 dann zunehmend unter Druck geriet, weil gerade auch die Umweltprobleme ein Kristallisationspunkt der Oppositionsbewegung geworden waren, setzte eine hektische Suche nach Auswegen ein. Ulrich Zimmermann erhielt plötz-

lich den Auftrag, am Entwurf einer Smogverordnung für die DDR mitzuarbeiten. Am 9. November 1989 sollte sie in Kraft treten.

## Die Invasion der Coccinella septempunctata

Im Sommer 1989 wollten viele aus der DDR heraus, aber es kamen auch ungebetene Gäste. Sie ließen sich an den in diesem Jahr recht wenig besuchten Stränden der Ostsee nieder. Wie aus dem Nichts tauchten plötzlich riesige Schwärme von Siebenpunkt-Marienkäfern – wissenschaftlicher Name Coccinella septempunctata – auf.

Der Wind trieb sie aus dem rund 40 Kilometer entfernten Dänemark über die Ostsee an die Küste. Die Käfer trugen noch helle Farben. Das zeigte, dass sie gerade erst frisch geschlüpft waren. Experten schätzten, dass innerhalb von nur drei Stunden 27 bis 78 Millionen der niedlichen Krabbeltiere an DDR-Stränden landeten. Sie setzten sich in riesigen Gruppen an markanten Plätzen ab. Biologen zählten mehr als 1100 Tiere pro Quadratmeter. In diesen riesigen Mengen stinken die ansonsten beliebten Tierchen mit den sieben Punkten ganz erbärmlich. Und sie zeigten nun ihre grausame Seite: Sie waren am Verhungern und Verdursten und fingen an, sich gegenseitig aufzufressen.

Glücklicherweise verursachte die Invasion der Marienkäfer keine großen Schäden. Und wer sie in diesem Sommer 1989 als Glücksbringer betrachtete, begriff schon bald, was sie hatten verkünden wollen.

# Nachsatz

Eine Darstellung der Unfälle und Katastrophen in der DDR ist keine Geschichte des Landes. Aber sie zeigt ein Stück der damaligen Lebenswirklichkeit. Sie macht deutlich, wie selbstlos sich Menschen in Ausnahmesituationen immer wieder gegenseitig halfen. Doch sie manifestiert auch das Verhältnis des Staates zu seinen Bürgern: Informationen wurden sehr sorgfältig zugemessen, teilweise sogar gänzlich unterdrückt, und Gespräche darüber in umfangreichen geheimen Akten festgehalten. Egal, ob menschliches oder technisches Versagen, das Wetter oder andere nicht zu beeinflussende Faktoren ein Unglück herbeigeführt hatten: Dieses wurde in aller Regel „politisch" gesehen, als Angriff auf die DDR. Daraus erwuchsen bei der Bevölkerung Misstrauen und Gleichgültigkeit. Dies trug unter anderem dazu bei, dass der Traum vom Sozialismus nach und nach kraftlos wurde.

# Abkürzungen

| | |
|---|---|
| ADN | Allgemeiner Deutscher Nachrichtendienst |
| AN | Antonow (Sowjetischer Flugzeughersteller) |
| BGS | Bundesgrenzschutz |
| BND | Bundesnachrichtendienst |
| CIA | Central Intelligence Agency (Auslandsgeheimdienst der USA) |
| DEFA | Deutsche Film AG |
| DSR | Deutsche Seereederei |
| DSU | Deutsche Schiffahrtunion |
| FRELIMO | Mosambikanische Befreiungsfront |
| GAU | Größter anzunehmender Unfall |
| GSSD | Gruppe der sowjetischen Streitkräfte in Deutschland |
| Güst | Grenzübergangsstelle |
| HFC | Hallescher Fußballclub |
| IAEO | Internationale Atomenergie-Organisation |
| IL | Iljuschin (Sowjetischer Flugzeughersteller) |
| IM | Inoffizieller Mitarbeiter |
| ITT | Information, Tour and Travel (Reisebüro der U.S. Army) |
| KGB | Komitee für Staatssicherheit |
| KKW | Kernkraftwerk |
| KPI | Kommunistische Partei Italiens |

| | |
|---|---|
| KVP | Kasernierte Volkspolizei |
| MfS | Ministerium für Staatssicherheit |
| MMFL | Mission Militaire Francaise de Liaison (französische Militärverbindungsmission) |
| MPLA | Volksbewegung zur Befreiung Angolas |
| MVM | Militärverbindungsmission |
| NVA | Nationale Volksarmee |
| OG | Oberstes Gericht |
| PCB | Polychlorierte Biphenyle |
| RAW | Reichsbahnausbesserungswerk |
| RIAS | Rundfunk im amerikanischen Sektor |
| SDAG | Sowjetisch-Deutsche Aktiengesellschaft |
| SED | Sozialistische Einheitspartei Deutschlands |
| TU | Tupolew (Sowjetischer Flugzeughersteller) |
| UNITA | Nationale Union für die völlige Unabhängigkeit Angolas |
| USAF | United States Air Force (Luftstreitkraft der USA) |
| USMLM | United State Military Liaison Mission (US-amerikanische Militärverbindungsmission) |
| VEB | Volkseigener Betrieb |

# Quellen

In DDR-Zeitungen genannte Namen von Verantwortlichen bei Meldungen zum Unfallgeschehen und gegebenenfalls zu gegen sie gesprochenen Urteilen wurden abgekürzt, weil hier nicht eindeutig festgestellt werden kann, in welchen Fällen derartige Urteile politisch beeinflusst waren.

Angaben zu Unfällen von Kampfflugzeugen und zu Luftzwischenfällen stützen sich unter anderem auf die Website „home.snafu.de/veith", die Peter Veith betreibt.

Mündlich abgegebene Aussagen von Zeitzeugen wurden grammatikalisch bearbeitet.

## *Literatur*


Beckert, Rudi: Die erste und letzte Instanz. Schau- und Geheimprozesse vor dem Obersten Gericht der DDR. Goldbach 1995.

Behling, Klaus: Spione in Uniform. Die Alliierten Militärmissionen in Deutschland. Stuttgart, Leipzig 2004.

Bols, Manfred: Ende der Schweigepflicht. Aus dem Leben eines Geheimdienstlers. Berlin 2002.

Deutscher Bundestag: Dritter Tätigkeitsbericht des Bundesbeauftragten für die Unterlagen des Staatssicherheitsdienstes der ehemaligen Deutschen Demokratischen Republik – 1997. BT-Drucksache 13/8442, 29.10.1997.

Eik, Jan; Behling, Klaus: Attentat auf Honecker und andere Besondere Vorkommnisse. Berlin 2017.

Eik, Jan; Behling, Klaus: Verschlusssache. Die größten Geheimnisse der DDR. Berlin 2008.

Karlsch, Rainer: Uran für Moskau. Die Wismut. Berlin 2007.

Karlsch, Rainer; Zeman, Zbynek: Urangeheimnisse. Das Erzgebirge im Brennpunkt der Weltpolitik 1933–1960. 2. Auflage, Berlin 2003.
Koop, Volker: Zwischen Recht und Willkür. Die Rote Armee in Deutschland. Bonn 1996.
Kowalczuk, Ilko-Sascha; Wolle, Stefan: Roter Stern über Deutschland. Berlin 2001.
Mußgnug, Dorothee: Alliierte Militärmissionen in Deutschland 1946–1990. Berlin 2001.
Statistisches Amt der DDR (Hrsg.): Statistisches Jahrbuch der Deutschen Demokratischen Republik '90. Berlin 1990.
Schütterle, Juliane: Die toten Helden der Arbeit. In: Muhle, Susanne; Richter, Hedwig; Schütterle, Juliane (Hrsg.): Die DDR im Blick. Ein zeithistorisches Lesebuch. Berlin 2008.
o. A.: Die DR vor 25 Jahren – 1969. Freiburg 1994.
o. A.: Die DR vor 25 Jahren – 1992. Freiburg 2017.
o. A.: Die DR vor 25 Jahren – 1993. Freiburg 2018.

## Presse

Berg, Lilo: Die schmutzige Luft in der DDR. Berliner Zeitung Online, 23.11.2019.
Bürstenbinder, Frank: Vor über 50 Jahren: Tödliche Spritztour auf dem Riewendssee. Märkische Allgemeine Online, 27.7.2019.
Förster, Andreas: Aus Unterlagen des DDR-Umweltministeriums geht hervor, dass mindestens 47 Tonnen Dioxin-Müll aus dem italienischen Chemiewerk in Schönberg eingelagert wurden. Berliner Zeitung, 17.1.1994.
Förster, Andreas: Anschlag oder Kabelschaden? Als ein Feuer die Tunneldecke unterm Alex einstürzen ließ. Berliner Zeitung Online, 7.10.2019.
Güßgen, Florian; Poelchau, Nina: Zurück ins Leben – wie das Weiterleben nach einem Schicksalsschlag gelang. Stern Online, 8.1.2018.
Heilig, René: Haftminen an der MS „Arendsee“. Neues Deutschland“, 15.7.2011.
Kapfenberger, Hellmut: Raketen auf Frachtschiffe. Neues Deutschland, 21.4.1972.

Kompalla, Peggy: Der Kesselwagen glühte. Lausitzer Rundschau Online, 19.12.2018.

Lachmann, H.: Vergessen, Weiche zu stellen. Leipziger Volkszeitung, 24.3.1990.

Lasch, Hendrik: Zwickauer Grubenunglück: Nach 45 Jahren wird abermals Ursachenforschung betrieben. Abgerufen 20.10.2019, von www.untertage.com.

Loy, Thomas: Juni 1989: Flugzeugkatastrophe in Schönefeld. Der Tagesspiegel, 16.6.2009.

Nawrocki, Joachim: Berliner Barrieren. Die Zeit, 14/70.

Nawrocki, Joachim: Wenn Braunkohle zu Eis wird. Die Zeit, 12/81.

Rath, Fritz: Berufsrisiko der Bauingenieure – Talsperrenbrücke Zeulenroda. DIB Thüringen, 9/18.

Rath, Ines: Die Lebensretter von Lebus. Märkische Oderzeitung, 23.3.2016.

Rauwald, Thomas: Siegfried Pump als Spielball der Macht. Volksstimme, 26.2.2015.

Reichert, Steffen: Katastrophe auf „Karl Marx". Spiegel Online, 18.2.2010.

Robers, Norbert: Der geteilte Himmel. Focus, 34/95.

Schulz, Marion: Der Kriminalfall von Uckro. Märkische Allgemeine, 24.10.2013.

Stark, Florian: Fast wären sowjetische Atomwaffen bei Berlin explodiert. Die Welt, 14.8.2018.

Zschiesche, Michael: Die Luft – ein Gasfeld. Der Freitag Online, 30.11.2001.

o. A.: 29. Februar 1984. Zugunglück in Hohenthurm bei Halle. MDR, 28.2.2019.

o. A.: Berliner Zeitung, 2.6.1951; 6.7.1951; 7.7.1951; 8.7.1951; 3.8.1951; 19.7.1955; 6.8.1955; 23.3.1956; 5.7.1956; 10.7.1956; 9.7.1957; 11.12.1957; 19.2.1958; 1.7.1958; 25.11.1959; 27.2.1960; 19.3.1960; 21.5.1960; 19.2.1961; 1.6.1961; 10.1.1962; 14.1.1963; 27.3.1963; 15.3.1963; 21.3.1965; 22.9.1965; 16.11.1965; 6.7.1967; 5.9.1967; 29.8.1968; 5.9.1968; 21.12.1968; 18.9.1970; 27.11.1970; 12.3.1971; 27.4.1971; 15.8.1972; 18.10.1972; 15.6.1973; 18.5.1973; 2.2.1974; 14.9.1977; 29.11.1977; 2.9.1978; 16.6.1980; 22.5.1982; 1.3.1985; 2.5.1986; 17.12.1986; 18.12.1986; 1.2.1988; 5.3.1988; 17.4.1988; 1.4.1989; 16.11.1989; 24.7.1990; 27.7.1990; 19.6.1992.

o. A.: Das Opfer der „152". Die Zeit, 36/60.

o. A.: DDR-Schiffbruch. Der Spiegel, 23/80.

o. A.: DDR: Kalaschnikows für die Dritte Welt. Der Spiegel, 36/76.

o. A.: Der Raketensonntag von Dannenwalde. MDR, 14.8.2014.

o. A.: Flugzeugabsturz 1986: Tödliche Klassenfahrt. NDR, 11.12.2016.

o. A.: Gemischtes Recht. Der Spiegel, 48/69.

o. A.: Glantes Journal. Der Spiegel, 29/60.

o. A.: Meister im Weggucken. Der Spiegel, 23/91.

o. A.: Neue Zeit, 23.4.1948; 13.7.1950; 7.7.1951; 7.7.1952; 2.2.1956; 26.2.1956; 8.10.1964; 25.6.1965; 18.9.1958; 30.6.1965; 18.7.1965; 1.9.1971; 17.8.1972; 4.5.1977; 7.5.1983; 6.8.1983; 5.2.1985; 19.6.1989; 10.2.1990.

o. A.: Neues Deutschland, 4.3.1947; 13.3.1947; 13.3.1947; 18.3.1947; 20.3.1947; 20.3.1947; 11.10.1949; 3.6.1951; 7.7.1951; 5.7.1952; 6.7.1952; 28.8.1955; 18.4.1958; 3.7.1958; 14.8.1960; 19.8.1960; 9.12.1960; 9.12.1960; 11.1.1963; 3.11.1964; 22.11.1964; 8.2.1965; 20.7.1965; 28.7.1965; 21.10.1965; 10.11.1965; 13.11.1965; 2.2.1966; 9.4.1966; 28.10.1966; 22.12.1966; 24.7.1967; 4.7.1967; 7.7.1967; 8.7.1967; 10.7.1967; 1.8.1967; 8.8.1967; 15.9.1967; 22.9.1967; 23.9.1967; 25.9.1967; 29.9.1967; 27.9.1967; 31.10.1967; 4.5.1968; 24.6.1968; 12.7.1968; 13.7.1968; 15.7.1968; 18.7.1968; 7.8.1968; 10.9.1968; 13.9.1968; 11.3.1970; 20.8.1970; 5.11.1970; 23.11.1970; 29.9.1971; 1.10.1971; 15.9.1972; 14.11.1972; 14.8.1973; 15.9.1973; 8.1.1974; 29.1.1975; 8.6.1976; 23.6.1975; 25.6.1976; 4.9.1976; 5.5.1977; 10.5.1977; 4.9.1978; 27.3.1979; 6.4.1979; 31.5.1979; 6.6.1979; 3.9.1979; 15.10.1979; 1.2.1980; 30.7.1980; 13.1.1981; 28.4.1982; 28.1.1983; 25.4.1983; 4.7.1983; 16.11.1983; 2.8.1984; 10.8.1984; 1.3.1984; 2.3.1984; 30.4.1986; 30.4.1986; 8.5.1986; 23.5.1986; 27.6.1986; 15.10.1986; 20.1.1987; 21.1.1987; 31.1.1987; 30.3.1988; 27.4.1988; 15.8.1988; 27.8.1988; 3.10.1988; 6.3.1989; 1.4.1989; 21.4.1989; 19.6.1989; 10.2.1990; 12.2.1990; 27.2.1990; 23.3.1990.

o. A.: Nie wiedersehen. Der Spiegel, 51/75.

o. A.: Raketenangriff im Hafen von Haiphong. MDR, 26.4.2010.

o. A.: Roter Rucksack. Der Spiegel, 29/84.

o. A.: Schweres Unglück – Fünf Tote beim Zusammenstoß zweier Züge in Gröbers. Junge Welt, 24.3.1990.

o. A.: Tragödie an der Eiger-Nordwand. MDR, 26.7.2016.

o. A.: Unbeschreiblicher Jubel. Der Spiegel, 48/48.

o. A.: Wie Dannenwalde einem Atominferno entkam. Märkische Allgemeine, 14.8.2012.

o. A.: Zeitbombe Greifswald. Spiegel Spezial, 2/90.

o. A.: Zum Abbruch freigegeben. Der Spiegel, 9/90.

## Internet

home.snafu.de/veith/
www.angola-forum.de
www.aviation-safety.net
www.berlin-mauer.de
www.berliner-feuerwehr.de
www.ddr-formel1.de
www.ddr-luftfahrt.de
www.ddr-luftwaffe.blogspot.com
www.ddr2.fandom.com
www.drehscheibe-online.de
www.dubm.de
www.forum-marinearchiv.de
www.ganderairporthistoricalsociety.org
www.gerald-halle.de
www.gerdboehmer-berlinereisenbahnarchiv.de
www.hd-kallbach.de
www.howlingpixel.com
www.infoladen-zittau.de
www.parow-info.de
www.spox.com
www.uranerzbergbau.de

## Weitere Medien

Dell, Ingo: Die schwersten Unglücke der DDR. Schuld ist nie der Sozialismus. ZDFinfo, 2016.

Endres, Gerald: Vor 50 Jahren: Luckauer Krieg. Deutschlandradio, 2004. Abgerufen 10.11.2019, unter www.web.archive.org.

Erices, Rainer: Pogromstimmung in Erfurt: „Gebt sie uns heraus, wir wollen sie hängen". MDR, 15.11.2017.

Erler, Michael: Das Raketeninferno von Dannenwalde. MDR, 2007.

Erler, Michael: Protokoll einer Katastrophe – Der rätselhafte Untergang des DDR-Frachters Böhlen. MDR, 2007.

Gerber, S.; Rogowski, S.; Splesnialy, S.: Vor 30 Jahren: Gebirgsschlag in Völkershausen. MDR, 12.3.2019.

Goetz, John C.; Lorenzen, Jan N.; Marten, Hans-Michael; Schön, Claudia: Krieg in den Wolken – Die Luftspionage über der DDR. Phoenix, 2007.

Heise, Stephan: Lebensretter (Dokumentation). MDR, 16.4.2015.

Hinrichsen, Frauke: Nordmagazin. Zeitreise: Das schwere Zugunglück von Langhagen 1964. NDR, 12.12.2011.

Hreczuk, Agnieszka: DDR-Flüchtlinge in Warschau. rbb Online, 28.9.2019.

Ludwig, Till: Tod auf der Spree. Das Unglück auf der MS Heimatland. rbb, 2007.

Mühlenberg, Heidi: Vergessene Katastrophen – Der große Knall. MDR, 1999.

Müller, Dietmar: Flucht – Mit dem Zug in die Freiheit. Abgerufen 20.11.2019, unter www.forum-ddr-grenze.de.

Nadollek, Rainer; Rogowski, Sven: Lebensretter (Dokumentation). MDR, 1.6.2017.

Pehnert, Lutz: DDR ahoi! MDR, NDR, 2011.

Peters, Christoph: Verloren im Schacht. MDR 2019.

Rogowski, Sven: Lebensretter (Dokumentation). MDR, 23.2.2017.

Rothermundt, Nina; Lischke, Steffi: Die schwersten Unglücke der DDR. Gefährliche Technik vom großen Bruder. ZDFinfo, 2016.

Scholl, Joachim; Pflugbeil, Sebastian: „Gesellschaft für Strahlenschutz kritisiert Desinformation über Tschernobyl. Deutschlandfunk Kultur, 26.4.2011.

Schwarz, Berit; Felthaus, Jochen: Lebensretter (Dokumentation). MDR, 3.5.2018.

Simank, Peter: Geheimakte Hochwasser. Flutkatastrophen in der DDR. MDR, 2014.

o. A.: Echt. Der gefährlichste Feuerwehreinsatz in der DDR. MDR, 14.6.2011.

o. A.: DDR 1970: Tragische Flugzeugentführung. MDR, 3.1.2019.

o. A.: Kesselzerknall 1977 in Bitterfeld. CFT-Video Berlin, 2007. Abgerufen unter www.youtube.com/watch?v=lVoDR3DaCkw.

o. A.: Lebensretter (Dokumentation). MDR, 17.1.2019.

o. A.: Lebensretter (Dokumentation). MDR, 2018.

o. A.: Lebensretter (Dokumentation). MDR, 9.6.2016.

o. A.: Lebensretter (Dokumentation). MDR, 12.3.2015.

# Weitere Bücher von Klaus Behling

Jan Eik / Klaus Behling: **Attentat auf Honecker und andere Besondere Vorkommnisse.**
368 Seiten
€ 12,–
ISBN 978-3-89773-814-0

Klaus Behling: **Klassenkampf und Schafott.**
Todesurteile in den Geheimdiensten der DDR.
312 Seiten
€ 12,–
ISBN 978-3-89773-859-1

Klaus Behling: **Das Grab unter der Couch.**
Spektakuläre Kriminalfälle in der DDR.
344 Seiten
€ 12,
ISBN 978-3-89773-084-7

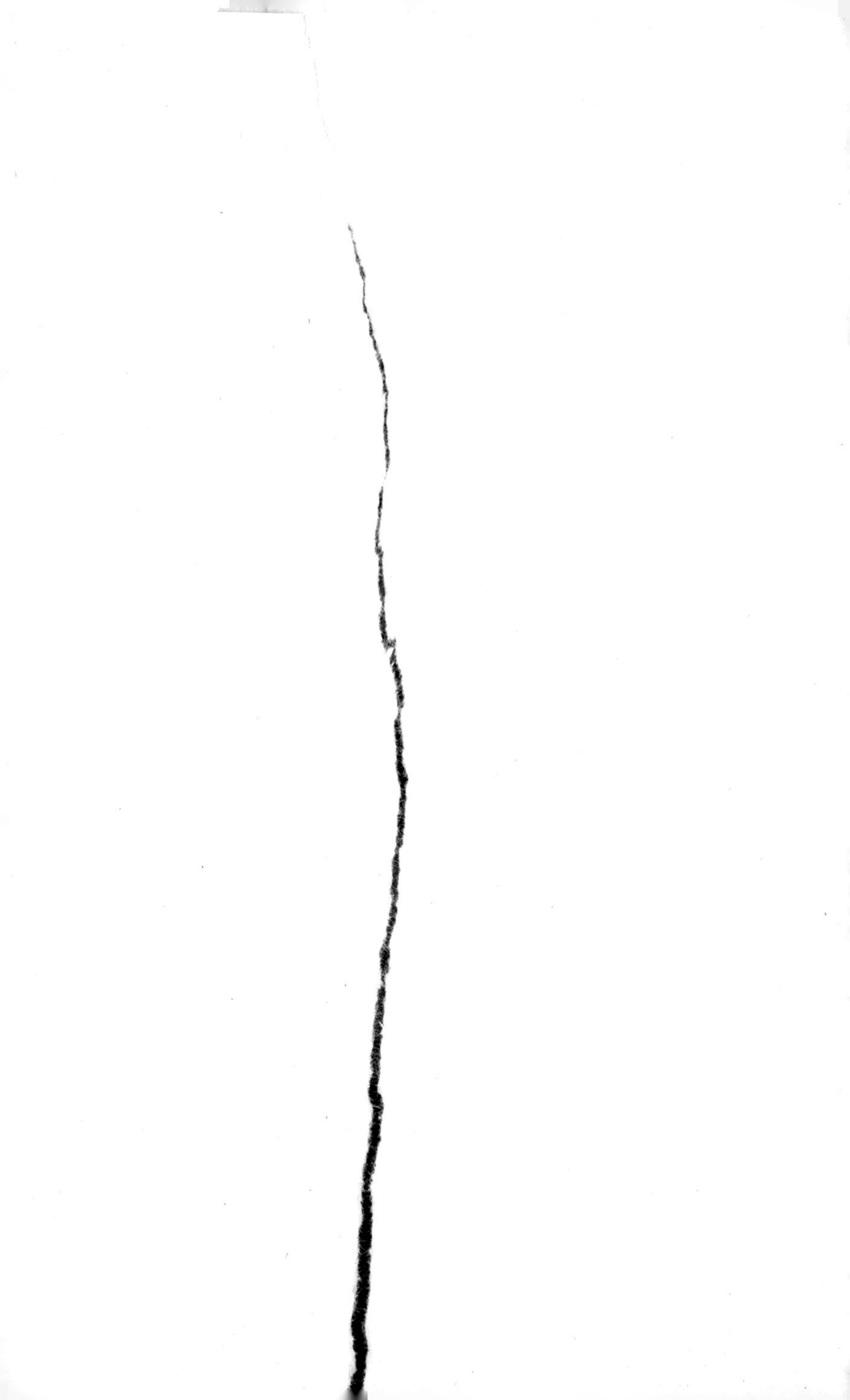

Streifzüge durch den wilden Fußball-Osten